哈佛中国学

政治与历史卷

张冠梓 **主编**

张泽　黄畅　**副主编**

中国社会科学出版社

图书在版编目(CIP)数据

哈佛中国学：全三册/张冠梓主编. —北京：中国社会科学出版社，2021.9（2022.6 重印）

ISBN 978-7-5203-7412-5

Ⅰ.①哈⋯　Ⅱ.①张⋯　Ⅲ.①中国学—文集　Ⅳ.①K207.8-53

中国版本图书馆 CIP 数据核字（2021）第 075092 号

出 版 人		赵剑英
责任编辑		喻　苗
责任校对		崔芝妹
责任印制		王　超

出　　版		中国社会科学出版社
社　　址		北京鼓楼西大街甲 158 号
邮　　编		100720
网　　址		http://www.csspw.cn
发 行 部		010-84083685
门 市 部		010-84029450
经　　销		新华书店及其他书店
印　　刷		北京君升印刷有限公司
装　　订		廊坊市广阳区广增装订厂
版　　次		2021 年 9 月第 1 版
印　　次		2022 年 6 月第 2 次印刷
开　　本		710×1000　1/16
印　　张		98.75
字　　数		1146 千字
定　　价		528.00 元（全三卷）

凡购买中国社会科学出版社图书，如有质量问题请与本社营销中心联系调换
电话：010-84083683
版权所有　侵权必究

总目录
contents

政治与历史卷

再版前言	001
前言	001
转型的中国与中国的转型	001

受访人——托尼·赛奇（Anthony Saich,1953— ）

中国的新形象　045

受访人——托尼·赛奇（Anthony Saich）

对中国未来的乐观与谨慎　061

受访人——傅高义（Ezra F. Vogel,1930—2020）

国家建设与民主经验　79

受访人——丹尼尔·齐布拉特（Daniel Ziblatt,1972— ）

参与式协商与中国的民主　89

受访人——阿肯·冯（Archon Fung,1968— ）

社会变迁与体制建构　103

受访人——裴宜理（Elizabeth J. Perry,1948— ）

家庭与亲属制度的嬗变　119

受访人——华琛（James L. Watson,1947— ）

中国法治化:打造"第二长城" ... **147**

　　　　受访人——安守廉(William P. Alford,1954—)

法律改革的两难:职业主义与大众主义 ... **195**

　　　　受访人——李本(Benjamin L. Liebman,1969—)

中美关系与我的中国法研究 ... **219**

　　　　受访人——孔杰荣(Jerome A. Cohen,1930—)

新时代的中美关系:合作不是选择,而是命运 ... **249**

　　　　受访人——劳伦斯·亨利·萨默斯
　　　　(Lawrence Henry Summers,1954—)

中国的软实力与对外交往 ... **257**

　　　　受访人——约瑟夫·奈(Joseph S. Nye,1937—)

巧实力和奥巴马政府的对华政策 ... **285**

　　　　受访人——约瑟夫·奈(Joseph S. Nye)

美国最大的威胁并非来自中国 ... **295**

　　　　受访人——约瑟夫·奈(Joseph S. Nye)

应完整地看待新中国的历史 ... **305**

　　　　受访人——柯伟林(William C. Kirby,1950—)

在细微处观察中国历史 ... **321**

　　　　受访人——包弼德(Peter K. Bol,1948—)

和平:国家间交往的良性基础 ... **351**

　　　　受访人——孔飞力(Philip A. Kuhn,1933—2016)

成全球性大国,中国需慎之又慎 ... **357**

　　　　受访人——文安立(Odd Arne Westad,1960—)

希望中美持续和平地发展 ... **363**

　　　　受访人——薛龙(Ronald Suleski,1942—)

崛起的中国与蓬勃发展的哈佛中国学　　　　　375

　　　受访人——张伯赓（Julian Chang, 1969— ）

附录　本卷采访人、合作者简介　　　　　395

经济与社会卷

中国经济：阶段性特征和关键性问题　　　　　001

　　　受访人——德怀特·珀金斯（Dwight H. Perkins, 1934— ）

中国经济的内生增长　　　　　053

　　　受访人——沃伦·麦克法兰（F. Warren McFarlan, 1937— ）

探索发展的多样性制度建设道路　　　　　069

　　　受访人——彼特·霍尔（Peter A. Hall, 1950— ）

克服衰退，实现经济再平衡　　　　　083

　　　受访人——彼得·鲍泰利（Pieter P. Bottelier, 1937— ）

中国经济崛起的现实和幻象　　　　　099

　　　受访人——盖保德（Albert Keidel, 1945— ）

全球经济的复苏与中国因素　　　　　109

　　　受访人——理查德·库珀（Richard N. Cooper, 1934— ）

效率与公平：中国的渐进式变革　　　　　127

　　　受访人——怀默霆（Martin King Whyte, 1942— ）

弘扬文化传统与培育社会价值　　　　　159

　　　受访人——约瑟夫·奈（Joseph S. Nye, 1937— ）

转型时期的中国金融　　　　　171

　　　受访人——欧维伦（William H. Overholt, 1945— ）

金融改革的机遇与挑战　　　　　197

　　　受访人——杰弗里·弗兰克尔（Jeffrey A. Frankel, 1952— ）

中国和印度：企业家的角色与作用　　　　　　　　　211
　　　　　受访人——韩太云（Tarun Khanna，1968— ）
中国的粮食安全　　　　　　　　　　　　　　　　229
　　　　　受访人——阿马尔·库瑞西（Ajmal Qureshi，1942— ）
中国的环境问题　　　　　　　　　　　　　　　　251
　　　　　受访人——戴尔·乔根森（Dale W. Jorgenson，1933— ）
国家与医疗、能源和税收　　　　　　　　　　　　265
　　　　　受访人——戴尔·乔根森（Dale W. Jorgenson）
全球健康与中国的医疗卫生　　　　　　　　　　　275
　　　　　受访人——白瑞·布隆（Barry R. Bloom，1937— ）
中国医疗卫生的改革与发展　　　　　　　　　　　293
　　　　　　　受访人——刘远立（1960— ）
口腔医学在中国的发展与期待　　　　　　　　　　321
　　　　　受访人——艾提·若沃斯（Athanasios I. Zavras）
谁将影响中国未来的发展　　　　　　　　　　　　339
　　　　　受访人——约翰·瓦特（John R. Watt，1934— ）
中国的历史沿革与未来模式　　　　　　　　　　　363
　　　　　受访人——傅高义（Ezra Feivel Vogel，1930—2020）
塑造国际新秩序是全世界的共同责任　　　　　　　377
　　　　　　　受访人——傅高义（Ezra Feivel Vogel）
不可能"脱钩"，中美应同舟共济　　　　　　　　　387
　　　　　　　受访人——傅高义（Ezra Feivel Vogel）
高速城市化：中国发展中的重大挑战　　　　　　　397
　　　　　受访人——穆赫辛·穆斯塔法维（Mohsen Mostafavi，1954— ）
全球化时代，什么是中国的价值　　　　　　　　　409
　　　　　　　受访人——黄万盛（1950— ）
中国的和平崛起与新时期对外关系　　　　　　　　457
　　　　　受访人——柯伟林（William C. Kirby，1950— ）

附录　本卷采访人、合作者简介 471

文化与学术卷

新儒学的机遇与挑战 001
　　　　　　　　受访人——杜维明（1940— ）
中国思想与文化的新动向 021
　　　　　　　　受访人——林同奇（1923—2015）
植根于传统的文化创新 065
　　　　　　　　受访人——薛龙（Ronald Suleski，1942— ）
区域研究与中国文化 089
　　　　　　　　受访人——柯文（Paul A. Cohen，1934— ）
变迁中的唐人街 103
　　　　　　　　受访人——宋怡明（Michael A. Szonyi，1967— ）
民族历史文化的通与变 111
　　　　　　　　受访人——欧立德（Mark C. Elliott，1968— ）
如何理解满族史和清史的关系 135
　　　　　　　　受访人——欧立德（Mark C. Elliott）
文化的传承需要世界眼光 143
　　　　　　　　受访人——田晓菲（1971— ）
文学：活在百姓的精神诉求里 165
　　　　　　　　受访人——伊维德（Wilt L. Idema，1944— ）
浪漫主义：对现代社会的另一种自觉 185
　　　　　　　　受访人——李欧梵（Leo Ou-fan Lee，1942— ）
沉溺于中国古典文学之美 217
　　　　　　　　受访人——宇文所安（Stephen Owen，1946— ）
中国文学的现代意识 233
　　　　　　　　受访人——王德威（David Der-wei Wang，1954— ）

何为文学史？文学史何为？ 279
　　　　　　受访人——王德威（David Der-wei Wang）

考古：匡正书本上的历史 321
　　　　　　受访人——罗泰（Lothar von Falkenhausen，1959— ）

期待"中国版本"的考古学 355
　　　　　　受访人——付罗文（Rowan K. Flad，1972— ）

在田野中发现真正的学术问题 375
　　　　　　受访人——迈克尔·赫茨菲尔德（Michael Herzfeld，1947— ）

早期人类：中国乃至东亚的证据 385
　　　　　　受访人——奥菲尔（Ofer Bar-Yosef，1937—2020）

中西学术之间的通与塞 395
　　　　　　受访人——冯胜利（1957— ）

跨越边界的深度学习：比较神学与中国 413
　　　　　　受访人——弗兰西斯·克鲁尼（Francis X. Clooney，1950— ）

海外中国研究的"精彩"时刻 421
　　　　　　受访人——裴宜理（Elizabeth Perry，1948— ）

中日中产阶级消费文化之对比 433
　　　　　　受访人——安德鲁·戈登（Andrew Gordon，1952— ）

教育与学术之痛 447
　　　　　　受访人——丘成桐（Shing-Tung Yau，1949— ）

文理教育的终极目标与学者的责任担当 463
　　　　　　受访人——霍华德·加德纳（Howard Gardner，1943— ）

数字化教学传播中国文化 471
　　　　　　受访人——包弼德（Peter K. Bol，1948— ）

音乐：流动的民风 483
　　　　　　受访人——赵如兰（1922—2013）

附录一　本卷采访人、合作者简介 509

附录二　三十年河西　哈佛看中国
　　　——记张冠梓和他的哈佛访谈计划 ———————— 517

附录三　对外交流应考虑的若干问题
　　　——兼谈编写《哈佛看中国》的体会 ———————— 521

附录四　当代哈佛汉学家的"中国观"
　　　——从张冠梓主编的《哈佛看中国》谈起 ———————— 537

附录五　我的哈佛一年
　　　——访中国社会科学院研究员张冠梓 ———————— 545

附录六　多面体与多面镜
　　　——张冠梓主编《哈佛看中国》读后记 ———————— 553

附录七　后现代化中国发展的思考
　　　——张冠梓与他的《哈佛看中国》———————— 559

附录八　难忘的一次学术沙龙 ———————————————— 563

后记 ————————————————————————————— 569

目录 contents

再版前言	001
前言	001
转型的中国与中国的转型	001

受访人——托尼·赛奇（Anthony Saich,1953— ）

——确切地说，中国当代社会的带有实质性的变化是从十一届三中全会开始的，而这次会议又是和邓小平的名字连在一起的,这说明邓小平对于十一届三中全会的召开发挥了关键性作用。其实,他的活动一直伴随着中国共产党各个时期的历史,特别是1949年以后,他的经历可以被视为中国政治的一个缩影。

——面对一个急剧多元化和日益复杂的社会,共产党要维持自己的领导地位,就必须回答这样的问题:如何在一党执政下建成一个透明、可问责的政府。为了保持高质量的经济增长,高速的信息流动非常重要,也就是如何扩大广大民众的公共事务和政治生活的知情权、参与权和决策权。如果共产党能够成功做到这些其他国家所没有做到的事情,这将成为经济奇迹之外的中国又一个奇迹,政治奇迹。

——对于中国而言,有一个不容忽视的问题就是,整

个社会是否能够找到一种"黏合剂",把整个社会"黏合"在一起。西方国家的基督教、天主教实际上在发挥着这样一个作用,中国无须照搬西方,但也需要找到这样一种把整个社会"黏合"起来的东西。

中国的新形象　　　　　　　　　　　　　　　　045

受访人——托尼·赛奇(Anthony Saich)

——中国30年的改革发展,是一场巨大的社会转型,表现在许多层面,概括起来说,突出表现在以下两个方面:一是表现在人的自由度方面。我刚才已经说了,我第一次到中国时还是分配制度,从分配制度到自由决定自己的生活是一大改变。

——习主席国际认可度排名高,这说明其他国家认为中国现在是非常重要的一个国家。习近平主席访问了那么多的国家,对于这些国家来说习主席来访特别重要,所以这些国家的老百姓都记着习主席的名字,同时他们觉得中国的未来发展对他们也很有影响。

——未来五年,如果中国政府领导人继续推进改革进程,城市化比较顺利,5%—6%的增长速度应该是可能的,甚至有可能达到7%(不过这个有点难度)。现在中国政府领导人在这个方向努力很正确。

对中国未来的乐观与谨慎　　　　　　　　　　　061

受访人——傅高义(Ezra F. Vogel,1930—2020)

——我希望奥运会的"爱国主义教育"宣传的内容要有所改变,需要更多地从正面强调中国自身的历史、文化和自身的发展潜力。我希望今后在中国的"爱国主义"中能够看到有更多新的、正面的、积极的内容,要对别的国家更加包容,与更多的国家成为朋友,让更多的国家了解中国、信任中国。

——一直以来对中国改革开放发展模式的问题存在不同的声音,有人质疑中国的发展道路到底是资本主义道路还是社会主义道路。我不喜欢这种说法,我觉得资本主义和社会主义仅仅是意识形态问题,只要中国仍然坚持共产党领导、仍然坚持公有制就行了,没有必要一直强调是资本主义还是社会主义。

——20世纪70年代以前,安全问题是影响各个国家之间关系的最重要的因素;70年代以后,金融问题、经济问题、全球气候变暖和能源问题已经取代了安全问题。现在各个国家之间的合作和冲突很多都是围绕这些问题展开的。

国家建设与民主经验 79

受访人——丹尼尔·齐布拉特(Daniel Ziblatt,1972—)

——从历史的视角来看,同样的制度却在不同历史条件下,却可能对国家能力产生完全不同的结果。比如在一定历史条件下,宪法对行政机关的限制可能使国家瘫痪,国家不再有决策能力。

——为什么有些地方有宪法的约束有些地方没有?人们试图回答这个问题,我认为这不只是制度设计的问题,我认为社会结构也很重要。这也正是我觉得经济上的不平等对国家能力影响很大。当经济不平等时期不是那么严重的时候,国家可能更负责,更有力。

——在某些转型期,可能更需要资源的集中。也许导致强国产生的因素与导致国家发展停滞或放缓的因素并不相同。国家需要权力和资源的集中,国家是合法使用武力的垄断性组织,垄断是指资源的集中。所以我的观点是站在一个比较历史的角度。从长远来看,国家的后续发展

需要高度的平等,但国家的建立可能需要资源的集中。

参与式协商与中国的民主　　　　　　　　　　　　　89

受访人——阿肯·冯(Archon Fung,1968—)

——我对赋权参与很感兴趣,因为那样的参与更接近公民真正决策的直接民主的理想,我同时认为,通常情况下这可能是更成功的参与方式,因为在很多的咨询式参与的协商过程中,人民经常会懒得去真正参加这一过程,即使参加也不真正参与进去,因为人们知道他们说的话实际上可能既不具有效力也不重要。但如果参与讨论的公民被赋予实际权力,由政府做出承诺的话,那么情况会好很多。因为这是一种来自政府和人民之间的交换:在赋权协商的过程中,政府给予人们发言权和影响力,公民让渡自己参与的时间和精力。

——出色的讨论能够让更多的人参与进来,集中所有代表的意见,折中的想法更有可能脱颖而出。原因有二,首先因为在好的讨论中不只有最活跃的人,每个人都参与进来,包括一些公正的代表。第二个原因是在讨论中,人们相互交谈并交换了意见。

——讨论不是多数主义。讨论如哈贝马斯所说是理性法则。因此,理想情况下在讨论中如果有少数人能够提出基于正义或公共利益甚至是别的更有说服力的理由,这些理由最终都会取胜,讨论是将压制性的多数主义软化了。

社会变迁与体制建构　　　　　　　　　　　　　103

受访人——裴宜理(Elizabeth J. Perry,1948—)

——和谐社会,在我看来,至少有两个含义:一个是社会公正,另一个是社会稳定,因为政府对社会抗议仍有顾虑。在我看来,社会抗议也许在许多方面其实对中国有益,因为通过社会抗议,可以使中国的领导层感知民意,知道有社会不公正的现象存在。社会和谐不意味着压制社会抗议,我觉得社会和谐是一件好事。

——不同的历史文化与传统会孕育出不同的对于权利的独特理解,这些理解都应被包含在普遍的人权概念里。我们也应意识到政治权利、参政权、福利权、生存权以及工作权、退休权的重要性。这些权利应是构成理想而美好的人类社会的基石。我希望看到中西方关于权利概念的对话,这样便于我们理解不同的传统对丰富权利概念所做的贡献。美国对权利的理解不应处于主导地位,尽管我认为美国人所强调的权利概念非常普遍,也非常重要,但那不代表权利概念的全部含义。

——中国的政治抗议更可能增强中国的政体而非削弱它。因为我觉得这些政治抗议可以让中国领导人更好地理解社会问题出在哪些地方,并允许领导层以具有创造性和灵活性的方式来解决这些问题。

家庭与亲属制度的嬗变 119
　　受访人——华琛(James L. Watson,1947—　)

——我始终坚信一点,如果你想了解中国社会结构的变化,你必须观察家庭、亲属制度、婚姻和财产关系。所有这些东西是互相联系在一起的,而财产是根本。我认为中国几千年来有一点是恒久的,那就是由财产界定权力、身份、地位和其他的一切。我们所看到的是由财产性质的变化而引起的家庭和亲属关系制度的变化。如果你改变了财产关系,其他一切就会跟着变。

——如果你想看现实中的亚洲价值观,你用不着去上海、北京、广州、香港或新加坡,因为那里已经不再是亚洲

价值观的中心了。如果你真的相信儒家思想,你完全可以在美国、印度北部或墨西哥的农村地区找到它,你也会在那儿发现亚洲价值观。

——我最好的工作就是"动摇"我的中国学生,困扰他们,使他们不安,消解他们作为局内人对中国的原有理解,这样他们回到中国的时候,就会带着全新的眼光观察它。我觉得世界历史上最灿烂的成就之一就是历经数千年的岁月,中国的国家政府——包括帝国时期、民国时期、毛泽东时期、改革以来——保持了民众对中国人身份和统一的中国文化的认同。而中国地域之广袤多样如同一床五光十色的"百衲被",就是像我祖母用各种颜色的碎布缝出来的一床大被子。我眼睛里的中国是"异",而你眼睛里的中国是"同"。

中国法治化:打造"第二长城"　　　　　　147

受访人——安守廉(William P. Alford,1954—　)

——要研究法律,就得了解这个国家或地区的历史、经济、政治、社会、哲学等,因为这些因素在不同程度上、从不同的角度、以不同的方式在影响着法律。要了解中国法律,就一定要了解中国的历史和文化。事实上,不只是对中国如此,对其他国家和地区也是如此。

——中国的处世哲学是乐观主义的,讲求人性善,注重用道德处理人与人之间的关系,用道德来管理社会。反观西方人,则不这么乐观,他们比较强调外在的管理与约束。这两方面比较一下,就不难发现,中国和西方的法律观念和法律制度都比较有特点,各有长处,是可以互相借鉴和学习的。

——我认为,每一个国家在建立起自己模式的时候,都需要做两件事情。既要关注自己本国的特色、自己国家的文化、经济发展水平，同时也应该注意世界的趋势、世界的义务，这不是一个国家能够回避的。

法律改革的两难：职业主义与大众主义 195

受访人——李本（Benjamin L. Liebman, 1969— ）

——我第一次到中国的时候有人问我："你觉得北京需要多少时间能赶上纽约？"我想现在这个已经不是关键问题了。另外一个问题可能更值得我们思考：中国的中西部需要多少年才能赶上北京和上海？

——中国发展所面临的一个重要问题是地区间的不平衡。这种不平衡在法律领域里同样存在。发达地区与欠发达地区的法律体系存在着质的差距。如果这种不平等让民众形成了法律和司法机构主要为有钱人服务的认知，最终将破坏他们对司法制度的信心。

——并不是说法律人越多，这个社会就一定会越好，中国的法律改革就一定会越成功。如果法律人缺乏专业精神和良好的道德，对于一个社会来说并不是一件好事。

中美关系与我的中国法研究 219

受访人——孔杰荣（Jerome A. Cohen, 1930— ）

——那时，我预感到中国将来应该会起很重要的作用，中国、美国将来应该有非常密切的关系，但在美国没有人了解中国的政法制度，应该需要专家专门研究、了解中国的法律发展。于是，我想在这方面下工夫。当时大多数人都认为我得了神经病，说我怎么扔掉那么好的前程去做这种事，他们觉得去研究中国法律制度就像进修道院一样令人不可思议。

——我是中美关系的见证人，也是中国改革开放的见

证人。

——中国仍面临很多问题与挑战,也遇到了一些不易解决的历史遗留问题。但是我们更应该看到,中国创造了奇迹,中国带来了希望。

新时代的中美关系:合作不是选择,而是命运　　249

受访人——劳伦斯·亨利·萨默斯
（Lawrence Henry Summers, 1954—　）

——现在美国政府更多是从商业的短期视角来看问题。这就让谈判更加难以达成,因为双方对成功的谈判的理解并不一样。双方不应该只从商业和贸易角度看待两国关系,而应把谈判框架放宽,用更加宽泛的思维及多边的方式处理两国关系。

——我认为中国过去40年的经济改革是人类历史上最伟大的经济成就,中国经济保持了快速增长,让人们的生活变得更加开放、更加美好,这些正面的成就让遗留的问题看上去不值得一提。

——我认为它们有很大的潜力,特别是区块链、人工智能和大数据相结合的应用在推动创新和提高生产率方面有很大的潜力。仅从中国庞大的人口规模产生的数据量来看,中国就非常有能力发展好这些技术。

中国的软实力与对外交往　　257

受访人——约瑟夫·奈（Joseph S. Nye, 1937—　）

——"软实力"是指通过吸引力而非靠强硬手段或利益引诱的方法去影响别人,来达到你所想要达到的目的的能力。"软实力"来源于一个国家的文化、政策和价值观念的吸引力。在世界政治中,一个国家可以通过它在文化上、政策上或价值观念上的吸引力,使别的国家模仿其榜样,理解、认同其在国际社会上的主张和维护国家利益的行为。

——独裁专政和强制性的领导方式,即早期军工时代靠"硬实力"治理的模式,基本上已经被后工业化社会靠"软实力"治理的方式所取代,即设法吸引、激励和说服,而不是靠发号施令。然而,最有效的领导实际上是能够将"硬实力"和"软实力"在不同的情况下按不同的比例相结合。如果能够将"软实力"和"硬实力"有效结合,就能得到"智能实力"。

——并非每一个崛起的力量都会导致战争——美国在19世纪末就和平崛起,赶超了英国。如果中国的崛起坚持和平的路线,它会给中国人民、邻国人民以及美国人民带来巨大的利益。

巧实力和奥巴马政府的对华政策　285

受访人——约瑟夫·奈(Joseph S. Nye)

——我所指的软实力,主要是指一个国家对其他国家所特有的吸引力(attraction)。这是一种很特别的能力。我们至少需要从两个方面来认识和理解这种能力:一方面是你做得很好,确实很吸引人,也就是说你客观上具备了一定的吸引力;另一方面是别人必须主动地承认和接受你的吸引,也就是要被你所吸引。

——在多元文化背景下,每个国家都有自己的文化、传统、道德观等许多"软"的方面的要素,但这并不意味着每个国家都具有"软实力"。如果你的一些软的方面的东西不被别人所接受,那就不能说你具有这方面的软实力。

——不论硬实力还是软实力,都是工具和手段。如果比较这两种工具和手段的话,我个人更喜欢软实力。但实际上仅靠软实力也是不够的。解决问题的最好办法往往需要根据具体情况将这两种工具混合起来运用,这就是我

所提的"巧实力"概念。"巧实力"之"巧",主要在于针对不同的具体情况,灵活地、平衡地将硬实力和软实力结合起来使用。

美国最大的威胁并非来自中国 295

受访人——约瑟夫·奈(Joseph S. Nye)

——如果能够通过软实力来取得想要的结果,那么我认为它比硬实力要更好,因为这样一来你为自己留下更多选择的余地。不仅如此,使用软实力解决问题,也给对方留有更多选择的余地。在人类生活中,大部分情况下需要结合硬实力与软实力,但越是能够通过软实力解决问题就越好。

——中国传统文化具有很强的吸引力,世界上很多人也深以为然。中国古代哲学尤其是孔子和老子的著述以及中国的绘画、雕塑、陶瓷等,对很多人都颇具吸引力。孔子学院所带来的一大益处,就是它能够帮助人们学习并了解中国传统文化。通过孔子学院教授中国传统文化,对中国软实力很有益处。

——中国要增强巧实力,需要妥善解决与邻国的领土争端问题。中国本身如此之大又如此重要,因此必然是这一地区的主导力量。这也意味着中国有能力接受多边行为准则,有能力调解诸多冲突。无论如何中国都是强大的,但是如果中国只是通过双边机制来解决争端,可能使邻国感到很有压力,这样会有损中国的软实力。所以,我认为,采取更广泛的多边途径对中国最有利。

应完整地看待新中国的历史 305

受访人——柯伟林(William C. Kirby,1950—)

——60岁生日对于任何一个中国人来说都非常重要,它代表着吉祥,它预示着一个人从此便可以悠然自得、安度余生了。如果我们把中华人民共和国看作是一个有生命的机体，那么，过了60岁生日，她是不是也可以如此呢？中华人民共和国过去发展如何、现在情况如何、将来又会走向何处，我觉得在其建国60周年这样一个时刻，为其作个评估再确切不过了。

——今天的中国要想成为一个不仅富强而且和谐的社会，就需要重视人文教育，需要让学生了解基本的为人处世之道，需要培养更多改造社会、改造观念的科学家和工程师。

——中国的过去就是全球化和国际化的。我们理解今天的中国，不仅要在中国背景下理解，也要在全球背景下理解，中国曾经在很长时间里在很多方面是世界的主导者之一，有时候我们忘了这一基本事实，是因为中国现在对外开放的程度比我们20年前想的要高得多。

在细微处观察中国历史　　　　　　　　　　　　　321

受访人——包弼德（Peter K. Bol，1948—　）

——有些中国人，哪怕是一些受过教育的人，其实对自己的文化也不够了解，对自己的历史存在着这样或那样的偏见，时而表现出对自己的国家和民族的不自信，时而又表现得过于自信和狭隘。其中一个突出的现象，就是看不起自己的历史，感觉不到自己的历史有多么伟大，感觉不到自己的文化有多么好。

——中央政府和地方政府之间的关系肯定会有矛盾，而地方政府和地方精英之间也会有矛盾。我们看一下现在，与古代的情况何其相似！那就是，中央有自己的政策，而地方的县、乡政府，却不一定按照中央的政策做，这叫上有政策、下有对策。而有很多个体、私人，特别是在南方，

变成了新的精英。他们就与地方政府有些矛盾,有时候支持政府,有时候则不支持,构成了一种复杂的关系。

——我们现在用的中国是"China"的意思,而不是中央国家的意思。可能不少中国人,包括年轻人都会感觉到,我们中国还是中央之国家,要复兴中央国家。但其实中国的意思已经变了。至少可以说,20世纪"China"的意思,不是古代的"China"的含义。

和平:国家间交往的良性基础　　　　　　　　351

受访人——孔飞力(Philip A. Kuhn,1933—2016)

——中国历史上的官僚体制非常像其他国家的官僚体制:它往往带有专制的和程序性的手段,改变它会有阻力,同时由于它的存在,减弱了国家在适应创新思维时的能力。不过,有新的迹象表明,现在中国的创新力量正在改变着传统遗留下来的东西,使人民的需要得到更多的满足,使国家的现代化加快发展。

——历史地看,美中两个国家永远都是在和平共处中获益的,两个国家负责任的领导人都会努力地保持和维护这种和平共处的关系。两国都从和平共处条件下开展的贸易中获得巨大利益,而双方的冲突和紧张局势都将使双方付出重大的代价。

——如果台湾宣布"独立",那么中国政府就不能在政治上获胜;而如果中国采取武力解决了台湾问题,那么美国政府就不能在政治上得分。因此,我认为,中国和美国都希望台湾问题随着时间的推移,自然地得到解决。

成全球性大国,中国需慎之又慎　　　　　　　357

受访人——文安立(Odd Arne Westad,1960—　)

——中国承担国际责任对中国和整个世界都非常重

要。我希望中国能继续发挥作用。作为国际力量,中国在促进发展、维护和平以及推动国际经济、健康医疗等领域合作发挥着积极作用。你知道在美国和世界其他地方,总有一些人担心中国"崛起",他们认为中国崛起速度太快或许将主导国际事务,但我了解的中国不太可能这样做。我非常确定中国现在正致力于发展,中国的实力主要表现在经济快速发展,这使得中国成为一个全球经济力量。

——中国不必喜欢所有的国家,也不必与所有国家交朋友,但还是需要改善与一些国家及地区的关系,如与日本、韩国的关系。事实上,中国需要拥有大国支持和重要的朋友,更要处理好与印度尼西亚、越南、韩国、日本等国的关系。东亚和平,中美关系就稳定。

——中国可以拥有的最好盟友就是欧洲。对美国来说,关键点是在东亚地区。因此,东亚地区必须保持和平。如果中国能与其大多数邻国——日本、韩国、东南亚国家保持和平关系,中美之间的关系就可以相当稳定。事实上,这种稳定关系已有相当一段时间。一旦中国与美国领导下的邻国发生冲突,那么美中关系可能会变得相当困难。

希望中美持续和平地发展 ———————————— **363**

受访人——薛龙(Ronald Suleski,1942—)

——中国的崛起或发展非常的迅速。中国是一个古老文明的国家。在古代历史上,亚洲国家的人把当时的中国看成是"世界中心"。但进入近代,国外正成为"现代世界",中国却失去全部活力,逐渐沦为列强的殖民地。如今中国经过40多年的改革开放,崛起或发展极为迅速,如经济正在快速增长,交通运输网络不断扩展,旅游和历史景点日益打造,等等。加上在历史上的辉煌成就,中国成为当代国家如何发展为强国的一个榜样。全世界都羡慕改革开放时期中国经济的快速发展和居民生活水平的不断完善。但从历史角度来看,过去 40 多年,中国只是逐渐回归其在亚洲中的应有地位。

——世界的未来发展机会在亚洲。了解亚洲,懂得亚洲语言和文化,具有国际经验,这样的人才更有找到理想工作的机会。

——展望未来,我希望中国继续和平地发展,并在国际社会里充分地受到尊重。我不希望以后中国对外进行军事侵略,也不希望以后中国对外搞"无原则的歌喉式经济竞争"(unprincipled cut-throat economic competition)。中美两国就长期和平共处下去吧!这对两国和亚太地区乃至全世界均有积极意义。

崛起的中国与蓬勃发展的哈佛中国学　　　　　　　　375

受访人——张伯赓(Julian Chang,1969—)

——语言是一个障碍,但具体来说,也有一个研究态度问题。因为在美国,很多问题在中国已经结束了,或者说研究过了,但这边的学术界还有新的挖掘和新的发现,像考古学界,新发现的东西会让人想重新看一看,甚至可能完全改变他们以前的想法,这就导致中方和美方学术界的看法可能不一样。

——中国跨国公司的发展是全球经济发展的一个新现象,"走出去战略"的实施一定会改变目前的地缘政治格局。

——中国全球化的社会、政治和经济影响是什么?中国全球化将如何影响发达国家和新兴市场国家的商业环境？21世纪，中国是否会取代美国经济、政治和商业的领导地位？导致中国经济实力增长的主要因素是什么？现代西方政治经济模式和理论能否解释中国当代发展道路？

附录　本卷采访人、合作者简介 ……………………… *395*

再版前言

　　距离《哈佛看中国》出版已届十年，作为美国最高等学府之一的学者集中探讨中国政治、经济、文化等问题的系列专访，本书一经问世就受到了广泛关注和热烈讨论。本书的读者一方面是中国国家智库、媒体、高校等长期关注中国特定研究的知识分子、媒体人等，他们研究或关注的问题与本书的篇章甚至多篇有重合之处，哈佛教授们对具体问题的观点或能启发他们，或让他们表示赞同，或能引发争鸣和深入思考，读者对哈佛学者的研究方法和治学态度都颇为推崇和赞赏，认为应在研究工作中借鉴学习。另一方面的读者是普通大众，相较于专家学者，他们带着兴趣对本书的内容进行全面广泛的阅读，并认为获益匪浅。一般读者缺乏了解国际知识界观点动向的窗口和平台，而且太过艰深晦涩的学术术语、模型等也让他们望而却步。本书在与哈佛相关的，充斥着"成功励志学"的出版物中冲出重围，给广大读者深刻认识中国问题的契机，和采访者一样带着问题和世界上最睿智和乐于思考的一群人进行思想交流，因而收到了大量好评。近年来，图书市场亦较少类似出版物能够继续将哈佛学者的看法意见带回中国，因此本书计划再版以飨读者。

　　距离首次出版，国内外形势近年来发生了广泛而深刻的变化，十八大、十九大的召开提出了全面建成小康社会目标、回答了坚定不移走中国特色社会主义道路政策立场，中国也面临如何相对平稳地管控潜在增长不可避免的放缓，如何管理好国际关系，如何掌控国内政治演进等挑战，特别是近几个与持续不断的疫情下中国政府的应战等。对于这些问题，有些哈佛学者或给出评价，或给出预测，并相应地提出了他们的观点，这是再次出版的另一层原因。由于本书篇幅有较大增加，内容有了进一步丰富。可以说，稿件所涉及的内容几乎涵盖了中国问题研究的方方面面，有学者认为，该书堪称哈佛大学中国学的全面展示，故再版时更名为《哈佛中国学》。本书新增收录了 24 篇稿件，大约相当于原书三分之一的内容，其中《政治与历史卷》7 篇，《经济与社会卷》8 篇，《文化与学术卷》9 篇，一部分是当初原版中计划收录的拾遗之作，另一部分是其他学者、记者新近对哈佛教授的访谈稿。需要说明的是，该书中所收入的篇章，无论是采访者，还是受访者，其学术观点和价值取向等都有所不同，有的可能有不正确、不妥当的地方。请读者朋友在阅读、参考时注意甄别、取舍、扬弃。

《政治与历史卷》新增各篇稿件内容简要介绍如下：

哈佛大学肯尼迪政府学院教授托尼·赛奇在《中国的新形象》中认为习近平主席国际认可度排名高，这说明其他国家认为中国现在是非常重要的一个国家。习主席访问了那么多的国家，对于这些国家来说习主席来访特别重要，所以这些国家的老百姓都记着习主席的名字，同时他们觉得中国的未来发展对他们也很有影响。未来五年，如果中国政府领导人继续推进改革进程，城市化比较顺利，5%—6%的增长速度应该是可能的，甚至有可能达到7%。

哈佛大学政治学教授齐布拉特在《国家建设与民主经

验》一文中认为，从历史的视角看来，同样的制度却在不同历史条件下，却可能对国家能力产生完全不同的结果。比如在一定历史条件下，宪法对行政机关的限制可能使国家瘫痪，国家不再有决策能力。经济上的不平等对国家能力影响很大。当经济不平等时期不是那么严重的时候，国家可能更负责、更有力。在某些转型期，可能更需要资源的集中。也许导致强国产生的因素与导致国家发展停滞或放缓的因素并不相同。国家需要权力和资源的集中，国家是合法使用武力的垄断性组织，垄断是指资源的集中。

哈佛大学肯尼迪学院教授阿肯·冯在《参与式协商与中国的民主》一文中指出，赋权参与更接近公民真正决策的直接民主的理想，通常情况下可能是更成功的参与方式，因为在很多的咨询式参与的协商过程中，人民经常会懒得去真正参加这一过程，即使参加也不真正参与进去，因为人们知道他们说的话实际上可能既不具有效力又不重要。但如果参与讨论的公民被赋予实际权力，由政府做出承诺的话，那么情况会好很多。因为这是一种来自政府和人民之间的交换：在赋权协商的过程中，政府给予人们发言权和影响力，公民让渡自己参与的时间和精力。

哈佛大学经济学教授劳伦斯·亨利·萨默斯在《新时代的中美关系：合作不是选择，而是命运》一文中指出，中美两国合作不是选择，而是命运。现在美国政府更多是从商业的短期视角来看问题。这就让谈判更加难以达成，因为双方对成功的谈判的理解并不一样。双方不应该只从商业和贸易角度看待两国关系，而应把谈判框架放宽，用更加宽泛的思维及多边的方式处理两国关系。中国过去40年的经济改革是人类历史上最伟大的经济成就。中国经济保持了快速增长，让人们的生活变得更加开放、更加美好。

这些正面的成就让遗留的问题看上去不值得一提。未来中国将在区块链、人工智能和大数据相结合的应用在推动创新和提高生产率方面有很大的潜力。

哈佛大学肯尼迪政府学院教授约瑟夫·奈在《美国最大的威胁并非来自中国》文中认为，中国传统文化具有很强的吸引力，世界上很多人也深以为然。中国古代哲学尤其是孔子和老子的著述以及中国的绘画、雕塑、陶瓷等，对很多人都颇具吸引力。孔子学院所带来的一大益处，就是它能够帮助人们学习并了解中国传统文化。通过孔子学院教授中国传统文化，对中国软实力很有益处。中国要增强巧实力，需要妥善解决与邻国的领土争端问题。中国本身如此之大又如此重要，因此必然是这一地区的主导力量。这也意味着中国有能力接受多边行为准则，有能力调解诸多冲突。

哈佛大学肯尼迪政府学院教授文安立在《成全球性大国，中国需慎之又慎》一文中认为，中国承担国际责任对中国和整个世界都非常重要。作为国际力量，中国在促进发展、维护和平以及推动国际经济、健康医疗等领域合作发挥着积极作用。中国现在正致力于发展，主要表现在经济快速发展，这使得中国成为一个全球经济力量。中国不必喜欢所有的国家，也不必与所有国家交朋友，但还是需要改善与一些国家及地区的关系。事实上，中国需要拥有大国支持和重要的朋友，更要处理好与印度尼西亚、越南、韩国、日本等国的关系。

哈佛大学费正清研究中心前副主任薛龙在《希望中国持续和平地发展》一文中认为，全世界都羡慕改革开放时期中国经济的快速发展和居民生活水平的不断改善。但从历史的角度来看，过去四十多年，中国只是逐渐回归其在亚洲中的应有地位。世界的未来发展机会在亚洲。中国继续和平地发展，中美两国长期和平共处下去，将对这两国和亚太地区乃至全世界均有积极意义。

《经济与社会卷》新增各篇稿件内容简要介绍如下：

哈佛大学政府系教授霍尔在题为《探索发展的多样性制度建设道路》的稿件中认为能够取得经济上的成功的制度不是唯一的。资本主义的多样性研究表明，取得经济成功不是仅有一种路径。人们可以以不同方法组织经济，同样可以保持较高的经济生产效率。前至少有两种途径可以取得经济上的成功。一个是建立在市场竞争为导向的自由市场经济，另一个则是建立在合作协调为导向的协作市场经济。他们都是市场经济，但制度特点不同。后者建立的基础是工会和公司之间的重要关联。我们的研究解释了市场经济内不同的制度形态同样可以塑造很有效率的经济。

哈佛大学肯尼迪政府学院教授约瑟夫·奈在《弘扬文化传统与培育社会价值》中认为，一个国家的软实力有三个来源：文化（能够吸引他者）、政治价值（当国家内政外交都坚持的时候）以及对外政策（当他者认为其有合法性和道德权威的时候）。对中国来讲，发展软实力也是明智战略。中国传统文化一直以来具有吸引力，社会和谐、礼仪、孝道、同情原则等儒家价值广泛传播并深深影响了东亚地区。但今日中国在软实力方面，却恐怕远远不是美国或者欧洲的对手。因为美国和欧洲是公民社会，有很多非政府组织。软实力主要掌握在非政府组织和公民社会中。

哈佛大学的乔根森教授在《国家与医疗、能源和税收》中认为，中国医疗的问题仅在于对不断增长的人口以及不断增长的收入提供更多相应的医疗提供者。人们希望消费更多的医疗保健服务。因此，中国需要做的是建立一个可提供额外供应者的医疗教育系统，并使这些人与中国境内外工作的药品研发科学界人士保持联系。所以基本上政府需要追求的是供给侧的策略。因此我认为政府可以起到很大作用，有时是国家发挥主要作用，有时是省政府和大城市的政府发挥主要作用。在电力公用事业等行业，中国应该建立一个以市场为基础的体系，逐步消除价格管制，能源的选择是基于市场观念而不是某个人对绿色经济的想法。但这与中国目前的情况不符。

前不久辞世的哈佛大学社会学教授傅高义一直是国内学术界和媒体采访的热点。他在《中国的历史沿革与未来模式》一文中认为，二战以后美国政府开始意识到自己的国际责任，需要多了解全球的情况，美国的社会科学也应该加强对全球各个地区的研究。最早开始研究中国的目标不仅是为了学者本身，还担负着让美国和美国民众多了解世界的责任。中国的历史这么长，规模这么大，发展这么快，1978年后，中国在共产党的领导下进行改革开放，走向市场经济，这个过程的确有其独特的方面。

傅高义在另一篇访谈《塑造国际新秩序是全世界的共同责任》一文中认为，美国独大的"单极"时代正在结束，美国不可能像以前那样拥有巨大的影响力并领导全球所有事务。这就意味着，中国需要同美国和其他国家合作。因此，中美两国的历史任务是塑造一个国际新秩序，这也是两国共同的责任。所以，找到一种"竞争而非打架"的共存方式，是美中领导人当下共同的历史使命。

傅高义在《不可能"脱钩"，中美应同舟共济》一文中认为，中美要双赢没有简单的解决方案。这意味着中美双方要做大量的努力，要相互理解，官员们要加强对局势的正确判断。目前尚不清楚中国将在多大程度上扩大海外军事力量，以及将在多大程度上努力影响美国的媒体。当然，美国必须捍卫自己的利益，但为了两国和世界的利益，美国又应努力与中国在很多问题上合作。我们必须从中找到既适用于中国也适用于美国的解决方案。美中双方密不可分，我们意识到彼此在同一条船上，就要同舟共济。

哈佛大学设计学院教授穆赫辛·穆斯塔法维在《国际视野中的城市化挑战与策略》（本书节选其中关于中国部分，标题为："高速城市化：中国发展中的重大挑战"）中认为，在全球化的背景下，中国在城市化进程中面临的最大挑战是高速度的城市化。在中国，对于规划部门而言，如何对待建设与社会反馈之间的关系需要引起重视。关键是如何将从已建成项目中得到的经验应用到将来的建设中去。中国的发展速度如此之快，它需要有一个不断修正、完善、加强、进步的信息反馈系统。

哈佛大学历史学教授柯伟林在《中国的和平崛起与新时期对外关系》的稿件中认为，中国崛起是必然的，但是实现中华民族伟大复兴中国梦仍然要建立在20世纪中国发展的基础之上。其实，无论是中国梦，抑或是美国梦，最大的挑战是如何凝聚和激发社会精英人士的力量。中美关系是世界上最重要的双边关系，双方对形势都要有一个清晰的判断，在一些领域要坚持合作。中美两国在一些政治问题上会持续存在争端，中美关系现在的挑战就是中美双方要尽可能在众多有着共同利益的领域形成合作，比如贸易、投资领域等。

《文化与学术卷》新增各篇稿件内容简要介绍如下：

哈佛大学东亚语言文明系教授宋怡明在题为《变迁中的唐人街》的稿件中认为，中国人移居海外的历史，事实上早于国家概念的产生。中国人不懂融合，喜欢聚族而居，住在唐人街，保持原有的生活方式。华人这样做主要不是他们自身的选择，而是住在国排华的结果，这是他们对住在国排华适应的结果。

哈佛大学东亚语言文明系教授欧立德在《如何理解满族史和清史的关系》中认为中国清代史的研究历来是以汉族为中心的研究范式，但不应该把清代史和满族史分得那么开，要两者结合才有道理。从宏观上来说，任何制度都有它的寿命，一旦它不能适应时代的变化就会面临被淘汰的命运。

哈佛大学东亚系暨比较文学系中国文学讲座教授王德威在《何为文学史？文学史何为？》一文中认为，"中国"一词至少包含如下含义：作为一个由生存经验构成的历史进程，一个文化和知识的传承，一个政治实体，以及一个'想象的共同体'。何为"中国"？这是《文学史》的自觉思考。我们一方面可以并且应当在某种程度上呼应作为一个主权国家的中国，其中的政治意涵并不需要特别回避，但除此以外，我们另一方面还需要照顾到其他华语地区中的文学实践。文学史在中国的文化语境中受到如此重视，这既与我们建设现代国家的历史进程有关，此外还有中国的文化传统在其间发挥作用。

哈佛大学人类学系教授迈克尔·赫茨菲尔德在《在田野中发现真正的学术问题》一文中认为，当今社会，包括中国在内的很多国家都在研究人类学，越来越多的人类学家可以阅读多语种的文献，促进了人类学领域的交流。人类学已经超越了只局限于某个国家或地域的时代，取而代之的是全球视野下的人类学。中西方人类学研究的不同取向更多源于民族文化和民族传统的不同，但人类学发展方向是在不断演进的，中国学者应兼收并蓄，通过研究其他社会文化来理解这些文化对中国人类学发展所带来的影响，通过田野调查能掌握更多的一手资料，了解更多的人类学研究问题。

哈佛大学世界宗教研究所所长克鲁尼教授在《跨越边界的深度学习：比较神学与中国》一文中认为，跨越宗教和文化边界的学习，不止一条路子。不过，比较神学是一种比较理想的照顾到各方的交流方式。利玛窦的根本使命是进行文化的沟通和交流。他是以一个传教士的身份来到中国，但他懂得，他既应该传播新文化，同时也要接受本土文化。在文化的层面来说，既要为中国文化做出贡献，又要自身受惠于中国文化。我所倡导的比较神学，与此类似，既致力于文化的沟通和交流，也期望对其他文化和宗教进行深度学习。

哈佛大学燕京学社社长裴宜理教授在《海外中国研究的"精彩"时刻》一文中认为习近平主席提出的中华民族复兴的"中国梦"、"社会主义核心价值观"等，都是通过传统文化符号来展示当代政治对传统文化的认同和强调。在当代中国政治中，也可以看到对文化传统的强调。如习近平主席访问曲阜、参观孔府，通过"重访"中国传统文化符号，向民众传递出当下中国对传统文化的传承，塑造共同的认同感。现在无论是研究人文社科还是研究专业技术的学者，都对中国研究越来越有兴趣。中国研究已经不再和过去一样是个"新奇"的领域，对美国很多大学来说也不再是个"奢侈"的课程，相反，它已经成为大学的基本课程，无论是教员的教学研究实力还是学生的学习热情都在逐年看涨。

哈佛大学历史学教授安德鲁·戈登在《中日中产阶级消费文化之对比》一文中认为，中产阶级反映了一种生活方式，起初，真正能拥有这种生活方式的人并不多，后来，真正能拥有这种生活方式的人也没有人们想象得那么多，但将之作为一个梦，这一点十分重要。世界各地的消费正在从物质商品向精神商品转移，这种转移依然处在进行过程中。

哈佛大学教育研究生院认知和教育学教授霍华德·加德纳在《文理教育的终极目标与学者的责任担当》一文中认为，"文理教育"（education in the liberal arts and sciences）在世界范围内备受推崇，但如今在美国，其地位却岌岌可危。毫无疑问，许多国家，包括中国在内，都认为"自由教育"的形式在某些方面是可取的。教育工作者和政策制定者们羡慕威廉姆斯学院、耶鲁、斯坦福、波莫纳学院等大学的毕业生身上所具有的广泛见识、批判性思维技能、综合能力、口头和书面沟通能力。

哈佛大学副教务长包弼德教授在《数字化教学传播中国文化》一文中认为，现代领导力的培养应该基于"学习"，不应该只传播美国的价值观，要给学生介绍全世界的价值观和文化。中国的发展需要中国学者的智慧，中国学者自己应该去判断"中国梦"和"中华民族伟大复兴"等的价值。

张冠梓

2021 年 3 月 26 日

前　言

2008年8月22日，在北京正如火如荼地举办举世瞩目的奥运会之时，我只身远赴大洋彼岸，开始了为期一年的在美访学生活。到哈佛大学读书，这是我自打听说这所学校的名字后，就开始编织的梦想，如何叩开这座"围城"的大门，这件事可以说已经成为我难以排遣的情结。其间进行过若干次努力，甚至曾经离成功仅一步之遥，但最终还是失之交臂。2008年，这个机会终于来了，尽管有些姗姗来迟，但毕竟在我的人生中出现了。迟缓却又突然、新鲜而又陌生、紧张而又亢奋，这是我到这所学校后异常复杂的感受。我深知，对于我来说，来哈佛不易，再来则更不易，一定要珍惜这一年的宝贵时光，多走、多看、多学习。

一　关于哈佛大学

到过波士顿的朋友都知道，在宽阔深沉、风光旖旎、波澜不惊的查尔斯河畔，坐落着不少世界驰名的大学和研究所。哈佛大学和麻省理工学院（MIT）就是其中最著名的两所大学。这两所学校同处于剑桥城，相互毗邻，而且有趣的是，两大校园之间并没有明显的界线。初入我所久仰的哈佛大学，便被其颇具特色的"哈佛红"所吸引。近些

年来，在世界范围的各种大学排名和评比中，哈佛大学始终首屈一指，尽得全世界的"荣宠"。在中国，哈佛大学的名字同样妇孺皆知。特别对于那些望子成龙、望女成凤的家长们，哈佛大学更充满了极大的号召力和诱惑力，常常成为他们为子女设立的人生最高目标。近些年来，一些就读于哈佛或者曾经在哈佛就读的中国学生以及他们的家长，不断撰文著书，介绍宣传哈佛，进一步增添了这所学校在世人心中的神圣和神奇，激发了人们走进它的愿望。

在美国，盛传着"先有哈佛，后有美利坚"的说法，说明这所学校的古老和重要。哈佛大学建于1636年，比美国成为独立国家几乎要早一个半世纪。当年，移居美洲的英国清教徒，为了其子孙后代的幸福，仿效当时英国剑桥大学的模式，在马萨诸塞州的查尔斯河畔建立了美国历史上第一所高等学校，始称剑桥学院。1639年，学校更名为哈佛学院，目的是永久纪念学校创办人之一和办学经费的主要捐献者、英国剑桥大学伊曼纽尔学院文学硕士约翰·哈佛（John Harvard）。1780年，哈佛学院被马萨诸塞州议会破格升为哈佛大学，此名一直沿用至今，常被简称为哈佛。历经381年的发展，哈佛大学已经规模庞大、资产超群，常被人戏称为"哈佛帝国"。之所以有这样的称谓，有很多原因。

一是学校规模庞大。全校共设有13所学院。其中本科生院两所，即哈佛学院与拉德克利夫学院；研究生院11所，即文理学院、商业管理学院、肯尼迪管理学院、设计学院、教育学院、法学院、神学院、医学院、牙医学院、公共卫生学院及大学扩展部等，其中除牙医学院、医学院、公共卫生学院这3个研究生院设立在波士顿外，其余各学院均集中于剑桥。各院校具有相对的独立性。

二是哈佛大学拥有强大的师资力量、一流的学术水准。在哈佛大学工作的教职员工超过14000人,包括超过2000名教授和讲师,以及7000多名在所属的各个教学医院工作的教员。到目前为止,哈佛大学已然是拥有11个研究生院、40多个系科、100多个专业的大型院校。其中,商学院、法学院、政府学院、医学院等众多学院都具有极高的声誉,政治学、经济学、社会学、医学、生物学、化学、生化学、物理学等学科也都是世界一流水平。

三是哈佛大学资产雄厚,获得的捐赠是最多的。在哈佛,每个全职教授的平均基本工资就达19.2万美元,在美国高校中遥遥领先;给学生的奖学金则每年达3.38亿美元,这些数字增添了哈佛的光环。在刚刚过去的那个财政年(2007年7月1日至2008年6月30日),哈佛收到的捐助资金达369亿美元。哈佛大学向来出手阔绰,重金打造校园设施在所不惜。学校负责人花费2.6亿美元建一座新医学大楼眼睛也不眨一下,他们还斥巨资委托罗伯特·斯特恩(Robert A. M. Stern,美国老牌建筑事务所)设计一座巨型哈佛法学院副楼。当然,需要说明的是,由于受金融危机的影响,哈佛大学在经费上也开始吃紧,许多发展项目亮起了红灯,如今这所名校已经沾染了华尔街病恹恹的气息。漫步在波士顿查尔斯河畔的哈佛校区,首任捐助者约翰·哈佛的雕像闪耀着光泽,但其脚下几乎被挤爆的垃圾箱却似乎透露出不妙的预兆。至于哈佛最为雄心勃勃的宏伟项目——原计划在2011年竣工、造价超过12亿美元的科学综合大楼,目前已被迫停工。由于研究院的招聘与建设均已处于冻结状态,学生、老师、管理层之间的冲突时有出现。

最后,也许是最重要的是,哈佛大学汇聚了全世界最

优秀的学生。哈佛大学由最早成立时的12名学生，壮大到如今的2万多名学生，规模巨大。这里面，有大学生、研究生、继续教育和夏季学校的学生，也有各种形式的进修生和访问学者；有十几岁的少年，也有80多岁的老人。哈佛大学除了培养美国学生外，还接纳来自世界各国的大批留学生和访问学者。据报道，哈佛的学生来自世界大约150个国家和地区，他们有着不同的民族、语言、宗教信仰及文化传统，充分体现了各个种族、各个民族在文化上的丰富多样性。如果你漫步在哈佛校园里，或就座于任何一个教室中，就会发现这里的男女老少、各色人等一应俱全。来哈佛读书的学生，虽然国籍、种族、文化迥异，但他们个个成绩优异，或每科普遍优秀，或单科异常突出，或参与竞赛出类拔萃。而且，许多学生注重人文、音乐、舞蹈、戏曲、体育等素质的培养，注重管理、领导、语言、新闻报道、公共服务等方面能力的训练，可以说是多才多艺。

　　哈佛大学之所以能从"一叶小舟"发展成为世界高校中的"航空母舰"，原因之一在于它开创和形成了一套颇为独到的办学思想和理念。这所学校早年开设的课程以英国大学的模式为基础，但是在思想上与这个殖民拓荒地盛行的清教徒哲学保持一致。尽管它早年的许多毕业生成为整个新英格兰地区清教徒聚居地的牧师，但学校却从未正式加入过某一个特定的教派。一份出版于1643年的小册子阐明了哈佛大学存在的价值："促进知识并使之永存后代。"另外，哈佛历任校长都坚持3A原则，即学术自由、学术自治和学术中立（这三个原则英文词第一个字母均是A），因之各学院都具有相对的独立性。哈佛的校训是"Amicus Plato, Amicus Aristotle, Sed Magis Amicus VERITAS"。它是拉丁文，中文意思是"与柏拉图为友，与亚里士多德为友，更要与真理为友"。它是哈佛学生学习和为人的准则。哈佛的校徽拉丁文是"VERITAS"，中文意思是"真理"。校徽的确定颇费周折，其设计草图早在1643年就已提出，却于无意中被搁置在文件里，沉睡近200年。直到200年校庆，校长昆西（Josial Quincy）在寻找校史资料时，偶然发现这一图案，才把它重新介绍给哈佛师生。此外，哈佛大学各个图书馆自习墙上的箴言，也是一道亮丽的风景，成为哈佛精神的一部分。读书的人累了，抬头就能看见那些给人以信心的充满哲理的话，如"此刻打盹，你将做梦；而此刻学习，你将圆梦""勿将今日之事拖到明日""学习这件事，不是缺乏时间，而是缺乏努力""幸福或许不排名次，但成功必排名次""学习时的苦痛是暂时的，未学到的痛苦是终生的""今天不走，明天要跑"，等等。如今，这些箴言不仅激励着一代又一代哈佛学子，甚至成为世界各国青少年恪守的"座右铭"。

　　与哈佛大学的办学理念密切相关的，是这里的研究、教学和学习风气。这里有几点给我留下了深刻的印象。一是哈佛大学教授在教书上的认真和敬业。我在法学院、文理学院、政府学院选过一些课。教过我的每一个教授，不论是主课还是副课，都极其认真负责，要求非常严格，对学生的作业批改得非常仔细，一个单词、一个标点都不放过。学生加班，教授也经常陪着，而且还主动给学生上小课。二是学生的认真和勤奋。去美国之前，我有个偏见，觉得在美国读书很轻松，美国大学生作业很少，考试容易，尽去玩了。去了哈佛之后，才知道这种想法大错特错。我所在的班上国际学生和美国学生各占一半，因为课程重、作业多，大家基本上都是学到凌晨三四点钟才回去休息，上午八点钟又要准时上课，一天只能睡四五个小时。在国内读书时，学到夜里十二点钟就觉得自己够刻苦了，可在哈佛要是这个钟点睡觉，绝对是懒学生。

　　正是其独到的办学理念，正是其在择师和育人上坚持高标准、高质量，哈佛大学才得以成为群英荟萃、人才辈出的一流学府，在出成果、出人才方面成就斐然，并且一直保持着长盛不衰的势头，对美国社会的经济、政治、文化、科学和高等教育都产生了重大影响，对世界各国的求知者具有极大的吸引力。在科学研究方面，哈佛大学不断有影响重大的科研成果问世，如100多年前开始实施外科麻醉手术；20世纪40年代发现核磁共振，现已广泛用于化学和医学研究；50年代首创器官移植的新方法，并成功地进行了第一例人体肾脏移植；60年代提出有机合成化学的理论和技巧，并首次人工合成了维生素B_{12}；90年代发明新的太阳能转化电能材料；2000年合成一种十分有效的抗癌药；等等。在人才培养方面，无数优秀的哈佛毕业生，对美国乃至世界的政治、经济、科学、文化都起到过重要的作用。他们中包括8位美国总统：约翰·亚当斯（John Adams）、约翰·昆西·亚当斯（John Quincy Adams）、拉瑟福德·海斯（Rutherford B. Hayes）、西奥多·罗斯福（Theodore Roosevelt）、富兰克林·罗斯福（Franklin Roosevelt）、约翰·肯尼迪（John F. Kennedy）、乔治·沃克·布什（George Walker Bush）、贝拉克·侯赛因·奥巴马（Barack Hussein Obama）；以及无数影响世界的风云人物，如英国著名外交家乔治·唐宁（George Downing）、美国著名思想家爱默生（Ralph Waldo Emerson）、石油大王霍华德·休斯（Howard Hughes）、著名政治家亨利·基辛格（Henry Alfred Kissinger）、IT巨人比尔·盖茨（Bill Gates）等。哈佛大学的教授中总共产生了43名诺贝尔奖获得者和34名普利策奖获得者。中国近代以来很多著名学者都曾在此学习过，包括陈寅恪、竺可桢、杨杏佛、梁实秋、梁思成、赵元任等。

谈起哈佛，不能不介绍一下它的图书馆和博物馆。来到哈佛大学的图书馆，这里的资料收藏实在丰富、服务设施实在齐全、服务措施实在周到。哈佛的图书馆，大大小小，算起来不下百所，大体可分为两类。一类是综合图书馆，即瓦德纳图书馆（Widener Library）。该馆建于1638年，是哈佛也是美国年代最悠久的图书馆，同时也是世界上规模最大的图书馆之一，存有1600多万册图书，其中包括微型胶卷、地图、图片、数据和其他资料。地上有好几层书库，地下也有好几层。另一类是与专业相关的图书馆，主要是法学院图书馆、政府学院图书馆、神学院图书馆、托孜图书馆、雷蒙图书馆、方图书馆、燕京图书馆，以及政府文献馆、哈佛档案馆、利陶图书馆等。雷蒙图书馆是大学生、研究生教学参考书图书馆，备份很足，往往其他专业图书馆借不到的，这里都能借到。霍顿图书馆是档案图书馆，收藏有很多美国名人的亲笔信件、照片、手稿。在哈佛的图书馆中，值得一提的是哈佛大学院系之间的信息资源共享问题。在哈佛，查阅资料一般需登录和浏览哈佛大学网站。通过哈佛图书馆的HOLLIS网，可以查阅哈佛各馆的藏书情况。HOLLIS网上还有各种电子杂志，看到需要的论文，可以直接下载；至于博士生的论文提要，哈佛的网上也能看到。各种学术议题，通过网上征询，都能得到满意答案。

哈佛大学的各个博物馆也是哈佛校园文化的一个重要部分，它包括艺术博物馆、自然历史博物馆、考古和人类文化博物馆等。哈佛艺术博物馆是世界上最大的大学艺术博物馆之一，它收藏了15万份艺术珍品，从古至今，从欧

前言

洲、北美、北非、中东到东南亚，范围极广。艺术博物馆分3座。佛格博物馆主要收集的是西方绘画、雕刻、素描、照片和印刷品，既有意大利文艺复兴时期的艺术珍品，也有法国印象派作品。莱辛格博物馆向人们展示中欧、北欧的艺术，其收藏品主要来自德语国家。萨克勒博物馆主要收集古代亚洲和宗教艺术品，其中有中国玉器、青铜器、陶器、古画、佛教雕塑、朝鲜陶瓷、日本浮世绘、印度绘画、阿拉伯书法、波斯地毯、希腊和罗马雕塑，等等。哈佛大学自然历史博物馆包括植物博物馆、比较动物学博物馆以及矿物和地质博物馆。植物博物馆收藏了大量珍贵的经济植物和药用植物标本、照片、人工制品和考古资料，其中植物玻璃模型当属最稀有的收藏品。该馆共有这类模型3000多个，涵盖840多种植物，模型精致完美，在世界上独树一帜。哈佛考古和人类文化博物馆是世界上最早的人类学博物馆，广泛收集了西半球人类文化历史的记载文献。这些博物馆与哈佛大学的科学研究交相辉映、异彩纷呈。

　　哈佛是许多人向往的学习和深造的地方。如今的哈佛大学无论是在美国还是在全世界都有重要的影响力，也是申请入学竞争最激烈的大学之一。哈佛的录取率在美国是非常低的，始终停留在10%—12%，但申请人数一直居高不下，每年都达到2万多人。许多高中成绩出类拔萃的申请者也未必能被哈佛录取。而同时被两所名校录取的学生，75%左右的人选择了哈佛。虽然考进哈佛不容易，但它还是为任何一个优秀的、有才华的学生提供入学的机会，录取时不考虑申请人的经济状况，对确需经济资助的学生会提供帮助。

二 关于哈佛大学的中国问题研究

在哈佛大学从事学习和研究的一年时间里，我耳闻目睹了一个令中国人高兴的事实——哈佛和中国的关系越来越紧密：关注和研究中国问题的教授越来越多，在哈佛求学和教书的中国人越来越多，围绕中国的研讨会和报告会、开设的讲座和课程、出版的科研成果越来越多。哈佛大学院系对中国问题的研究普遍表现出越来越浓厚的兴趣。这表现在教授（有专门的中国研究教授讲席）、项目（有专门的中国研究项目）的体制化，以及由此产生的学术活动、教学课程以及研究成果上。从人员、项目、活动、成果的数量与质量来衡量，哈佛大学都堪称美国甚至世界的中国问题研究中心、重镇。

其实，哈佛大学研究中国问题是有渊源的。哈佛大学是美国第一家设置中国学的学校，也是最早进行当代中国研究的学校。在中国传统文化研究领域，譬如文学、历史、哲学、考古等方面，哈佛大学"盛产"不少名家，出版了诸多影响深远的名著。经过半个多世纪的发展，哈佛的当代中国研究也已达到了相当大的规模，其学术成果颇为丰厚。20世纪60年代，美国开始致力于培养专门研究中国的学者，造就了一批享誉全球的著名学者。70年代初，基辛格博士在他前往中国的"秘密外交"之前，曾来到哈佛大学，倾听母校的中国研究专家们对中美关系的意见。直至今日，哈佛大学在美国的对华政策研究方面仍然发挥着巨大作用。近年来，哈佛大学一些重要科系，如政府系、社会学系、人类学系、社会医学系等，其主任都是在各自领域享有盛名的中国问题专家。数年前，法学院还首次任命了一位研究中国法律的教授为副院长。

哈佛大学现有的 11 个学院中，有 3 个学院设有从事当代中国研究和教学的专门机构：文理学院（Faculty of Arts and Sciences）、肯尼迪政府学院（Kennedy School of Government）和法学院（Law School）。

文理学院设有东亚语言与文明系，有许多研究中国问题的教授，开设有关中国文学、历史、语言与艺术的课程。此外还有一家著名的当代中国研究机构，即费正清东亚研究中心。1955 年，时任哈佛历史学教授的费正清（John King Fairbank，1907—1991）争取到卡内基基金会和福特基金会的资助，在哈佛大学创立了费正清东亚研究中心，并担任该中心主任。费正清的工作是开创性的。在他之前，西方对中国的研究是人文性质的，费正清把中国研究变成了可以为美国对华政策服务的实用学问。他强调从中国特殊的历史传统的角度理解现代中国，认为美国不能直接地把自己的意识形态强加于中国。他去世后，这个以他的名字命名的研究机构薪火相传，保持着一以贯之的研究风格。费正清东亚研究中心专业研究人员的人数一般保持在 10—30 名。费正清东亚研究中心有个执行委员会，是其重要的权力机构。执行委员会成员由哈佛大学和波士顿地区最权威的中国学家和东亚地区研究专家组成，他们是费正清东亚研究中心的学术骨干和核心成员。费正清东亚研究中心研究范围包括东亚各国和中国港台地区，重点在中国大陆。费正清费正清东亚研究中心学术活动频繁，学术讲座特别多，讲座内容从中国古代史到中国当代问题，从中国内地家庭社会问题到海峡两岸关系、国际关系问题，从考古探讨到戏剧、电影、小说研究，无所不有。参加者十分踊跃，尤其是热门题目，往往有的报告还没开始，会议室就坐满了人，会议气氛异常活跃，讲者与听者有席地而坐的，有站立凝听的，也有坐窗台、热水汀的。

另一个研究中国问题的著名机构是哈佛燕京学社（Harvard-Yenching Institute）。哈佛燕京学社通常被归在哈佛大学名下，实际上是哈佛大学与燕京大学（燕京大学是教会学校，1951年收为国有，1952年并入北京大学）等学校共有的汉学机构。哈佛燕京学社成立于1928年，初始资金来源于美国铝业大王霍尔（Charles Martin Hall）捐赠给哈佛大学和燕京大学的遗产。作为美国最早的汉学研究机构，哈佛燕京学社久负盛名。七任社长都是汉学家，他们是叶理绥（Serge Elisseeff）、赖世和（Edwin O. Reischauer）、佩泽尔（John Pelzel）、克瑞格（Albert Craig）、韩南（Patrick Hanan）、杜维明和裴宜理（Elizabeth J. Perry）。与1955年成立的费正清东亚研究中心注重研究当代中国相比，它更专注于传统中国学。对此，费正清说过："汉学家就像语言的仆人，甚至奴隶，但历史学家的问题是要将语言为我所用，而不是相反。"实际上，中国文化无论古代还是近现代和当代，对西方人都具有巨大的吸引力。这两个机构的并立使哈佛成为西方当之无愧的中国学和当代中国研究的中心。

在当代中国领域，肯尼迪政府学院是近几年崛起的一支重要力量。从20世纪90年代起，肯尼迪学院加强了对发展中国家的研究和教学。当代中国研究集中在企业政府中心（The Center for Business and Government，CBG）的亚洲项目组下，分为中国公共政策、中国香港的领导和中国台湾的领导者三个独立项目。

哈佛大学东亚法律研究中心是研究中国法律问题的重要机构，设立于1965年。最初称东亚法律研究项目（East

Asian Legal Studies Program），是美国研究东亚各国法律史以及这些国家与美国互动关系的最早、最大的学术项目，目的在于比较中国、日本、韩国和东南亚的法律及法律文化。

哈佛大学还于1997年成立了亚洲中心（Harvard University Asia Center），目的是更进一步地加强哈佛大学在亚洲问题上的研究，以确保其不可动摇的权威地位。目前共联络了100多名学者到哈佛从事中国和亚洲研究。傅高义（Ezra F. Vogel）教授是亚洲中心的第一任主任，托尼·赛奇（Anthony Saich）教授是现任主任。

在研究项目方面，据我所知，哈佛大学文理学院、医学院、政府学院、法学院、商学院、公共卫生学院、设计学院等都有各种中国相关领域的研究项目，涉及政治、经济、文化、环境、法律、卫生、医学等各个方面。在经济研究方面的项目尤其多。这些研究项目不是出于一种业余兴趣，而是具有领头人物、得到资金支持、配有专门设施、可以接受中国的研究生或者访问学者的研究项目。哈佛燕京学社的中国项目是面向文科学者的，肯尼迪政府学院的中国项目是面向政策研究的，环境中心的中国项目是面向环境学者的，法学院的东亚项目是面向法学研究的，而学校的中国项目是面向几个综合院校的。因此，哈佛的中国研究不是少数专业、少数热心人的事情，已经成为一个全校性、跨学科的研究领域。

在学术活动方面，哈佛的中国研究活动红红火火，每年都有一些大型、综合性的活动。一年一次的哈佛中国评论年会是这些活动中的代表。在2005年的年会中，4个分组研讨覆盖了中国的消费、交通、能源、城市以及住房等大的热点课题。当哈佛各个领域积累起一批中国问题的研究专家时，他们就可以开展大型的综合性学术活动了。哈佛大学是美国研究中国问题的重镇，但是学究气很重的哈佛过去侧重于研究中国古代历史文献，而忽视中国当代文学的发展。近年来，哈佛大学汉学研究发生了一些变化，开始关注中国当代文化现象。另外，研究中国文学和历史的学者过去都只用英文来做研究和交流，而现在，在哈佛同一些研究中国文学的学者交流时，大家都是用汉语来交流，而且更多的中国当代文学作品正成为哈佛学者关注的对象。

在图书资料方面，燕京图书馆是哈佛最大的中、日、韩资料图书馆，大概也是北美最大的汉学图书馆，也是中国访问学者最常去的地方。现有藏书共100多万册，其中中文图书占一半以上，微缩胶片8万多件，期刊5700多种，报纸32种。这些资料以汉学的传统资料为主，但也包括中共党史和国史资料，以及由大陆出版的新地方志。自哈佛大学于1879年开设中文课程后，就开始收集与中国相关的图书，该图书馆是西方研究中国文化规模最大的图书馆。燕京图书馆借书不限，进出自由，非常方便。

在学术期刊方面，费正清东亚研究中心出版有《中国季刊》（China Quarterly）。另外，费正清东亚研究中心还经常有研究成果以图书和专题文集形式发表，其中有《哈佛东亚丛书》（Harvard East Asian Monographs Series）、《哈佛东亚专题文集》（Harvard East Asian Monographs）和《中国论文集》（Papers on China）。哈佛燕京学社的出版物为《哈佛亚洲研究杂志》（Harvard Journal of Asiatic Studies）。目前，一批在哈佛就读的中国学生正在办《哈佛中国评论》（Harvard China Review）。

这里，我再多说几句。其实，哈佛大学只是美国研究中国问题的庞大人群中的一小部分。或者可以说，哈佛大学的"中国热"是世界关注中国的一个缩影。随着中国国力的增强和在国际事务中地位的不断上升，美国大学和智库对中国的研究蓬勃发展，而哈佛大学作为美国最著名的学府当然更是借助其在中国研究方面的领先地位，持续领跑。有的学者将其形象地比喻为"哈佛一片东方红"。其实，在美国的大学、研究机构、政府部门、各类咨询机构中，研究中国问题的可谓人数众多，难以计数。而且近些年来我们看到的"中国热"呈现几何级的变化，这与中美关系的发展和中国的崛起是息息相关的。据估计，全美最好的100所大学中，有300—500位专门研究中国社会、经济和政治的学者。而且，不光是智库和大学，美国主要部委、大兵种都有中国研究专项，所有大公司也都有中国项目或者中国部门。《华盛顿杂志》曾报道说，美国中央情报局的中国分析员有百余人，许多退休官员如今依然活跃于美中关系学界，如芮效俭、尚慕杰、傅立民等；也有一些学者"学而优则仕"，如原普林斯顿大学的中国问题专家柯庆生，曾担任美国国务院负责东亚事务的副国务卿。大华盛顿地区专门进行中国研究的学者、说客和咨询人员，也就是说"吃中国饭"的人越来越多，从一个侧面反映了"中国研究热"在美国国际关系学界的持续升温。如今，当你走在号称"美国智库一条街"的马萨诸塞大道，也许不经意间就会碰见一位"中国问题专家"。这条大道两旁的著名智库——卡内基和平基金会、布鲁金斯学会、传统基金会、卡托研究所、国际经济研究所和约翰·霍普金斯大学，以及离此不远的战略和国际研究中心、美国企业研究所和乔治·华盛顿大学，都有中国项目，甚至有中国研究中心。盖保德（Albert Keidel）、卜睿哲（Richard Bush）、谭慎格（John Tkacik）、蓝普顿（David Lampton）、季北慈（Bates

Gill）、葛来仪（Bonnie Glaser）、何汉理（Harry Harding）、沈大伟（David Shambaugh）等一大批有着中文名字的美国学者、教授正活跃在美国的外交学术界。需要说明一点，美国研究中国政治、经济、社会的学者主要集中在大学和智库。美国大学里研究中国的人数最多、实力最强、专业面和兴趣面最广，但往往与政策圈脱节；华盛顿和波士顿研究中国的顶尖机构最多，但就与美国政策制定者联系最紧密、能为美中关系走向把脉而言，华府智库是其他地方没法比的。这些智库中，卡内基、布鲁金斯、战略和国际研究中心的中国项目被普遍认为是比较强的，前两者还在中国国内开设了研究分部。

应该说，"中国热"升温是好事，但对学者也提出了更高要求，而现实是人多了，难免鱼龙混杂，如何客观、公正地研究中国问题成为一大课题。我们看到，美国人对中国的关注点与美国的政治关系密切。早在"冷战"时期，美国投入大量精力研究苏联；现在，中国渐趋强大，美国的研究热开始转向中国，而且势头越来越猛烈、越来越具体细致。过去，中国一直是美国重要的外交议题，但以前主要关注台湾、人权、贸易等比较单一的双边问题，而现在牵涉面则广泛得多。非洲、拉美、能源、气候变化等问题已成为中美关系中的议题；贸易也从双边逆差发展到汇率问题、全球经常项目不平衡问题；以前中国与美国在防止核扩散方面并无多少合作，而今在朝鲜、伊朗核问题上，中国与美国正密切合作。

如何看待美国的中国问题研究，本身就是个颇为复杂的问题。一方面，很多美国人，包括一些中国问题专家，跟不上中国快速变化的步伐，仍以老眼光看已经发展了的中国，有些观点难免与中国的实际状况相左。另一方面，在比较自由开放的学术氛围下，一些美国学者凭借着对美国政治和社会结构的深刻了解，在研究美中关系方面亦有其强项，所思所想亦有其独到和可以借鉴的地方。关键的一点，就是不要再盲从，或随意地拒斥，而是要学会以我为主，自主地、积极地思考问题。

三 关于哈佛大学的中国学家

哈佛大学不仅有一流的研究机构，还有许多世界著名的中国问题研究专家。他们人数众多，研究领域遍布各个院系的各个方面，而且代有传承，呈不断发展壮大之势。他们以及他们所取得的成果对美国政府制定对华决策、为美国社会了解中国发挥着持续而巨大的影响力。

在哈佛大学研究中国问题的教授中，最早、最著名、最具代表性的人物当属费正清教授。1997年原中国国家主席江泽民、2003年国务院总理温家宝在哈佛大学的演讲中，对他的学术成就和致力于中美友好的贡献，都给予了很高的评价。费正清生于美国南达科他州，先后求学于威斯康星大学、哈佛大学、牛津大学。费正清与中国的接触开始于20世纪30年代和40年代特殊的历史时期。20世纪30年代，毕业于哈佛大学的费正清来清华大学任讲师，并从事中国近代史的研究。1948年，他发表了现代中国学的奠基之作《美国与中国》。1958年，该书第二版又增加了对中美关系以及美国为什么失去中国进行了深入的探讨。1955年，费正清争取到卡内基基金会和福特基金会的资助，在哈佛大学创立了费正清东亚研究中心，并担任该中心主任直到1973年。他创造的"刺激—反应"方法成为美国中国学研究领域的主要方法。此外，他还为美国近80所大学培养了数以千计的从事中国学和东亚学研究的学者。他也由此获得了"美国中国学方面最大的学术企业家"的美称。费正清所开创的中国学研究不仅仅局限于史学，还逐渐扩展到多学科领域。在这方面的著作有《美国与中国》（第四版，1971年）、《共产党中国，1955—1959年：政策文献分析》（合编，1962年）、《新中国和旧中国》（1977年）、《与中国的不解之缘：五十年回忆录》（1982年）、《伟大的中国革命（1800—1985年）》（1986年）等。其学术贡献主要在以下方面：一是创立当代中国学。这种"中国学"有别于偏重语言学、文化学、传统汉学的中国学。二是为中美关系正常化的进程做出了不懈努力。在费正清的著述中，有关中美关系以及外交政策方面的研究占很大比重。他的论述影响了整整几代美国学人和第二次世界大战后美国政府的对华政策，为中美关系正常化作出了重要贡献。从20世纪50年代开始，费正清主张美国政府尽早放弃对中国的"遏制和孤立"政策，转向"遏制而不孤立"政策，承认中华人民共和国，实现关系正常化。这些主张凝聚着他多年来对中美关系的深入思考。费正清在很大程度上影响了美国政府的对华政策，他的学术经历在影响和左右美国公众和政策决策方面起了重大作用。作为中美关系的专家、倡导者和阐释者，费正清致力于影响历史进程，而不是仅仅理解和解释历史。他遵循其导师查尔斯·韦勃斯特（Charles Webster）的主张，即历史学家应利用其知识和研究改变现实。他坚持认为，为了美国的未来和世界的发展，美国人必须重新认识中国，重新审视美国同中国的关系。费正清之所以对美国政府对华政策产生重大影响，恰恰是因为他的思想和政策观点与决策者的务实、功利观点相悖。三是致力于19世纪中叶东西方文化交流史的研究，探索传

统中国社会的特征、改变中国历史的重大变故和中西文化交流的整个过程。他还是一位德高望重的历史教员,桃李满天下,在哈佛大学培育了数以千计的本科学生,在他门下获得博士学位的学生、学者在美国和世界其他国家任教的达100多人。四是极力推广东亚研究,其中包括现代中国史研究。经过他的毕生努力,东亚研究获得了应有的学术地位和大量的财政资助。除了加强学术意识和筹集资金外,费正清还帮助建立了一系列的研究项目,如在哈佛大学推广东亚研究,扩大该学科和领域在国内和国际上的影响。哈佛大学几乎可称为他的学术研究基地。

史华慈(Benjamin I. Schwartz)是哈佛大学又一位深具影响力的中国学家。长期以来,史华慈一直是哈佛大学东亚和中国问题研究方向的学术负责人。曾任哈佛大学东亚研究常务委员会主席,哈佛大学远东语言、历史和哲学博士学位委员会主任,哈佛大学教育哲学博士学位委员会主任,哈佛大学东亚研究中心副主任,哈佛大学历史系和东亚系博士委员会主席等。他是美国亚洲协会1979—1980年度主席。1998年1月,在美国历史学会的第112次年会上,他被授予美国历史学会"学者荣誉奖",这是美国历史协会给予资深历史学家的最高荣誉。史华慈的学术成就首先是对中共党史和中国当代问题的研究。他对中共研究的最早和有影响的成果,是他的博士学位论文《中国的共产主义运动与毛泽东的崛起》(*Chinese Communism and the Rise of Mao*)(哈佛大学出版社1951年版)。史华慈在著作中介绍了中国共产党革命战略的特点及其贡献,特别指出了毛泽东思想和马克思主义的区别。论著提出这样的观点,即毛泽东的整个革命战略并不是向莫斯科靠拢。毛泽东在中国获得的权力不是来自莫斯科,是靠自己争取得到的。1968

年，他的第二本重要中国学著作《共产主义和中国：变动中的思想意识》（*Communism and China: Ideology in Flux*）在哈佛出版，这是他后来十多年对中国研究论文的结集，包括对中苏关系、中美关系、中国现代化、毛泽东思想等问题的思考。这些对中国问题的解说，被认为是代表了当时西方最好的思想史专家和汉学家研究工作的进展。史华慈中国问题研究的又一重要成就是关于中国思想史的探讨。他对中国思想史研究的第一部代表作是《寻求富强：严复和西方》（*In Search of Wealth and Power: Yan Fu and the West*）（哈佛大学出版社1964年版）。史华慈在书中对严复的翻译工作进行审慎的解读。他甚至发现斯宾塞（Herbert Spencer）对自己思想内部逻辑的理解有时还不如他的中文翻译者。史华慈向西方学界介绍了这位启蒙思想家探寻西方富强原因的艰辛努力。史华慈还试图用比较的方法探讨西方思想影响下的中国学术。作者希望通过这样的比较，阐述并交流人类文化发展的共同思想经验。他认为虽然中西文化不同质，但跨文化的理解是可能的。路易斯·哈茨（Louis Hartz）在为这本书作序时也着重说到，假如史华慈仅仅展示一块异国土地对一个人的明显影响，仅仅尽职地记录这种远距离的思想交流，"效果也许不会是这样"。他说，史华慈的这本书不是对"影响"的研究，而是"真正的""比较史学的著作"，其所涉及的观点"比我们原有的看法更宽更广"。《古代中国的思想世界》（*The World of Thought in Ancient China*）（哈佛大学出版社1985年版）是史华慈中国思想史研究的又一部力作，也是他中国思想史研究的顶峰。史华慈毕生从事中国学教育事业，一生培养多名有国际影响的中国问题研究专家。1990年，柯文（Paul A. Cohen）和谷梅（Merle Goldman）主编的《思想穿

越文化：纪念史华慈中国思想论文集》一书由哈佛大学出版社出版。引言介绍了史华慈的学术道路和学术思想，认为作为学者和思想家的史华慈所关注的核心问题及其目标，是人类发展的问题。这是跨越时空和文化藩篱的大问题，也是20世纪人们不断关注的问题。在史华慈看来，中国问题研究的价值就在于，它是人类可选择的探讨自身问题的智库和博大实验室，有助于深化和丰富对人类发展经验的认识。田尔曼在对史华慈的怀念文章中，也称史华慈的论文反映了作为一位人文学者"所具有的超越于中国研究的普遍关怀"。林毓生指出史华慈普世的观念融合着人文主义立场，使他得以将中国问题的研究从狭隘的观念中解脱。哈佛大学费正清东亚研究中心的裴宜理教授说，史华慈是美国唯一的既研究中国政治又研究中国古代和近现代史的学者。史华慈最早提出中国共产主义不是苏联共产主义简单的追随者的论断，强调了中国共产主义有自己的历史渊源和社会实践。燕京学社的杜维明教授说，史华慈是一位仁慈的历史学家，他的努力使中国的声音遍布英语世界。

除了费正清、史华慈教授外，现在哈佛大学的各个院系活跃着许多中国问题专家，他们中的许多人都接受了此次系列采访。由于正文里面都有对他们的详细介绍，这里只略作提及。

傅高义（Ezra F. Vogel），著名社会学家，因研究邓小平问题而在中国为人们所熟知。他曾任费正清东亚研究中心主任，精通中文和日文，被认为是美国唯一一位对中日两国事务都精通的学者。有关中国问题的主要代表作有《社会变革：农业中国的问题》（1963年）、《共产主义下的广州：一个省会的规划与政治（1949—1968年）》（1969年）、《特别报道（在中华人民共和国从事研究的经历）》

（1981年）。

华琛（James L. Watson），哈佛大学人类学系教授，曾出任费正清东亚研究中心主任、伦敦大学中国现代研究所主任，著有《晚清帝国和近代中国的死者葬礼》《中国的血缘关系组织》《移民和中国血统》等，编有《革命后中国的阶级和社会分层》（1984年）。

马若德（Roderick Mac Farquhar），曾任哈佛大学政府系主任、费正清东亚研究中心主任，主要进行中国当代史研究，编著了《中苏争端》（1969年）、《毛泽东统治下的中国》（1969年）、《中美关系，1949—1971》（1972年）、《百花齐放运动与中国知识分子》（1974年）、《毛泽东的秘密讲话：从百花齐放到"大跃进"》（1989年）、《剑桥中国史：中华人民共和国》两卷本（1987年、1991年）、《中国政治：毛泽东与邓小平时代》（1997年）等。

裴宜理（Elizabeth J. Perry），1948年出生于上海；父母都是传教士，执教于上海圣约翰大学。1949年中华人民共和国成立，裴氏父母携家离开上海，于1951年迁居日本东京，继续在一所教会大学担任教授。裴宜理也在日本长大，后赴美求学、执教。她精通中文和日文，曾执教于加州大学、华盛顿大学。1999年，她成为哈佛大学费正清东亚研究中心的第一位女主任。裴宜理主攻政治学，已撰写和主编了多部中国学研究专著，主要有《华北的暴动和革命（1845—1945）》《罢工中的上海：中国劳动者的政治》。

柯伟林（William C. Kirby），哈佛大学亚洲中心主任，曾任哈佛大学历史系主任。主要进行中国现当代史、中外关系史研究，包括20世纪经济、政治和国际关系研究，著有《外国模式和中国的现代化：德国和中国，1921—1941》《德国和"中华民国"》等。

柯文（Paul A. Cohen），哈佛大学费正清东亚研究中心研究员。主要研究中国晚清史，著有《在传统与现代性之间——王韬与晚清改革》《在中国发现世界》《历史学的三把钥匙——作为事件、经验和神话的义和团运动》等。他提出的"中国中心观"，对美国乃至世界的中国学研究都有重大影响。

孔飞力（Philip A. Kuhn），哈佛大学历史系、东亚语言与文明系教授，曾出任费正清东亚研究中心主任。主要研究中国近代史，代表作有《中华帝国晚期的叛乱及其敌人》《叫魂》等。

宇文所安（Stephen Owen），哈佛大学东亚语言与文明系教授，曾任哈佛大学东亚系及比较文学系主任，主要进行中国古代文学研究，著有《追忆：中国古典文学中的往事再现》《初唐诗》《盛唐诗》《晚唐诗》《他山的石头记》等。现致力于翻译杜甫诗歌以及主编《剑桥中国文学史》。

谷梅（Merle Goldman），波士顿大学历史系荣誉退休教授，哈佛大学费正清东亚研究中心高级研究员。主要研究中华人民共和国史，着重于对中国知识分子的研究，著有《"五四"时期的中国文化》《中国知识分子和国家：中国新联系的探索》等。

包弼德（Peter K. Bol），哈佛大学东亚语言与文明系主任。主要致力于中国古代史研究，专攻宋史，代表著作有《11世纪中国的文化及其道路》《宋史研究工具书》《斯文：唐宋思想的转型》等。

安守廉（William P. Alford），哈佛大学法学院副院长，兼东亚法律研究中心主任，主要进行中国法学史研究。

怀默霆（Martin King Whyte），哈佛大学社会学系教授，主要研究中国社会问题，著有《社会火山之误解：当代中国对不平等和分配不公的认知》《工业社会前的妇女地位》《中国的政治学习小组与政治仪式》等。

　　托尼·赛奇（Anthony Saich），哈佛大学肯尼迪政府学院国际事务教授、哈佛大学亚洲民主管理与创新中心主任、哈佛大学亚洲及中国公共政策项目机构主席。教学和研究专业是政治学理论与实践，主要内容包括亚洲各国政府和社会的相互影响，以及在制定决策和构建社会与经济学发展框架方面两者各自所起的作用。主要著作有《中国政治与治理》（2001年、2004年）、《中国80年代的自然科学政策》（1989年）、《毛泽东的中国革命论述》（1994年）、《中国共产党的力量崛起》（1996年）、《中国的政府与政治》（2004年）、《转型时期的中国的公共产品供给》（2008年）、《中国的城市化》（2008年）等。

　　上述这些教授都是美国最知名的中国学研究专家，是各相关领域和研究方向最被看好的学者。事实上，哈佛大学研究中国问题或与中国问题研究有关的教授实在太多，很难在这里一一介绍。细心的读者会发现，这些中国学研究专家几乎都有一个好听且地道的中文名字——费正清、史华慈、傅高义、宇文所安、包弼德、安守廉、柯伟林、伊维德等。费正清1932年曾到过中国，在清华大学讲授经济史，认识了梁思成、林徽因夫妇，并与他们成为密友。费正清这个中国名字就是梁思成替他取的，意思是费氏正直清廉。傅高义，一个非常中国化的名字，令我在确定他的身份时有点犹疑，不了解的人听到这样一个名字可能不会想到他是一个土生土长的美国人。宇文所安的中文名用复姓，"宇文"是中国古代胡人的姓，"所安"则出自《论语》的"观其所由、察其所安"，名和姓加在一起，也有胡汉融合的意思。一般人读过三百首唐诗已经算不错了，但宇文所安自称读过唐诗上万首。专门研究宋元明清历史的汉学家包弼德，中文名字则是留学中国台湾期间由他的中文老师给他取的。

四 关于哈佛校园里的中国人

在哈佛大学的课堂上、校园里、会议室里，不乏中国人的身影。有在这里任教或读书的，也有作短期访问或参加学术会议的，还有步履匆匆的游客。当地的人告诉我，这些年哈佛大学的中国人越来越多。

那么，哈佛校园里到底有多少中国人？第一个出现在这所校园里的中国人究竟是谁？

在哈佛燕京图书馆入口处，墙上悬挂着一幅大照片。一位清代官员打扮的中年人，顶戴花翎，身着官服，足蹬皂靴，清癯的脸，一双睿智的眼睛。130多年前，他不远万里来到美国，揭开哈佛大学的中文教育史，在中美文化交流史上写下了自己的名字——戈鲲化。这是中国第一次向西方世界的大学派出教师，传授中国文化。这也是一件在中美文化交流史乃至整个中外文化交流史上具有重大意义的事。但是100多年来，这位中美文化交流的先行者一直不为世人所知；直到今天，我们好多人对他还是一无所知，甚至连他的名字都没有听说过。但他确确实实是登上哈佛讲台的中国第一人，确确实实是中美文化交流的先驱，确确实实是中国文化输出的先行者。

戈鲲化，字砚畇，一字彦员，生于清道光十八年（1838年），卒于清光绪八年（1882年），享年44岁。祖籍安徽休宁，寄籍浙江宁波。清光绪五年（1879年），由他在宁波口岸任职税务司官员的中文学生、美国人杜德维

（Edward Bangs Drew）推荐，与美国哈佛大学签订赴美任教合同，并携带家眷和一大批中国书籍于当年8月底抵达哈佛大学。应该说，美国的汉学研究比欧洲的一些国家起步晚，但在这一过程中，哈佛大学却以其特有的气魄走在前面，而蒹德（Francis P. Knight）则是推动这一进程的最重要人物。蒹德生于美国马萨诸塞州波士顿市，早年来中国营口经商。他以在中国生活了15年的体会，针对美国在华商务和传教事业的需要，致信哈佛大学校长查尔斯·埃利奥特（Charles Eliot），提出募集一笔钱，从中国聘请一位教师，在哈佛大学建立中文讲座的建议，其目的是通过学习中文，培养一些年轻人，为他们将来在中国政府供职提供条件，增强他们在中国进行商业贸易的能力。他经过仔细考虑，选中了戈鲲化。戈鲲化赴美执教的时间虽然只有短短3年，然而由于他的敬业和才能，依然创造出三个"第一"的纪录，即登上哈佛讲台的中国第一人、奠基燕京图书馆的第一批图书、编撰出第一部由中国人为西方人写的中国文化教材。戈鲲化虽然英年早逝，却留给美国人一笔精神财富；然而，过早结束了生命旅程的戈鲲化还没有来得及把他在美国的收获带回国内，用他的学识来推动中国的进步。比起中国的第一个留学生容闳，作为第一个到西方任教的学者，戈鲲化的身后是寂寞的。但是，在中西文化交流史上，他的美国之行所体现出来的意义，无疑应该受到充分的肯定。

继戈鲲化之后，陆续前往哈佛学习或任教的中国人越来越多。据张寄谦、姜文闵和张凤等人的考察、统计，有很多著名的中国学者都曾在此学习过，比如刘瑞恒、赵元任、胡适、梅光迪、陈寅恪、汤用彤、张歆海（鑫海）、楼光来、顾泰来、吴宓、李济、唐钺、胡正祥、陈岱孙、江

泽涵、杨嘉墀、张福运、梁实秋、林语堂、罗邦辉、秦汾、金岱、杨诠（杏佛）、宋子文、竺可桢、齐思和（致中）、翁独健、范存忠、黄延毓、郑德坤、林耀华、陈观胜、杨联升、周一良、严仁赓、任华、刘毓棠、冯秉铨、吴于廑、关淑庄、张培刚、高振衡、谢松、王念祖、陈梁生、施于民、李惠林、全汉升、梁方仲、王伊同、蒙思明、王钟翰、邓嗣禹、王岷源、李方桂、任叔永（鸿隽）、陈衡哲、梁思成、梁思永、洪深、钱端升、贺麟、姜立夫、张炳熹、张芝联、洪业、方治同、赵理海、胡刚复、丁文江、卫挺生、郭廷以、陈荣捷、殷海光、余英时、严耕望、徐中约、王浩、王安、贝聿铭、成中英、马友友、曾荫权、俞宗怡、刘亭亭、冯国经、陈方正、郑绵绵、吴经熊、李模、连秉衡、张富美、吕秀莲、赖英照、丘宏达、张伟仁、黄维幸、陈长文、马英九、李嘉同、李应元、吴东升、蔡仁坚、俞国华、刘广京、叶嘉莹、陈幼石、梅祖麟、张忠谋、刘年玲、刘元珠、郑培凯、黄进兴、臧振华、王明珂、李惠仪、柯庆明、张淑香、刘笑敢、张存武、江勇振、林满红、林丽月、吴文星、黄宽重、张云、朱虹、陈来、庞朴、高毅、刘梦溪、王安琪、廖咸浩、叶海烟等。近年来，哈佛大学来自中国大陆的学生、学者越来越多。目前，在哈佛大学学习的中国大陆学生有350多人，教授和研究人员近500人，加上其他职工和在哈佛大学附属医院攻读博士后的研究人员，来自大陆的中国人大概要有近2000人。如果加上中国台湾、香港、澳门的学生、学者和美国的本土华人，哈佛大学的炎黄子孙数目更为可观。仅从学生的比例来看，在即将进校的新生中，仅美国本土的亚裔就约占19%，达到历史新高。哈佛校园中的炎黄子孙以学习勤奋刻苦、聪明上进而著称。21世纪，哈佛大学将致力于培养具有"国际眼光"的未来领导人，而将目光投向中国则是哈佛大学作出的非常明智的选择。近年来，哈佛数次接待了中国国家领导人的来访。江泽民、朱镕基、温家宝等领导同志都先后来过哈佛，他们在演讲和交流中，赞赏哈佛与中国之间日益密切的关系，主张进一步加强彼此之间的交流，呼吁哈佛大学的师生"把目光投向中国"。

这里，我择要介绍几位在哈佛大学学习或任教的中国人。其中，有一些是已故的学者，有一些是已经退休或调离的学者，还有一些是仍然活跃在哈佛大学教学科研第一线的学者。

语言学家赵元任（1892—1982年），字宣仲，一字宜重，江苏武进（今常州）人，生于天津。1910年，为游美学务处第二批留学生，入美国康奈尔大学，主修数学；1914年获理学士学位；1918年获哈佛大学哲学博士学位；1919年任康奈尔大学物理讲师。1920年回国任清华学校（今清华大学）心理学及物理教授。1921年再入哈佛大学研习语音学，继而任哈佛大学哲学系讲师、中文系教授。1925年6月，应聘到清华国学院任导师，指导方向为"现代方言学""中国音韵学""普通语言学"等。1929年6月底，国学研究院结束后，被中国台湾"中央研究院"聘为历史语言研究所研究员，同时兼任清华中国文学系讲师，授音韵学等课程。1938年起在美国任教。

建筑设计家贝聿铭（Ieoh Ming Pei），1917年4月26日生于广州，他的祖辈是苏州望族，他曾在家族拥有的苏州园林狮子林里度过了童年的一段美好时光。其父是中国银行创始人之一——贝祖怡。贝聿铭10岁随父亲来到上海，18岁到美国，先后在麻省理工学院和哈佛大学学习建筑，于1955年建立建筑事务所，1990年退休。作为最后一个现

代主义建筑大师，他被人描述为一个注重于抽象形式的建筑师。

考古学家张光直（1931—2001年），原籍中国台湾，为台湾新文学健将张我军哲嗣，1931年4月15日生于北京，1943—1946年就读于北师大附中，1954年毕业于台湾大学考古人类学系，1961年获美国哈佛大学哲学博士，1961—1973年历任美国耶鲁大学人类学系讲师、助教授、副教授、教授、系主任等职，1977年起在哈佛大学人类学系任教。他于1974年获选为中国台湾"中央研究院"院士，1979年获选为美国国家科学院院士，1980年获选为美国文理科学院院士，1987年获颁香港中文大学荣誉社会科学博士。张光直的研究专长为考古人类学，在美国任教30多年间，一直致力于考古学理论及中国考古学的研究和教学工作，在国际学界享有盛誉。他以现代考古学的理论和方法，对中国上古时期的历史和文化进行极深入的研究，先后出版专著10余本、论文100多篇。主要学术成就有二：一是开创聚落考古（settlement archaeology）的研究，自20世纪70年代蔚为风潮；二是将当代文化人类学及考古学的理论和方法应用在中国考古学领域，代表作 The Archaeology of Ancient China（中译《古代中国考古学》，1986年）一书迄今仍为涵盖面最广泛且讨论最深入的中国考古学专著。

艺术研究家赵如兰，著名语言学家赵元任之女，曾任香港中文大学音乐系访问教授、台湾"清华大学"研究所及"中央大学"文学院客座教授、哈佛大学教授等。赵如兰分别于1944年、1946年、1960年获哈佛女校瑞克利夫（Radcliffe）学院西方音乐史学士、硕士、博士学位。自1942年起，赵如兰在哈佛大学东亚语言与文明系任教，从做她父亲赵元任的助教起，在哈佛教学50年。1960年，她以《宋代音乐史料及诠释》为题完成博士学位论文，获得魏毕（Carolyne Wilby）博士论文奖，论文被评为"各系中最有创造性的著作"。1968年，该论文还在美国音乐学会上获得金克代（Kinkeldy）学术大奖。她以严谨的学术方法处理各种资料版本，极有独到的见解。1974年赵如兰升为正教授，成为哈佛大学东亚语言与文明系第一位女教授，是第一位东亚系和音乐系两系同聘的教授，也是哈佛前十位的女性正教授之一，同时也是第一位华裔女教授。1990年，她当选台湾"中央研究院"人文组的首位女院士，同时当选首位音乐专家。

史学家林同奇，1941年入重庆中央大学化工系，两年后转入重庆北碚复旦大学历史系，毕业后留校任教；1949年起先后在洛阳外国语学院和北京外国语学院英语系任教，前后达35年之久；1984年赴美，先后任哈佛大学费正清东亚研究中心、东亚系和哈佛燕京学社研究员（Associate）至今。林同奇在哈佛从事学术研究20余年，主要研究方向为当代中国与美国学术思想，发表中、英文论文约30篇，散见海内外重要学术刊物；主要著作有《林同奇文集：人文寻求录——当代中美著名学者思想辨析》（新星出版社2006年版），译著有柯文的《在中国发现历史——中国中心观在美国的兴起》（中华书局2002年版）。

文学评论家王德威（David Der-wei Wang），中国台湾大学外文系毕业，并获得美国威斯康星大学比较文学博士学位；1982年返台任教于台大外文系，1986年再度赴美，任教于哈佛大学东亚语言与文明系，开设中国现代小说与戏剧等课，首创在哈佛开讲中国现代文学；1990年转教哥伦比亚大学，1997年起，任哥伦比亚大学东亚系主任，被誉为华裔在哥伦比亚大学百年来第一人。2004年秋哈佛大学东亚语言及文明系邀他回来担任汉德升（Edward C. Henderson）中国文学讲座教授。2008年起参与哈佛燕京学社董事会。应邀兼任台湾"中央研究院"研究员，后又兼任复旦大学"长江学者特聘教授"。他常参加中国大陆和港台地区重大文学奖（如"红楼梦奖"等）的评审。其著作有《从刘鹗到王祯和：中国现代写实小说散论》《众声喧哗：三〇与八〇年代的中国小说》《阅读当代小说：台湾、大陆、香港、海外》《小说中国：晚清到当代的中文小说》《想象中国的方法：历史、小说、叙事》《如何现代，怎样文学？》《众声喧哗以后：点评当代中文小说》《跨世纪风华：当代小说20家》《被压抑的现代性：晚清小说新论》《现代中国小说十讲》《历史与怪兽：历史、暴力、叙事》《如此繁华：王德威自选集》《后遗民写作》《一九四九：伤痕书写与国家文学》《二十世纪中国写实主义：茅盾、老舍、沈从文》等。

　　文学评论家李欧梵（Leo Ou-fan Lee），生于河南省太康县，长在台湾新竹，1961年台湾大学外文系毕业，后获哈佛大学博士学位；1970年起，先后任教于香港中文大学崇基学院、普林斯顿大学、印第安纳大学、芝加哥大学、洛杉矶加州大学。1992年先回哈佛大学任客座教授，1994—2004年正式返回哈佛大学东亚语言与文明系任教，兼任族裔委员会主席。2004年荣退后，获聘香港科技大学人文学荣誉博士及讲座教授和人文社会科学院顾问委员等。其主要著作有评论集《中国现代作家浪漫的一代》《西潮的彼岸》《浪漫之余》《中西文学的徊想》《来自铁屋的呼声》或《铁屋中的呐喊》《狐狸洞话语》《上海摩登》等十余部，散文集有《世纪末呓语》《过平常日子》等，长篇小说有《范柳原忏情录》《东方猎手》2部。

前言

哲学家杜维明，祖籍广东南海，1940年生于云南省昆明市，1961年毕业于台湾东海大学，后获得哈佛—燕京奖学金赴美留学，在哈佛大学相继取得硕士、博士学位。1976年加入美国籍，先后任教于普林斯顿大学、柏克莱加州大学，1981年始任哈佛大学中国历史和哲学教授，并曾担任该校宗教研究委员会主席、东亚语言和文明系系主任。1988年，获选美国人文社会科学院院士，自1996年开始出任哈佛燕京学社社长至今。1990年借调夏威夷东西方文化研究与交流中心担任文化与传播研究所所长。1995年，应印度哲学委员会之邀，在南亚五大学府发表"国家讲座"。杜维明的研究以中国儒家传统的现代转化为中心，被称为当代新儒家的代表，出版英文著作11部，中文著作16部，发表论文数百篇。由于其杰出的贡献，杜维明在2001年和2002年分别荣获第九届国际T'oegye研究奖和联合国颁发的生态宗教奖等奖项。作为现代新儒家学派的新生代学人，杜维明把自己"看作一个五四精神的继承者"，将儒家文化置于世界思潮的背景中来进行研究，直接关切如何使传统文化与中国的现代化问题接轨。自20世纪80年代以来，他通过借鉴哲学人类学、文化人类学、比较文化学、比较宗教学、知识社会学等跨学科研究的方法，阐发儒家思想的现代意义和儒家第三期发展的前景问题，勾画了当代新儒学理论的基本构架，在东亚和西方世界产生了相当大的影响。他的主要著作有《行动中的理学思想：王阳明的青年时期，1472—1529》《儒家思想：创造性转换的自我》《现代精神与儒家传统》等。

数学家丘成桐（Shing-Tung Yau），生于广东汕头，后全家移居香港。1966年入读香港中文大学崇基学院数学系，后前往美国加州大学柏克莱分校深造，师从陈省身。1971

年获得博士学位后，在高等数学研究所做了一年博士后研究，然后在纽约州立大学石溪分校当了两年助理教授。1974年，丘成桐成为斯坦福大学副教授，1979年以教授身份回到高等数学研究所，1984—1987年曾任圣地亚哥加利福尼亚大学教授；1987年任教于哈佛大学，现任该校William Casper Graustein讲席教授。长期以来，他的研究改变并扩展了人们对偏微分方程在微分几何中作用的理解，并影响了拓扑学、代数几何、表示理论、广义相对论等领域。其主要成就与贡献如下：1976年解决了卡拉比猜想，其方法被应用在超弦理论中，对统一场论有重要影响；证明了Monge-Ampère方程解的存在；1978年、1979年与舍恩（R. M. Schoen）合作解决了广义相对论中的正质量猜想；与卡伦·乌伦贝克（Karen Uhlenbeck）合作解决了Hitchin-Kobayashi猜想的高维形式等。由于在数学方面的卓越成就，他获得数学界最高荣誉——菲尔兹奖。

语言学家冯胜利，1977年考入北京师范大学，先在历史系攻读古代史，两年后又考入中文系陆宗达教授门下读研究生；毕业后留校任教，很快即留学美国，受业于宾夕法尼亚大学拉波夫教授，获得语言学博士学位；曾为美国堪萨斯大学东亚系终身教授，现为哈佛大学东亚语言与文明系教授、中文部主任，哈佛北京书院主任，北京语言大学长江学者讲座教授。他曾任国际中国语言学会理事，《中国语言学论丛》副主编，美国国家自然基金会项目申请评审人；现为近10种国内外语言学及语言教学杂志编委，以及国内外语言学杂志和出版社审稿人。冯胜利的专业研究领域为训诂学（Exegesis）、历史句法学（Historical Syntax）、韵律构词学（Prosodic Morphology）、韵律句法学（Prosodic Syntax）。他把韵律构词学理论引入汉语合成词的研究，创建了"韵律句法学"的理论，将韵律句法与词法的研究引入对外汉语教学，为基于汉语语言事实和特点而进行的语言理论研究领域作出了重大贡献。其著作有《汉语的韵律、词法与句法》《汉语韵律句法学》等。

哲学教授黄万盛，原籍江苏，长于上海，1977年毕业于上海交通大学，1981年毕业于中国社会科学院哲学研究所，曾任上海社会科学院比较文化研究中心、比较哲学研究室主任，1992—1997年任法国国家科学研究中心客座研究员；现为美国哈佛大学燕京学社研究员，国际知名学者，从事思想史、文化批评、比较文化研究等，研究领域包括哲学、伦理学、政治学、社会学、教育学、经济学等；兼任清华大学伟伦特聘教授，西安交通大学、黑龙江大学、华南师范大学、东北师范大学等校客座教授或研究员。2001年以来其主编"哈佛燕京学术系列"著作：《公共理性和现代学术》《儒家与自由主义》《理性主义及其限制》《全球化与文明对话》《启蒙的反思》等，在国际学术界产生广泛影响；著有《道德理论实践》《危机与选择》《革命不是原罪》等，在美国、法国、德国、中国大陆、中国台湾和中国香港等国家和地区发表文章上百篇。

公共卫生专家刘远立，1987年在武汉同济医科大学获得公共卫生硕士学位后，赴美留学，先后获得哈佛大学卫生政策与管理硕士、明尼苏达大学卫生经济学博士学位；1994年起至今，在哈佛大学公共卫生学院从事国际卫生政策的科研和教学工作，历任博士后研究员、助理教授、博士生导师；现任哈佛大学公共卫生学院"中国项目部"主任。"中国项目部"包括与中国卫生部合办的高级卫生管理干部培训、重大公共卫生问题研究，以及与中共中央党校合作举办的社会发展论坛等项目。2003年，刘远立教授被哈佛大学评为 6 名"未来公共卫生领域的领袖之一"。其专业研究领域主要着眼于运用经济学等分析工具探寻发展中国家卫生体系的效率和公平问题的解决办法，与同事一起创立了"国际卫生体系研究"这一新的学科专业。他参与了中国卫生改革与发展的一系列重大问题的研究和政策咨询，帮助建立和加强了"中国卫生经济培训与研究网络"，并兼任国内清华大学等多所大学教授。他出版过 4 本中英文学术专著，在国际和国内学术期刊上发表过 60 多篇论文。

引人注目的是，年轻学者开始在哈佛大学崭露头角，如庄小威、田晓菲教授便是其中的杰出代表。

近两年来，关于庄小威的消息在网络上有很多。庄小威，1972 年生人，1987 年时，15 岁的她考入中国科技大学少年班；1991 年毕业赴美，1997 年在加州大学伯克利分校拿到物理学博士学位，2001 年被聘为哈佛大学助教。2006 年初，她在 34 岁时，成为物理和化学系的双聘教授。她是第一位获得美国麦克阿瑟基金会"天才奖"的华人女科学家。

另一位在国内青少年中知名度很高的是田晓菲。原因之一，就是她的一篇文章《十三岁的际遇》被选入初中一年级的教材。田晓菲，笔名宇文秋水，1971 年生，天津人。五六岁时，在家长的引导下她读了很多诗和其他文学作品；后来又学写作，并在初中时出版了一本诗集，她的诗作还获得"世界儿童诗歌比赛"的国内奖。她 13 岁从天津十三中学直接升入北京大学西语系读英美文学专业，1989 年毕业于北京大学英语系，1991 年获得美国内布拉斯加州立大学英国文学硕士学位，1998 年获得哈佛大学比较文学博士学位，现为哈佛大学东亚语言与文明系教授。其出版作品有《爱之歌》（诗集，1988 年）、《生活的单行道》（散文集，1993 年）、《秋水堂论金瓶梅》（2002 年）、《赭城》（2006 年）、《尘几录：陶渊明与手抄本文化研究》（2005 年，中译本 2007 年）、《烽火与流星：萧梁文学与文化》（2007 年，中译本将由中华书局在 2009 年出版）。译著包括《毛主席的孩子们：红卫兵一代的成长与经历》（合译，1988 年）、《后现代主义与大众文化》（2001 年）、《他山的石头记：宇文所安自选集》（2002 年）、《"萨福"：一个欧美文学传统的生成》（2003 年）。

论起中国人与哈佛的渊源，还可以找到一些物证——矗立在哈佛校园里的一块雕刻着中国文字的石碑。刚到哈佛不久，我就注意到了这块中国特色的石碑。这座碑虽然立在一个不起眼的地方，但它一下子拉近了我与哈佛的距离。据目测，这块石碑高度应在 3 米以上，宽度近 1 米。这块石碑造型很标准，由碑座、碑身、碑帽三个部分组成。整块石碑由天然大理石雕琢而成，古朴而又细腻。碑座为赑屃，赑屃是龙的九子之一，像龟但不是龟。碑帽为盘龙。碑身镌刻着阴文，四周为突起的饰纹，碑身侧面雕刻阳纹龙饰。石碑正面有文字，背面没有文字。正面文字是正楷，不知为谁所书，字体偏斜，非正规碑文字样。我反复琢磨，只提炼出三点信息，一是此碑为哈佛中国校友捐献，二是此碑于 1936 年 9 月捐献，三是为庆祝哈佛建校 300 周年而捐献。

五　关于此次系列访谈活动

既然哈佛大学与我们中国之间有着这么悠久、这么密切、这么广泛的联系，我想，在二者之间应当有点"文章"

可做。很巧的是，我在哈佛这一年，中国理论界、学术界乃至全社会正在围绕党的十一届三中全会召开 30 周年和新中国成立 60 周年这两个颇具纪念意义的事件进行总结和研讨。其他国家和地区的学者也注意到了这一点，关注并加入到了这种讨论当中。

我就琢磨，为什么不可以邀请"哈佛大学教授"这一特殊的群体谈一下对中国的看法呢？于是，我在出国之前，就产生了一个想法：仿效我此前主持实施的对中国社会科学院学部委员的系列采访活动，试着搞一个哈佛大学中国问题专家的系列访谈，听一听他们如何看中国，如何看待新中国成立 60 周年，特别是改革开放 30 周年的发展。但是，我也有点顾虑。因为，眼下越来越多的人拿哈佛的名字做文章，越来越多的出版商拿哈佛做噱头，教材、教辅、励志书、经商宝典、学术秘籍、从政捷径，许多东西都拿哈佛作为"卖点"，似乎一旦沾上了哈佛的"仙气"，就可以确保稳赚不赔。可以说，大家都拿哈佛说事儿，想必哈佛肯定有其独特之处。但哈佛的"魅力"到底是什么？哈佛的名字到底意味着什么呢？

众所周知，哈佛大学是举世公认的世界一流学府，云集着来自世界各地的著名经济学家、政治学家、法学家、历史学家、文学家、哲学家等，其中不乏研究中国问题或与中国问题有关的学者。哈佛大学费正清东亚研究中心不仅是"世界东亚研究的王国"，也是美国中国问题研究的大本营。他们的研究课题是具有相当的辐射性和前瞻性的。也许中国人觉得由外国人领导研究中国的社会、历史是一件很不体面的事情，但是，前文已经介绍过的费正清、傅高义、麦克法夸尔、杜维明、裴宜理这一个个在学术界如雷贯耳的名字是让你不得不服的原因。由于哈佛大学具有崇高的学术地位，有人甚至说，哈佛的眼光就是世界的眼光。诚然，他们对中国的主张和认识见仁见智，但不乏真知灼见，对我们不无裨益，具有重要的参考价值和借鉴意义。当然，我也注意到，在那里，也掺杂着自命不凡的为中国"支招"的人们，充斥着精致却平庸的美式社科学问。当然，相比之下，中国的学术研究到目前还有相当一部分停留在"不精致且平庸"这个水平上。美国这个体系不太关心你是不是平庸，但是非常关心你是否精致。有一个经济学家给了一个形象的比喻：只要你用数个复杂的模型作为论证方法，哪怕你的结论是"人渴了就想喝水"这样的废话，也会有很多杂志愿意发表你的文章。

2008年6月，收到哈佛大学的邀请函后，我就为即将开始的哈佛大学访问学者生活做准备，起草了长达23页、中英双语的《"哈佛看中国——哈佛大学中国问题研究专家访谈活动"工作手册》。8月，我来到哈佛，刚刚安顿好住处，便开始着手实施访谈计划，陆续邀请了一些在哈佛大学学习交流的中青年学者，请他们访问这里的中国问题研究专家，希望双方围绕中国的过去、现在和将来，特别是新中国成立和改革开放以来经济社会的发展，展开深入的、面对面的访谈和交流。具体地说，访谈的内容大致包括如下几方面：一是关于中国问题的总体看法；二是从本研究领域出发，谈对中国问题的看法，重点突出受访专家具有原创性、代表性的学术观点；三是对中国改革发展的意见和建议。受访者大都是哈佛大学各学院（系、研究中心）、各研究领域的中国问题研究专家。同时，为了全面地展示哈佛大学对中国的看法，我们也选择了一些哈佛的校友，甚至是在哈佛进行交流的学者进行访谈。采访者以中国前来哈佛求学的中青年学者为主，但也有部分外国学者，一般均具有博士学位或副研究员以上职称（也可以是在读博士研究生），专业研究领域与被访问的中国问题研究专家相同或相近，且已获得一定学术成绩，在学术界崭露头角。具体的方式是，由作为采访者的中青年学者与受访的中国问题研究专家联系，邀请他们参加此次活动，采取双方之间一对一的访谈方式，并突出双方之间的互动性，一方面应主要反映受访对象的观点和情况，另一方面也可适当反映中青年学者的观点和疑问，力争使交谈活动变成双方的深层次对话，避免成为简单的一问一答，受访者从本研究领域出发，谈对中国问题的总体看法，表达自己原创性、代表性的学术观点，并发表对中国改革发展的意见和建议。另外，我要求采访者的访谈记录应确保客观、真实；力求有深度、有思想性、有学术性，避免泛泛而谈或一般抒情；力求可读性较强，便于其他专业的人士阅读，避免成为纯粹理论或学术性的文章；力求行文生动活泼、深入浅出，避免枯燥无味、晦涩难懂。访谈活动结束后，实施访谈的中青年学者负责记录、整理访谈内容。

我本打算把此次访谈的截稿日期定在 2008 年 12 月 20 日，一来是我原计划就在哈佛学习半年，二来也正好赶上党的十一届三中全会召开 30 周年。但是，真正实施起来才发现，半年的时间显然过于紧迫了，再加上人生地不熟，一开始的工作可以说举步维艰。我相信，许多来过哈佛的学者都可能产生过类似"哈佛看中国"这样的想法和激情，但因时间不够、经费不足或精力不济，最后都不了了之。我意识到这个问题，决心抓紧时间，努力坚持，毕其功于一役。

我首先确定采访者和受访者，根据先易后难的原则，分期分批推进采访活动。联系采访活动之余，我抓紧时间，首先采访了哈佛肯尼迪学院亚洲研究中心主任、著名中国问题专家托尼·赛奇教授，打算以此为本次系列访谈活动开好头、做好示范。托尼·赛奇也是我此次访学的合作导师。通过前后3次访谈，我整理成长达25000字的以《转型的中国与中国的转型》为题的访谈稿件。该文事实上成为该访谈项目的"范文"，既启发了参加项目的中国学者，也强化了我对于该项目的信心。而且与赛奇教授的访谈稿已先期在2008年年底人民网上发表，向中国改革开放30周年致敬。这一投石问路的办法迅速引起了较大反响，在初刊的短短三天里，有150多家网站进行了转载。此后，《中国日报》（英文版）、《环球时报》《南方周末》《南风窗》《中国社会科学报》等多家报刊对访谈的内容陆续进行了刊登。另外，在托尼·赛奇的帮助下，我陆续接触到了活跃在中国研究领域的哈佛顶级大师们，而他们对于"哈佛看中国"的创意也颇为欣赏。哈佛法学院研究生院副院长、东亚法律研究中心主任安守廉教授表示，应该也相应组织一个"中国学者看美国"的访谈项目，形成你看我、我看你的学术互动和相互观照。有的教授以对待学术和教学的严谨态度对待这次访谈，譬如哈佛大学东亚语言与文明系的包弼德教授要求我先听一学期他的研究生课，再进行访谈。结果，最后和包弼德的访谈非常深入、非常成功。让我非常感动的是，很多在哈佛学习、进修的中国（包括港台地区）中青年学者先后应邀或主动请缨参加了"哈佛看中国"项目，在哈佛各学院面向著名中国问题专家展开了"遍地开花"式的访谈活动，历时近一年，近百人参与，涉及文学、历史、文化、语言、哲学乃至环境、物理等多门学科。

我最初的访学计划是半年，即到2008年年底结束回国。然而这个空前的学术访谈项目是个大工程，纵使争分夺秒，也很难在半年的时间里全部完成。我在取得社科院领导的同意和家人的理解后，将访问期延长到了一年，并投入到扩大访谈范围和后期制作的工作中。现在，本项目参与者越来越多，规模越来越大，原计划于2009年10月出版，算是为国庆60周年献上的一份礼物，但为了追求完善，不得不一拖再拖。

现在将这些访谈呈现在您的面前。我想，不同的读者对哈佛教授的这些看法会见仁见智。到底该如何看待他们的观点呢？我想，哈佛大学的学术力量之所以这么齐全、这么强大，就在于有这么多世界一流的教授在维系、支撑着。这些专家看待中国的观点都是具有代表性的，应当引起足够的注意和思索。我总觉得，这本凝聚着中美学者心血和智慧的访谈稿件一定会有点意义，搞得好的话，它会出现在百姓书桌上、领导案头前和校园课堂里，不论是知识分子，还是普通百姓，都会喜欢读它，看看在新中国成立、改革开放多年之后，在我们辛勤工作挣下点家底之后，那些站在世界学术制高点的人是如何看待我们、如何述说我们的故事、如何预见我们的未来的。换一个角度看，他们对于中国的情感和关注也是我们国家发展不可或缺的精神和智力资源。他们的见解和学术成果多少影响或引导着世界对中国的看法，影响着美国乃至许多国家的政府对中国的决策，同时也影响着中国的改革发展事业。他山之石，可以攻玉，在如何对待外国学者的观点上，历来有两种截然不同的观点。一种是奉西方学者的学术主张为圭臬，认为他们一贯正确、一贯先进，举手投足间对西方学者充满了迷信和膜拜；另有一种观点认为，必须对西方学者的主张加以批判。还有人认为，美国的所谓"中国研究"基本上就是一系列的深度新闻报道。西方教授看中国，他们解读中国的历史和现实，既有能够见中国之所未见、见解独到的一面，也会给人一种隔靴搔痒、宛如镜花水月的感觉。在倾听的同时，我们需要擦亮自己的眼睛，调动自己的大脑，努力减少一些无知，减少一些偏见。

六　关于全书的篇章结构和本卷的内容提要

本书收录的是我在哈佛大学为期一年的求学时间里，直接采访或邀请他人采访的访谈稿件的汇编。由于访谈稿件数量较多，总体规模较大，为方便读者阅读，分成了"政治与历史卷""经济与社会卷""文化与学术卷"三卷出版，"政治与历史卷"21篇，"经济与社会卷"21篇，"文化与学术卷"22篇。需要说明的是，三卷内容的划分是相对的，有些内容有所交叉。为了让大家一卷在手，就能大致了解本书的全部内容，现将全书的篇章结构和本卷的内容提要简介如下。

全书的篇章结构分三卷。上卷为"政治与历史卷"，内容涉及政治变革、体制改革、法律、外交、历史等领域。其中，《转型的中国与中国的转型》《对中国未来的乐观与谨慎》《邓小平与中国的改革开放》《中国的改革开放与民主化》《中国的新形象》等篇，主要内容是改革开放以来中国在政治变革方面所取得的成就和进步；《社会变迁与体制建构》《家庭与亲属制度的嬗变》《寻求变革与稳定之间的平衡》《国家建设与民主经验》《探索协商民主的国际经验》等篇，主要谈论的是社会体制、政治制度方面的变革以及由此引起的社会关系的变化；《中国法治化：打造"第二长城"》《法律改革的两难：职业主义与大众主义》《中美关系与我的

中国法研究》等篇，主要是针对中国的法律改革与法制建设情况的访谈；《中国的软实力与对外交往》《巧实力和奥巴马政府的对华政策》《和平：国家间交往的良性基础》《成全球性大国，中国需慎之又慎》《美国最大的威胁并非来自中国》等篇，主要谈论的是中国的外交政策与中美关系；《应完整地看待新中国的历史》《在细微处观察中国历史》等篇，主要谈论的是新中国的历史变迁；最后一篇《崛起的中国与蓬勃发展的哈佛中国学》，可以看作对新中国的发展史与哈佛中国学的研究现状作一总体回顾。

中卷为"经济与社会卷"，内容涉及经济发展、金融改革、可持续发展、卫生保健与社会价值等问题。其中，《中国经济：阶段性特征和关键性问题》《中国经济的内生增长》《克服衰退，实现经济再平衡》《中国经济崛起的现实和幻象》《全球经济的复苏与中国因素》《探索发展的多样性制度建设道路》等篇，主要是围绕中国经济的崛起以及所面临的一些问题展开讨论；《效率与公平：中国的渐进式变革》《转型时期的中国金融》《金融改革的机遇与挑战》《中国和印度：企业家的角色与作用》《国家与医疗、能源和税收》等篇，主要谈论的是转型时期中国的金融体制改革所面临的机遇与挑战以及这一过程中企业家的角色和作用；《中国的粮食安全》《中国的环境问题》两篇透过中国的粮食安全问题和环境问题看中国经济的可持续发展问题；《全球健康与中国的医疗卫生》《中国医疗卫生的改革与发展》《口腔医学在中国的发展与期待》等篇，关注的是中国的卫生保健事业的发展状况；《谁将影响中国未来的发展》《全球化时代，什么是中国的价值》《中国的事要多听中国人说》《中国研究的历史沿革与中国模式的未来展望》《中国的和平崛起与新时期对外关系》等篇，关注的是中国未来的发展及其对世界所做的贡献。

下卷为"文化与学术卷",内容涉及文化、文学、考古、学术研究等领域。其中,《新儒学的机遇与挑战》《中国思想与文化的新动向》《植根于传统的文化创新》《区域研究与中国文化》《唐人街是排华的结果,并非华人移民热衷聚居》《通过满族史看民族文化的通与变》《如何理解满族史和清史的关系》《中日中产消费文化之对比》《文化的传承需要世界眼光》等篇,关注的是中国思想文化的传承与创新;《文学:活在百姓的精神诉求里》《浪漫主义:对现代社会的另一种自觉》《沉溺于中国古典文学之美》《中国文学的现代意识》等篇,主要关注的是中国古典文学、现代文学的研究状况以及文学与现实的关系;《考古:匡正书本上的历史》《期待"中国版本"的考古学》《早期人类:中国乃至东亚的证据》《在田野中发现真正的学术问题》等篇,主要是围绕中国考古学的发展状况以及考古与历史的关系而展开的对话;《中西学术之间的通与塞》《海外中国研究的"精彩"时刻》《数字化教学传播中国文化》《教育与学术之痛》《音乐:流动的民风》等篇,主要关注的是中国学术研究的发展、学术教育制度的变革以及中外学术交流等问题。

本卷即"政治与历史卷",主要内容是围绕中国政治与历史方面的内容而展开的,一共采访了十多位哈佛大学教授和部分在哈佛大学学习、交流、工作过的中国问题专家,形成21篇访谈稿。

在题为《转型的中国与中国的转型》的访谈稿中,哈佛大学亚洲研究中心主任托尼·赛奇教授就1978年以来中国的改革开放和现代化建设问题谈了自己的观点。他认为,中国当代社会带有实质性的变化是从十一届三中全会开始的，而这次会议又是和邓小平的名字连在一起的，这说明邓小平对于十一届三中全会的召开发挥了关键性作用。其实，邓小平的活动一直伴随着中国共产党各个时期的历史，特别是1949年以后，他的经历可以被视为中国政治的一个缩影。邓小平作为一位永不服输的卓越的政治家，他所做出的历史贡献不仅使他赢得了中国人民的尊敬，而且也得到了世界各国人民的称赞，大大加深了国际社会各阶层对中国社会革命性变革的理解。现在，中国的方方面面都处于不断的变化和快速的发展之中。坦率地说，在西方人看来，仅仅就改革开放后中国能一直保持发展这一现象，就已经是个传奇了。每每中国的发展出现困难阻碍、当人们认为中国可能没有办法的时候，它最终总能找到解决困难的途径。中国人摸着石头过河，总能找到过河的石头。中国一定会继续发展，继续进步。但是，托尼·赛奇也认为，相较于目前的严峻形势，中国政府的发展目标还不够清晰。面对一个急剧多元化和日益复杂的社会，共产党要维持自己的领导地位，就必须回答这样的问题：如何在一党执政下建成一个透明、可问责的政府。为了保持高质量的经济增长，高速的信息流动非常重要，也就是如何扩大广大民众的公共事务和政治生活的知情权、参与权和决策权。如果共产党能够成功做到这些其他国家所没有做到的事情，这将成为经济奇迹之外的中国又一个奇迹，政治奇迹。

美国著名中国问题研究专家，哈佛大学肯尼迪政府学院国际事务教授托尼·赛奇（Anthony Saich）在《中国的新形象》一文中指出，中国30年的改革发展，是一场巨大的社会转型，表现在许多层面，概括起来说，突出表现在以下两个方面：一是表现在人的自由度方面。习主席国际认可度排名高，这说明其他国家认为中国现在是非常重要的一个国家。习近平主席访问了那么多的国家，对于这些国家来说习主席来访特别重要，所以这些国家的老百姓都记着习主席的名字，同时他们觉得中国的未来发展对他们也很有影响。未来五年，如果中国政府领导人继续推进改革进程，城市化比较顺利，5%—6%的增长速度应该是可能的，甚至有可能达到7%（不过这个有点难度）。现在中国政府领导人在这个方向努力很正确。

哈佛大学费正清东亚研究中心原主任、美国著名东亚问题专家、社会学家傅高义教授在《对中国未来的乐观与谨慎》一文中说，对美国老百姓来说，他们一下子很难说清楚中国是个什么样子的国家。中国应该允许更多报告文学等纪实报道，"爱国主义教育"需要更多地从正面强调中国自身的历史、文化和自身的发展潜力，在中国的"爱国主义"中应该能够看到有更多新的、正面的、积极的内容，要对别的国家更加包容，与更多的国家成为朋友，让更多的国家了解中国、信任中国。一直以来对中国改革开放发展模式的问题存在不同的声音，有人质疑中国的发展道路到底是资本主义道路还是社会主义道路。傅高义不赞同这种说法，他认为资本主义和社会主义仅仅是意识形态问题，只要中国仍然坚持共产党领导，仍然坚持公有制就行了，没有必要一直强调是资本主义还是社会主义。

当代中国研究所原副所长程中原教授2005年10月曾在哈佛大学进行学术访问，期间他接受了傅高义教授的采访。在题为《邓小平与中国的改革开放》的访谈稿中，他说，邓小平同志从当时的实际情况出发，用"实事求是"来摆脱、冲破"两个凡是"，把毛泽东思想的基本原理、科学体系同毛泽东本人晚年的错误的东西、不那么正确的言行区分开来、剥离开来。邓小平没有一般理论家的理论，更多的是实在的东西，解决实际问题的论断、决策。但他对理论很关心、很敏感。在领导中国改革开放的实践中，在建设有中国特色的社会主义的过程中，他的思想观点形成了理论体系，称之为"邓小平理论"是恰当的。其实，在中国共产党的历史上，往往是谁的路线方针正确，谁的意见为大家所接受，谁就成为主导力量，谁就能够居于领导地位。邓小平有一点很高明，他认为只有发展经济，经济发展了，水平提高上去了，其他方面的问题才可能解决。保持警惕，必要的限制、必要的防止腐败的措施不能缺少，但根本的问题是要发展经济，许多问题需待经济发展后才能得到解决。

哈佛大学费正清东亚研究中心高级研究员谷梅教授在访谈《中国的改革开放与民主化》中认为，没有人会否认绝大多数中国人的生活水平较近代各个时期都要高，也没有人会否认目前中国一定程度的稳定是其近现代历史上长期以来所没有的。在旧社会、旧时代，中国动荡不安，人们甚至无法预知明天自己的生活将会发生什么变化。毛泽东雄才大略，深谙统一之道，使中国在经历几十年的动荡和混乱之后走向统一，但在国家建设问题上出现了失误。比起革命来，改革能更好地改变一个社会。如果一个社会能够将现代经济原理，即以与外面世界互动为基础的市场经济，和儒家传统结合起来的话，这个社会就有可能发展成为一个成功的现代社会。

哈佛大学政治学教授和哈佛大学欧洲研究中心的研究员丹尼尔·齐布拉特（Daniel Ziblatt）在《国家建设与民主经验》分享了其对欧洲政府治理体系的看法和对中国国家建设的分析，认为在历史的视角看来，同样的制度却在不同历史条件下，却可能对国家能力产生完全不同的结果。

比如在一定历史条件下，宪法对行政机关的限制可能使国家瘫痪，国家不再有决策能力。在某些转型期，可能更需要资源的集中。也许导致强国产生的因素与导致国家发展停滞或放缓的因素并不相同。国家需要权力和资源的集中，国家是合法使用武力的垄断性组织，垄断是指资源的集中。从长远来看，国家的后续发展需要高度的平等，但国家的建立可能需要资源的集中。

哈佛大学肯尼迪学院的福特基金讲座教授阿肯·冯（Archon Fung）在《参与式协商与中国的民主》中指出，出色的讨论能够让更多的人参与进来，集中所有代表的意见，折中的想法更有可能脱颖而出。讨论如哈贝马斯所说是理性法则。因此，理想情况下在讨论中如果有少数人能够提出基于正义或公共利益甚至是别的更有说服力的理由，这些理由最终都会取胜，讨论是将压制性的多数主义软化了。如果参与讨论的公民被赋予实际权力，由政府做出承诺的话，那么情况会好很多。因为这是一种来自政府和人民之间的交换：在赋权协商的过程中，政府给予人们发言权和影响力，公民让渡自己参与的时间和精力。

哈佛燕京学社社长裴宜理教授在《社会变迁与体制建构》中认为，和谐社会，至少有两个含义：一个是社会公正，另一个是社会稳定。现在，政府对社会抗议仍有顾虑，但社会抗议也许在许多方面其实对中国有益，因为通过社会抗议，可以使中国的领导层感知民意，知道有社会不公正的现象存在。只要社会和谐不意味着压制社会抗议，那么社会和谐是一件好事。不同的历史文化与传统会孕育出不同的对于权利的独特理解，这些理解都应被包含在普遍的人权概念里。我们也应意识到政治权利、参政权、福利权、生存权以及工作权、退休权的重要性。这些权利应是构成理想而美好的人类社会的基石。裴宜理教授认为，中西方需要进行关于权利概念的研讨，这样便于理解不同的传统对丰富权利概念所做的贡献。美国对权利的理解不应处于主导，尽管美国人所强调的权利概念非常普遍，也非常重要，但那不代表权利概念的全部含义。

哈佛大学费正清讲座教授、美国著名人类学家华琛在《家庭与亲属制度的嬗变》一文中认为，民主是一场漫长的积累所孕育的果实，它是次生性的，并不是它最早出现并且界定一切。如果你想了解中国社会结构的变化，你必须观察家庭、亲属制度、婚姻和财产关系。所有这些东西是互相联系在一起的，而财产是根本。中国几千年来有一点是恒久的，那就是由财产界定权力、身份、地位和其他的一切。我们所看到的是由财产性质的变化而引起的家庭和亲属关系制度的变化。如果你改变了财产关系，其他一切就会跟着变。家庭涉及人们对生命意义的认知和自我认同感——你是谁，在你的生命中什么是最重要的。华琛教授说，历经数千年的岁月，中国的国家政府——包括帝国时期、民国时期、毛泽东时期、改革以来——保持了民众对中国人身份和统一的中国文化的认同。而中国地域之广袤多样，如同一床五光十色的"百衲被"，就是像老祖母用各种颜色的碎布缝出来的一床大被子。中国的统一性与多样性并存。这是人类历史上的一大奇观，也是一大辉煌成就。

哈佛大学勒鲁瓦·威廉姆斯历史和政治学讲座教授、著名中国现当代史研究专家罗德里克·麦克法夸尔在《寻求变革与稳定之间的平衡》中认为，历史一向是中国人的语言。他在访谈中用铁三角来比喻和解读中国政治。他认为，在近代以前中国的政治系统中，有一个至高无上的皇帝，有一个国家的，同时也是社会的意识形态，还有这种意识形态教育出来的帝国官僚们，这种教育给了官僚们在统治上的合法性。在出问题的时候总是有军队来支持文官们的权力。从皇帝和官员们的角度来说，社会是包容在这个铁三角之内的。但西方国家与此不同，在西方国家里也有一个领袖、一种意识形态、一种官僚体系，但是社会在铁三角之外，包容着这个三角。麦克法夸尔教授还认为，改变一个制度给人们所带来的问题可能比这个制度本身的问题还要大，这就需要一个充满勇气的领袖，一个强有力的领袖。

哈佛大学法学院副院长、东亚法律研究中心主任、著名中国法研究专家安守廉在题为《中国法治化：打造"第二长城"》的访谈稿中认为，要了解中国法律，就一定要了解中国的历史和文化。中国的处世哲学是乐观主义的，讲求人性善，注重用道德处理人与人之间的关系，用道德来管理社会。反观西方人，则不这么乐观，他们比较强调外在的管理与约束。这两方面比较一下，就不难发现，中国和西方的法律观念和法律制度都比较有特点，各有长处，是可以互相借鉴和学习的。如何才能将西方有用的法律制度移植到中国的土地上，移植过来后又如何才能够使其在新的泥土中扎根成长，法律如何更有效地规范老百姓的生活，这不是中国独有的问题，而是各个国家都存在的问题。即使像美国、英国这些国家也有同样或类似的问题。中国有自己的文化传统，美国也有属于自己的文化传统，但这并不意味着中国与美国的历史和文化就完全不一样、二者没有共同的价值和规则。每一个国家在建立起自己模式的时候，都需要做两件事情：既要关注自己本国的特色、自己国家的文化、经济发展水平，同时也应该注意世界的趋势、世界的义务，这不是一个国家能够回避的。

曾是哈佛大学法学院毕业生,现为哥伦比亚大学法学院中国法研究中心主任的著名中国法研究专家李本(Benjamin L. Liebman)教授在《法律改革的两难:职业主义与大众主义》中提出,在今天的中国,法律不仅调整与经济发展密切相关的领域,而且覆盖了广泛的社会领域。尽管还有很多人批评中国的法制改革滞后于经济改革,批评法律更多的是在保护国家的利益,而不是个人的权利和自由,但是中国在法治方面无疑取得了重要的进步。中国发展所面临的一个重要问题是地区间的不平衡,这种不平衡在法律领域里同样存在。甚至可以说,在发达地区与欠发达地区的法律体系间存在着质的差距。如果这种不平等让民众形成了法律和司法机构主要为有钱人服务的认知,最终将破坏他们对司法制度的信心。并不是说法律人越多,这个社会就一定会越好,中国的法律改革就一定会越成功;如果法律人缺乏专业精神和良好的道德,对于一个社会来说并不是一件好事。

哈佛大学法学院原副院长、现任纽约州立大学法学院教授的著名中国法研究专家孔杰荣(Jerome A. Cohen)在题为《中美关系与我的中国法研究》的访谈稿中指出,中国国内的经济发展需要法律,国外的经济合作也需要法律;国内的保护人权、权利需要法律,惩罚违法行为也需要法律;组织最有效的政府机构需要法律,解决老百姓之间的日常纠纷也需要法律。中国仍面临很多问题与挑战,也遇到了一些不易解决的历史遗留问题。但是我们更应该看到,中国创造了奇迹,中国带来了希望。

哈佛大学肯尼迪政府学院前院长,现任该院国际关系学教授的约瑟夫·奈(Joseph S. Nye)在《中国的软实力与对外交往》中强调,要以"软实力"来衡量一个国家在国际上的影响力。"软实力"是指通过吸引力而非靠强硬手段或利益诱的方法去影响别人，来达到想要达到的目的的能力。它来源于一个国家的文化、政策和价值观念的吸引力。在世界政治中，一个国家可以通过它在文化上、政策上或价值观念上的吸引力，使别的国家模仿其榜样，理解、认同其在国际社会上的主张和维护国家利益的行为。在某种特定情况下，通过考量一个国家要求另一个国家去做某件事，而被要求的国家是否真的去做，是因为被吸引自愿去做还是因为被强制性威胁或利益诱导才去做，就可以看到一个国家"软实力"的大小。独裁专政和强制性的领导方式，即早期军工时代靠"硬实力"治理的模式，基本上已经被后工业化社会靠"软实力"治理的方式所取代，即设法吸引、激励和说服，而不是靠发号施令。然而，最有效的领导实际上是能够将"硬实力"和"软实力"在不同的情况下按不同的比例相结合。如果能够将"软实力"和"硬实力"有效结合，就能得到"智能实力"。并非每一个崛起的力量都会导致战争——美国在19世纪末就和平崛起，赶超了英国。如果中国的崛起坚持和平的路线，它会给中国人民、邻国人民以及美国人民带来巨大的利益。

在另一篇与中国学者甘藏春对话的、题为《巧实力和奥巴马政府的对华政策》的访谈稿中，约瑟夫·奈进一步指出，至少需要从两个方面来认识和理解"软实力"：一方面是你做得很好，确实很吸引人，也就是说你客观上具备了一定的吸引力；另一方面是别人必须主动地承认和接受你的吸引，也就是要被你所吸引。在多元文化背景下，每个国家都有自己的文化、传统、道德观等许多"软"的方面的要素，但这并不意味着每个国家都具有"软实力"。如果你的一些软的方面的东西不被别人所接受，那就不能说

你具有这方面的软实力。即使不同国家和民族具有不同的价值观，但在对其他国家的判断上，通常不难形成一致的判断，主要原因在于软实力强调的是吸引力，包括对具有不同价值观的社会和群体的吸引力。不论是硬实力，还是软实力，都是工具和手段。解决问题的最好办法往往需要根据具体情况将这两种工具混合起来运用，这就是所谓的"巧实力"。"巧实力"之"巧"，主要在于针对不同的具体情况，灵活地、平衡地将硬实力和软实力结合起来使用。

哈佛大学肯尼迪政府学院教授约瑟夫·奈（Joseph S. Nye）在《美国最大的威胁并非来自中国》中认为，如果能够通过软实力来取得想要的结果，那就比硬实力要更好，因为这样一来为自己留下更多选择的余地。不仅如此，使用软实力解决问题，也给对方留有更多选择的余地。在人类生活中，大部分情况下需要结合硬实力与软实力，但越是能够通过软实力解决问题就越好。中国传统文化具有很强的吸引力，世界上很多人也深以为然。中国古代哲学尤其是孔子和老子的著述以及中国的绘画、雕塑、陶瓷等，对很多人都颇具吸引力。孔子学院所带来的一大益处，就是它能够帮助人们学习并了解中国传统文化。通过孔子学院教授中国传统文化，对中国软实力很有益处。

哈佛大学商学院史宾格勒家族工商管理学教授、费正清中国研究中心主任、哈佛中国基金会主席柯伟林在《应完整地看待新中国的历史》中指出，60岁生日对于任何一个中国人来说都非常重要，它代表着吉祥，预示着一个人从此便可以悠然自得、安度余生了。如果我们把中华人民共和国看作是一个有生命的机体，那么，过了60岁生日，她是不是也可以如此呢？中华人民共和国过去发展如何，现在情况如何，将来又会走向何处，这些问题值得关注。

哈佛大学之所以下大力气研究中国问题，是因为已经决定将中国作为其国际发展的一个重中之重。谈到教育问题，柯伟林教授认为，今天的中国要想成为一个不仅富强而且和谐的社会，就需要重视人文教育，需要让学生了解基本的为人处世之道，需要培养更多改造社会、改造观念的科学家和工程师。

哈佛大学 Charles H. Carswell 讲座教授、东亚语言与文明系前主任包弼德在《在细微处观察中国历史》中指出，有些中国人，哪怕是一些受过教育的人，其实对自己的文化也不够了解，对自己的历史存在着这样或那样的偏见，时而表现出对自己的国家和民族的不自信，时而又表现得过于自信和狭隘。其中一个突出的现象，就是看不起自己的历史，感觉不到自己的历史有多么伟大，感觉不到自己的文化有多么好。这点需要改变。谈到观念史，他认为，一个人，不管他们的想法是怎样，重要的是他们为社会做了些什么事，他们真正的行为是怎样的。包弼德教授认为，即使人的平常的行为跟他们平常的理想会有些冲突，有些不一样，可是没有一个人没有理想，一个社会也必然会有它的理想。虽然这些人不一定能实现他们的理想和愿望，行动赶不上或者实现不了他们的理想，但这些观念、理想，反过来必然会影响到他们的选择和行为。思想和行动的交互作用，便推动了历史，导致了历史的变迁。

哈佛大学历史学孔飞力教授在《和平：国家间交往的良性基础》中认为，历史地看，美中两个国家永远都是在和平共处中获益的，两个国家负责任的领导人都会努力地保持和维护这种和平共处的关系。两国都从和平共处条件下开展的贸易中获得巨大利益，而双方的冲突和紧张局势都将使双方付出重大的代价。谈到"台湾问题"，孔飞力教授认为，如果台湾宣布"独立"，那么中国政府就不能在政治上获胜；而如果中国采取武力解决了台湾问题，那么美国政府就不能在政治上得分。因此，中国和美国都希望台湾问题随着时间的推移，自然地得到解决。

哈佛大学肯尼迪政府学院教授文安立（Odd A. Westad）在《成全球性大国，中国需慎之又慎》认为，中国承担国际责任对中国和整个世界都非常重要。作为国际力量，中国在促进发展、维护和平以及推动国际经济、健康医疗等领域合作发挥着积极作用。在美国和世界其他地方，总有一些人担心中国"崛起"，他们认为中国崛起速度太快或许将主导国际事务，但他了解的中国不太可能这样做。中国现在正致力于发展，中国的实力主要表现在经济快速发展，这使得中国成为一个全球经济力量。中国不必喜欢所有的国家，也不必与所有国家交朋友，但还是需要改善与一些国家及地区的关系，东亚和平，中美关系就稳定。

哈佛大学肯尼迪政府学院亚洲项目执行主任张伯赓博士在《崛起的中国与蓬勃发展的哈佛中国学》中指出，社会科学应当根据体系完备、资料翔实的中国的历史经验重新思考人类社会进化规律的问题，譬如，中国全球化的社会、政治和经济影响是什么？中国全球化将如何影响发达国家和新兴市场国家的商业环境？21世纪的中国是否会取代美国经济、政治和商业的领导地位？导致中国经济实力增长的主要因素是什么？现代西方政治经济模式和理论能否解释中国当代发展道路？这些问题，是哈佛大学的中国问题研究专家们关注和研究的主要内容。

以上是对全书的篇章结构以及对本卷的主要内容所做的介绍，可能会有不到位、不完全，甚至不准确的地方，还请读者朋友们多加批评、指正。

转型的中国与中国的转型

受访人——托尼·赛奇（Anthony Saich）
采访人——张冠梓

托尼·赛奇教授

托尼·赛奇，又译为安东尼·赛奇，美国著名中国问题研究专家，哈佛大学肯尼迪政府学院达沃国际事务教授，哈佛大学艾什民主管理与创新中心主任，哈佛大学亚洲及中国公共政策项目机构主席，拉贾瓦利基金会亚洲研究所所长以及中国公共政策项目教学主席，国际司法桥梁理事、哈佛大学费正清中国研究中心和亚洲中心的执行委员会成员。赛奇教授曾在英国、荷兰、美国的多所大学任教。他的教学和研究专业是政治学理论与实践，主要内容包括亚洲各国政府和社会的相互影响，以及在制定决策和构建社会与经济学发展框架方面两者各自所起的作用。赛奇教授曾出版、发表多部关于中国发展的论著，如《中国政治与治理》（2001年，2004年）、《中国80年代的自然科学政策》（1989年）、《毛泽东的中国革命论述》［1994年，与大卫·E. 阿普特（David E. Apter）合著］、《中国共产党的力量崛起》（1996年）、《中国的政府与政治》（2004年）、《转型时期的中国的公共产品供给》（2008年）、《中国的城市化》［2008年，与沙希德·尤素福（Shahid Yusuf）合著］、《全球市场中的中国乡村：新集体与农村发展》（2012年，与胡必亮合著）、《中国的治理与政治》（2015年）等。这些关于中国问题的研究成果具有深远的意义，在国际学术界产生了广泛的影响。赛奇教授和中国有着绵长而深厚的渊源。他第一次造访中国是1976年，此后每年他都会到中国进行或长或短的访问。他曾任荷兰莱顿大学汉学院院长，他同时兼任哈佛大学费正清中国问题研究中心执行委员会委员、清华大学公共管理学院长江学者讲座教授等学术职务。令人称道的是，这些年来，他倡导建立了一系列旨在帮助中国等亚洲国家发展的各种政府的、民间的和非营利的组织。其中最为中国人熟悉的是，他发起并主持了一项影响巨大的中国高级官员培训项目。如今这个项目已经培训了 10 期中国中央和地方司局级以上的高级官员。这个项目为中国成功举办奥运会培训了大量官员。

主编手记

　　哈佛大学亚洲研究中心主任、著名中国问题专家托尼·赛奇教授是个名副其实的大忙人，讲课、做报告、看书、写论文、组织会议、办讲习班、接待各地特别是从中国来的客人、出差等，日程排得满满的，和他约见一次实在是不容易。尽管如此，他还是抽出时间，对本书主编组织的"哈佛看中国——哈佛大学中国问题专家系列访谈活动"予以指导，不仅帮助推荐和联系专家，还第一个接受采访，为整个系列访谈活动开了个好头。2008年10月1日，恰逢中华人民共和国五十九周年国庆日，托尼·赛奇在他的办公室里应邀接受采访。采访活动从10月1日开始，俟后又进行了两次交谈。几次访谈的内容，都是围绕中国改革开放和现代化建设取得的成就、仍面临的困难和问题以及下一步应当如何更好更快地发展等问题展开。访谈稿件定稿后，人民网、新华网、中国社会科学院网、《南风窗》等数百家网站和报刊予以刊登、转载或摘登，产生了良好的社会反响。时为哈佛大学肯尼迪政府学院研究生的王洋、中央民族大学法学院研究生石培培为本文做了部分文稿的翻译和资料整理工作。

　　张冠梓：托尼·赛奇教授您好，感谢您在百忙之中接受访谈。2008年正值中国改革开放30周年，人们很容易回想起1978年中国共产党十一届三中全会的召开。这次会议被视为中国改革开放的重要标志和新的历史起点。现在，中国理论界、学术界乃至全社会都在讨论、评估这次会议的意义，您是如何看待这次会议的历史地位和作用的？

　　赛奇：历史地看，十一届三中全会是中国近现代以来不多见的、具有特殊重要性的一次会议，这点已经成为世界大多数学者的共识。其实，在当时，包括我在内的所有人也都意识到，十一届三中全会肯定是中国发展的一个重要转折。即便如此，现在回过头来看，我万万没想到中国从此会发生这样天翻地覆的变化。这一点，中国与欧美有很大的不同。欧洲几十年来自然有变化，但不怎么大，上一代和下一代的生活并没有太大的不同。虽然近些年来有互联网的兴起和发展，但代与代之间是容易相互理解和沟通的。中国就完全不同了。譬如，一个18岁孩子的父母，他们经历了"大跃进""文化大革命"，又经历了改革开放的年代，他们的这些经历是孩子们没有经历过的，因而也是孩子们无法理解的。现在的中国大学生，他们的兴趣，他们对社会的感觉、对问题的看法，就与他们的父母差别很大。中国这30年来的变化，这样急剧而深刻的变化，在当前的西方是没有的，对西方人而言，也是很难理解的。因此，一直以来，我在哈佛给学生讲解中国的改革开放的时候，十一届三中全会是一个重要的讲解内容。了解它，也就把握了打开当前中国变化及其神秘性的钥匙。

  说这次会议在中国共产党的历史上具有里程碑意义，主要原因在于，它结束了"四人帮"倒台后的两年徘徊，从此也真正叫停了"文化大革命"的路线，做出了把工作重点从"以阶级斗争为纲"转移到以经济建设为中心的重大战略决策，开始了从封闭到开放、从墨守成规到各方面改革的转变，揭开了中国改革开放和现代化建设的序幕。从此以后，这个拥有庞大人口和漫长历史的国家义无反顾地走上了改革开放的道路。30年来，中国经济始终保持高速增长，综合国力大幅度提升，成为全球经济发展的最亮点。同时，中国整个社会，包括方方面面，也都发生了巨大变化。可以说，以十一届三中全会为界，中国的面貌发生了根本变化，是一个新时期的开端。有人统计过，1978年以后的30年里，"十一届三中全会"成了中国报刊、书籍、报告、讲话中的"高频词"，也是研究中国当代历史必须经常提起的重要事件。

张冠梓：说到十一届三中全会，不能不提到中国改革开放的总设计师邓小平。您是如何看待邓小平这一历史人物的？

赛奇：我第一次听说邓小平这个名字，还是在到中国之前。在西方国家，只要对中国有点了解的人，都会知道他的名字。当时，中国人对提邓小平的名字很敏感，也很谨慎，但知道他抓经济有办法，也关心老百姓的生活。再一个，就是他重新出来主持工作后，可以解决因为上山下乡而导致的夫妻两地分居的问题。我熟悉的许多朋友都是知识分子，他们基本上都有上山下乡的经历。上山下乡，目的是走和劳动群众相结合的道路，接受贫下中农再教育，但同时这些人因此也产生了夫妻离别、全家无法在一起生活的困扰。还有一点就是，他们相信，邓小平重新出来主持工作后，可以恢复高考制度，他们可以有机会上大学，接受高等教育。后来中国的发展变化，证明了大家对邓小平的认识和期待是正确的。

确切地说，中国当代社会的带有实质性的变化是从十一届三中全会开始的，而这次会议又是和邓小平的名字连在一起的，这说明邓小平对于十一届三中全会的召开发挥了关键性作用。其实，他的活动一直伴随着中国共产党各个时期的历史，特别是1949年以后，他的经历可以被视为中国政治的一个缩影。此外，邓小平在政治命运上戏剧性的大起大落显而易见对于中国的政治进程具有更普遍的启示意义。不管对他持有什么样的看法，大家都不否认，邓小平是一位卓尔不群的人，也是一位具有坎坷经历的人。在他的人生旅途中，有过胜利和失败，有过升迁和跌落。整体上评价邓小平是颇为复杂和困难的。他在历史上扮演了各种不同的角色，要根据他的各种政治角色和他在不同时期的功绩，来具体评价他在历史上的地位。但毫无疑问，邓小平作为一位活生生的、永不服输的卓越的政治家，他所做出的历史贡献不仅使他赢得了中国人民的尊敬，为中国人民赢得了荣誉，而且也得到了世界各国的瞩目和称赞，大大加深了国际社会各阶层对中国社会革命性变革的理解。

让人印象深刻的是，面对因十年"文化大革命"造成的混乱而复杂的局面，邓小平审慎地从中国的具体情况出发，勇敢地借鉴其他国家的有益经验，提出了许多有创见的主张和决策，这些主张和决策后来被概括为邓小平理论。我认为，邓小平理论强调科学技术革命的重要性，把如何利用当代知识为政治发展、经济增长和社会福利提供机会作为评价社会能力的标准，与欧洲和美国社会关于现代化的认识和分析方法颇为类似，实际上是一种现代化理论。正是邓小平和他探索的这个理论，掀起了中国改革发展的一次又一次浪潮。

根据我的了解，关于邓小平的地位和作用，其实早在中国改革开放之初《关于建国以来党的若干历史问题的决议》的起草和讨论过程中，许多人就已经注意到了，要求在决议中写上这一点；只是由于邓小平本人的反对，1981年6月十一届六中全会通过的决议才没有写上。邓小平为十一届三中全会做出了重大贡献，特别是他在全会前发表的《解放思想，实事求是，团结一致向前看》的著名讲话，为会议从根本上摆脱"两个凡是"的束缚，确定具有划时代意义的关于改革发展的新认识、新决策奠定了重要基础。

他也因此成为中国共产党继毛泽东以后的又一位核心人物。中国共产党总是习惯于在重大历史关头,对以往的历史进行回顾和总结,并试图找到未来发展的道路。十一届六中全会是其中的一次。还有一次,是在延安时期,也形成了关于历史问题的决议。应该说,这样的会议,对于中共全党达成共识、减少歧异和阻力是有帮助的。

张冠梓:十一届三中全会是1978年召开的,而在此之前的两年,也就是1976年,您就到了中国,这对于当时的西方人,是很难得、很少见的。正是这一特殊经历,您见证了十一届三中全会之前和之后的两种情况、两个时代的对比。我想,通过这种对比,您一定会对十一届三中全会的必要性和重要性有着具体的、独到的理解。

赛奇:我1976年来到中国,是带着兴奋和渴望了解的心情来的。来中国前,我在英国伦敦大学读书,研究方向是中国的政治和社会发展。那个时候,英国乃至整个欧洲的左翼学生运动风起云涌,我也是其中的一个积极分子。对于某些学生而言,毛泽东就是"左"翼运动的一个代表性人物,他们在游行中打着毛的旗帜,检讨自己的社会,批评自己的政府。我尽管也参与了一些这样的活动,可当时总有一种与其他人不太一样的感觉:我们很可能对中国存在误读,存在一些不符合实际的认识。我们这些西方人,没见过中国是什么样子,只能通过中国的一些宣传材料了解中国的样子。而我自己,也读过毛泽东选集和中国的许多宣传材料。但真正的中国到底是什么样子,我很想去了解,所以就选了中国作为研究的方向。

不过,我从来没有想过自己真的有机会去中国。直到中英政府间有了交换学生计划,我很幸运地得到了这方面的奖学金,才有到中国去的机会。到中国时,毛泽东还没

去世,"四人帮"还在台上。我在中国的第一站,是到北京语言学院进行语言培训,而后到南京大学开始专业学习。让我吃惊的是,我在中国所看到的和先前想象的迥然不同。整个社会非常动荡,经济很萧条,政治气氛特别紧张、诡异和复杂。我们接触到的几乎所有人对未来都很迷茫、很惶惑,不知道未来会发生什么、应当朝哪个方向走。刚来时,我几乎不懂中文,只是出国前"突击"学习了几句常用语。但是我很快发现,即使自己中文再好,也无法和中国人沟通,因为他们都谨言慎行,不怎么敢讲,对我们这些资本主义国家来的留学生更是充满戒备和疑惧。但是,尽管他们不说,我也能明显地感觉到那种不好的气氛。后来,我和知识分子打交道比较多,时间长了,也大体知道一些他们的想法。

那时候,和城市的人顾虑较多不一样,不少农民有什么话都敢说出来。他们对人民公社、大锅饭、生活贫穷、官僚主义等问题,都表达了许多牢骚和不满。那时候,大学实行开门办学、到农村劳动,学生都必须到农村去实习。我们被安排到扬州的一个人民公社参加劳动,向贫下中农学习,接受他们的"再教育"。说是去劳动,实际上不怎么会干农活,倒给他们添了不少麻烦。好在有一个同学,家是德国农村的,会开拖拉机。这下可派上用场了,有时拖拉机驾驶员病了,或者有别的事情,他就帮忙开一开。这成了当地的"一景",引得大家追着围观。这个德国同学头发茂密、大胡子,很像马克思。一天,一个小学生看到了他,就问"你是不是马克思",还把他带到学校,介绍给老师和同学,见人就说"马克思"来了。

说实话,我们初到中国时,看到的和来之前想象的二者相距甚远。我们不敢相信那时的贫困情况,没想到老百姓生活那么困难。我第一次来北京时，感到处处充斥着难以置信的单调，人人都穿着蓝色的衣服，也没有地方可以去，更没有酒吧等喝酒、休闲的场所。我在伦敦长大，习惯于晚上出来放松一下、喝个咖啡什么的。到了北京后，发现这里根本没有夜生活。哪怕到王府井大街看看，商店、饭店等一般不到六点就关门，晚上街上就更找不到什么人了。那时候，中国最常听到的两句话，一句是"没有了"，一句是"卖完了"。说实话，刚到中国的那段时间，我在北京生活很不适应。

但"四人帮"倒台、邓小平恢复职位以后，中国社会迅速发生了变化。我清楚地记得，学校马上就安排一些中国人和我们一起住。他们大多数是曾经在苏联学习物理、化学等学科的人，很快就要被派去英国、美国、澳大利亚深造，安排这些人和我们同屋是为了学习英语。可以说几乎是在一夜之间，我感觉到了中国人渴望与外界接触、向世界学习的前所未有的热切心情。到后来再去中国的时候，感到每一次都有变化。现在回过头来看，中国的变化实在是太大了。以农村为例，改革开放初期，当大多数人还在为填饱肚子忙碌时，一小部分农民通过勤劳致富，家庭年收入超过万元，"万元户"因此得名，并成为那个时代富裕农民的代名词。后来随着农村的发展，"万元户"很快成为时代的一个记忆。据中国国家统计局的调查，2007年全国农民人均纯收入达到4140元。从这个意义上说，中国农民的家庭收入已总体越过了"万元"线，几乎家家都是万元户了。

这种变化从农村开始，但绝不止于农村。事实上，我认为，中国的方方面面都一直处于不断的变化、快速的发展之中。假设当初有人预言中国30年后会有今天这样的变化，我肯定认为他是疯了。坦率地说，在西方人看来，仅仅就改革开放后中国能一直保持发展这一现象，就已经是个传奇了。中国所经历的变革，也就是从一个农村人口占绝大多数的国家发展到目前城市化主导的现代国家，从老式的、粗放的苏联工业化模式发展到建立信息技术、生命科学、航天科技等高科技领域，这在西方国家也许都要经历一个世纪或更长的时间才能完成。另外，最让我感到惊奇的是，中国的公民和政治机构对于经济社会变化的程度和速度所呈现出来的适应性，以及中国处理从人口年轻化向人口老龄化过渡时期的挑战所表现出来的能力和取得的成就。

托尼·赛奇（右）与采访者、本书主编张冠梓合影

张冠梓：您和中国打交道时，接触最多的可能是知识分子。您能否结合自己在中国的留学和工作经历，从中国知识界这样一个群体和视角，谈一谈对30年来中国发展变化的感受？

赛奇： 我是 1976 年年底到南京大学留学的。那时候，中国的外国留学生很少，而且主要是来自亚洲、非洲国家的学生。来自西方资本主义国家的学生，我们好像是第一批，一共 9 个人，其中来自英国的 4 位、法国和德国的各 2 位、澳大利亚的 1 位。来到中国后，发现中国和我们想象的很不一样。那时的教材比较枯燥，授课形式比较呆板，课堂气氛也很沉闷，学生能学的东西很少。大家对中国的历史知道得少，关于世界历史的知识更是少得可怜。刚来中国时，我打算主要学习、进修中国当代史，但发现主要是讲授两条路线的斗争，讲授"以阶级斗争为纲"，讲授反帝、反修，没有什么意思。后来改为学习中国古代和近代历史，才发现很有趣味。

随着中国政治气候的变化，大家渐渐地可以议论一些问题了，甚至也开始触及和讨论一些敏感问题，出现了一些沙龙和论坛。大家开始尖锐地讨论中国问题，虽然问题不多，但可以公开批评了。老师们毕竟有经验，对一些社会现象、社会问题认识敏感，对一些问题的认识较早，可以说引导了这些讨论。一些谨慎的老师虽然还是照本宣科，但对一些问题可以讨论、发表自己的意见了。学校领导，还有老师和中国的同学，对我们这些留学生的态度逐渐发生了变化。一开始，大家都提防着我们，领导和老师要求中国学生不要和我们过多接触、随便交往，更不要说一些泄密的话。有的人甚至怀疑我们是帝国主义的特务、间谍。后来大家交往多了，慢慢熟悉了，发现我们也不是什么坏人，我们提的一些意见和建议也不是全无道理。

从那时起，我几乎每年都到中国去，有时一年还会去几次。20 世纪 90 年代，我在福特基金会中国办事处工作过几年，和中国社会科学院、中央编译局等单位打交道较多，经常去那里拜访一些专家学者，进行学术交流，特别是了解到了很多中国近代以来的历史，也知道了很多学者对中国改革发展的看法。总的来看，十一届三中全会以来的30年，中国成功实现了从高度集中的计划经济体制到市场经济体制、从封闭到开放的历史性转变，13亿中国人民的生活总体实现了小康。这30年，是巨大变化的30年，经济高速、持续增长，农村经济发生了很大变化，农民的生活水平有了很大提高，整个社会变得越来越好，社会开放度也越来越高，整个社会的气氛和过去比差别太大了。

张冠梓：这期间肯定有不少难忘的、有趣的故事，也一定引发了您不少思考。

赛奇：这里面确实有不少有意思的故事，也很耐人寻味。在这里，我只讲两个。一次，记得是1976年，我在南京鼓楼看大字报，发现有两个人在我后面嘀嘀咕咕，我听见他们好像在议论我。两人在一阵子你推我搡之后，其中一个鼓足勇气过来问我：你和我们长得不一样，是哪里人？是不是少数民族？我回答不是。他们又问我是不是华侨，我又说不是。他们就更纳闷儿了，问：那你究竟是什么人呢？我说我是英国人。他们很惊讶，问英国在哪里，是不是生活很苦？我对这件事情印象很深，感触也很多。那时，无论我走到哪里，都受到中国人围观，大家议论纷纷，说这个人个子那么高，样子也跟我们不一样，真是稀奇。他们对我好奇，这说明，当时的中国百姓关于外界的知识太少了，对外部世界，竟然如此的隔绝和不了解。他们对世界是什么样的、对外界都发生了什么和将要发生什么，是那样的缺乏了解。我认为，究其原因，在很大程度上，说明政府没有尽到责任，没有给他们提供学习知识、走出国门、了解外面的条件和机会，而是把大门关上了。所以，我觉得，来到中国后，真正让我看到的，是一个真实的中国，是相对贫穷和封闭的。

再说一件事情。20世纪90年代，我曾经组织实施了一项农村小额贷款的项目。在农村实施小额贷款，就是为想发家致富但又没有办法的农民提供启动资金。那时候，许多农民都想致富，但资金是个难题。而国家银行资金有限，顾及不了他们的资金需求。为此，我们设立了小额贷款，直接贷款到农户，几百元、上千元不等，资助他们搞养殖、运输、种植经济作物等。若干年下来，应该说这个项目的实施效果不错。一次，我到河北省易县考察小额贷款的实施情况。我问一位中年妇女，生活情况怎么样。她刚申请到这个项目，很兴奋，但很害羞，不好意思说。可过了一年再去，她的精神面貌就完全不一样了，主动给我介绍一些情况。她不光自己的收入有起色，还指导、帮助其他村民发展生产，俨然变成了本村的致富带头人。我问她最想做什么，她说最想让女儿上学，长大以后走出农村，到外面多学习，争取干大事情。她还说，她手头宽裕后做的第一件事情，就是买了台电视机，并且坚持每天都看，努力多捕捉，及时了解外面的情况。

张冠梓：您一直关注中国、研究中国问题，发表了很多重要的、有影响力的见解。您有一个很有意思，也很形象的说法，就是中国摸着石头过河，总能找到过河的石头。您能结合中国改革开放30年的里程具体解释一下这句话的含义吗？换句话说，改革开放30年来，中国都摸到了哪些石头？您对中国在哪些方面的变化印象最为深刻？

赛奇：30年来，中国的发展是有目共睹的，而且这种发展几乎表现在经济、政治、社会、文化的各个方面。比如，中国经济体制改革成效显著，影响深远，由于每年保持了将近 10% 的增长速度，中国经济每七八年就翻一番。中国人民生活水平逐渐提高，农村、城市面貌变化都很大，各项基础设施有了显著改善，百姓收入不断提高，文化生活日益丰富。此外，中国法制建设取得飞跃性发展。这些年来，中国国际地位不断提高，中国已越来越多地融入国际社会，在国际经济政治舞台上发挥着越来越大的作用。随着世界金融危机的加剧，美国和欧洲经济面临衰退，人们越来越关注中国崛起将会对整个世界秩序产生的长久影响。所有这些，如果追根溯源的话，是和邓小平倡导的改革开放政策密不可分的。正如人们所熟悉的，邓小平关于改革开放的理论有一个摸着石头过河的说法，这是对中国改革开放初期发展道路的一个形象的比喻，也是一个特别聪明的说法。之所以这么说，起码有两点：一是我们不明确说发展方向和目标是什么，就不会招致很多人反对，进而也就减少了工作中的人为阻力和不必要的纠缠，赢得了改革发展的宝贵时间。二是这也表明改革开放其实也是一种试验。按照邓小平的说法，改革没有现成的答案，需要摸索，需要试验。我们可以看到，中国的农村改革和城市改革，都是经过了一些试验，证明可行了再加以推广。应该说，邓小平关于改革发展的战略思想是正确的，是符合中国实际的。正是基于对中国多年来的观察和了解，我得出了一个印象，每每中国的发展出现困难阻碍、当我们认为中国可能没有办法的时候，它最终总能找到解决困难的途径。所以我说，中国人摸着石头过河，总能找到过河的石头。我内心乐观的一面告诉自己说，中国一定会继续发展，继续进步。

张冠梓：您曾经在一次访谈中说过，对中国这个国家的认识既有乐观的一面，也有悲观的一面。刚才说了乐观的一面,您能不能再谈一谈悲观的一面?

赛奇：所谓悲观的一面,实际上是内心的几点疑问。我还想借用摸着石头过河的说法,中国过去摸着石头过河,取得了改革开放的一系列成功,但问题是不能老摸着石头过河。随着改革发展的不断深入,伴随着越来越巨大的经济成就,中国也面临着越来越大的挑战,面临着深入湍急的河流中央,进入不可预测的深水区。当前,国企改革和金融改革进入了最困难的阶段,环境问题、能源问题、社会公平问题,等一些新的挑战也摆在了面前。如果对这些因素了解不清楚,中国的未来将有难以预测的风险。我认为,相较于目前的严峻形势,中国政府的发展目标还不够清晰,目的还不够清楚。有些宏观经济、城市发展、环境保护、市场经济管理、金融体制等方面的问题,必须作长远的考虑,需要科学论证和科学决策,有一个可持续发展的蓝图。和改革开放初期有所不同,我们要深刻地认识到,如果河很宽,水很深,或者中间没有石头,那怎么办?如果到那时候还一味地强调摸着石头过河,那就很危险了,事实上也做不到。还有,我们在摸着石头过河的时候,却不知道对岸是什么样的,也很危险。也就是说,中国未来的社会是什么样的,我们能够达到一个什么样的程度、水平和面貌,在政治、经济、社会、文化以及老百姓生活方面会有什么样的状态等,对这些问题应该进行深入、认真的研究。

另外,要让老百姓知道这些情况,让他们参与讨论和决策,才能获得社会的理解和支持,和衷共济,实现国家发展的新目标。现在,中国有一种值得注意的议论,认为有的地方、有的领域虽然改革了,但不是摈弃了计划经济的缺点、汲取了市场经济的长处,而是恰恰相反,出现了市场经济和计划经济的缺点恶性结合、叠加呈现的情况。比如，近年来颇为突出的腐败问题、权钱交易和官商勾结问题，就严重阻碍了改革继续往前走。这里面有信息不公开、制度不透明的问题，方便了一些官员可以不受监督，运用自己控制的权力资源谋一己之私。如果说中国的改革是摸着石头过河，而许多官员掌控着很多公共资源和权力，为自己谋取私利，生活得很惬意、很舒服，那么他们就会停留在河流中间的岛上，自我享受，自我感觉很好，不愿往前摸索，不愿意改革了。这是一个需要认真对待的问题。

哈佛大学纪念堂

张冠梓：让我们再展开来说一说。先说经济方面。经过30年的发展，中国经济已经成为世界经济中一个举足轻重的力量，但是中国经济的高速增长能不能够持续、怎样才能持续，近来已经成为一个全世界议论的热点。您认为，经济体制改革的重点和难点在哪里？困难和出路又在哪里？

赛奇：中国经济的增长有目共睹，但也存在不少问题和困难。谈到这方面，我想，当今最大的问题，也是长期以来一直存在的问题，首先是国有企业改革和金融体制改革，这些问题比农业改革或者发展特区经济都要艰难、复杂得多。其次是逐步建立现代的政府结构，换句话说，就是如何在现代社会不断发展、经济市场化程度越来越高的趋势下，逐步建立一个负责任的、透明的政府。这两方面无疑是最困难的。

我注意到，中国政府领导人实际上已经意识到了这个问题。胡锦涛主席和温家宝总理很重视民生问题，也将农村地区的发展列入首要解决的问题。最近召开的十七届三中全会，主题定为农村的改革发展，既是对过去改革的呼应，也是农村的新一轮变革。30年前的十一届三中全会，做出了把全党工作重点转移到社会主义现代化建设上来的战略决策，实行了改革开放，由此开启了中国历史的新时代。而这场改革，正发轫于农村的联产承包制。此后，从农村到城市，从大包干到国企股份制改造，改革开放一步步推进，取得了举世瞩目的经济增长，为中国进一步的经济发展、社会进步以及人民生活水平的提高，打下了雄厚的物质和制度基础。十七届三中全会在粮食问题、土地管理制度、农村金融体系、城乡一体化建设等多方面做文章，必将启动中国的新一轮改革浪潮，中国农村有望迎来新的发展机遇。当然，上述问题不是几年间就可以妥善解决的，需要至少一代人付出努力。

张冠梓：30年来，中国经济经历了持续、快速发展和制度变迁的精彩过程。可以说，这是经济变迁的过程，也是政治变迁的过程，还是一场大规模的社会试验和思想革命。您如何看待伴随着经济增长而带来的经济转型在政治体制机制方面的意义？很多人认为，下一步改革是攻坚的改革，是政府体制改革。您认为政府体制改革要注意哪些问题？

赛奇：十一届三中全会以来的经济改革以深远的方式改变了中国的政治体制，产生了一系列不可预见的结果。

随着政府向企业放权，政府对经济的直接控制逐渐减弱，指令性计划机制的使用日益减少，利用市场力量进行配置以及生产的选择性则日益增加。地方政府被授予更多控制本地经济活动及分配经济成果的权力。经济转变重塑了社会结构，它正在改变地方政府与上级，以及与社会之间的权力分配。它改变了社会赖以组织的规则，以及社会与国家机构之间相互影响的方式。结果，就结构和心态而言，自20世纪50年代以来，中国社会变得比以往任何时候都更加复杂，更具流动性和活力。与垂直的相互影响和整合一样，水平的相互影响和整合亦得以发展，传统的列宁式体制的基本边界已经被打破。中国的统治方式已经发生了重大的改变，这在地方层面最为明显。有意识地下放某些决策权，事实上的财政分权以及政治中心道德权威和财政能力的下降在这一进程中起了重要作用。这严重限制了国家的再分配能力，意味着地方政府在很大程度上是运用其自身机制去增加必要的资金。国家财政收入的相对下降对政府各层级和各部门都产生了压力，促使他们从地方财政收入中去获取资金来满足经常性费用的需求。这意味着地方资源和权力结构对于政治结果起到越来越多的决定作用。人们可以在同一个省，甚至相邻的县里看到源于改革的完全不同的社会政治结果。有人已经看到了改革正在引起地方政府角色的衰退，但是一如后面将要讨论到的，情况要远比这复杂得多。最重要的结果是地方政府的结构化和地方政府权力的重新分配。

　　当前，中国最主要的问题都是在政府治理方面，应该说这是政府完全可以控制的，如股市问题、腐败问题等，这些方面是可以有所作为的。还有一点，当前的改革绝大部分是行政体制改革，而不是政治体制改革。长期以来，社会与文化的多元特质，及其表现出来的政治多元特点，没有反映在政治体制改革上。当然，也有一些难题，譬如，环境污染及其治理，中央有相应的政策，但有些地方却不执行，利益诉求不一样，对环境问题的态度也就不一样。再比如保护耕地问题，中央三令五申，要求不得无节制地占用农业用地，可是有些地方偏不执行。结果引起社会矛盾，引发群体性事件，造成社会的不稳定，应该说这是改革不彻底造成的，是特别危险的。当前，中国政府和领导人的管理能力和领导水平是很高的，领导素质也很好，有为老百姓做事情的愿望和责任心。问题的关键是在于进行体制机制的变革，增加决策和执行过程中的公开性和透明度，这是改革的重点，也可以说是一个难点。对于中国的政治体制改革，是否走三权分立、多党制等道路，存在不同的争议，我在这里不予置评。但许多问题是在政府领导下就可以做好的，许多改革是在政府领导下就可以完成的。现在，中国的优势是经济的持续增长、健康发展，明显地改善了老百姓的生活，这是中国深化体制改革的一个很好的条件和环境。

张冠梓：这些年来，关于中国的政治体制改革道路和方向，一直存在着不同看法。您如何看待这一问题？

赛奇：这是一个敏感而重要的话题。其实，长期以来，中国政府一直在探讨如何在坚持中国特色社会主义道路的前提下，进行积极稳妥的改革。我觉得，不能说中国没有政治改革，毫无疑问，中国在政治上的改革是多方面的，而且效果是显著的，但更多的是行政层面和程序上的改革，目的是解决政府效能方面存在的严重问题。然而，它不是政治体制改革。总体来看，中国极其繁重的改革发展事业对政府效能的要求是很高的，中国在这方面也下了很大工夫，但客观地说，中国在政府问责方面的全球排名仍然是很低的。中国未来的挑战都与治理问题相关，我并不认为，中国政治形态和政治制度应该和欧洲或者美国趋同，这一问题要留给中国人民自己来决定。仅就中国当下的问题而言，腐败、征地、公司治理、赌博、股市运营等，都与政治治理紧密相关。这些，应该是中国领导人要着力解决的最重要的问题。

进而言之，从政治制度和政治形态层面上说，中国也面临巨大挑战。坚持共产党的领导和社会主义道路，这是中国政治制度的特色和传统，但也意味着它要处理一些世界上其他国家没有出现和未曾遇到的新情况、新问题。尤其在经济起飞初期之后，面对一个急剧多元化和日益复杂的社会，共产党要维持自己的领导地位，就必须回答这样的问题：如何在一党执政下建成一个透明、可问责的政府。为了保持高质量的经济增长，高速的信息流动非常重要，也就是如何扩大广大民众的公共事务和政治生活的知情权、参与权和决策权。如果共产党能够成功做到这些其他国家所没有做到的事情，这将成为经济奇迹之外的中国的又一个奇迹，政治奇迹。

说到中国坚持共产党的领导，也就是共产党一党执政，这只是中国政治的一个传统和特色，没有什么不可以的。即使拿英国和美国相比，它们虽然同属资本主义国家，但二者之间也有很大的区别。美国是共和党、民主党两党竞争执政，而英国基本上是一党执政的制度，党控制了一切。政党一旦获胜，就会在英国政治中发挥很大作用，无论是中央还是地方都是一样。所以在选举时，选民是选一个政党，而不是选择一个人。如果一个党在议会中占多数席位，就控制了政府，从首相到市长都是这个党的党员。而另一方面，虽然也是党控制一切，但由于有反对党的存在，英国有独立的司法和新闻自由，隔几年选民就可以选举自己喜欢的政党执政，所以社会和选民有手段来监督政府的运作。可以看到，在一党执政方面，英国与中国有着些许共同之处。换句话说，中国不一定需要实行多党制，但是可以采取一些手段，譬如扩大民主，特别是发展基层民主，使党得到监督。

参加哈佛大学肯尼迪政府学院2009年毕业典礼后合影
（左起：胡必亮、托尼·赛奇、于盈、张冠梓）

张冠梓：这些年来，中国学术界一直存在着所谓"渐进式改革"和"激进式改革"两种主张，这涉及中国今后走向改革深化时期的战略调整和选择问题。您怎样看待这一问题？

赛奇：我想大多数人都不否认，中国走的是一条渐进式的改革道路，这条路应该说还是比较成功的。其实，伴随着中国的改革发展，关于改革道路和方向问题的争论就一直没停止过。而且，这个话题也一直在国际学术界的许多经济学家中间争论不休，有的学者，如托马斯·罗斯基（Thomas G. Rawski）、巴里·诺顿（Barry Naughton），检验了在市场不完善情况下转型体制是如何支持经济增长保持较高水平的；有的学者也指出中国渐进式分权模式实际上为培育出有效的制度提供了有利条件，从而也有助于较好地协调经济增长以及允许地方政府试验和先行；而有的学者，如约瑟夫·E. 斯蒂格利茨（Joseph E. Stiglitz）则指出，中国的经验表明，一个国家不一定需要等待产权结构界定非常清晰，就可以引进外资或者刺激国内投资。所以这些都可以看出来，中国的案例似乎表明，渐进式的改革方法在中国的改革发展实践中是相对比较有效的，从经济发展和社会进步所取得的成绩看，特别是同俄罗斯等国家的"休克疗法"相比较，中国改革发展的起步是比较顺利的。

但这并不意味着渐进式改革就没有任何问题。现实是非常复杂的，渐进式改革不能包治百病。同时，在渐进式改革实施的过程中，事实上已经产生了一些消极影响。随着改革的进一步深化，中国现在面临着许多被延误的改革方面的挑战，新一代中国领导人面临许多更加困难的问题和局面。譬如，在加入WTO、逐步进入国际大家庭以后，中国在关键性的制度创新和建设方面能否顺利迈出成功的一步至关重要，否则会在国际舞台上极为被动。其实，这几年不少学者，如托马斯·罗斯基，关于中国发展的观点逐渐发生了一些变化，他们意识到并已经指出了这一点。他们认为，如果说摸着石头过河的策略在过去中国的改革发展中发挥了很大作用，那么现在到了应该做出调整的时候了。特别是对一些国有企业、金融业等体制机制方面的改革，不能回避，也不能犹豫。坦率地说，到目前为止，一些重要部门和关键领域里的制度改革尚未完全成功，一些体制机制的改革尚未完全到位。另外，渐进式改革所产生的二元体制导致国家和社会在转型过程中付出了高昂的社会成本，这些社会成本可能会远远超过短期内既得利益集团所获得的经济利益。应当看到，在改革的初期，利益受损者以及政治边缘化者的数量相对较少。大约从 1994 年开始，渐进式改革对计划与市场的关系、执政党与经济决策的关系产生了非常明显的影响和变化，人们已经认识到现在的问题不是需不需要转型，而是转型的速度问题，是如何考量转型对中国社会和政治产生的影响或效应的问题。因此，首先要考虑在一些关键领域和核心部门，如国有企业、金融和银行业、政府管理体制、财产权制度、农村部门等，迅速实现根本性的制度变革和创新。这里需要强调的是，在推动经济改革的同时，必须相应地推进政治体制改革，确保政治体制与经济体制相协调、相配套。其次，必须高度重视改革深化过程中的利益补偿机制的建立和完善，确保那些在改革中利益受损的群体得到补偿，减少改革的社会成本和利益摩擦。最后，要尝试如何首先适应经济全球化背景下市场经济发展的共同"游戏规则"，尽可能思考并处理好"中国特色"与"国际惯例"之间的关系，避免改革走弯路或走回头路。总的来说，现在需要考虑的是改革发展的总体战略问题，具体说是改革的轻重缓急、先后次序问题。中国政府讲科学的发展，但科学的发展首先需要科学的论证，需要进行详尽的理论分析。现在，随着中国在世界经济格局中扮演的角色越来越重要，中国成为经济学越来越重点"关照"的对象。当然，包括中国在内的许多转型国家都引起了不少发展经济学家的强烈兴趣。因为一些有关发展的现象和经验，从传统经济学中是难以找到理论上的解释和支持的，需要从中国的现实问题、具体案例的转型经验中进行分析和总结。从这个角度看，中国的改革道路虽然为经济学出了一道难题，但也有利于经济学理论的突破和创新。

张冠梓：说到中国的发展道路，有人习惯于将中国和俄罗斯（苏联）进行比较，您怎么看这两个国家发展道路的异同？

赛奇：将中国和俄罗斯（苏联）联系起来考虑是可以理解的。毕竟，这两个国家都是，或曾经是以马克思主义为指导，打碎了旧有的封建专制集权制度，进行了社会主义革命和建设，有着许多相同或相似之处。但二者也有着许多不同的特点，这就决定了他们最终选择的改革发展的道路是不一样的。

首先，这两个国家进行改革的初始条件和社会背景大不相同。就经济发展的特点而言，苏联在改革之初，工业产值在 GDP 中的比重很高，整体经济的利润率相对高，比重较高的工业部门获得的利润足以弥补比重较低的农业部门利润的不足。另外，他们集体农庄的农民收入跟工人相差不大。而 1978 年的中国，农业在 GDP 中占到 60％ 以上，农民收入远低于城里的工人，使得改革后私营企业可以以一个高于农民、低于工人的工资水平大量雇用人员，保证了这些私营企业可以活下来，通过发展，对国有企业形成竞争，这使增量式的改革可以成功。而苏联则改不下去，最后只能用休克疗法。就既有的经济管理体制而言，苏联的工业是高度专业化、条条管理的，这样一套体系想改成一个竞争的体系相对比较难，要打乱重新组合，是比较痛苦的过程。而中国块块管理扮演的角色比较重，地区和地区之间比较容易展开竞争，改起来痛苦程度小一点。

但是，只能说中国在这样的初始条件下，会在改革的初始阶段受益更显著，也许可以说改革更容易一点。不能由此认为，中国只能走这条路，而苏联只能走那条路。苏联有自己的条件，但他们的改革是不是依照当时的实际条件而采取的改革措施，则要另当别论。即便他们有这一系列的条件，条条管理、专业化分工、工业比重比较高，但是有没有可能采取一个更渐进的方法，不搞这种一夜之间全部打乱了重来的休克疗法？我认为是有可能的。因此，说苏联的渐进改革失败才走现在这条路，这是不准确的。1988年，我专门对苏联的情况进行过考察，觉得他们的一系列改革措施，和中国在20世纪80年代初的改革非常相近：一个是向各加盟共和国放权让利，把一部分投资权转移给加盟共和国；再一个是企业扩大自主权，搞类似于中国改革开放初期的三项基金、奖金这些东西，以增加激励效果。他们也和中国一样，工业改革走的是价格双轨制，比如说企业超产的部分，允许5%可以拿到市场上销售，价格自己来决定，由供求关系决定。这些探索当时已经取得了初步的效益，并非走不下去。价格双轨制改革实际上使中国受益很大，因为市场价格调节了供求，调节了资源配置，起到了一定作用。如果一夜之间把计划价格全部取消，整个经济体制就陷入瘫痪，中国成功的关键是避免了经济瘫痪，而通过边际增量的改革引进了市场机制。即便不说非国有企业的发展，单讲国有企业，初级阶段的双轨制方式其实也起了很大作用。

但是必须清楚，中国之所以一直坚持改革的渐进方法，就是因为中国的政治家目睹了俄罗斯"休克疗法"改革方

案所带来的社会动荡，因此一直强调改革必须是循序渐进的和有秩序的，必须坚持"稳定压倒一切"。

其次，中国和俄罗斯改革最大的不同，是起点不同。我认为，至少有三方面的因素影响了中国选择渐进式改革方案：一是中国政府强调试验，摸着石头过河就是这种观点的最好诠释。即使在毛泽东时代，中国实际上也允许各种各样的试验，如20世纪50年代的村办企业、特定区域引进外资等，这几乎是中国政府决策的一个传统。二是中国是一个纯粹意义上的农业社会，富足的劳动力可以使她通过"正常发展"获得较高的增长，而俄罗斯和东欧国家就不可能在转型中通过再雇佣农村劳动力来支持工业化进程，如俄罗斯就必须在已经过度工业化和低效率的工业部门内部再雇佣劳动力。三是冷战结束后，生产武器的军事部门和产业比重逐渐减少，这种情况改变了中央政府财政支出结构，使得较多的支出转向了制造业和重工业部门，这一点和其他国家也有不同。因此中国的转型有许多有趣的东西，比如转型过程中保持了稳定而有效的国家结构，这是进行有效改革的前提条件；改革首先从现实存在的社会经济条件出发，并尽可能通过提供经济激励来加速经济转型，等等。这些都是非常成功的改革战略。

张冠梓：说到推动政治体制改革，不能不提到您在世纪之交一手促成的哈佛大学中国高级官员培训班项目，如今这个项目已经培训了很多中国高级官员，产生了积极而广泛的影响。您对中国的政治体制改革有什么样的评价，您对您的这些学员在推进体制改革方面的作用有什么样的预期？

赛奇：中国的改革开放以及经济发展的成就，不仅使得中国问题成为世界各国专家学者讨论的热点，也使得中国党政领导干部增加了了解国外文化、学习国外先进技术的极大热情，并为他们创造了良好的物质条件。改革开放后，中国每年都有大量的学生、学者出国留学深造，这对中国经济发展和社会进步具有重要的积极作用。我曾经多次到过中国，无论是同中国国家领导人接触，还是和地方官员接触，我的一个很深的印象，就是他们非常想了解和学习国外的先进管理经验，特别是对大量的公共管理方面的知识和技术表现出了非常浓厚的兴趣。由哈佛大学和国务院发展研究中心、清华大学联合设立的哈佛大学中国高级官员培训班项目，我们这边也叫"发展中的中国领导人项目"（China's Leaders in Development Program），是在中国政府的支持下，具体由哈佛大学肯尼迪政府学院和国务院发展研究中心中国发展研究基金会、清华大学公共管理学院联合实施的，主要任务是合作培养公共管理专业的中央和地方党政领导干部。记得1999年，在我行将离开福特基金会北京办事处的工作岗位时，国务院发展研究中心的有关负责人找到我，商量联合培训中国官员的事情。这期间以及随后，我与时任哈佛大学肯尼迪政府学院院长的约瑟夫·奈（Joseph S. Nye），时任国务院发展研究中心副主任、兼任清华大学公共管理学院院长的陈清泰，时任国务院发展研究中心中国发展研究基金会秘书长的卢迈，时任清华大学公共管理学院常务副院长的薛澜密切联系，积极谋划，最后促成了这件事情。这个项目从2002年开始实施第一轮培训，连续做了5年，每年培训60名政府官员。2006年，完成了5次培训任务。2008年，我们又开始实施第二轮培训，也是5年的时间，计划每期培训50人。我们主要通过专业授课和实际案例进行教学和讨论，进一步提高中国政府官员在公共管理战略和技术水平以及科学决策上的能力，

哈佛大学肯尼迪政府学院2009年度亚洲项目结业典礼合影
（前排左起：第三为张冠梓，第七为托尼·赛奇）

特别是注重开拓他们的思路和眼界，以进一步提高现代决策水平。现在看来，这个项目自设立以来为中国中央和地方培养了大量的政府官员，效果不错。这些学员回国后，将所学的先进的知识、理念和方法，结合实际加以应用，开拓了工作思路，增强了创新能力，从而也推动了工作。不少官员在参加了我们的培训后，走上了更重要的工作岗位，承担起了更富有挑战性的工作。

当然，除了这个高级官员培训班项目外，我们还有其他一些形式的培训，如1998年开始实施的新世界项目等，这些年来也一直坚持在做。主要目的就是一个，多为中国培养一些用得上的现代化人才。

张冠梓：数年前，您著作出版的《中国的政治经济转型》一书成为哈佛大学硕士、博士指定教材和必读书目。这几年，您又在哈佛开设了"中国转型的政治经济分析"课程，深受包括中国、美国等国家在内的学生的欢迎。听说发生过因为修课人数太多而不得不三次换到更大的教室的事情。而每次课程结束时,学生们都会对您报以长时间的热烈掌声。据我所知,在哈佛大学,专门为一个国家开设这样的课程并不多见。请问您为什么要开这样一门课程?

赛奇: 要回答这个问题,还必须再一次回到刚才已经谈到的中国的发展形势和要求上来。中国从 1978 年邓小平倡导的经济改革开始以来,其经济发展和社会进步方面所取得的卓越成绩是非常显著的,而且特别是同俄罗斯等国家的"休克疗法"改革战略相比较,应当是比较顺利的。但是现实是非常复杂的,随着改革的进一步推进,中国现在面临许多被延误的改革方面的挑战,如企业和金融领域的许多问题。现在需要考虑的是改革战略的先后次序和总体布局问题,这就需要进行深入的、细致详尽的理论探讨。

另一方面,包括中国在内的许多转型国家都引起了不少经济学家的浓厚兴趣,因为一些有关发展的现象和经验,从传统发展经济学中是难以找到理论上的解释和支持的,需要从中国的转型经验和现实案例出发进行系统的理论分析。更为重要的是,中国从高度集中的计划经济模式转向市场经济模式的道路,能够为比较发展

托尼·赛奇在授课

理论提供非常有趣的现实经验和理论检验。因此，我的这门课首先是评价中国发展战略的政治经济转型过程；其次是对目前中国的转型进行政治学和经济学的分析，包括详细讨论目前的经济和社会政策的实施过程以及效果；最后集中分析促进中国未来实现平等增长所面临的主要挑战。我相信，通过这门课程的学习，一方面可以对促进比较发展理论以及比较政治学的发展有意义，另一方面也可以进一步增加国际上对中国的政治、经济以及社会发展的了解。

张冠梓：改革开放30年来，中国实际上经历了巨大的社会转型的过程，这种转型在不同的时期，其表现是不同的。请问您如何看待这一问题？

赛奇：中国30年的改革发展，实际上是一场巨大的社会转型，表现在许多层面，概括起来说，主要是实现了四个方面的重要转型。一是表现在人口方面，中国从一个高生育率、低寿命的社会转型为低生育率、高寿命的社会，其结果是人口增长率显著下降；二是表现在经济发展方面，劳动力从低产出的农业、初级产业流向制造业和服务业；三是表现在经济体制方面，从计划经济向市场经济转型，引起了经济的快速增长，导致了FDI的大量增加和像浦东新区那样的摩天大厦群的出现；四是表现在社会心理方面，从先前的个人理所应当地服从集体、集体利益高于一切到个人权益意识开始兴起。

张冠梓：您所说的第一个转型是关于人口方面的。在中国，人口问题的确是一个大问题，也是中国政府实行计划生育政策以来取得的一大成就。

赛奇：中国从一个高生育率、低寿命的社会，转型为低生育率、高寿命的社会，导致人口增长率显著下降，这是一个令人瞩目的成就。可以说，中国经济的快速发展，一定程度上得益于中国特殊的人口政策。随着计划生育政策的实施、生育率的下降、总人口中的劳动人口比重的上升，出现了难得的"人口红利"。国际上一般把人口抚养比例小于50%称作"人口红利期"。然而，也应看到这种"人口红利"正在逐渐失去。随着老龄化社会的到来，中国劳动力短缺的现象将会出现。这个转型带来两个后果：一是老龄化问题，现在中国媒体也有很多讨论。我们过去一直把中国当成一个很年轻的国家，但事实上她已经正式进入老龄化阶段。这将给养老、社会保障问题带来严峻的考验。中国将成为第一个未富先老的国家，我们还不清楚这将带来什么后果。另外，一个值得注意的问题是，老龄化人口比率在全国范围内差异很大。上海、北京等一些发达地区的老人相对比率最高，幼儿相对比率最低，相对而言，贵州、青海等一些经济不发达地区的幼儿比率最高。因此很难想象一个统一的人口政策同时普遍适用于如此大的地区差异。再一个值得注意的问题是，人口结构的巨大变化对人口政策带来的挑战。按照官方统计，上海在短短30年时间内经历了法国106年的人口结构变迁，或者瑞典85—90年的变迁，什么样的人口政策能和这种人口结构的变化相适应，也是一个难题。中国的第二个人口学的变化是性别悬殊，当前统计数字显示，中国的男女比例为106/107：100，这就意味着男性比女性多出4000万人。更重要的是，如果我们看出生人口，这个性别比率高达120：100，在某些地方，例如江西、广东，这个比率甚至可以达到130/140：100，这意味着到2020年中国将有1亿名单身男子。这一情况的后果是什么，现在还不清楚。

张冠梓：您强调的又一个重要转型是经济增长方式和

结构方面的转型。

赛奇：中国在经济增长方式和结构方面的转型，主要表现在劳动力从低产出的农业、初级产业流向制造业和服务业的转变。从这个意义上来看，中国的经济奇迹并没有什么神秘，而只是遵循了客观规律，不过是放弃了过去高度集中的计划经济的路线，转而像周边其他成功的经济体一样，将劳动力从农业向较高产出、较高收入的轻工业和其他职业转移，由此带来了 GDP 和收入的双增长。与此相关联的，是城市化进程大踏步迈进，大量农村人口向城市转移。这里有一问题需要注意，现在官方数字表明，中国城镇化人口占 35%—40%，我认为实际数字要比这个高得多，真实的比率大致应在 55%—60%。不实的数字会对今后的政策制定有很重要的影响，政府很可能大量投入到一个带有假象的、已经不复存在的农村，而真正的问题却在于怎样将大量进城的农民工吸纳进城市，尤其在住房、医疗、教育体系等方面为他们做好安排和服务。

张冠梓：改革开放 30 年来，中国最引人注目的改革内容之一，就是经济体制方面的改革，实现了从高度集中的计划经济到社会主义市场经济的转变。

赛奇：从计划经济向市场经济的转型，的确是中国改革开放的最主要内容之一，也是最大成就之一。这一转型经过了一个长期的探索的过程，具体地说，经历了"计划经济为主、市场调节为辅""有计划的商品经济""社会主义市场经济"等阶段的转变。当前，全世界都关注的一个问题是，美国经济严重减速导致全球经济增长放慢，中国经济能否抵挡住全球经济降温带来的冲击继续保持增长。我认为，是有可能的，因为与过去的计划经济时代相比，中国经济现在的适应性要强多了。中国经济体制从计划经济向市场经济的根本性转变，是市场经济体制的不断完善，大大地增加了这种适应性。

张冠梓：如您刚才所说，社会心理的转型也是观察中国改革开放30年来社会变迁的重要维度。实际上，伴随着以经济体制改革为重点的改革发展的深入，中国的社会结构也正在发生急剧的转型，从政治制度到人们的观念、思想认识等都已经发生了很大的变化。您认为，这些年来，人们的观念和思想认识都发生了哪些变化？这些变化在中国改革发展过程中有什么样的意义？

赛奇：随着经济的快速发展，中国人民的生活水平逐渐提高，城市和农村的面貌都发生了很大的变化，各项基础设施有了显著改善，老百姓的收入不断提高，文化生活日益丰富。一个明显的感觉，就是中国人爱笑了、爱美了，也更自信了，而且今天中国人的自由也是前所未有的。回想30年前，中国与外界的交流是很少的，各种禁忌和顾虑也很多。我相信，这种变革会继续延续下去。中国人富有智慧，极具灵活性，对新思想、新事物的认知和接纳能力很强。这在过去的30年里，都得到了证明。

当然，坦率地说，这30年来中国也失去了一些东西。一方面，中国的经济获得了空前的发展，但同时一些传统的价值正在流失，一些固有的社会关系打破了，维系人们的社会结构也渐渐解体了。譬如，在我看来，现在的一些中国人似乎比以前自私了。另外，毋庸讳言，社会上也出现了秘密结社、黑社会、家族和宗族势力沉渣泛起等现象。一些宗教势力也开始出现，在有的地方甚至有蔓延之势。这些都是值得认真思考的问题。我认为，问题的症结在于，当人们物质丰富、生活水平提高了的时候，没有给予应有的时间去考虑人生的价值和信仰，没有考虑社会的

共同价值取向和基础。特别是中国的年青一代正逐渐成长，将成为社会的主角，他们没有经历过动荡和贫困，会对这个社会有着和父辈完全不同的思考方式。他们会给中国带来什么变化，这也是一个大家非常关注的、非常有趣的问题。

另一方面，从全社会的主流意识形态和社会价值观来看，长期以来，中国社会一直强调集体利益高于一切，个人理所应当地服从集体，讲求无私奉献。这一点在当今的中国社会仍然受到倡导。但我们也可以看到，甚至亲身体会到，个人的选择和想法开始得到允许，有的人也可以将它视为至高无上的原则。有的人一切以个人优先，导致对集体、对社会，乃至对国家和政府的不信任，这就造成了整个社会在道德上的困惑、混乱和冲突。在一些人那里，中国共产党的历史观和信仰发生动摇，党在革命和建设中的领导作用与核心地位受到质疑。许多人开始相信，社会主义的一个前提假设是，个人通过集体能够得到他/她独自工作所得不到的，但也有人主张通过别的制度设计来实现。执政的中国共产党一直秉持的意识形态，依然建立在社会主义和集体利益至高无上的前提基础上，如果不进行改进，就很难继续给这个新社会指引方向，就会导致整个社会价值观、道德观的冲突和分裂。

因此，我想，对于中国而言，有一个不容忽视的问题就是，整个社会是否能够找到一种"黏合剂"，把整个社会"黏合"在一起。西方国家的基督教、天主教实际上在发挥着这样一个作用，中国无须照搬西方，但也需要找到这样一种把整个社会"黏合"起来的东西。我们高兴地看到，在2008年汶川特大地震时期，中国人民所表现出来的友爱、互助、同甘共苦的精神，特别是年轻人踊跃充当志愿者，救助弱者、受难者。中国政府领导人也试图通过抗震救灾来激发和宣传爱国主义，以应对这一问题。碰巧的是，四川地震也为中国政府实现这一意图创造了条件，并在事实上产生了不错的效果，得到了许多国家，包括苛刻的西方媒体的好评。再一个就是北京奥运会，老百姓很高兴，很支持，也起到了凝聚社会的很好的效果。但这只是一个较短的时期，而且是特殊的时期，平时能做到怎么样，能否把这种精神状态一直持续下去，使之常态化，需要想个办法。应当说，凝聚力的问题，也就是寻找社会的"黏合剂"的问题，是对中国领导人提出的严峻挑战。这个凝聚力从何而来，到底是什么样的价值观、道德观能够将中国社会团结起来，这是一个需要认真思考的问题。我每次到中国去，见到的人都在谈如何发展经济，如何更快地富起来，而很少谈理论，谈社会的价值，甚至很少谈中国政府现在一直坚持的马克思主义。当然，也有不少人致力于寻找这种"黏合剂"，不是说这种努力不存在。我们看到了许多人呼吁"国学"，看到了儒学在中国的重现，大概是为了应对这一问题。事实上，中国共产党要继续保持吸引力，就必须找到新的资源来凝聚全党、全社会的力量。当然，中国的经济发展势头不错，但切勿轻视继续发展道路上面临的困难和挑战。对于中国政府而言，无论是江泽民提出的"小康社会"，还是胡锦涛提出的"和谐社会"，都是这种努力的一部分，都是旨在回应个人在社会中的意义何在。至于是不是还有别的什么信仰来源可以提供给社会，需要认真考虑。否则的话，极有可能会造成社会道德的真空和社会生活规范的无政府状态，直接影响中国政府所诉求的稳定与和谐。

张冠梓：在当代中国的青少年当中，形成了一种新的

哈佛大学肯尼迪政府学院一角

民族自豪感，您能谈谈您的看法吗？

赛奇：在 2008 年这个对于中国来讲很不平凡的年份里，年轻人扮演了极其重要的角色，他们让全社会重新认识了新一代，让世界重新认识了中国。我认为，中国的年轻人，特别是 35 岁以下的青年人，看到的只是中国的经济发展和社会进步，享受着越来越多的个人自由和文化的多样性。他们才是在社会运动当中真正的受益者。对于学校里的学生来说，我们必须要谨记，他们是社会的脊梁。但是，他们对历史并不熟悉，而这些历史对于正确地看待中国的现在和将来至关重要。对于他们来说，在"文化大革命"期间所发生的事，都已经是陌生的历史。据我看来，很多年轻人对于中国所取得的成绩会产生一种强烈的自豪感，同时，会经常对国际社会在中国政治体制方面提出的批判以及谴责产生一定程度的困惑。这是一个非常复杂的问题。回想 20 世纪 80 年代，许多中国青年被西方民主和自由主义所吸引，然而现在正在发生的事情是，因为中国所取得的经济上的巨大增长和社会进步，很多年轻人对于自己国家本土传统文化以及中国将会采用的政治改革的形式更感兴趣，而不再仅仅信任和依赖西方世界，这是个耐人寻味的问题。如何有所坚持又有所借鉴，如何充满自信又避免狭隘的民族主义，对于现在的年轻人而言，是中国近代以来的历代青年所未曾遇到的挑战。

还有一个潜在的却很重要的方面，那就是市场经济将会给中国人民带来些什么。20世纪80年代的很多人都争论过，自由市场经济条件下，责任义务就会增强，经济的运行更加合理，就会有更多人富有起来，经济将会更加具有透明度，等等。然后，接下来在西方发展模式下，很多人慢慢地醒悟到，那些正确的或是错误的，并不是市场带给我们的。实际上是西方世界的思想，给我们带来了巨大的不平等，也正是这种思想导致了市场的失灵，如同损害健康一样。同时它也增加了经济腐败现象的发生。也就是这样，才导致很多知识分子开始重新审视和探索本国自身历史情况。现在，他们所学到的经验与教训也许是正确的，也许是错误的，这并不是最重要的，因为这只是他们解释问题最常用的方式：迅速的市场化、与西方日益增加的交流并不能创造出像改革开放初期那样很多人所期待的乌托邦。

张冠梓：收入分配差距加大、贫富矛盾加剧，是当前中国面临的一个突出问题，您认为怎样才能处理好这一问题？

赛奇：收入差距扩大、贫富矛盾加剧，是中国近年来的一个突出问题。尽管政府一直致力于分配的公平，缩小收入差距，但问题仍然很多。收入差距日渐扩大的痼疾，虽被近年来不断推出的各种民生政策不断校正，但转型期急剧变动的社会结构及尚有欠缺的调节机制，使中国收入分配差距仍表现为"全范围、多层次"扩大的趋势。我认为，对这一问题必须冷静思考、分析和处理。到现在为止，经济增长的好处多数都被国字头的政府、企业占有，如何将经济发展积累的财富公平分配到全社会，将是中国面临的一个重大挑战。解决收入分配差距扩大问题，必须注重社会公平，从整体上合理调节收入分配，促进地区协调发展，完善分配制度，规范分配秩序，健全社会保障体系。

张冠梓：最近，国际社会对中国政府在政治、经济以及外交方面的新政策反应比较积极。中国领导人已经给世界留下一个颇为清晰的"真诚"和"务实"的亲民形象。您如何看待新一届中国领导人在治理国家方面一系列新的政策方针？您认为他们所面临的最大机遇和挑战分别是什么？

赛奇：自2002年十六大以来，胡锦涛、温家宝等中国政府领导集体以亲民、务实、充满活力并且具有亲和力的形象出现，特别在汶川特大地震期间，给国际社会留下了深刻的印象。非常清楚，新一届领导集体面临诸多良好的发展机遇，但同时也不得不正视许多严峻挑战。从机遇来看，中国过去20多年的转型发展，奠定了政治、经济和文化等各个领域里非常坚实的物质基础；中国人民的物质文化生活水平有了非常明显的提高；而且改革和对外开放也从各个方面为新一届领导提供了宝贵的经验。这些都有利于这一届领导为进一步推动转型深化，争取到更多的政治资源和社会支持。但是无法回避的是，巨大的挑战也是显而易见的：一是渐进式改革的结果是将最艰难的制度改革留给了这一届领导和政府；二是改革进程中所产生的综合社会成本和矛盾、问题同样留给了本届政府，其中目前最严重的问题之一，就是你正在研究的急剧增加的社会不平等和腐败，特别是腐败在一定意义上已经构成严重的挑战之一；三是从外部环境来看，信息革命和信息技术要求新一届政府在治理国家等各方面进一步增加政府透明度和公开化程度。需要强调指出的是，中国政府领导只有通过推进制度创新并以此实现积极的良性的政治治理，才能从根本上消除所面临的这些挑战。因此从长远看，我认为中国共产党在 21 世纪面临最大和最终的挑战就是如何通过推进政治体制改革，实现良性政治治理，为经济体制改革的进一步深化以及促进中国更快地融入全球经济中去，扫清各种制度上的障碍，从而进一步推动经济发展与社会全面进步。

张冠梓：举世瞩目的北京奥运会结束不久，中国是否以及如何进入后奥运时代，成为一个热门话题，国外也在评估奥运给中国带来的改变。您认为奥运会到底能给中国带来什么样的机遇和改变？如何把握这种机遇？

赛奇：2008 年北京奥运向世界展示了一个新的中国，改革开放 30 年来，中国无可争议地在经济、社会、政治等各个方面都发生了巨大的变化。对于中国领导层来说，举办好奥运会是向世界证明中国是世界舞台上的重要角色的重要契机和象征，因此他们为了争取举办权和举办奥运会不遗余力。中国领导层把举办奥运会视为扮演世界性重要一员的明确标志，他们试图尽全力成功申办奥运会。我认为，中国政府将成功举办奥运会作为一种经济实力增长以及文化强大影响力的体现。中国政府的领导者认为，成功举办奥运会与他们在过去 30 年来改革开放所取得成就有着直接的关联。倘若回顾一下奥运会的历史就不难发现，日本、墨西哥、韩国举办奥运会，无一不是他们发展过程中的重要里程碑，向世人展示了其各自发展的成就。所以，我认为，中国政府借举办此次奥运会以推动国际以及国内的发展，同样会鼓舞每一位中国人，激发他们的自豪感、爱国精神。我想，他们一定为自己的国家成功地、精彩地举办2008年奥运会而感到分外自豪和荣耀。

张冠梓：在奥运会期间，或之前、之后，中国在环境和政治上都面临挑战。您如何评价中国政府应对这些挑战的表现？

赛奇：从环境角度来看，既有短期的挑战，又有长期的挑战。显而易见，在奥运会之前或举办期间，中国政府集中应对的是短期挑战，也就是确保北京的环境污染问题不至于成为掣肘的因素。他们关掉了大量的工厂，叫停了大量的建筑施工，限制了交通流量，减少了污染源。但是，我认为，人们解决这些问题的力度还不够，也太晚了。我认为，与奥运会相比，中国环境问题更重要的一个方面，是处理好经济的眼前的快速发展与未来的长远发展的关系。环境污染不光是中国的问题，也导致了全球变暖和邻近国家的酸雨问题。事实上，中国已经有一系列好的环境方面的立法。问题的实质在于，中央政府和地方政府在对待地方企业发展所带来的环境污染方面存在不同的出发点。因此，很难在同一个标准上，简单地执行已经具文的法律。

从政治角度而言，我不认为会因为奥运会而影响中国的长远发展道路和模式。奥运会只是浓缩了民族的自豪感，而目前受关注的压倒一切的问题，是社会稳定。在这样的大环境之下，中国对于安全定义的范围则要比我们平时所认可的广泛得多。它不仅仅局限于对于整个运动会中运动员、观众身体安全的保护，更多的是确保中国的声誉不受负面影响。中国政府的领导不希望他人或是记者们关注改革带来一些消极方面、不平等现象、一些地方政府的不恰当行为，等等。一旦这些问题被纳入安全问题当中，安全部门会用他们自己的行动规则对其全权管理，我认为中国政府的行为目的也就是为了事情的万无一失。

当然，这样的话，就显然与西方国家报道准则以及记者预期所要报道的他们在中国奥运会期间看到的有所冲突。举办奥运会不仅仅是一次纯粹的运动会，同时中国本身也是国际关注的焦点，记者的调查也将中国报道于全世界，这对于中国来说应该不足为奇。我想这个问题也比较难以应付和处理。

张冠梓：作为一支世界性的重要力量，中国今后要保持经济的持续增长和社会健康发展，您有什么样的建议？您对中国的未来发展有什么样的预期？

赛奇：我在多次访谈中都说过，预测中国的发展是一件需要冒很大风险的事情。尽管如此，作这种预测也使许多人觉得十分有趣。因为，中国有960万平方公里的陆地面积，中国有13亿人口，中国有5000多年的文明历史，而且中国经历了这么快速、这么持久的发展。她的未来会朝着什么方向发展，对世界将带来什么样的影响，自然是大家十分关注的。从我们这次交谈的主题而言，这个问题可以换个说法，就是如何看待中国的社会转型。我们可以看到，中国已经经历了很大的变化，取得了重要的成就。这些变化和成就构成了下一步转型的基础和前提。尽管如此，我们不能忽视中国面临的各种机遇和挑战。对于这些机遇和挑战，我们在前面的谈话中已经涉及一些，中国历届政府一直都在致力于解答这个问题。无论是江泽民提出的"小康社会",还是胡锦涛提出的"和谐社会",都旨在应对这些挑战。当前以及以后,中国领导人仍然必须面对这些挑战。就近期需要注意的问题来具体地分析,中国面临的挑战既有实际发展层面的问题,又有制度层面的问题。

从实践层面来看,首先是我们提及的正在进行的城市化问题。中国计划到2020年使得3亿—5亿农村人口离开土地,迁移到新的城市环境,这是一个很大的挑战。需要满足基本的物质基础结构、社会结构、学校、卫生保健等的需求。然而,如果此计划能顺利地进行,将解决一些大的挑战,如中国目前所面临的不平等现象,现在也已经成为改革计划的一部分,其中许多不平等现象涉及城市和农村人们之间生活的差异。其次,我们之前提到了中国面临的环境问题的重大挑战。如果石油消费量剧烈增加,不断增长到8%、9%、10%,而且需要消耗越来越多的原材料产品和天然资源,将会带来环境的破坏以及消费价格的上升,中国的发展将是不稳定的。最后,当然并不是不重要,我认为,中国所面临的整体的挑战,是国家结构的现代化建设,以及寻求与现代社会和经济相适应的政治结构形式。在未来的改革道路和发展过程当中,中国需要建立一整套政治解决方案,以应对各种挑战和日益增加的中产阶级的利益和要求。

与此相关,未来发展的挑战则是中国希望能够创造一个良好的、以社会道德为指导的社会环境。中国政府领导已经将举办奥运会作为改革进程当中的一部分,以实现建立民族荣誉感和实现中国的统一,应当在改革发展的道路上采取措施以保持中国人民不断向前发展。

中国的新形象

受访人——托尼·赛奇（Anthony Saich）
采访人——张梅

托尼·赛奇教授

主编手记

　　国务院侨办赴哈佛大学访问学者张梅在访学期间就中国改革开放、社会转型及习近平主席在世界主要国家领导人形象的全球公众调查专访了哈佛大学教授托尼·赛奇。本文原载于《马克思主义研究》（2016年第1期），题目有改动。

一　改革开放以来中国发生了巨大变化

　　张梅：尊敬的托尼·赛奇教授，非常感谢您在百忙之中接受访谈。这么多年来您一直关注中国、研究中国问题，出版了甚多重要的研究成果，在国际学术界产生了广泛的影响。我知道赛奇教授和中国有着绵长而深厚的渊源，记得您第一次访问中国是在1976年，这对当时的西方学者来说，是非常难得也是非常少见的。请问您当时为什么考虑来中国？您眼中的中国当时又是什么样子？

　　赛奇：第一次去中国是我做留学生的时候，那时候"文化大革命"尚未结束。其实我原来没有想研究中国问题，可是读本科的时候，学院来了一位教授，他告诉我，迄今为止未有人从科学方面研究中国，因为不要忘记那时候是70年代初，在西方还有很多学生游行，许多"左"派的人用毛主席语录批评资本主义国家，说中国是个理想国家，中国条件非常好等，当然我不能够完全相信，但是就像那位教授说的，没有人做过认真的研究，所以后来我到英国伦敦大学亚非学院读研究生，师从史莱姆教授（Stuart Schram）做关于中国的研究。史教授是研究毛泽东思想的著名外国专家，他已经去世了。

　　那时候我想我肯定没有机会去中国，因为我是英国国籍。可是70年代初英国与中国恢复交往，两国互派留学生（英国每年派15人到中国学习，中国大陆派15人到英国学习）。当时派去中国的15人之中只有我1个人学习社会科学，其他都是学习语言文化。那时候不能直接到北京，我们就先到香港，经过广州坐火车到北京，路上一共花费了4天时间。我已经不记得去中国之前的具体想法，但是到中国后，发现跟我来之前想的不一样，因为那时候中国社会非常封闭，所以那时候想要与中国大陆市民对话基本上不可能。我们开始看到，中国并不像宣传的那样是农民的天堂，实际上农民比较辛苦。

几个月后我被分配到南京大学，学习中国历史。我们是解放后第一批资本主义国家的留学生，当时有9人被派到南京大学去学习。到了南京之后，我们与中国学生共同居住，开始真正了解中国的情况。那时候我参加了南京大学足球队，队里只有我一个外籍学生。足球队里大家虽然不谈政治，但是我们谈生活状况等，所以开始了解他们对当代社会的看法。另外，因为那时候开门办学，所以我得以在扬州人民公社工作。我们去之前，中方的官员曾告知这些农民，说我们都是特务，可是农民聪明啊，我举一个例子，比如我在大学时知识分子老问我："在国外你的收入多少？"农民不这么问，可是农民也关心西方的情况，就问我："西方有没有农民？"我说："我们西方没有农民，只有农场。"他们马上问："那一斤肉是多少钱？"我想这就是他们聪明的地方，他们想做比较，可是知识分子没有这样的。

那时候开始有点了解中国的情况，但是仍然感觉交流起来特别困难，因为绝大多数中国人怕与外国人说话，当然这不是他们的错。举个例子，有一次我在南京鼓楼看大字报，听到后面有人说话，那时候我们每次上街，都有两三百人跟着我们，好像我们是电影明星似的。当时我在看大字报，突然听见后面有人说："你觉得他们是怎么一回事，好像他们不是中国人！"两个人在一阵子你推我搡之后，其中一个鼓足勇气走过来问我："你和我们长得不一样，是哪里人？是不是少数民族？"我回答："不是。"他们又问我："是不是华侨？"我又说："不是。"他们更纳闷了，最后问："那你究竟是什么人呢？"我说："我是英国人。"他们很惊讶，问："英国人也说中文？"我用这个例子是想说明，那时候中国社会对外国人有怎样的看法，中国是怎样封闭的一个国家。

张梅：据我所知，此后您每年都会到中国进行或长或短的访问。我想，正是1976年第一次到中国来的经历，使您接触到了改革开放前的中国，而此后多次的访问，又使您了解了改革开放后中国所发生的变化，可以这样说，您成了改革开放前后中国社会发展变化的见证人。您能否结合自己在中国的留学和工作经历，谈一谈您对改革开放以来中国所发生变化的感受？

赛奇：那时候如果有人跟我说，中国10年、20年、30年后能发展成今天这样子，我认为他一定是发疯了，那是不可能的，因为那时在我看来中国是完全封闭的社会。可是改革开放30多年来中国的发展有目共睹，而且这种发展几乎表现在政治、经济、文化、社会各个方面。例如，中国经济体制改革成效显著，影响深远，由于每年保持了将近10%的增长速度，中国经济每七八年就翻一番。中国人民生活水平逐渐提高，农村、城市面貌变化都很大，各项基础设施有了显著改善，百姓收入不断提高，文化生活日益丰富。中国法制建设取得飞跃性发展。中国国际地位不断提高，中国已越来越多地融入国际社会，在国际经济政治舞台上发挥着越来越大的作用。

不过既然说到对比，那时候有一个方面，我认为是相当不错的，那就是农村免费医疗，在一些地方可以帮助免费注射、照料小孩，尽管医疗水平低，但是对一个比较贫穷的国家来说条件相当不错。改革开放后，因为走了市场的道路，老的机制、系统被破坏掉了，可能当时的领导没有想到如何提升公共服务水平、完善公共服务体系，所以到了80年代，有一些方面没有预想的那么好，比如医疗方面，当然其他的方面，例如人的自由度提升了，农民收入水平上去了（家里还有自留地），乡镇企业发展也比较好，可是公共服务方面仍有一些不足。到了90年代，我想中国领导发现了这个问题。

我想如果就我自己的切身经历对比起来说的话，北京、南京那时候有两个方面比现在好得多：一是无污染。我记得那时候在北京基本上每天都能看到蓝天，我们去长城的时候，视线看得特别远。二是没有交通拥堵。每天可以骑自行车从大学区到市中心，除了大使馆和官员的车子以外，路上基本上看不到小汽车。当然那时候生活水平还是比较低的。

另外，说到感受，我觉得80年代是中国非常有意思的一个年代，因为那时候有很多的探索。在1978年或1979年以前，许多人曾经受到"文化大革命"的冲击，"文化大革命"结束后，人们知道老的体制不行了，从1979年到1982年或1983年这段时间，许多新观点、新看法都出来了，当时有许多学者在讨论中国要怎么发展、应该有怎样的社会、他们应该与政府有何种关系等，当然也制定了很多实际政策，例如农业方面的改革，把权力的一部分还给农民，开始了"包干到户",后来有乡镇企业等。总的说来我觉得那时候很多大陆人对国外特别有兴趣,他们想了解西方哪种发展模式更好,想用国外的经验来加速中国的建设和发展。那时候尽管了解国外的渠道比较少,但还是有一些渠道,比如有报纸、电视台等。从一个外国人的视角来看,80年代的中国与之前相比做研究更容易一点儿,因为经济条件好些了,学者们开始发表一些统计和发展数据,可以跟他们有对话,了解他们的观点。那时候,可以看到很多中国人有能力、有激情,我觉得这点与现在中国不一样,现在中国个人主义很强。举个例子,80年代中国人出国学习还是较为积极的,是希望把好的意见带回去,加速中国的发展。可是我看现在的中国人,很多人是为了自己的利益,为了能找到比较好的工作,我想这与80年代不太一样,我不评价其好坏,但这是一个差别。

张梅:您对中国在哪些方面的变化印象最为深刻?

赛奇:让我印象最深刻的事实上是在90年代,那时候我在福特基金会工作,担任了近6年的驻华首席代表。对我来说这是非常宝贵的经历,因为那时候外国机构在中国特别少,中国企业家没有发展起来,中国国内还没有自己的基金会,此外,政府的资金也不是特别充足,所以90年代有很多机构欢迎我们去资助他们的项目。举个例子,星期一我可能在北京参加某场会议,跟某个部门领导或者副部级官员谈他们的看法,可是星期五我可能就到了靠近缅甸或者越南的、云南省某个很贫穷的村子,做我们的扶贫项目,这给了我充足的机会去了解中国。现在绝大多数的外国人去中国都是去北京、上海、深圳这些大城市,可是我想如果我也只是去了这些大城市,特别是现在这些城市发展很快,有那么多的新建筑,我回来后可能就会想:"哎

呀！中国真是一个危险的国家。"可是如果真正了解了中国发展中遇到的各方面问题，我想你就不会有这样的感觉。换句话说，我觉得中国为什么要给外国惹麻烦呢？中国为什么要给美国添麻烦呢？因为中国国内还有那么多的问题需要解决，还有那么多落后的地方需要建设和发展，还有贫困问题、流动人口问题等，中国国内有那么多的挑战、那么多的问题要先解决，所以我觉得国际社会一定要正确看待日益强大的中国。

事实上，改革开放后，中国发展得非常顺利。我觉得最重要的改变是体现在两个方面。一是老百姓自由度提升了，比如我去中国留学的时候，都是分配制度。我碰到的这些学生，他们不知道他们将来会去哪里，他们有可能到外交部，有可能到人大系统，也有可能到大学去工作，因为都是按照分配，他们没法自己决定。我记得邓小平同志重新走上领导岗位后，知识分子说了当时两件事情对他们特别重要：第一，他们不用两地分居了。他们说如果邓小平回来，他们可以回去跟夫人还有孩子住在一起，家庭团聚对他们来说特别重要。第二，工作机会可能多一些。他们特别关心工作机会，他们觉得如果邓小平重新走上领导岗位，中国的发展可能会不一样。

二是改革开放后中国社会发展很快，爱国主义越来越强。这有好的因素，也有不好的因素，但这是每个国家发展都要经历的过程。我觉得我能理解中国这些年轻人的想法，举个例子，假如我是一个年轻的中国人，我居住在城市，父母都有很好的条件，我的生活越来越好，不仅经济条件好，而且学习好、生活好、工作好，每年还可以出国旅游，如果我不了解国外的情况，我可能也会想：为什么国外的一些机构老批评我们？事实上，在中国，个人的人权和生活越来越好。

二　中国 30 多年来的改革发展是一场巨大的社会转型

张梅：我记得您曾经说过："中国 30 多年的改革发展，实际上是一场巨大的社会转型。"数年前，您就出版了《中国的政治经济转型》一书，近年来，您又在哈佛开设了"中国转型的政治经济分析"课程，深受世界各国学生的喜爱。我理解，既然您说是转型，那一定有不同层面的体现。请问您认为中国的社会转型可以从哪些层面展开分析？

赛奇：中国 30 年的改革发展，是一场巨大的社会转型，表现在许多层面，概括起来说，突出表现在以下两个方面。一是表现在人的自由度方面。我刚才已经说了，我第一次到中国时还是分配制度，从分配制度到自由决定自己的生活是一大改变。例如"文化大革命"时期，人们看阶级出身，我认识中国一些年龄大的人，他们在"文化大革命"时期为了政治原因而结婚，到八九十年代有不少人离婚了，原因在于他们想体会谈恋爱的感觉。我记得当时有部爱情电影叫 *The Bridges of Madison Country*，这些年龄大的人特别喜欢。我觉得这是中国社会的一大改变。我认为对很多老百姓来说，社会最大的进步是你可以自己决定跟谁结婚、可以自由找到工作，当然如果你条件较好还可以到国外去学习。

二是表现在社会心理方面，从先前的个人理所当然地服从集体、集体利益高于一切到个人权益意识开始兴起。我觉得现在中国人的自我意识越来越强，考虑社会少一点儿，考虑家庭多一点儿。当然并不是所有人都这样，比如我周围一些大学生，他们已经有不错的生活水平，但他们还是想关注一些问题，有生活方面的问题，还有环境保护方面的问题，我想可能有这样一批中国人，他们除了想赚钱之外，希望生活还有其他的可能性，所以这也是我体会到的一个差别。

既然是社会转型当然也有一些问题显露出来，主要体现在四个方面。一是流动人口问题。记得我当留学生的时候，从农村到城市去特别困难，可能是1976年国庆的时候，我们在天安门广场上看到有人卖小玩具，觉得特别有意思，我们都跑过去看，可是现在看到有人在街上卖东西我就赶紧走，因为有那么多人在街上卖东西！现在的问题是怎么能给这些流动人口以市民权利，把他们接纳进城市的户口体系。我个人认为这不是地方政府的责任。有一些问题我现在称之为转型问题（Transitional Problems），因为从老的体制转型到新的体制，流动人口是最容易出现的问题，我认为这是中央政府应该解决的问题，因为仅靠地方政府，这是不可能解决的：一来地方政府资金不够充足，二来利益也不够大，并且在城市居民看来如果让这部分流动人口扎根城市，有可能影响自己的利益，例如学校孩子增多，影响原来的教育水平。所以这是现时代中国社会较难解决的一个问题，但也是改革过程的一个必然结果。

二是老龄化问题。在中国留学的时候，我一直认为中国是特别年轻的国家。可是现在按照世界银行和联合国的统计标准，中国已经算是一个老龄化国家，因为60岁以上老龄人口百分比早已经达到了，而且越来越厉害，我觉得这是现代中国社会应该关注并着力解决的一个大问题。

三是社会就业问题。除了我刚才说的流动人口问题以外，过去中国发展是依靠出口行业，未来这样可能行不通，所以第三个问题是中国怎样从低技术的工厂转变为高科技国家。我认为这需要很多方面的努力，比如教育方面、培训方面的努力等。

四是城市化问题。到底哪一种城市化的模式更好？是发展大的城市好还是小城镇好？因为这影响到未来中国发展的机会。我个人觉得依靠乡镇发展还是比较困难，因为乡镇没有太多条件，未来教育、公共服务、就业等问题能不能解决很难说。与这个问题相关的另有一个有意思的现象，我觉得如果说到农村也要看各地的情况，尽管不同地区条件仍然有差异，但是现在中国农村有些地方条件很好。当然在中国发展小规模的农业行不行在我看来可能也是一个问题，可是中国如果不修改《土地法》，如何能发展大规模的农业，提高农民的生活水平呢？我看到南方有一些有意思的模式，例如在广东，农村发展了合作社，我和北师大胡必亮教授合著了一本专著就是关于这个问题的。

三　当前中国改革发展所面临的机遇与挑战

张梅：最近国际社会对中国政府在政治、经济以及外交方面的新政策反应比较积极，中国新一届领导人已经给世界留下了颇为务实、有亲和力的形象。据我所知，去年艾什民主管理与创新中心曾做过一个"世界主要国家领导人形象的全球公众调查"，习近平主席国际国内认可度均排名第一。您能否给我们介绍一下这次调查的情况？

赛奇：我先说明一下这个不是艾什中心做的调查，这是大陆零点和日本两个机构合作完成的。我们参与是基于以下两个原因：一是因为这两个机构不是学术机构，他们希望有外面的人就他们的调查结果做客观分析，而我们是学术机构，所以他们问我们能不能写关于他们调查结果的分析评价，所以我们写了那个报告，可是调查不是我们做的，他们具体怎么实施的我并不是很清楚。另一个原因是袁岳是肯尼迪政府学院的毕业生，我在福特基金会的时候资助过零点公司的一些调查，袁岳到肯尼迪学院后成了我的学生，2003年零点开始做中国老百姓对政府满意度的社会调查，我认识他并经常与他合作。听说他们准备每年都做类似的调查，我猜想他们是有计划继续做下去的。可是近期我没有收到消息，我现在只有去年年底的调查。

关于这个调查这里我想谈两点看法：第一，习主席国际认可度排名高，这说明其他国家认为中国现在是非常重要的一个国家。习近平主席访问了那么多的国家，对于这些国家来说习主席来访特别重要，所以这些国家的老百姓都记着习主席的名字，同时他们觉得中国的未来发展对他们也很有影响。

第二，习主席国内认可度排名高，我认为也是有原因的。如果你看西方国家，一般说来，市民对本国领导人评价都偏低，原因在于他们国内民众对本国领导人的批评很多。以奥巴马为例，电视台、报纸上天天有针对他的不同看法，经常有批评的声音，所以很多人觉得他不好，当然也有一部分人觉得他好。英国、德国和法国也是一样，这些国家对本国领导人也有很多不同观点和看法，所以满意度低。可是中国不一样，中国国内民众对本国领导人的评价还是很高的。

张梅：您如何看待新一届中国领导人在治理国家方面的一系列新政策方针，您认为他们现在所面临的最大机遇和挑战分别是什么？您对中国的未来发展有什么样的预期？

赛奇：十八大以来，习近平、李克强等中国政府领导人以务实、亲民、充满活力的形象出现，给国际社会留下了深刻的印象。当前，中国政府和领导人的管理能力和领导水平是很高的，领导素质也很好，有为老百姓做事情的愿望和责任心。非常清楚的是，新一届领导集体面临着诸多良好的发展机遇，但同时也不得不正视许多严峻的挑战。从机遇来看，中国过去30多年的转型发展，奠定了政治、经济、文化等各个领域里非常坚实的基础，中国人民的物质文化生活水平有了非常明显的提高，并且改革和对外开放也为新一届政府领导提供了宝贵的经验，这些都有利于新一届领导人为进一步推进中国转型深化，争取更多的政治资源和社会支持。

但是无法回避的是，巨大的挑战也显而易见。第一个挑战是经济发展状况。很明显，中国GDP像过去那样每年增长10%、11%、12%是不可能的。我有两个同事做亚洲发展调查，他们写了一篇有意思的文章，分析了日本、韩国、中国台湾、中国香港什么时候经济开始高潮，什么时候停滞。有两点我想对理解中国经济发展非常有帮助：一是中国经济发展的基础比其他国家稍落后一些，这就能说明为什么中国经济发展的高潮期比其他国家要长；二是他们发现了在何种状况下经济发展开始放缓。通过调查，他们发现中国台湾、日本、韩国的GDP、PPP在13000美元左右开始慢下来（GDP增长4%或5%这样子），用这个算法，现在中国GDP、PPP是12000美元左右，所以当前中国经济发展放缓他们觉得比较自然。我个人感觉，未来5年，如果中国政府领导人继续推进改革进程，城市化比较顺利，5%—6%的增长速度应该是可能的，甚至有可能达到7%（不过这个有点难度）。现在中国政府领导人在这个方向努力很正确。我想现在这种情况下，对中国政府领导班子的

一个挑战是老百姓对中国经济发展的希望和要求要被考虑进去。

　　第二个挑战我觉得是怎样说服更多的民众来支持习主席的政策。我的看法是这样，你看80年代，改革刚开始，可以很清楚地看到哪些人能从改革中受益：农民、市民，也包括一部分官员。所以党内党外大家一致赞同，力主改革。到了90年代邓小平南方谈话以后，受益群体也可以看得较清楚，一大批人拥护改革进程。加入世界贸易组织后，受益群体也可以看得很清楚。现在的问题是，虽然中国政府领导人说了，过去的模式不行，我们现在必须改，可是谁有改革动机？我觉得国有企业、国有银行不一定有改革动机，地方政府官员以及与地方企业有经济联系的那部分人，他们也不一定觉得改革符合其利益。所以我想现在中国社会哪个群体比较强、真的支持改革还很难说，所以中国政府领导人必须要说服更多的人，使得想改革的队伍比不想改革的队伍要强大。

　　第三个挑战与第二个挑战有很密切的关系，是国有企业改革。因为国有企业拥有资源比私营企业多，可是经济效率却并没有足够高，所以能不能改革国有企业，这也是一个政治利益问题，因为国有企业当前仍是政府的骨干，重要的一部分，所以能不能解决这个问题也是挑战，可是对国有企业的改革，既不能回避，也不能犹豫。坦率地说，到目前为止，一些重要部门和关键领域里的制度改革尚未完全成功，一些体制机制的改革尚未完全到位，这是改革的重点，也可以说是一个难点。

　　当然还有其他的挑战，比如说我上面提到的流动人口问题、老龄化问题，但是我觉得当前最薄弱的问题是道德问题。中国人有怎样的社会观念，他们与政府有怎样的关系，特别是中国的年青一代正在逐渐成长，他们将成为社会的主角，他们没有经历过动荡和贫困，对这个社会有着和父辈完全不同的思考方式，他们会给中国带来什么样的改变，这也是一个大家应该关注的问题。另外，从中国社会的主流意识形态和价值观来看，长期以来，中国社会一直强调集体利益高于一切，个人理所当然地服从集体，讲求无私奉献，这一点在当今的中国社会仍然受到倡导。可是我们也看到，个人的选择和想法得到许可，甚至开始产生对集体、社会，乃至国家政府的不信任，这就造成了整个社会在道德上的困惑、混乱和冲突。因此，我想，对于中国而言，有一个不容忽视的问题，就是中国社会能否找到一种"黏合剂"，把整个社会"黏合"在一起。

习近平主席提出的"中国梦"是这种努力的一部分，旨在回应个人在社会中的价值何在。可是在我看来，我个人的梦与我朋友的梦是不一样的，如何寻求大家都能够接受的状况，让绝大部分的民众都能相信中国的体制（也就是相信组织吧），举例说来，在欧洲，比如说英国，也有很多的矛盾，可是尽管市民有不同的看法、不同的意见，但是市民觉得能够接受这个体制。我想现在中国已经开始富起来了，老百姓的要求和二三十年前肯定不一样了。例如说你居住在城市，有好工作、有小汽车、有孩子，可是不好的是外面空气有污染。我举这个例子是想说明中国老百姓对政府的要求正在改变。我想中国现在这部分问题是跟体制有关系的，所以我觉得中国未来还需要在这方面加以改革。总之，中国有960万平方公里的陆地面积，中国有13亿人口，中国有5000多年的文明历史，中国经历了这么快速、持久的发展，她的未来无论朝着什么方向发展，我想都会给世界带来重要影响。

对中国未来的乐观与谨慎

受访人——傅高义（Ezra F. Vogel）
采访人——李扬

傅高义教授

傅高义，美国著名东亚问题专家，曾经担任哈佛大学社会科学院荣誉教授、哈佛大学费正清东亚研究中心主任、哈佛大学亚洲中心主任、华盛顿全国东亚事务研究办公室主任等职务。作为美国研究东亚问题的泰斗，傅老精通中文和日文，是名副其实的"中国通"和"日本通"。傅高义1930年7月出生于美国俄亥俄州特拉华市，1950年从俄亥俄州韦斯利大学（Ohio Wesleyan University）毕业，1958年获哈佛大学社会学博士学位，1963—1964年在哈佛大学进行了两年的博士后研究，主要学习中文和历史。1967—2000年在哈佛大学任教直至退休。20世纪50年代末期，在结束哈佛大学的博士生学习后，傅高义来到日本，进行实地研究。经过两年潜心研究，1963年出版了专著《日本的新中产阶级》（*Japan's New Middle Class*）。60年代，他又转战当时还在英国管辖之下的香港，隔着罗湖口岸开始着手对中国广东进行研究。通过对广东地区社会经济情况进行身体力行的考察和研究，1969年，他完成了研究中国的第一部学术专著《共产主义下的广州：一个省会的规划与政治（1949—1968年）》（*Canton Under Communism*）。70年代末80年代初，日本经济异军突起，出于对日本问题的极大兴趣和无限关注，傅高义于1979年推出了一本剖析日本成功经验的专著《日本第一：给美国的经验》（*Japan as Number One: Lessons for America*），此书的出版立刻在美国掀起了浪潮。80年代，随着中国改革开放的全面展开，中国大地发生了翻天覆地的变化，中国再次成为世界各国关注的焦点，傅高义也不例外，应广东省政府的邀请，他再次来到阔别10余年的广东，在各地进行了7个多月的实地考察和研究。1988年，在第三次来粤进行更深一步调查之后，他撰写了第二部研究中国问题的专著《领先一步：改革开放的广东》(*One Step Ahead in China: Guangdong Under Reform*),在书中,他以广东经济为窗口,用鲜活的数据和例子对中国改革开放的历程进行了深度扫描,为美国乃至全世界了解中国提供了一个有力平台。90 年代,"亚洲四小龙"创造了亚洲经济上的辉煌,傅老先生随即于 1991 年出版《四小龙》(*The Four Little Dragons*),他对亚洲形势敏锐的洞察力和快捷的反应速度着实让人赞叹、敬佩。

主编手记

2008年10月10日，傅高义教授在哈佛大学的家中招待了李扬和本书主编一行几人，此次采访主要围绕北京2008年奥运会相关问题展开；2009年2月18日，李扬再次拜访傅高义老先生，与傅老探讨了中美关系和中美经济发展等问题。

回想第一次的造访，正逢波士顿秋高气爽的好时节——明媚的阳光、清新的空气、五彩斑斓的枫叶，再加上波士顿剑桥小镇独有的浓浓的学术气息，沁人心脾，妙不可言。傅老的家就在剑桥小镇的剑桥大街旁——隐藏在哈佛校园中的一座浅黄色、装点古朴的二层小楼。傅老家的会客厅并不大，但是却很有亚洲韵味。靠窗的墙面上挂着几幅日本风格的绘画，具有中国特色的盆景植物摆放在沙发之间的茶几上，柜子顶上摆着各式各样充满东南亚风情的斗笠，面对窗口的壁炉的上方摆放着傅老与家人的合影，温馨、惬意。傅老真不愧是一位精力充沛的老者，刚刚送走一位来访者，就一刻不停地开始招待我们。虽然已经年近八旬，但傅老仍然那么精神矍铄。为了能够了解傅老对金融危机等最新局势的见解和看法，李扬于2009年2月再次拜访他。两次交谈都将近一个小时，在交谈期间傅老思路清楚、谈吐清晰：从中国2008年奥运会到中国新世纪发展战略；从市井阡陌到政府间高层对话；从中美文化交流到学术共享；从环境保护到经济发展；从美国金融危机到中国的应对措施……傅老以他深厚的知识底蕴和丰富的实践经验，为我们描绘了他心目中的中国、他理想中的中国。在2008年10月10日的采访中，时为哈佛大学肯尼迪政府学院研究生的王洋作了记录，哈佛大学肯尼迪政府学院访问学者薛刚作了录音。

李扬：国内的学术界对您的名字都已经十分熟悉了，在很多问题上都想听一听您的意见。北京奥运会刚刚闭幕，全世界舆论热评如潮。对于中国政府筹办和举办奥运会，您有怎样的评价和看法呢？

傅高义：我对这个问题没有进行专门的研究，但也大致了解美国人是如何看待这次北京奥运会的。

第一，他们不太了解正在发展的中国是多么努力地去办好奥运会，他们真的不了解。我记得奥运会1964年在日本东京、1988年在韩国汉城举办，当时两个国家都不富裕，但是他们都非常努力，希望搞好奥运会，但是美国人不了解。2008年北京的奥运会，我觉得很现代化，很不容易。但是对于看奥运会的美国人来说，他们认为那是很自然的事情，他们不够了解中国国内的情况，不了解中国非常想办好奥运会的期待和决心，也不了解中国为此所作出的努力。

第二，我认为美国的电视、媒体有一些偏见。奥运会我基本上看的是美国电视台转播的节目，都是英文的节目，这些节目播放的基本上是美国运动员参加的比赛项目。但是开幕式是电视台转播的，很多美国人都看了。北京奥运会开幕式搞得非常好，我觉得从美国人的角度来说，很多美国人都会觉得了不起的，反响很好！导演张艺谋很有思想、很能干，开幕式的形式很特别，内容也让我觉得很新奇。在开幕式中，他不谈毛泽东、不谈邓小平，也不谈共产党，只谈中国的历史、中国的文化、中国的人民。我想这对于在外国普及中国历史文化、多了解一些中国老百姓的普通生活、扩大对中国的了解是有很多好处的。

你们也应该知道在奥运会以前，美国人很重视西藏的问题、新疆的问题，所以有的美国人想利用这个机会去批评中国，因为平时批评没有什么效果，但是奥运会是世界瞩目的重要活动，能够引起全世界人民的注意，所以一部分的美国人在中国的人权问题、中国政府对"3·14"西藏问题处理方法等问题上指指点点。如果想批评中国，奥运会自然就是一个最好的时间，所以这些美国人的舆论也会影响一些其他普通美国人对中国的看法，因为普通美国人对中国不了解，也很少到中国去。

但是据我自己的估计，奥运会期间，美国那些在中国采访的记者们普遍觉得中国人民很客气、很好客，连出租车司机也能说英文，并且觉得北京是个现代化的城市，那么多新的汽车、高楼大厦、公共设施，发展十分迅速。所以，当中国政府宣传"我们还是一个落后的、正在发展的发展中国家"的时候，很多美国人可能会不相信。

此外，我觉得奥运会开幕以前，我们都担心奥运期间会出现各种危急问题，但是基本上都没有出现，北京奥运会搞得很顺利、很成功。还有一点我想重点指出来，那就是空气污染的问题。在奥运会之前很多人都担心，但是实际上在奥运期间这个问题并不像人们想象的那么严重，北京的空气质量控制得不错。

所以，我的结论是，一般地讲，北京奥运会准备得很好，影响也很好。我估计不仅仅是美国，欧洲各国也会觉得很不错。奥运会是一个大的系统工程，各种体育场馆和设施的建设需要投入大量的金钱，好几百亿元的投资不是一个小的数目，小的国家是绝对办不来的。我想下届奥运会英国不会搞得这么大。

还有一层，奥运会每四年要办一次，现在我们都渐渐开始淡忘了，但相隔四年后英国开奥运会时，他们还是会说:"四年前在中国开得怎么样?"他们肯定会跟北京奥运会进行比较,所以人们都会记住这次北京奥运会中国的出色表现的。

李扬:根据您的了解,普通的美国民众怎么评价北京奥运会?通过这次奥运会,美国民众对中国的看法有什么改变?在美国人的心目中,中国到底是什么模样,怎样一个生存状态?

傅高义:关于奥运会,我觉得美国人对北京奥运会的印象基本是好的,但是仍然有一些问题存在,主要是由于他们不够了解中国,对中国的处境不够同情,他们不知道一个发展中国家对奥运会的热情和付出的努力。1964年东京奥运会、1988年汉城奥运会都是这样子的。

我是美国人,有美国人的一般看法。对美国老百姓来说,他们一下子很难说清楚中国是个什么样子的国家。报纸电视上有很多关于中国的报道,他们都知道中国发展很快,因为他们用的日用品、穿的衣服鞋子大多是中国制造,中国的廉价劳动力让美国人可以买到那么便宜的商品。但他们也觉得,中国存在很多问题,比如不少美国人觉得中国还没有实现民主。我理解中国的情况,自由不能一蹴而就,但我认为应该允许更多报告文学等纪实报道。另外应该有独立的组织反映民众的不满。这对政府也有好处。因为老百姓如果不能和平地表达自己的不满,许多问题都无法解决,比如腐败问题、产品质量问题,还有最近的"毒奶粉"危机,等等。当然有些美国人会过于极端,希望一夜之间发生改变,这也不符合实际。所以我想外国人对奥运会都有这两方面的看法:一是心想中国的确有很大的发展;二是将来会变得怎么样,还有待观察,还没有下结论,这个是外国人的普遍看法。

李扬：您是如何看待中国在环境问题上所做的努力的？在奥运会筹办期间，特别是奥运圣火火炬在中国境外传递过程中，出现了一些不和谐的事件，这和中国国内举国欢迎的场面形成了巨大反差。您如何看待这些问题？

傅高义：首先是环境问题，现在空气污染的问题，我觉得全球都是非常严重的，应该十分重视环境问题。现在美国的选举中，候选人都讲"我们要保护好环境，一定会比别人搞得好"，可见环境保护问题的重要性。但是我个人认为，中国在环境保护上做得还是不够，水污染、空气污染等问题都需要解决。有一个问题我要提出来：在中国比较偏僻、比较贫穷的地方，从官员到普通百姓都没有重视环境问题，他们更关心收入、生存问题。比如说在边远地区随便找一个县领导，问他如果在他们县建一个会给当地带来收益同时又会带来很大污染的工厂，他是否愿意的时候，他们会毫不犹豫地回答"非常愿意"！所以对于中国这个发展不均衡的国家来说，控制这个问题并不容易。我知道中国在环保方面作了很多的努力，但力度还是不够大、步伐还是不够快，我觉得中国在这方面做得还是不够的。

关于火炬传递的问题，我是美国人，所以我也有美国人的一些看法。我明白，中国的情况跟美国不一样，所以中国不可能具有和美国一样的自由，这一点我能够理解，但是我觉得中国应该给人民更多的自由。比如说可以给记者更多的自由，支持他们揭露和批评地方政府的不良做法。还有很多地方老百姓对当地政府有不满意的意见却不敢反映，所以中国应该建立独立的组织专门听取老百姓的这些意见，通过和平的方式帮助他们解决问题。我觉得这样对中国政府也有好处。比如腐败问题，我的一些中国朋友曾经跟我说中国确实存在比较严重的腐败问题，如果记者能

够及时地披露这些现象可能会起到很好的监督作用。但是同时也要管理好记者，让他们在深入了解情况之后再如实、合情合理地报道相关情况、发表自己的看法，而不能发表过于极端的话。

傅高义与前来拜访的中国学者、学生合影（前排左起：张冠梓、傅高义、赵瑾；后排左起：陈伟、李扬、薛刚、王洋）

李扬：现在，中国国内正在热议"后奥运时代"等话题，对奥运前后中国的发展情况进行比较，分析奥运的效益问题，分析奥运会到底给中国带来了什么。因为我们确实感觉到，由于奥运会的举办，政府、社会以及老百姓都有所改变，这种改变既有具体行动的改变，也有思想方面的改变。您是如何看待这些改变的？

傅高义：对于这个问题，我主要想谈谈我的希望。

我觉得中国政府的领导人十分担心年轻人会采取过激行为表达他们的不满，所以希望通过恰当的方式对他们进行思想教育，但是由于当时东欧崩溃了，不能采取"社会主义教育"，所以就采取了"爱国主义教育"，那是1991年和1992年的事情了。当时中国政府爱国主义教育的内容主要是反对日本，批评日本在第二次世界大战期间的行为。我希望奥运会的"爱国主义教育"宣传的内容要有改变，需要更多地从正面强调中国自身的历史、文化和自身的发展潜力。我希望今后在中国的"爱国主义"中能够看到更多新的、正面的、积极的内容，要对别的国家更加包容，与更多的国家成为朋友，让更多的国家了解中国、信任中国。从这个角度讲，我觉得奥运会对于中国来讲是一个很好的契机，所以我个人认为，中国投资这么多钱办奥运是值得的。

李扬： 在奥运会期间，通过网络、新闻媒体的报道，我们能够明显地感觉到中国老百姓的变化，尤其是中国的年轻人，感觉到他们的心胸宽了，更加自信了，而且这种自信是建立在知己知彼的基础之上的。"分享"和"共赢"成为挂在中国年轻人嘴边上的词语。这在一定程度上表现了您刚才说的积极的"爱国主义教育"。

傅高义： 这是一件好事，不过这也存在一些潜在的危险。潜在的危险主要来自外国人对中国发展情况的不了解，他们不清楚中国发展的目的和意图。他们担心中国的发展壮大会使得中国人变得盲目自满、自高自大。还有一点我必须要指出来，中国的军费预算开支上升的速度太快了，这也让不少外国人担心中国会成为威胁其他国家安全的因素。所以，我觉得中国要在发展中保持谦虚的态度，和平地发展，千万不能因为发展快而滋生骄傲自大的情绪。

李扬： 还有一种观点认为，西方国家对中国的批评反映了他们对中国快速发展和迅速崛起的恐惧。长期以来，

中国"威胁"论在西方国家也有或多或少的市场。您如何看待这一问题？

傅高义： 国际社会对中国的偏见非常严重，我觉得不仅仅是欧美人，很多我的中国朋友也认为中国政府有时候的做法很糟糕，克林顿总统和小布什总统在开始上任的一两年都曾经批评中国，我估计新任的总统也会这样。但现在两党的总统或候选人对华的态度都是"接触"，与小布什总统一开始不太一样。

不过，我们也应该客观、公正地看待西方国家对中国的批评，因为由于各种因素的影响，各个国家内部不同群体对一些问题的评论有些是歪曲的。我们就以美国为例子说明吧。美国很大，并且美国也没有宣传部，老百姓和媒体不能通过党来控制，所以我们不可能统一思想；同时美国又有充分的言论自由，大家都可以发出各自不同的看法和声音，所以一些媒体往往受利益驱动，只顾赚钱而忽视了事实，有一些说假话的人也会利用言论自由为他们的个人目的服务，因此不能完全听信他们的言论。尤其是选举时期，各种声音都会有。相比而言，中国就不一样了，你们中国虽然人口众多，但中国有统一的思想，你们有各级宣传部门负责社会舆论引导和思想协调，全国比较容易形成统一认识，这一点就很好。其实民主主义也不是很完美的，我们也有漏洞，比如说假话的人就会利用自由达到自己的目的，这个漏洞民主主义就无法弥补。但是我认为说假话的人最终是会被发现的，比如小布什总统，开始的时候大家对他都不够了解，现在我们美国人都知道了，他在任的八年搞得很不好，用你们中国的话说就是"事实胜于雄辩"，所以那些赞美布什的言辞我们美国人就不会再相信了。因此，你们也要客观公正地对待西方国家对中国那些不友好的评论，相信每个人心中都会有公正的评价的。

西方国家对中国的误解是各种矛盾长期积累的结果，消除这些误解也不是一蹴而就的事情，我认为这项任务需要落在年青一代身上。我觉得我们现在关键一步就是培养年轻的学者，加强各国之间年轻学者的交流。现在学语言的年轻人都非常出色，比我们老一辈人要好。在老一代里面我算是比较好的，但是现在"青出于蓝而胜于蓝"，年青一代人中许多比我要好。现在美国、中国在各个领域都培养出了许多专家学者，比如艺术、文学等，他们的研究做得很好，但一般来说他们对于中美关系不感兴趣。所以我认为我们都应该多培养中美关系等领域的年轻人才。中美关系协会（National Committee of U.S and China Relation）现在就在这个方面作努力，我们每年在全美进行一个比赛，从120个人中选出20个年轻学者、律师、商人，大多数在30多岁，我们计划用3年时间来培养，并给他们机会接触国会、职能部门的领导，了解政府的工作。3年前也有过一批这样的学生，他们到华盛顿体验过政府工作，而且还有机会到北京学习一周，见到中国政府外交部等几个部门的领导人。经过这样的培训，这些年轻的学者能够正确对待有偏见的看法，批驳不正确的言辞。

同时，我觉得中国政府应该适度放宽对媒体的控制，虽然媒体可能会影响到国家的安定团结，但是对媒体报道自由度的适度放松是有利于它们发挥监督政府、监督社会的作用的；此外也能够增加国外对中国的了解，这是十分有利的。

李扬：2008年是改革开放30年，您对中国30年来的改革发展有何评价？

傅高义：我正在写《邓小平的时代》。我认为在那个时代，邓小平是一个伟大的领导。在1978年，有一些人确实比他聪明，但是在当时的情况下，像他这样既有军队经验，又有地方管理等多种经验的人却很少。比如在美国，我有一些朋友在议会做议员，但是他们到了国会做领导就不能胜任了，因为他们缺乏地方管理、领导的经验。但邓小平跟他们不同，他见多识广，见过很多苏联、美国、日本等国家的人，而且了解历史、了解外国情况。另外一点很重要，他把战略搞得非常清楚、手腕很强硬，虽然他跟外国人谈话会讲很多笑话，幽默风趣，但是他的目的很明确、很清楚。20世纪80年代的时候，很多人认为自由化太过头，精神污染的问题很厉害，但他坚持实施改革开放；1992年"南巡"讲话之后，依然坚持改革开放。所以我觉得邓小平的长期目标很清楚，同时，他的手段也很灵活，摸着石头过河。我还要强调的就是1978年的时候，中国改革开放的前景还很不明朗，但坚定推行改革开放政策的领导人只有他一个。中国还在保持较快速的发展，人民生活水平也在不断地提高，所以从这些方面而言，我认为邓小平的历史贡献是非常大的，而且他的影响一直持续到现在。

李扬：党的十七大对中国面临的国内形势和国际环境用了"机遇前所未有，挑战前所未有，机遇大于挑战"的判断。您怎么看这个问题？

傅高义：从挑战来看，有两点：第一就是环境保护问题，这需要中国通过国际合作解决。我觉得在环境问题方面中国可以借鉴日本的经验。纵观日本的历史，20世纪70年代，日本的空气污染问题非常严重，结果空气污染使得很多人生病，甚至死亡。工厂的经营者为了经济利益，通常会严守秘密，不让死亡的事件暴露出来，并且不让环保

傅高义（中）与张冠梓（右）、于盈合影

者进入工厂了解情况。最后日本工厂环境污染的问题被媒体曝光了，一夜之间环境保护问题成为日本民众最为关注的问题。日本是一个比较容易团结的民族，他们有很多办法来保护环境，比如利用法律、研究新的技术等手段，并且把新的技术教给地方政府，让政府帮助企业治理污染问题，日本在3—4年的时间让环境质量大大提高，进步特别快。但是中国与日本不同，日本比较小，各个地方的差距也比较小，用你们中国人的话说是容易"统一思想"，所以，我觉得环境保护问题对于中国来说难度确实比较大，虽然中国现在在环境保护方面，大的政策和方向是正确的，贫困地区的特殊情况我也可以理解，但是我觉得中国做得还不够，还可以搞得更好。近些年来，据我观察，中国政府的财政来源更加多元化，财政收入的总数也多起来了，以前GNP的12%是国家所有，现在已经占到了20%以上，所以政府应该考虑如何利用这部分增加的财政收入搞好环

境、能源、医疗等关系国计民生的问题。

第二就是怎么让外国人不怕中国的崛起，这一点非常重要。我认为国际社会要求中国切实做到"负责任的大国"，主要是指保护和平，世界需要中国多参加保护世界和平的活动，在维护全球经济、政治、文化秩序上发挥积极作用。这既是对中国的要求，也是对中国的信任。

此外，一直以来对中国改革开放发展模式的问题存在不同的声音，有人质疑中国的发展道路到底是资本主义道路还是社会主义道路。我不喜欢这种说法，我觉得资本主义和社会主义仅仅是意识形态问题，只要中国仍然坚持共产党领导，仍然坚持公有制就行了，没有必要一直强调是资本主义还是社会主义。

与此同时，我觉得还有一个问题也很关键，在今后的发展中，中国政府要适当放宽对思想、意识形态控制的政策，要弱化意识形态或者思想领域的矛盾，政府要学会运用间接的手段，巧妙地"软化"这些矛盾。尤其是2009年，对于中国来说是一个很敏感的年份，这对政府提出了很大的挑战，政府一定要主动应对可能出现的问题，通过疏导的方式缓解在意识形态等思想领域潜在的矛盾。

总之，我对中国是充满信心的。

李扬：您是著名的中美关系研究专家，最后我想跟您探讨一些关于中美关系的问题。以前您曾经讲过影响中美关系的因素主要有三个方面：台湾问题、人权问题和美国亚太安全战略问题。但是随着两国的发展，影响中美关系的主要因素也发生了微妙的变化。那么您认为当前影响中美关系的核心因素有哪些？

傅高义：台湾问题仍然是影响中美关系最重要的因素。一方面，美国与中国台湾有很多年的合作；另一方面，美

对中国未来的乐观与谨慎

傅高义（左）与采访者李扬合影

国仍然担心大陆会对台湾动用武力，因此，对待台湾问题，美国还会保持一贯做法。从20世纪90年代以来，中美两国对台的态度是一致的，尽管出现过一些小的波动，不过总的趋势是好的。从现在的情形看来，台湾问题的好转促使中美关系的紧张程度降低，这是大家都愿意看到的。

关于人权问题，我觉得它在中美关系中的地位已经没有以前那么重要了，尤其是在当下美国金融危机的背景下，这个矛盾有了很大的缓和。但是对于中国这样的一个大国来讲，要积极地推进依法治国，实现民主。

对于美国来讲，现在最重要的事情就是和平、顺利地渡过金融危机，因此这也是眼下中美关系中最重要的议题。前一段时间我去开了一个会，布热津斯基在会上发表的观点我很赞同，他说：20世纪70年代以前，安全问题是影响各个国家之间关系的最重要的因素；70年代以后，金融问题、经济问题、全球气候变暖和能源问题已经取代了安全问题。现在各个国家之间的合作和冲突很多都是围绕这些问题展开的。在全球化的时代，国与国之间有了更多的共同利益，美国金融危机的平稳渡过不仅对美国有利，也有利于全球经济的发展。因此这次美国的金融危机也需要世界各国的努力，更需要中国的协助。中国是一个外向型的经济体，美国的金融危机也会对中国产生不利的影响，比如最近美国国内贸易保护主义的抬头就会直接影响中国出口型企业的生存问题。我觉得，当下中国政府应不断开发国内市场，扩大内需，增加投资，推进中西部的建设，比如加强城市基础设施建设。与此同时，还要增加应对气候变化、环境保护和能源技术开发的投资等。

美国的金融危机对于世界各国来讲都是一个挑战的时刻，世界的形势也时刻发生着变化，没有人能够预测将来。不过邓小平在 30 年前就说过"摸着石头过河"，我很赞同这个观点，只要方向正确，并且大家都共同合作、一起努力，危机一定会解决！

国家建设与民主经验

受访人——丹尼尔·齐布拉特（Daniel Ziblatt）
采访人——罗祎楠
合作人——应晓飞、张泽

丹尼尔·齐布拉特教授

丹尼尔·齐布拉特（Daniel Ziblatt）是哈佛大学政府管理学院教授和哈佛大学欧洲研究中心的研究员，研究比较政治学和比较历史分析，着眼于民主化、国家建设、联邦制和欧洲政治。2019年在柏林获得美国学院颁发的柏林奖。他写作了《构建国家：意大利、德国的形成与联邦制之谜》（普林斯顿大学出版社2006年版），荣获多个奖项，包括2007年荣获美国政治学协会的欧洲政治最佳图书。他是2010年《比较政治学》双特刊中"民主化研究中的历史转折"的共同编辑，2017年出版的著作《1848—1950欧洲保守党与现代民主诞生》，为欧洲民主化的历史做了新解释。2018年出版著作《民主是如何消亡的》［与史蒂文·列维茨基（Steven Levitsky）合著］。丹尼尔是《德国政治和社会》的编委，巴黎高等师范学校的客座教授，曾访问柏林康斯坦茨大学和德国科隆马克斯普朗克研究所。

主编手记

2010年11月3日，哈佛大学东亚系博士罗祎楠对丹尼尔·齐布拉特教授进行了访谈，主要讨论了欧洲国家建设与民主经验以及对中国的启示。时为哈佛大学东亚系文学硕士应晓飞对本文亦有贡献。时为中国社会科学院法学系博士生张泽协助翻译了稿件。

罗祎楠：我注意到您主要研究两个问题——国家建设（state-building）和民主。基于德国和意大利的历史经验，您提出了研究国家基础性权力（infrastructural power）的重要性并探讨了其和国家制度结构之间的关系。您觉得就制度设计和国家建设/国家能力之间的关系而言，西欧有哪些我们可以学习的经验？

丹尼尔：我想这是欧洲在历史上的一个重要特点。欧洲在近代早期发展了强大的中央集权国家，而推动欧洲国家建构的动力在于危机。危机推动国家建设，国家回应危机。这些危机包括战争或者是瘟疫等公共健康危机。公共健康危机在文艺复兴时期的意大利尤其突出，这些危机促进了国家力量的发展。其中一些国家，如佛罗伦萨和威尼斯，在应对公共危机过程中发展了自己的国家能力，如他们采取隔离措施等新的方式，这些措施在意大利境内发展，也带动了其他国家。

还有一种重要的危机就是战争。战争的出现促使国家强有力运转并需要发展强制能力和攫取能力。到了更近代的时期，工业化产生了各种新的社会问题：大规模的贫困和难以置信的社会动荡都推动国家去应对这些危机问题。

这个过程在有些人看来是自然的过程。有了危机自然就有了国家。但是这个看似明了的答案其实并没有真正解决国家能力因何而产生的问题，也就是说为什么国家能够在面对危机时有效地应对。比如我们知道海地地震后有很多需要国家行动的危机，但是这些并没有自然而然的带来国家有效地应对。因此我思考一个问题：在面对危机的时候是什么因素赋予了国家能力。

对于这个问题的解释仁者见仁智者见智。比如，有观点可能认为这与议会制的宪政结构的作用有关。如果权力受到制约，行政机关或管理国家的人就会发展更好的基础（infrastructure），从而产生更强大的国家能力。英格兰就是一个典范。受约束的行政机关可以对社会群体更加负责。因此我们可以说权力的限制可以导致更好的国家能力，这是从欧洲某些国家的经验中学到的。在专制国家的情况下，比如17世纪的法国，虽然国家看起来非常强大，但更容易出现危机，这种国家因为没有宪法的限制而更容易腐朽衰败。

罗祎楠：是否还有对提高国家能力过程的其他理解呢？这种做法似乎有点被动。国家有没有不只是被动应对而是主动或负责一些的因素？

丹尼尔：有。比如从更广阔的视角看社会利益、经济不平等等因素对国家能力的影响问题。国家是由官僚个体组成的。个体官僚为什么要履行职责呢？他们面对来自不同社会群体的行为要求，并根据这些要求的性质和国家既有的结构做出不同程度的回应，这就是国家具有可问责性（accountability）。对国家的需求源于社会组织。如果是在经济不平等的程度比较高的时候，那么一些较小但是掌握了利益资源的群体就会对国家提出他们的要求，而国家必须应对这些小群体的要求，这就会导致国家的应对被局限在很狭隘的某些领域内。这就是规制俘虏（regulatory capture）

理论所讨论的国家是如何被个体利益绑架的。比如说，如果一个社会存在高度集中的工业组织利益，那些大的钢铁企业就很容易让国家做他们想要国家做的事情，而国家也就没有办法对社会更多样的需求有所应对，国家能力必然受到限制。所以我说，经济不平等而导致的资源分布的不平等，是国家能力的决定因素。

罗祎楠：您研究的一个基本路径是通过历史的路径来研究国家能力的架构问题，您能否介绍一下自己的思路？您也在讨论中纳入历史的观点，所以我想知道您是如何从历史的角度做不同解释的？

丹尼尔：我关心能够影响国家能力的制度因素是如何在历史中形成的。比如我们不能陷入这样的逻辑自我循环：你为什么聪明？因为你已经很聪明了。就像你出生在一个特别的家庭，但问题是怎么造就了现在的家庭？

有两种方法对这样的问题做出分析。一种方法追溯那些看似是现代产生的制度更久远的历史。就我所研究的内容而言，尽管不是全部如此，我了解到历史上有宪法限制行政机关的国家似乎因为具备产生这样制度的历史条件而对公众负责。

在历史的视角看来，同样的制度却在不同历史条件下，可能对国家能力产生完全不同的结果。比如在一定历史条件下，宪法对行政机关的限制可能使国家瘫痪，国家不再有决策能力。我们看到的主要的成功例子在于道格拉斯·诺斯等所描绘的英国革命前后的制度成果。

但这只是英国特定历史条件下的产物。比如，你可以看看17世纪同一时期的波兰。在这个被称为"贵族的天堂"的国家，贵族把持强大的议会。贵族可以通过2/3多数或3/4多数，甚至是获得立法通过所必需的一致多数使

任何法案获得通过,当危机来临的时候,面对普鲁士人、俄国人、奥地利人的进攻时,这样的体制并没有产生很强大的国家能力。战争没有造成强大的国家,其结果却是国家的瘫痪。波兰最终被打败。为什么英格兰表现很好,而波兰却表现得不尽如人意?答案之一可能只是制度设计的问题。这种设计产生一定的历史环境,需要兼顾平衡的问题:要有一些宪法的约束,但又不能如波兰那样过度约束。这种平衡是镶嵌于历史结构中的,这就是我所指的既有的结构。为什么有些地方有宪法的约束有些地方没有?人们试图回答这个问题,我认为这不只是制度设计的问题,社会结构也很重要。这也正是我觉得经济上的不平等对国家能力影响很大。当经济不平等不是那么严重的时候,国家可能更负责、更有力。这是我的假设,我没有很多的证据或研究可借鉴。

罗祎楠: 另一方面有研究已经指出,一些社会存在不平等。与其他社会力量相比政府可以控制大量的社会资源。政府可以调动大量的资源且处理很多事情,它可以利用这些资源加强对社会的渗透,从而加强其能力。

丹尼尔: 是的,没错。这个问题实际上涉及你所说的

春日的哈佛校园

历史的维度。在某些转型期，可能更需要资源的集中。也许导致强国产生的因素与导致国家发展停滞或放缓的因素并不相同。国家需要权力和资源的集中，国家是合法使用武力的垄断性组织，垄断是指资源的集中。所以我的观点是站在一个比较历史的角度。从长远来看，国家的后续发展需要高度的平等，但国家的建立可能需要资源的集中。因为国家发展有不同的时期，我认为我们应将这个问题分为不同阶段思考。

罗祎楠：您刚才提到了一些非常有意思的例子，尤其是波兰和英国之间的比较。这些例子告诉我们即使有相同的制度，国家最后也会因为不同的社会结构而有很大不同。另一个有意思的问题是第二次世界大战后，很多新兴发展中国家面临如何建立这些制度或宪法制度的困难。许多国家从西欧历史上曾有过的制度中学习，但这对一些国家很有效，而对另一些国家却不是很有效。您曾建议我读福山的新书，您如何看待他对发展中国家的国家建设和国家能力的想法？

丹尼尔：我认为这不简单是一个如同工程建设一样的问题。比如，有一种看法更看重国家建设中的制度设计过程，他们认为只要制度设计好了，国家能力就可以提高。因为如果制度正确，那么只要遵循就可以了。但是，这样的看法并不全面，在很多方面，制度随历史发展。正如我们一直在说，建立制度所必要的因素可能不是后来维护制度所必要的。制度发展是缓慢的过程，制度的起因与制度的效应并不是一样的。好的制度设计，就算符合某些"好制度"的特点，其结果也可能并不是预想到的。

出于一些原因，譬如获得权力的需要，人们可能会为创立制度而奋斗。但是他们忽略了制度创立后会长期发生作用，而这样的作用可能已经不是制度创立者的初衷了。这是查尔斯·蒂利（Charles Tilly）的观点，建国者并没有打算创立促进长期经济增长的制度，这不是目的所在。作为分析者回顾历史，我们可以说制度产生了效果，但制度只反映设计者短期的政治目标。我认为很难说哪个制度一定是正确的，因为制度往往很薄弱，若制度受到影响，所有结果也付之东流了。由于制度的薄弱，结果就是难以被预测。虽然人们往往忽视了这样的难以预测性。

所以我们可以将研究重点放到薄弱和强大制度之间的差异问题上。按部就班地创建了制度，但这不能保证可以产生强有力的制度。强大的制度往往需要很长的时间来培养。比如美国人有很多没有效果的政治制度，他们思考，"为什么我们不能有一个像欧洲国家，就好像瑞典和德国那样有强大的国家制度？"这很难从制度创立时候就达成这样的效果，制度发展需要很长时间。

罗祎楠： 如何理解民主和国家能力的关系呢？

丹尼尔： 我不知道多大程度上民主可以影响政府的有效性，但它影响了人们如何参与选举进程。但我不认为民主选举的程序制度可以决定国家官僚机构的有效性。通常情况下，在社会科学中我们试图寻找解决问题的灵丹妙药。有观点认为民主通过提供强有力的竞争确保强有力的政府。这就是17世纪英国的情况。当反对者很强大，争夺权力变得愈演愈烈时，政府建立腐败的行政机关的意愿就越低，因为一旦他们不再掌权，新政府将对他们采取同样的手段。

其实我们想做的是把官员的手绑起来，让官员脱离政客的控制，当你落选离任，这些规则仍有效，使你的继任者不能任人唯亲。竞争很少时由于确信自己不会被赶下台，就可以任用亲信，所以这就是竞争可能减少腐败的理论逻辑；而竞争较少则被认为会阻碍有效政府的建立。但实际情况是相当复杂的。

因为很多情况下，其他因素，而不是竞争，会对国家能力产生影响。比如对自然资源的依赖。与其说是制度设计问题，还不如说是经济社会结构的问题。在经济上对自然资源过分依赖将导致财富集中，从而滋生腐败。还有一些人认为外国援助产生腐败。有这种想法的人认为一旦国库里有了钱，先接触的人就可以支配这些钱，从而导致资源集中。而这些因素都会阻碍国家能力提高。

那么如何建立廉洁的政府呢？我没有这些问题的答案。我觉得有个很好的研究案例是瑞典，是什么让瑞典有廉洁的政府，在所有腐败措施中腐败率很低？这是如何做到的？

我们看到，真正重要的是人的正确的心态。直到19世纪英国仍然有腐败，但一件改变历史的事就是渐进改革者联盟的出现，在美国也是如此。直到20世纪美国的城市政治都是令人难以置信的腐败，然而改革小组和受过教育的精英出现了，他们说："腐败是不可接受的，我们要在这里做生意，养家糊口，政府需要改变。"他们不仅通过投票这种分散的表达意见方式，这些动员起来的公民还有组织地对政府提出要求，对政客提出要求，发动集会宣称他们需要廉洁的政府。这促进了美国廉洁政府的产生，我想在英国也是如此。你可以称之为民主，但我不认为这是真正的民主，这其实是受到动员的公民要求拥有良善政府的活动。

罗祎楠：但是公民维权行动需要被赋予一定的自由，而直到20世纪还有很多不同的国家都无法容忍社会运动。

丹尼尔：是的，但这不是我所描述的民主，因为民主是假定每个人选出国家机关，这不是我的意思。我认为即使没有民主，要求廉洁政府的运动也是可能的，不是人们走上街头抗议，向政府扔石头，而是受过教育的人希望自己的街道干净，希望能步行送自己的孩子上学，这是正当的社会需求。

美国有意思的是，精英和新一代选民之间的紧张关系，新选民往往是来自东欧或爱尔兰乡村的移民。精英们认为城市似乎一塌糊涂，他们想要廉洁政府，而这些人往往是反民主的。他们认为应该限制新一代选民的选举权，因为他们不纳税。因此，精英群体有两面性。一方面，他们看不起这些新选民和新市民，但在另一方面，他们也想要廉洁的政府，所以他们将所有制度改革制度化，然而起作用的不是制度改革，我认为精英群体持续向政府施压才是决定性的。因此可以说历史路径的研究是在改变人们头脑中形成的一些想当然的因果关系。我们要回到历史的环境中，去理解民主和国家能力的复杂关系，而不是被某些固定的套路束缚住。

参与式协商与中国的民主

受访人——阿肯·冯（Archon Fung）
采访人——罗祎楠
合作人——王钢桥、陈奕伦、涂舜德、张泽

阿肯·冯教授

阿肯·冯教授是哈佛大学肯尼迪政府管理学院福特基金讲座教授，曾任肯尼迪政府学院代理院长一职（2015年7月—2016年1月），是担任这一职位的首位华裔教授。他主要研究的领域是民主与治理问题。冯教授长期关注基层协商民主机制的问题。

主编手记

哈佛大学东亚系博士罗祎楠对阿肯·冯教授进行了访谈，主要讨论了探索协商民主的国际经验，提出了有趣的"赋权的参与式协商机制"的构想以及成功组织一次讨论在中国与美国需要面临的挑战与回应。时为哈佛大学法学院法学硕士王钢桥，肯尼迪学院硕士涂舜德，以及哈佛大学本科生陈奕伦对本次采访、整理稿件均有贡献，中国社会科学院法学系博士张泽协助翻译了稿件。

罗祎楠： 我们希望将您对"赋权的参与式协商机制"（Empowered Participatory Deliberation）的看法介绍到中国。中国现在正在进行基层民主的新探索。这样的探索的一个重要思考是，如何使民主变得更加有效。建立有效的民主，而不是死板地照搬某些外国的模式，是中国建设基层民主的一种考量。因此，中国提出了建立协商民主的问题。我们访问了您的网站，您也提到只有当公民和领袖弄清如何在政治和社会领域"有效"地施行民主时，民主才能发挥不可或缺的作用，这种观点很有趣。您开始关注讨论这个话题的原因是什么？

冯： 起先，我看到几类美国公共服务，特别是公共教育和公众安全、保障、政策制定等公共服务。基于这些观察，我开始思考公民在民主过程中的参与问题。我意识到，在20世纪90年代那个时期，美国一些大城市的大型公共服务并没有表现得十分出色。官僚组织，即政府机构和公务员〔或者是迈克尔·利普斯基（Michael Lipsky）所说的"街头官僚"〕本应该提供这些公共服务，这是他们作为一种组织的要求；而公民则需要或多或少地去消费这些公共服务，比如他们可以去学校接受教育或者受警局保护。芝加哥及其他一些地区在公共服务参与机制中的改革进展吸引了我的注意。改革的主要目标是探索如何让公民在那些和他们切身利益相关的公共服务的提供过程中具有更多的参与权和决定权，从而可以让这些服务更加有效——这也是建立有效的民主、提高民主的质量的含义。

学术界现有的一种理论是，如果政府在工作时更贴近公众那么他们的公共服务的效果更好。所以，我们围绕着芝加哥社区警务和受社区控制的学校两项措施做了研究。我们看到他们在地区民主实践中探索的模式。这涉及公民是如何更直接管理和控制那些曾让他们失望的公共服务，并在提高服务质量的同时提高民主质量。我在这些城市看到了十分本土的民主，因此我开始考虑公民参与和讨论的问题。

罗祎楠：我看到您的一些作品和文章中常常提到"赋权的参与式协商"的理念。您可否进一步解释一下这个理念。

冯：好的。在一些关于政治参与的文章中，我常常用"赋权"（empowered）强调这类政治参与的特征。我所知道的美国或欧洲等政治体中的公众参与的形式都不属于我所说的"赋权"。比如，在这样的过程中，市民前来发表自己的意见或讨论问题，他们可能会提出这样或那样的意见，但政府和政策制定者及决策者实际上没有任何义务来听取市民的意见，或即使有义务听取也没有义务去执行这些意见。在这个意义上参与等于咨询，官员和决策者向普通人也就是参与人咨询，他们可能采纳参与人的建议，也可能会采取行动，但也可以忽略或否决这些建议。

而赋权参与则与这样的参与机制不同。赋权式参与是指如果参与人在赋权的讨论会上做出决定，他们的话语会产生公共行为和公共政策的后果。所以我想将"咨询式参与"和"赋权参与"区别开来。我对赋权参与很感兴趣，因为那样的参与更接近公民真正决策的直接民主的理想，我同时认为，通常情况下这可能是更成功的参与方式。因为在很多的咨询式参与的协商过程中，人民经常会懒得去真正参加这一过程，即使参加也不真正参与进去，因为人们知道他们说的话实际上可能既不具有效力也不重要，但如果参与讨论的公民被赋予实际权力，由政府做出承诺的话，那么情况会好很多。因为这是一种来自政府和人民之间的交换：在赋权协商的过程中，政府给予人们发言权和影响力，公民让渡自己参与的时间和精力。在这样的过程中会产生不同的参与类型，使得不同的人参与进来，当被赋予权力时人们参与会更加认真。所以这就是为什么我强调赋权，也是为什么我作为一个学者更有兴趣研究赋权的公民参与。

罗祎楠：那么在这个过程中，您认为就履行这种公民和政府之间的契约或交易而言，最大的困难是什么？

冯：最大的障碍是：决策者不喜欢分享权力。

罗祎楠：那么您认为如何能够克服这个困难，或许这种想法还只是停留在理论假设阶段？

冯：不，这不只是理论上的想法，实际上在很多地区因很多不同的原因，这样的参与已经实际发生了，政策制定者和决策者认为他们可以通过这种方式分享权力来更大程度地实现各自的使命。比如，在芝加哥的警方和部分学校中进行的协商就属于这样的情况。有时，政党确实认为以这种方式来分享权力代表了其政治优势。我们很多人都关注过发生在巴西的阿雷格里港（Porto Alegre）的一个案例。在那里这种参与被称为"参与式预算"（participatory budget），即社区的普通市民每年开会市民会发言，他们可能说社区最重要的事是铺路，或者是电气化，再或者是建一个社区中心、一所学校、住房，或其他什么事情。他们会说当务之急是什么，然后参与预算制将优先事项汇总成为城市预算，这个过程中，市民是参与其中的，而且是直接的参与性治理，这就是赋权参与的过程。但该制度得以部分实施的原因是政党觉得这样能够获得更多选票，这种预算制度十分受欢迎，支持这种预算制度的政党是工人党，工人党多年以来已经在巴西阿雷格里港用参与式预算为其赢得了选举的基础。

罗祎楠：您是说存在多党派的环境是这种程序存在的前提吗？或者在多党派的环境之外还有其他可能吗？也许一党制也鼓励这种政府与公共服务之间的互动？动机是什么？因为比如说一些体制中有一些机构掌握着十分庞大的基层资源，而该机构依然可能愿意分享决策权力。也许除了选举动机以外还有些激励分享的动机？

冯：是的，我认为有。阿雷格里港的例子是多党竞争，但在其他地方，比如芝加哥，政府这么做是行政管理上的原因，而不是政治竞争。在其他地方，会有一些领袖致力于使这种协商方式成为一种理想的决策方式，成为一种良治。不是因为他们面对政治压力才这样做，而是因为他们认为这是良好的治理方式，所以我觉得还是有很多途径的。我还没有真正研究一党制社会，所以我不能确定，但我认为存在一些不因政党竞争而产生的赋权参与方式。

罗祎楠：是的，因为也许一党制并不是主要问题，因为在微观层面上可能促生这样的协商方式的原因是多样的。

冯：是啊。所以是个体的具体想法，一个政治领袖在一个时间点上可能出于一系列偶然的原因认为这是良好的统治方法而实施。

罗祎楠：但如果是偶然的，又如何使其成为可以付诸实践的框架或稳定体系。也许这是您的理想。如何才能将以前的偶发情况变为稳定的制度建筑呢？

冯：如果想要更稳定、更系统地治理，这种治理方式必须更具有包容性和吸引力。这种吸引力和包容力的基础是人们相信以参与式方式决定预算问题（或社区治安等问题）比其他形式的参与更为高效。这样才能调动政府之外的人为政策的形成做贡献，因为普通老百姓和公民全程监督参与，官员也难以滋生腐败。因此一旦启动，这种机制事实上比其他的方式更具有优势，从而使得这种机制很稳定，而且其结果自然具有合法性。能够使这一机制制度化的另一个原因是这样的机制可以让人在心理上认同其为更加规范的基层民主机制。人们希望以更稳定规范的民主的方式自我治理。新英格兰城镇会议始终是种受欢迎的方式不是因为它更高效，而是因为人们觉得这种方式更民主和规范，也就是更稳定，这就是他们想要自我统治的方式。

罗祎楠：那么在这个过程中，应该如何平衡城镇或社区的不同意见？又该如何衡量哪些事项属于优先事项？这是否意味着较少人口的小社区更容易举办这类参与会议，而人口众多的社区很难听取每个人的意见？

冯：我认为社区的规模并不是决定能否进行赋权参与的决定因素。我认为即使是人数众多，也可以通过设计讨论的形式使人们的声音能够被听到。我认为同质性的高低是一个重要的考量因素。如果大家的个人背景非常不同，或有互相冲突的意识形态，这些多样性将对赋权民主的顺利运行提出重要的挑战，在多样化很强的社区，人们虽然可以展开讨论，但这些讨论会对民主协商机制提出更大挑战。所以，我觉得问题的解决方式在于如何更加巧妙地设计参与流程，以及如何更有经验地去帮助和组织这样的协商。我读中国政治方面的东西不多，但我几个月前读了俞可平的《民主是个好东西》，其中一件事让我吃惊。俞可平认为中国的一个问题是，人们已经忘了该如何开会。我在我的书中把这个看法重点划了出来。这指出懂得如何开会并不是件自然而然的事，而是需要技术（skill）、实践（practice）以及技艺（craft）。在美国同样有很多人不知道如何开会。但也有一些人非常擅长操作并设计富有包容性的进程和协商程序，事实上很多人以此为职业。这不仅是结构、设计或外形架构的问题，也是技艺的问题。组织一次成功的讨论并非易事，需要人力资本和组织能力才能做好。如果俞可平是正确的，我认为在这个阶段中国需要做的还有很多，美国需要做的也很多，或许更多。

罗祎楠： 您多次提到一个非常重要的词——"熟练"（skillful），这是个实际问题。我们需要教育或培训人们如何开会，这也非常重要。您能不能举出一个您经历过或研究过的具体事例？

冯： 有一个很简单的例子。我想再次回到芝加哥的例子，我做了长时间的研究，我每个月都会去芝加哥一个特别的社区参加关于社区治安和公共安全问题的会议。该社区相当小，大概是十乘十的街区，实际上还被一条从中穿过的铁轨一分为二，一边是较富裕的中上阶层，大多数是白人，有少数比较富裕的非洲裔人，整体上富足而稳定。而在轨道的另一边是较贫穷的社区，全都是非裔美国人，警察局在两个居住区都有管辖，两组人都要参加该会议。而会议的目的是与警务人员交谈并决定在该区域最重要的问题是什么以决定警力的部署。我作为一个客观、中立的观察者观察了好几个月，发现人们津津乐道的问题多为富裕的居民区的一些鸡毛蒜皮的问题，这些问题的数量比贫困居住区讨论的安全性和缺乏秩序等问题要多。而且大部分的时候警力是投入到了富裕的居民区。这样的协商结果显然并不好。直到后来有位女士成了会议的主持人，她开始以非常不同的方式组织会议。她说，与其每个人举手发言不如分阶段进行整个协商。她是这样组织流程的：首先她让大家无论什么社区，每个人都发言，这样每个人都有机会说出自己对居民区最重要问题的想法，他们把这些想法当着大家面在黑板上记下来。大家继续谈论这些问题，凭借自己的理性挑选出三个大家认为最重要的，也是警方下个月或今后两个月应当投入精力的问题。而这些程序结束后，包括富人在内的每个人都同意三个最重要的问题是穷人居住区的斗殴、谋杀和盗窃问题。这位女士知道如何有效地组织一次会议，包括以更公平的方式听取更多意见的技巧。她有组织会议的技能。

而在此之前，整个协商的过程中，只是听取那些积极举手发出声音的人的想法。而我们知道，那些最爱举手说话的，往往是最骄傲、教育程度最高、最有信心的人。这些人在会议的一开始就举手，但他们代表的看法总是片面的。因为爱说话的少数人和沉默的多数人之间在想法上总有很大的差异。

而在这位女士到来后，她有效组织了会议。更民主的流程将产生更加民主的答案。决策显然不是仅因利益而决定的；决策同时也是人们根据自己的偏好并尽力宣扬其主张的过程。但是我们同样需要注意到协商中如何唤醒人们的公共理性的过程。比如，即使是富裕区的居民也同意警方应该投入更多的精力到贫穷区。他们可以被说服，是因

为"理由"的力量。当理由足够强大时，人们自然可以被说服，即使理由所支持的问题并不是满足他们优先利益的。反观第一阶段，由于人们没有被组织起来，因此也就没有机会让"理由"的陈述出现在民主流程中——人们不需要给出理由，只是自说自话。这是无序的谈话。在我所描述的第二个时期，我称之为制度化的讨论，因为谈话是有序进行的，且允许给出理由并给予论证，这就产生了更好的结果和决定。所以这就是一个如何开会的简单例子。

罗祎楠：您碰到过不同群体之间的冲突吗，例如芝加哥或其他地方的案例，这是民主协商过程需要面对的主要挑战。因为常规的讨论过程更容易，也不易发生冲突。譬如人们前来讨论，但挡在人们面前的是必须首先解决冲突的问题。每个人想法有差异，有时差异还很大甚至完全对立。您认为在讨论的过程中什么样的制度设计有助于调解冲突？

冯：我认为有一些讨论能更好适用于冲突。我认为在美国的政治中，广泛存在着多种冲突，甚至是过度的冲突。因为在政党政治和利益集团政治中，往往是最活跃、最强大、最固执己见的人活跃在政坛，这些人的想法比广大民众更加极端。美国民众在大多数事情上都是左右摇摆。但活跃的政客不是这样，这就构成两种模式。极端的人将变得更加活跃，导致冲突远超出必要。

但我认为出色的讨论能够让更多的人参与进来，集中所有代表的意见，折中的想法更有可能脱颖而出。原因有二，一是因为在好的讨论中不只有最活跃的人，每个人都参与进来，包括一些公正的代表。第二个原因是在讨论中，人们相互交谈并交换了意见。现在的美国政界，常常是左派人士互相交谈，右派人士互相交谈，但并没有真正跨界交谈。而我认为好的讨论是大家会谈到对方，大家的意见得到更加平衡的流动。我看到两种不同的处理冲突的方式。一是抑制冲突，当社会冲突发生时，政府或裁判者可以宣称自己掌握着不容置疑的正确答案，并以该种方式抑制冲突，在我们的政治制度中，我认为这种机制反而导致了太多的冲突；二是进行更多的协商，因为加强讨论仍然会有冲突，但冲突不会是被激发出来的。

好的协商机制可以真正让人们说出自己在利益和观念上的分歧。这些看法可能是代表一些原则上的冲突，但是这种原则上的冲突并不是坏事。有了协商人们就可以表达这些不同看法。尽管我们相信在这样的过程中，一定还是会有不同意见的冲突出现，但这样的冲突是正常出现的，而不是因为某些意见被压制而被激发出来的冲突。如果没有协商而只有压制的话，能够反映人们真正利益的意见会被埋没。好的制度是让不同意见自然表现出来，而不是去激发冲突。

罗祎楠：我能否可以将此理解为，为了保障多数人一体意见的多数主义？

冯：讨论不是多数主义。讨论如哈贝马斯所说是理性法则。因此，理想情况下在讨论中如果有少数人能够提出基于正义或公共利益甚至是别的更有说服力的理由，这些理由最终都会取胜，讨论是将压制性的多数主义软化了。

罗祎楠：所以我的理解是，这意味着少数人可以有意见，但他们需要说服多数。

冯：是的，说服。

罗祎楠：这对讨论非常重要。

冯：是的，说服是关键。

罗祎楠：还有没有其他的例子可以说明您的看法？

冯：我认为讨论的组织者和制度设计者很重要，他们应该精心设计讨论事项，使弱势方有一定优势，并提高参与的水平。方法也有很多。一个例子来自印度喀拉拉（Kerala）邦，印度的"人民民主地方化运动"（People's Campaign for Democratic Decentralization）。众所周知，印度性别严重不平等，且实行社会地位的种姓制度。弱势种姓被称为下层种姓，属于他们的下层部落。在这样的社会结构下，产生了关于地方发展资金如何分配的协商机制。他们召开公众会议决定在什么样的开发项目上投入资金。他们将配额规则固定化，那就是，上述资金的一定比例必须投入到一些女性的专门项目、一些下等种姓的项目和一些下层部落的项目上，这就通过强制的结构化，防止了协商中可能出现的由于社会结构导致的不平等。达成平等还有其他方法，但产生这些方法的起点是任何参与的设计者首先应当关注参与者之间可能的不平等，然后通过一定的制度规范、设计方式调节不平等在协商中的出现。这是至关重要的。

罗祎楠：在这种情况下，很多平等设计做得还不够，我们需要的不仅是个人，而且需要强有力的推动者，例如政府来推进平等，您觉得主要的推动者是谁？

冯：有许多不同的推动者。有时可能是政府，有时可能是有组织的社会力量，比如他们可以通过对讨论会议施压使其更加平等。

罗祎楠：如果包括政府和其他社会组织在内的这种社会力量有足够的权力去推动、从事和参与这一进程，我们如何保证这种强势的社会力量不会破坏集体理性的原则？

冯：难以保证。但有一种有利的标准，我在多年前的写作中称之为抵消力。社会力量可以提供补偿性的力量帮助改善讨论的不平等性，提升协商的空间。相较于你刚才提到的，如果这些社会力量将讨论作为一种规范而不是命令去接受，如果他们明确表示其目的不仅仅是不惜代价取胜，而是建立产生公平商议的通道，就会形成重要的规范约束。

罗祎楠：好的，最后一个问题，我知道您不仅是位学者还是促进建立这类民主实践的社会活动家，因此您认为实践中最重要的做法是什么？

冯：我大多数时候积极的工作是在知识论方面，我认为需要在实践中采取多种措施。我试着将协商和参与性民主联系起来，使之具备现实可能，这在全世界是一种值得考虑的理想，这种模式不同于我们以前看待民主时候集中关注的多党竞争的民主国家，或者是一党政府，或者是官僚机构这些议题。而我们是在关注如何让社会更加有组织性地进行自我治理。我的主要贡献是在思想上的，但我也希望探索如何更广泛地实施这些机制，参与到现实的实践中去探索那些协商民主的可行性选择。

社会变迁与体制建构

受访人——裴宜理（Elizabeth J. Perry）
采访人——阎小骏
合作者——吕宁

裴宜理教授

裴宜理，女，1948年出生于上海，1969年毕业于纽约威廉·史密斯学院（William Smith College），获政治学学士学位；1971年毕业于华盛顿大学，获政治学硕士学位；1978年毕业于密歇根大学，获政治学博士学位。1972年起先后执教于密歇根大学、亚利桑那大学（University of Arizona）、华盛顿大学、加利福尼亚大学、哈佛大学。曾任哈佛大学费正清东亚研究中心主任，现任哈佛大学政府系教授、哈佛燕京学社社长。主要学术方向包括中国近代以来的农民问题研究、中国工人运动研究、中国社会和政治研究、美国的中国问题研究。主要著作有《华北的暴动和革命（1845—1945）》《近代中国的抵抗运动和政治文化》《当代中国的城市空间，后毛时代的潜在自治和社区》《罢工中的上海：中国劳动者的政治》《无产者的力量："文革"中的上海》（合著）等，主编论文集有《中国人对捻军起义的看法》《回归本义：东亚劳动者的身份》等。

主编手记

2009年3月，哈佛大学政府系教授、新上任不久的哈佛燕京学社社长裴宜理应邀接受了香港大学政治与公共行政学系助理教授阎小骏的采访。时为哈佛大学肯尼迪政府学院硕士研究生吕宁协助进行翻译和整理工作。访谈主要涉及改革开放30年来中国的变化、经济的发展与社会公正的协调、全球化形势下中国对权利的解读、社会变革等内容。

阎小骏：2008年是中国改革开放30周年。最近，中国共产党举办了盛大的集会来纪念。总书记胡锦涛作了重要讲话，总结了改革开放政策在过去30年里对国家、人民及国民经济所产生的重要影响。在您看来，改革开放政策给中国带来的最重要的影响有哪些方面呢？

裴宜理：30年来，改革开放给中国带来了很多变化，这很难用一两句话简单地概括出来。毋庸讳言，与30年前相比，今日的中国无论是在社会层面抑或国家层面都有显著的进步。我本人出生于上海，而我出生后第一次重访中国是在1979年——差不多恰好30年前。其时正值改革开放初期，我当时住在南京大学做了一年的研究工作。与那时的中国相比，今天的中国在诸多方面都呈现出了令人惊叹的变化，而其中最令人瞩目的变化体现在三个方面。首先自然是中国经济与30年前相比的巨大繁荣。从人民的日常生活水平来看，今天中国人的穿着远比30年以前时尚，现在他们可以时常外出去餐厅就餐，以一种30年前无法想象的方式享受生活。改革开放的第二个巨大影响，体现为中国的国际化。30年前，普通中国人对世界的了解还很局限，而今天情况已大不相同，有那么多的中国人到国外去旅行或居住，许多中国人的子女或亲戚在海外留学，中国人现在频繁使用国际互联网并随时随地了解国际新闻；我们打开中国的电视，便可以看到一系列的与国际动态和世界文化有关的电视节目；同时，越来越多的来自其他国家和中国港澳台地区的人民也选择来到中国内地居住，比如约有50万来自中国台湾地区的人民就选择居住在上海。第三个重要影响，我认为是流动性的增强，特别是户口政策的松动导致的地域流动性的增强。现在人们可以很自由地从乡村到城市去。虽然这样的政策调整产生了大规模的流动人口，但是它将今日中国改造成了一个与30年前严格的城乡分割体制完全不同的国家。与此相关的是中国国内与国际旅游业的兴旺——今天中国人可以到世界或国内的各个地方去旅行。经济地位的改善和流动性的增强，使得人们可以发挥企业家精神，并通过不同的途径来提高自己的社会经济地位。所以30年改革开放的巨大影响的的确确塑造了中国社会、经济和文化上的深刻变迁。

在我看来，中国的政治领域或许是变化最小的领域。当然，就旨在增强政府运作透明度的乡镇基层民主选举以及政治权力交接的制度化方面而言，中国已然取得了很大进步。在毛泽东主席去世后，很多人士都曾忧虑中国的政治可能会产生这样或那样的不稳定，但是正如我们已看到的那样，从毛泽东到邓小平，从邓小平到江泽民，从江泽民再到胡锦涛，中国所经历的政权交接基本上都是顺利的。我们从这个历史过程看到了领导阶层交接的逐步制度化。在不少时段和不少领域，新闻报道也比改革开放前更加自由。

但与今天相比，我觉得在20世纪80年代的中国有更多关于政治改革的讨论。所以我认为，在未来是否会在政治体制领域有突破性的改革举措，这仍是关系中国改革开放成败的一个大问题。有些学者认为这样的政治改革是会以自下而上的方式发生，因为中国的公民社会正在茁壮成长。然而我认为，如果中国要进行政治改革，它更可能是自上而下的。

阎小骏：您在劳工政治方面是一位享誉世界的学者。中国近期刚刚出台了一部新的劳动法，旨在为劳工群体提供更好的保护。这部法律提出了很多新的关于劳工福利保护的内容，比如企业里工龄10年以上的雇员将获得终身雇佣，以及由企业承担的劳工福利也有所增加。有些学者认为新的劳动法在劳工福利方面的步伐过大，这将可能阻碍中国未来经济的发展。请问您如何看这个问题？

裴宜理：我的确写过几本关于劳工运动的书，而我本人也对罢工及其他形式的劳工运动很感兴趣，但我不敢称自己为这方面的专家。我认为，在任何社会、任何经济体里，劳工保护与快速经济成长之间都存在一种张力。当然，劳动成本在经济生产中是一个重要考量，而且管理层都希望能将成本压得越低越好，所以终身雇佣制和劳工福利很难让经理将工资压得很低。但通观历史，我们可以发现在所有强大的经济体中都必定有一支强大、稳定、受过良好教育，并有充分福利保障的劳工队伍，以防止工人们不停更换工作。也正因如此，要将提高工人的就业保障与保证管理层在雇用问题上享有灵活度（根据时势变化调整雇佣政策）这两方面结合起来是一件很难的事。为了适应环境的变化，管理层当然需要保持一定的自主权。但是我觉得，在任何社会里，法律能在何种程度上被贯彻执行都是一个很重要的问题，而中国社会尤其如此。所以我觉得不太明确是否这部法律能够真正在现实层面为工作10年以上的劳

工提供终身雇用或者保证那些在条款中确定的劳工福利能在现实层面得以保障。我感觉，如果中国经济的发展速度真的因此受到阻碍，地方政府可能更加偏向管理层而非劳工。无论如何，在我看来，这部法的出台都是一个非常积极的步骤——因为它反映了中国政府和社会对劳工权益的普遍重视与关注，以及希望给予劳工以某种形式的雇佣保障和福利保障的良好愿望。但我觉得在经济萧条的状况下，这部法也同时很难在现实层面给企业的管理层带来切实的约束或者限制。

本书主编张冠梓在哈佛燕京图书馆前留影

阎小骏：正如您所说，中国现在正处于快速的经济发展和深刻的社会改革进程之中，不知可否请您在更广泛的层面谈谈如何协调经济发展与社会公正？

裴宜理：这是一个非常大的问题，也是现代社会中的人们都必然面对的问题。自工业革命开始，从马克思到韦伯（Max Weber）以及几乎全部的社会科学家都在探索这样一个问题。工业化会增强人们对经济快速增长的需求。从古至今的社会几乎无一例外都希望保持经济的快速增长，但是经济增长和工业化同时也将人们从传统的生活方式中驱逐出来，而我们必须找到新的方式能为他们提供社会保障和公平正义。20世纪和21世纪激烈争论的就是这类问题，诸如国家和社会各应为此承担什么责任；对于那些有宗教信仰的人群来说，宗教社群又应该承担什么责任。所以我觉得这是一个涉及各种不同的伦理与哲学价值观的大问题。

就我个人而言，我坚信社会福利是至关紧要的。因为我们都以个体形式存在于这个社会，而我们的生命只有一次，因此我们都希望自己能拥有在可能情况下最高质量的生活，社会福利与社会公正问题因而在我看来比经济增长更重要。我希望看到分配更加公正的经济增长，哪怕这样的经济增长速度慢些也不要紧。在人类的历史上，保持快速经济增长同时又享有高水平的分配公平的社会是很罕见的，但却有几例，比如中国台湾、韩国。但这样的社会数量真的非常少。中国正经历快速的经济增长，但同时也出现了城市与乡村二元对立、贫富两极分化、东西部发展不均，以及地区差异扩大等问题。在我看来，这些都是非常重要的问题，特别是对一个要依靠社会承诺构建政治合法性的国家来说就显得更重要。以上提到的种种不公平是不会长期持续下去的。所以我觉得社会公正应被予以一定重视。不过马克思也讲过，只有在完全实现了工业化后，一个社会才可能实现真正的社会公正。马克思相信工业化的过程是一个痛苦的过程，而且并不涉及社会公正的改善。工业化的过程是一个高度不公正的过程，所以至今学者们

仍在讨论这个问题。这个问题其实也部分涉及国家对各种不同目标的优先性排序。我们最终都会完成工业化的进程，社会高度发展且变得富有而平等，并享有高水平的社会公正。当然这其中还会涉及一些社会成果是否会以牺牲其他成果为代价，或者整个工业化过程是否可以被改善或者改变的问题。我觉得这是一个很难回答的问题。但是作为一个已将大半生的事业投到这个研究领域的学者，我对这类问题的关心超出我对经济发展速度的关注。

和谐社会，在我看来，至少有两个含义：一个是社会公正，另一个是社会稳定，因为政府对社会抗议仍有顾虑。在我看来，社会抗议也许在许多方面其实对中国有益，因为通过社会抗议，可以使中国的领导层感知民意，知道有社会不公正的现象存在。社会和谐不意味着压制社会抗议，我觉得社会和谐是一件好事。我很高兴看到胡锦涛与温家宝关注社会公正问题。我觉得，在中国的部分贫穷地区，存在着严重的缺乏医疗服务及基础教育的问题。从长远来看，中国如果想持续发展，那么它就必须解决这些社会问题。这些社会问题不仅仅只是社会公正或公平的问题，它们最终也是经济问题，因为一个社会如果没有好的基础教育，那么它就无法创造高质量的人力资本，在某一个阶段之后，这个社会的发展就会受到局限；一个社会如果没有好的预防性的医疗体制，那么这个社会就要为其居民支付大量的治疗费用。因此这类社会不公正的问题归根结底与经济发展紧密相连，如何平衡增长与平等因而显得非常重要。我希望中国目前执政的领导层能够继续关注社会公正与平等的问题。

阎小骏： 您在中国与西方对权利观念的不同理解方面也做了大量研究。正如您在先前的一篇文章中提到的那样，当我们谈到权利或人权的时候,中国人更关心他们的社会经济权利,而西方世界则更关注政治权利。在全球化的背景下,您如何解读全球化对中国特有的权利概念的影响?

裴宜理:其实在西方,对于权利概念的理解也有很多不同的方式。你提到的我的那篇文章,其实只是代表了美国人对权利的理解,特别是对公民权利的强调,换句话说,就是财产权、继承权以及法庭上受保护的权利。美国人强调公民权,其中包括财产权、法律公正等。在西方社会,对权利的理解也有不同侧重,比如在法国,人们认为工作也是一种权利,因此在法国会经常发生争取工作权利的运动;但是在美国就没有。因此我想在对权利概念的理解上有必要区分中西方的差别,因为不同的国家对权利有不同的理解。但是源自一个国家的理解可以慢慢超越国界,成为被普遍接受的概念,这就是我们通常所称的被广泛接受的人权。很多这样的概念最早源自罗马的罗马法,然后传播到不同的国家被赋予不同的意义,但现在又重新统一起来成为被广泛接受的人权概念。我希望在将来能看到中国政治传统中的一些权利概念,比如你刚刚提到的社会经济权利、福利权、生存权等,成为被广泛接受的人权概念的一个有机组成部分。这样,我们就可以在什么是人权这样的问题上达成更广泛的共识,而不至于使人权问题成为阻碍中美两国互相理解的一个障碍。不同的历史文化与传统会孕育出不同的对于权利的独特理解,这些理解都应被包含在普遍的人权概念里。我们也应意识到政治权利、参政权、福利权、生存权以及工作权、退休权的重要性。这些权利应是构成理想而美好的人类社会的基石。我希望看到中西方关于权利概念的对话,这样便于我们理解不同的传统对丰富权利概念所做的贡献。美国对权利的理解不应处于主导地位，尽管我认为美国人所强调的权利概念非常普遍，也非常重要，但那不代表权利概念的全部含义。

至于西方社会内部对于权利概念也有很多不同观点，很多是互相矛盾的，甚至很不清晰，因为权利在英文中有太多含义。有时你享有权利是因为政府出台了一部法律并且你援引这个法律主张你的权利，但是在洛克等学者所提出的盎格鲁－萨克森（Anglo-Saxon）政治理论中，权利有其特定的含义——它是上帝赋予人类的保护个体的自然权利，并且比政府的法律更加重要。这是非常不同的概念，它是旨在对抗由政府所代表的权力的。这些概念是由美国传教士丁韪良（William A. P. Martin）第一次翻译成中文的，他于19世纪末将若干本国际法方面的书由英文翻译成了中文，并将权力与权利用相似的中文词语表达，并因此引起了混淆。

权利概念因每个人的理解不同而不同。我最近试图区分权利意识与规则意识，正如英国政治理论家洛克等人所说的那样，权利意识与自然赋予人的不可被剥夺的权利相关。权利意识意味着上帝赋予人类种种国家不能干涉的自由。在中国更多的是一种规则意识。规则意识表示你了解政府颁布的法律，并且你试图理解这些法律法规；如果你参与抗议，那么你会运用政府制定的这些规则与政府的语言争取实现你的要求。所以，当政府说这是一个和谐社会的时候，如果你对某些东西有强烈的诉求，那么你会以和谐社会赋予的权利的名义来进行。因此，你运用政府的语言，因为那是政府制定的一套给予你保护的规则。在我看来，说"我是一个个人，因为我享有个体权利，因此政府不能侵害我的权利"同说"我了解政府的规则和语言，所以我将运用这些规则和语言以从政府那里获得最好的答复"，这两种对于权利的理解非常不同。后者是规则意识，广泛地存在于中国抗议运动中，尽管抗议者往往觉得他们是在要求"权利"。今天在中国，很多抗议者说他们对某些事物享有"权利"，我认为他们实际上是在运用政府的语言——政府说人民享有权利，政府鼓励人民了解他们的权利、阅读有关权利的法律法规，所以人民就运用政府认为正当的"权利话语"去争取实现自己的实际要求，这显然是规则意识。

因此这种传统与盎格鲁-萨克森政治理论中的权利概念是非常不同的。这就是为什么当有些人说中国发生了维权运动时，尽管那的确是人民运用"权利"这个话语来达成自己的要求，但我会觉得——那算是维权运动吗？我不确定。我觉得那只是很多人用统一的被授权运用的语言而已。比如在毛泽东时代，发生了很多抗议事件，参加抗议的人们用不同的语词反复使用"革命"这个概念——他们说"我们所做的是革命性的"，但20世纪五六十年代的中国人真的在进行一场革命吗？没有。毛泽东用了"革命"这个词，所以人们也跟着用这个词，但事实上并没有真正的革命意识。这就是规则意识。再回到清代，那时的人们喜欢在政治行为中引用朝廷的圣谕与官员的训示，但那是否意味着他们认为自己是虔诚的儒教信徒呢？我觉得不是，他们只是觉得那是正确的语言而已。因此，我不认为中国真的曾经以儒家文化行事或者具有革命意识，或者今日真的具有权利意识。但是几乎在所有的时代，中国人都运用政府的语言，我觉得这与美国抗议运动有很大不同，因为美国的抗议运动真的包含很强的公民权诉求。我们要为个人谋得空间，为与政府分隔开来的社会谋得空间。这普遍地存在于公民权运动、妇女运动、同性恋解放运动、经济

运动（如反税收运动）等之中。我们视这些运动为维权运动。在中国，一个针对税收的抗议被看作是经济抗议或生存抗议。但在美国，他们会说："我不缴税是因为我觉得现行政府不配收我的税。政府正转变成一个独裁政府，我们必须维护公民权，降低税收。"这是一种对于权利非常不同的理解。

在我看来，基本权利应当包括以下三种：公民权（防止公民受政府或其他外力迫害的权利，包括自由权、财产权、人身控制权）、政治权、社会权（包括基本的医疗和教育）。我觉得，即便是最穷的人，都应当有权享有基本的医疗保险保障和自己及儿女的基本教育。随着时间的推移，当我们可以以更好、更有效的方式做事时，这些权利的内容会发生变化。在21世纪初，我们应该将所有对提高人类生活质量有益处的方面考虑在内。在我看来，应当从社会权利开始考虑。社会权利是最根本的权利，因为如果人们没有基本消除贫困，拥有医疗保障及教育的福利和权利，那么他们的生命便处于很危险的境地。但我认为公民权及宗教自由权也十分重要，应当允许人们有相信他们所相信的事物的自由，只要他们的信仰不伤及他人。政治权利也非常重要。政治权允许人们参加政府事务，能够对他们的领导人表达自己的意见。但是没有一个社会可以在这三种权利领域都表现得十分出色。美国在社会权利方面表现很差，但在政治权利方面表现出色，尽管还没达到尽善尽美。美国在公民权方面也表现不错，但仍不完美，比如仍存在严重的不平等。值得注意的是，没有一个完美的标准可以衡量这三个领域，人们只是在困境中不断努力寻找解决的途径。

我觉得三者之中最棘手的应该是政治权利，因为除非有稳定的制度可以保障政治权利，否则无法在此领域取得长足进步。所以，如果当这样的制度还不存在时，你就开始煽动民众呼吁政治权利，那会带来政治上的不稳定。亨廷顿（Samuel P. Huntington）有一本著名的书，叫《变革社会中的政治秩序》（*Political Order in Changing Societies*, 1968），就是讲政治权利的，作者提出当没有强有力的制度保证时，人民不参与政治的结果好于参与政治的结果。今天伊拉克的不稳定就在于我们在还没有建立起这样的制度时就发动伊拉克人民参与政治。在非洲的很多地区，因为人们被煽动起来参与政治，但是却没有好的制度保障，所以这些地区选举后会产生巨大的混乱。

哈佛大学亨廷顿教授

我觉得社会福利也是如此，除非你已经有了一个强有力的公共卫生体制，不然不要妄作保障教育或医疗的承诺。这些体制并不容易建立。如果我们能拥有完善的政治自由、公民自由、社会自由当然好，但现实往往很残酷，要达成这样的目标需要巨大的付出。建立好的政治体制、法律体制、医疗体制、教育体制，都需要巨大的付出。人们总是

抱怨这里或那里缺乏人权，但事实是保障人权的确是一件很艰难的事。你刚刚问：当我们谈到维权运动时，普通人是怎么想的？这个问题很难回答。我觉得人们的意识很难理解和捕捉，即便是我们自己的意识有时候都很难理解。拿我自己举个例子。我参与过很多抗议运动和政治运动，但是如果你问我，我为什么要参加这些运动，是不是因为我有权利意识，权利意识对我意味着什么，我会很难作答。因为当人们谈论权利的时候，头脑中会有很多概念和思想闪现。即便今天在中国有一场维权运动，普通民众真的认为他们拥有了权利吗？我不知道。我甚至不知道这是否重要。我觉得更重要的是，人们究竟为此做了什么，他们的需求究竟是什么。但在中国，的确有些人对权利的理解与西方相近，很多中国的人权律师在争论如何保护个人免受政府的迫害。你提到了湖南省、广东省等地的政治领导人，如果他们说应还权于民，那么他们实际上是在暗示一种类似于美国权利观念的存在于个体与政府之间的矛盾。在中美两国，关于权利有很多不同的看法，但是我觉得，就主流政治文化而言，中国政治文化更多地强调集体社会权利，而美国的政治文化则侧重个体公民权利。当然，两者有一些相通的地方。

阎小骏：我们刚刚就社会抗议谈了很多，那么您认为现在中国的社会抗议会影响中国长期的政治稳定吗？

裴宜理：如果你看过最近的美国报纸，就会发现有些人认为，因为在中国发生了这些抗议，因此中国的政体将受到威胁。但是，我认为中国的政治抗议更可能增强中国的政体而非削弱它。因为我觉得这些政治抗议可以让中国领导人更好地理解社会问题出在哪些地方，并允许领导层以具有创造性和灵活性的方式来解决这些问题。当然我的观点未必正确。抗议要具备若干特点才可能对政府具有威胁，而中国目前的抗议并不具备这些特点——广泛的抗议及广泛的经济困境，也许这些可能会在中国发生，但我们尚未看到广泛的经济困境；抗议要成为政治威胁还必须有反对当权政府的领导集体，这个领导集体有能力鼓动并团结反对力量，但是目前我们尚未看到这样的领导集体及有领袖气质的领导人出现；通常，抗议要成为政治威胁还需要存在某种文化霸权，一种悖于当权政府倡导的意识形态，我们同样还未在中国发现这样的意识形态。所以我的观点是，正在进行的民众抗议是一直存在于中国社会的，不论是帝国时代，还是共和时代；不论是毛泽东时代，还是改革时代。20世纪80年代在中国的很多城市发生了很多抗议，但是除非这些抗议由强有力的反对党领导人组织，否则很难成为威胁中国政治稳定的力量。到目前为止，我还没看到这些足以使抗议成为政治威胁的元素在中国出现。在我看来，广泛的民众抗议在中国本身即是政治，而非政治垮台的前奏。

阎小骏：我知道您最近在作一个关于安源的研究。在您看来，中国人民利用其革命传统中的积极因素来巩固发展的最优途径是什么呢？

裴宜理：我喜欢研究安源的部分原因是它让我想起中国早期共产主义运动的一些理想。安源的社会主义运动如此成功的原因，在我看来，是因为共产党非常注重发展草根组织，特别是工会，即由毛泽东和刘少奇建立的安源工人协会。这个工会为工人及其子女提供了教育，发挥了非常重要的作用。后来工会又发展到湖南、江西等省份，并为那里的农民子女建立了学校。工会还为工人提供福利，但不提供医疗保障（事实上，安源有一家很好的由德国人建立的医院，为因事故而受伤的工人提供一定种类的福利)。安源的重要性在于其草根组织、草根经济、政治和社会组织，其中包括在当地为工人和农民而组织的工会、学校及文化活动。我觉得安源是未来中国发展的源头，因此值得关注。我们刚刚讨论过社会公正的重要性，这种社会公正包括为底层人民提供公共教育、福利等。我觉得安源便是一个具有社会公正的典型代表，因为它向我们展示了，当我们着力于公共教育及大众组织时，社会将会发生怎样积极的变化。我觉得这是中国革命值得学习的一课，即强调草根教育、草根经济组织（工会）的重要性。安源的工会为工人们提供经济保障、低成本贷款及低价生产工具。因此，草根组织可以通过很多途径为工人谋福利。这或许才是中国革命传统的核心。

家庭与亲属制度的嬗变

受访人——华琛（James L. Watson）
采访人——常姝

华琛教授

华琛，美国著名人类学家，哈佛大学人类学费正清讲座教授。曾任美国亚洲学会（AAS）会长。他自20世纪60年代末开始在香港新界新田村调查当地的文氏家族。50年来，他在中国文化（尤其是汉人的家族、仪式、海外移民社区研究）及全球化与现代性本土化等方面取得了卓著的研究成果。

主编手记

　　2009年4月，哈佛大学费正清讲座教授华琛应邀接受了时为哈佛大学博士候选人常姝的采访。内容主要涉及华琛教授对中国研究的亲身经历和感触，以及中国的家庭、亲属制度、婚姻关系、财产关系的变化等问题。

　　常姝：华琛教授，您从事中国研究已经有40多年的时间了，我想请您谈谈这个漫长旅程的起点。您是怎么对中国研究感兴趣的？您是不是因为受到了20世纪60年代美国学生运动的影响，对毛泽东的社会主义革命满怀激情，所以想去作中国研究的？

　　华琛：哦，实际上我的中国研究旅程最早可以追溯到将近50年前。1963年我开始在美国爱荷华大学学汉语。当时并不是因为我对中国有特别的兴趣，而是生计所迫。我家里供不起我读书，我必须每年暑假在杂货店打工或者在农场干活挣钱，来支付学费和生活费。我的家乡是一个只有400多人的小镇。直到大概18岁以前，我从没见过中国人。我记得我第一次见到中国人是在爱荷华读大学的时候。当时正值冷战期间，美国政府供钱让美国青年学俄语和汉语，以求了解苏联人和中国人。我在大学里申请到了一笔学汉语的奖学金。就这样我开始学汉语，后来在读研究生的时候继续练习和巩固我的汉语。

　　常姝：您是去伯克利大学读研究生的，据说当时它是美国的"左派"阵营。

　　华琛：对，我去了伯克利。我在爱荷华大学读本科的时候认识了我太太若璧。我很庆幸读了那所大学，从而和她有缘相识相恋。到现在，我们结婚已经有44年了。在我拿到本科学位以后，我们结了婚，然后就一起去了伯克利。

我在那里接着读研究生，若璧完成本科学业。我们在20世纪60年代中期的伯克利度过了一段激动人心的时光。当时各种运动风起云涌，包括反越战运动、民权运动、非洲裔美国人的增权运动，还有流行摇滚乐的嬉皮士运动。那真是慷慨激昂的青春岁月！若璧和我加入了这些政治运动，虽然我们不是组织的领导者，只是普通的参与者。当时我继续学汉语，也更多地了解了中国革命。我是在1965年去伯克利读书的，一年之后中国的"文化大革命"爆发了，它的冲击波也扩散到全世界，影响了伯克利的青年学子。我很高兴有那样一段美好的经历。

常姝：那您读本科的时候是研究中国的什么方面呢？

华琛：我当时主要是学汉语，学习中国历史。到伯克利以后我转向了人类学。刚到那里时我打算研究蒙古，所以学了蒙古语、满族语。我本来想去蒙古做田野工作，但是这个方案行不通，因为当时整个蒙古地区，包括内蒙古、外蒙古、满洲、黑龙江这些地方全是对美国人封闭的，我没办法进入，我也不能到中国内地。所以我决定去香港做田野工作，当时它还是英国的殖民地。我和若璧去了香港，开始学粤语。当时选田野点的时候，我在台湾和香港之间选了后者。现在回过头看，我很高兴作了这样的选择。我和若璧在香港的两个村庄做田野工作，之后的这些年一直常回去看看。

常姝：我很好奇的是当您在伯克利读书的时候，您对当时中国的社会主义革命是个什么印象？

华琛：这个问题提得很好。当时很多对亚洲或中国感兴趣的美国学生深受中国共产主义革命的影响。我和我的同学们受到了"文化大革命"和毛泽东的感染，我们觉得中国正在步入第一个真正意义上的、比苏联更纯粹的社会主义国家，对中国的前景满怀乐观的期待。大家密切地关注中国革命的进展，也读了很多关于中国的东西。但是那个时候，和大多数外国人一样，我们的关注和理解是远方的遥想，天真烂漫。我们并不知道这场革命实际进行中发生的各种问题。直到过了一些年，我们才和其他很多美国人一样，开始了解这场革命曾经造成的苦难和它的负面因素，比如三年大饥荒。过去这些信息都是对外国人封闭的。外国人很难去中国，即便那些有条件到中国的人，也只能去北京、上海这样的大城市，而不能去农村，所以没人知道到底发生了什么。直到多年以后，革命的真相才公之于众。大多数美国人大概是到 20 世纪 70 年代和 80 年代的时候才知道这些。在中国对外封闭的时期，你必须有特殊身份才能去中国，比如是美国共产党员。我和若璧只是两个普通的年轻人，我们直到 1977 年才第一次有机会进入中国内地。那段经历非常有趣。

常姝：您提到曾对中国革命怀有"天真烂漫"的想法，当时是什么最吸引您？

华琛：当时不仅仅是我，我想很多美国青年都对一个问题感兴趣：中国正在经历从一个落后的社会走向现代社会的变革，这场变革席卷了中国民众中的每一个人，包括每一个工人和每一个农民。我们觉得这是一场非常振奋人心的历程。当时我们是从一些宣传资料来了解中国的，并不知道那些宣传理念和现实之间的鸿沟。我们原以为中国革命正在打造一个人人平等的光明未来，但当然现实不是这样，其中裹挟了不少灾难性的后果。

常姝：您刚才说你们原本以为中国的社会主义革命要比苏联革命更好？

华琛：是的，在 20 世纪 60 年代，包括我在内的很多美

国青年已经了解了很多苏联革命中的负面因素，我们知道斯大林施政中一些不好的方面。我们希望和期待中国会有所不同。但日后我们知道了理想和现实之间是有差距的。

常姝：我记得您在哈佛开课的时候曾用中文说过毛泽东语录中的一些句子。

华琛：是的，"红宝书"里的句子。我在伯克利读书的时候上过学"红宝书"的课。我和同学们通过它来学中文。毛泽东很擅长写作。他写得非常清楚，用词很"白话"、朴实，通俗易懂，简单直接。他的语录是很好的学汉语的读本。在伯克利的课堂上，我和同学们一起读"红宝书"，讨论里面那些话的含义。直到现在我办公室的书架上还放着"红宝书"。

常姝：你们把"红宝书"全背下来了吗？

华琛：哦，没有，我们的中文还没那么好，记不全。但是我们很想知道中国青年正在背什么，所以我们读"红宝书"，学习如何写作。毛泽东用的是简体字，和我原来学的繁体字很不一样。对我们这些对中国很感兴趣的美国青年来说，学语录是一段很有趣的经历。

常姝：然后您去香港，和中国有了第一次切身接触？

华琛：对，我和若璧在1969年去了香港，在新界的村庄里住了下来，然后认识了很多从内地偷渡到香港的人。通过这些对中国革命有亲身经历的人，我们了解到了"文化大革命"和"大跃进"的一些灾难性后果。于是，我们迅速改变了过去对中国革命的看法，从以前那种天真的想象里跳出来，豁然面对现实。我觉得这也是我们真正开始成为学者的转折点。这种转换也是在那个年代很多美国人共同的经历。大家想看到他们期待中的景象，但是当他们真正到了中国，才知道原来那些期盼并不曾发生。

常姝：当您回美国以后，您把这些新的信息带给了您周围的人。

华琛：对，带给了我的学生们。我 1969 年到香港以后，又过了 8 年多的时间才第一次有机会去中国内地。那是在 1977 年。我和若璧在中国待了几个月，主要是去了华南的一些地方，比如桂林、广州。我们还有幸去了广东珠江三角洲的农村地区。我们见到了公社和农场。我生平第一次看到集体化劳动，还目睹了一些政治游行。当时那里的人生活很贫寒，日子过得很艰辛。我拍了很多照片，也记了不少笔记，到现在它们仍是我教学和研究的珍贵资料。

常姝：当时那些人跟您抱怨过他们的生活吗？

华琛：没有。当时有些干部陪我们去，其中有个人会讲英语。他们既给我们做向导，也要注意我们的举止言谈，确保我们不要做什么不恰当的事或者知道不该知道的东西。但很有意思的是他们是北方人，讲普通话，不会讲粤语，而我和若璧会说粤语。我们和路上遇到的人、和公社农民都说粤语，干部们不知道我们在讲什么，而我们很快就了解了很多情况。当时公社的农民看到我们既会说普通话又会说他们自己的广东话，非常吃惊。之前他们还从没见过外国人。他们看见我和若璧这样的外国人满口讲他们的话，觉得很新奇，一下子跟我们讲了很多东西。

常姝：那时候您是怎么跟他们介绍您二位是去做什么的呢？

华琛：当时我刚刚开始在美国当助理教授。我告诉他们我是个老师，教美国学生关于中国和世界的知识。他们很乐意告诉我我想知道的东西。

常姝：他们向您打听美国的情况了吗？

华琛：当然，他们对美国很好奇，问我们是怎么开始学中文的，问我挣多少钱。当时我只是初级的助理教授，按美国的标准看工资很低，几乎一贫如洗，可在他们看起来那是一大笔钱。他们问我们住的城市是什么样子的，我们吃什么，牛奶、蔬菜、大米这些东西每样要花多少钱。他们问的都是很日常化、很实际的问题。他们问我们有没有摩托车和汽车。我说我们只有一部旧车，但他们很惊叹："哇！你们都有私人汽车啦！"

常姝：他们问过政治方面的东西吗？

华琛：没问，我也不想谈那些，那样会给他们带来麻烦。我们只是像人们平常聊天那样谈日常生活里的好多话题，包括家庭、食物、挣钱、花钱。从这第一次的中国之行中，我学到了好多东西。我发现和人聊天最好的方式是谈他们想说的，而不是谈我想说的。我作研究经常是请人们畅所欲言。这是我很早以前学到的道理。

常姝：我还没看过您写的关于这次中国之行的文章。

华琛：我还没发表这方面的文章，但是我有大量的照片和笔记，我也写过一点东西，日后我会就这个话题写些文章的。它将更多的是我的个人经历和回忆，而不是太正规的学术作品，我最近正在把那几千张的照片扫描了做成光盘。自从我和若璧1977年第一次去中国内地，我们之后几乎每年都要再去。在七八十年代到中国的最初几次旅行中，我们拍了很多照片，也写了不少笔记，可以说我们见证了在中国改革起步之前毛泽东式社会主义的末期。之前我和若璧有过在香港农村生活的经验，而且我们都是在美国农村地区长大的（若璧在一个农场出生和长大，是农民出身，而我来自一个农村小镇），所以我们到了中国很愿意去农村看看。有些在城市长大的美国人不喜欢去中国的农村，他们不知道该怎么和农民融洽地相处。但对我们夫妇俩来说，中国的农民就像我们自己家的亲戚那样亲切。

常姝：可以想象当时他们的生活条件很苦。

华琛：确实很苦，很艰难。但是我们完全能理解，我们知道农民过日子不容易，并不觉得他们的穷苦有多么奇怪或异常。这可能和我们自己的成长背景有关。

常姝：您小时候种过地吗？

华琛：种过。我父亲有一个很大的花园。我小时候在干草地里干过活，割草喂牛，那可真是个苦活累活。但是正因为我小时候吃过苦，积蓄了体力，到现在我身体很健壮。2009年我66岁了，但是我的身体要比一般这个岁数的人好。我不管走到哪里，不管是去了中国还是世界上其他地方，我都很喜欢农村。

华琛（左）在华南地区进行调研

常姝：而且您还有不少香港的农民好朋友。

华琛：是的，我和若璧在香港农村做田野工作，和不少村民是非常好的朋友，我们有长达40多年的友谊。我们

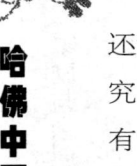

还认识他们的儿子、孙子们。这是长期在某个田野点作研究、之后不断再去的"返回型田野"带给我们的巨大快乐。有许多人类学家喜欢不停地换地方，先跑到一个地方做研究，回来写作，然后再去另一个地方甚至是另一个国家开始新的研究。这不是我走的路线。我和若璧不断地返回到华南，对那里有了越来越深入的了解。

常姝： 您二位这样做，难道从来没有觉得厌倦过吗？

华琛： 没有，从来没有！我从来都觉得自己还有没学到的东西，我的粤语还不够好，我对他们生活的理解也不够全面彻底。作为人类学家，我们要和当地人的生活保持一定的距离，站在外面往里看，来更好地理解他们的生活。这对我和若璧来说有时候有点困难，因为我们和这些人太熟悉了，他们是我们的朋友，而不只是谈论事物的研究对象。当我们第一次到香港农村的时候，我们都很年轻，我大概是二十四五岁，我们访问的村民大多数是六七十岁。如今这些老朋友已经不在世了。他们的儿女跟我和若璧差不多大，我们和他们一起从年轻到年老。上至他们的父辈、祖父辈，下至他们的儿孙，我们都认识。也就是说，每家六七代人都是我们的朋友。我们和他们有很亲密的关系，大家经常联系。

常姝： 这种跨越好几代的了解能给您二位的研究带来很强的历史深度。

华琛： 是的。但同时它也有局限性。我们只能在一两个村庄建立这种深度关系，而不可能同时在很多地方这么做。比如我和若璧在珠江三角洲的一些地方做过研究，我也在江西作过研究，但不是这类的长期观察。我们每年都要回香港的那两个村子，不光是作研究，更多是见朋友，请他们去餐厅吃饭，用当地话说是"饮茶"。

常姝：您二位第一次去香港的时候，香港有哪些地方跟你们事先的设想不一样？

华琛：我们事先并不太了解香港。去那儿之前，我们对中国有很多了解，读了很多关于中国的书，看了很多关于中国的电影。20世纪60年代的香港是一个非常特殊的地方，有点像欧洲的柏林。它是冷战的前沿阵地，一边是社会主义的中国，一边是资本主义世界，香港夹在中间。当时它是个很奇妙的地方。

常姝：它是一道边界。

华琛：对，有点像柏林，也许柏林是最接近的类比。当时香港融聚了各种政党、各个国家的人，有共产党、国民党，有英国人、美国人，等等。它那时候真的很有趣！后来它逐渐变得越来越普通、庸常了，只是一个商业中心。但在20世纪60年代，它是两个相互抗衡的世界相遇的地方。像你这样没有经历过那个年代的年轻人，很难理解当时的世界是多么的危机四伏。当时人们常常担忧第三次世界大战随时有可能爆发。而香港是这场恶战有可能发端的地方之一。我和若璧在1970年从中国香港去了苏联，那是我们的第一次苏联之行。那段经历也非常有趣。当时的苏联很强大、很现代化，跟中国反差很大。若璧的血缘一半是瑞典人、一半是俄国人，她家在19世纪迁到了俄国，后来又迁到了美国农村。她会说俄语，也学过很多关于俄国的知识。我们去了苏联，当地人像迎接回家的女儿一样热情款待她，我们在那里度过了一段很美好的时光。我很高兴我们20多岁的时候处在那样一个时代，我们的青春岁月是那么有趣。

常姝：是的，对我这代的年轻人来说，我们的世界要稳定多了。

华琛：别担心，你们是幸运的。我们年轻时的那个世界非常刺激，也非常危险，有过那么多巨大和重要的变化。我很怀念那段生活。

常姝：那时候穿梭在不同的、相互抗衡的世界里确实很刺激。

华琛：对，那时候我们也去过欧洲，去了民主德国和联邦德国，而后返回中国香港一段时间，再到伦敦定居11年。当时我们30多岁，英国社会正经历从社会主义向资本主义的过渡，我们很幸运地经历了这段非常有趣的变迁。和我们以前那些精彩的经历比起来，如今的哈佛生活要显得柔和、平静多了，也有些乏味。当然就精神生活来说哈佛是个很振奋人心的地方，但不是政治意义上的。

常姝：现在你们在政治上还像原来那样活跃吗？

华琛：我们比以前更安静、更柔和了。但若璧和我是奥巴马竞选总统的积极支持者。我们对他的竞选感到非常激动。若璧参与了一些这方面的工作，我们也给他的竞选运动捐了些钱，帮助他获胜，就像其他上百万美国人做的那样。这是我们生平第一次赞助一项政治运动。我们还保留了政治参与的热情，当然这里是美国的自由民主政体。

常姝：现在我们再来具体谈谈您的研究。亲属制度和宗族是您早期的中国研究著作的主题。您当初为什么选择了这个题目？在您看来，自那以后的40多年间中国的亲属制度和宗族发生了什么变化？

华琛：我觉得我在过去40年间发表的所有作品都和家庭生活、亲属关系组织、婚姻模式这些重要的问题有关。若璧的作品也是这样。这不仅是因为社会人类学的训练要求我们关注亲属制度，更重要的原因是我们发现在华南——包括香港和珠江三角洲——亲属制度是当地社会生活的一个非常非常重要的特征，而它的重要地位至少持续了800年之久。在那里，长久以来，宗族或家族组织、扩展型家庭以及非常复杂的婚姻模式一直在人们的生活中占据非常核心的位置，虽然近些年来起了变化。换句话说，在我作研究的珠江三角洲和新界这些地带，如果你不是某个宗族、家族或大家庭的一员，你的生存机会将会非常狭小，因为几乎所有的一切都要靠以亲属关系为本的网络来获得。华南是大宗族大家族汇聚的核心地带，所以我们要对亲属问题予以密切的关注。我也用这个视角去研究世界上其他一些地域，并把它引入了我的教学。比如我开的一门课叫作"食品和文化"，是透过食品现象看家庭生活、婚姻模式、民族等和我的研究相关的问题。我在讨论印度、拉丁美洲或欧洲的时候，也是紧紧围绕亲属关系和家庭生活展开的，这是我恒久以来的兴趣。它的重要性也贯穿在我个人的生活里。我出生在一个大家庭里，有很多来自我父母两边的亲属，因此我有一张很大的亲属关系网。而我太太若璧的关系网更大。我们有各自的亲属，还有婚姻纽带联结出的亲属，所以我们自己深深地卷入了亲属关系当中。在这一点上，我们并不感到华南有多么特殊，相反觉得很熟悉。我们在香港和华南的朋友们也是生活在很大的亲属关系网之中的。

常姝：那么美国的亲属制度模式和华南的亲属制度模式有哪些差异点呢？

华琛：华南包括香港的模式和美国的体系一直有很大差别，直到最近才有所变化。美国的亲属制度是双边型的，就是说你和你父母两边的亲戚都是有联结的，你的婚姻关系网络也非常重要，所有这些方向上的关系构成了庞大而精致的网络。但在华南父系关系是最重要的，当女人们嫁

出去以后，她们成为丈夫关系网的一部分，而不是依靠原来自己家的网络。历经各代，父系是最核心的关系，财产继承、姓氏、地位和权力都是沿父亲这条线即父系传递的。但在美国，所有这些你都可以从父母两条线上的亲属关系来挑选，我们所说的这种双边意义上的亲属和华南只强调单边父系继嗣的宗族或家族是不同的。对我们来说亲属网络要比父系继嗣链更重要，我们并不一定知道那条链上的所有人。相反在华南，你熟知你父亲那条线上的所有情况，但对母亲那边的情况却知道得不多。但最近这种情形发生了变化。在华南包括香港，人们开始对父母两边的亲属关系都予以重视，华南的亲属制度越来越接近美国的双边体系。由于毛泽东时代的革命使得父系继嗣链上的土地、地位、权力消失了，人们不再附着于这一条链，而开始在更广泛的亲属关系中进行选择，婚姻模式和家庭组织开始呈现"双边化"的特征。我认为在不久的将来中国将会出现亲属关系上的双边体系，这也是中国独生子女政策的影响之一。每家只有一个孩子，这个小孩要运用他或她拥有的各种关系网络，无论父亲还是母亲链条上的关系都是重要的。独生子女政策是造成中国亲属制度和家庭生活结构发生巨变的一个因素。更重要的原因就是我刚才讲的经济因素，比如作为族产或家产的私有土地消失了。而有趣的是如今中国的土地私有正在回潮，城市中的农业用地和建筑用地又开始被私人拥有和控制了。这种情况或许会发生改变。但我认为目前新型的土地所有和土地长期租赁的模式更多是以家庭关系网络而不是父系继嗣的方式展开的。现在中国农村的土地还是归国家所有，没有私有化，而持续30年或更久的长期土地租赁是依照户口来进行的。如果你在一个村子里有户口，你就可以租地。目前户口身份——界定谁是村庄成员而谁不是——正在发生变化。妇女开始拥有这种成员资格和土地权利，而这是过去长久以来她们不曾享有的。所以从长远看，有关中国家庭和亲属制度的一个非常有趣的问题是妇女地位、权利、所有权的变化而引发的革命。这是一个大课题。即使我是现在而不是40年前开始中国研究，我同样会作有关家庭、亲属制度、土地所有权、婚姻模式、彩礼和嫁妆等问题的研究。我会再次观察这些系统，它们的模式和我40年前所看到的有天壤之别。我始终坚信一点，如果你想了解中国社会结构的变化，你必须观察家庭、亲属制度、婚姻和财产关系。所有这些东西是互相联系在一起的，而财产是根本。我认为中国几千年来有一点是恒久的，那就是由财产界定权力、身份、地位和其他的一切。我们所看到的是由财产性质的变化而引起的家庭和亲属关系制度的变化。如果你改变了财产关系，其他一切就会跟着变。

常姝：可以说这是一种马克思主义的视角吗？

华琛：要是回到20世纪六七十年代，这会被称为一种较早期的新马克思主义的视角。但我不觉得一定要说这是马克思主义。我认为这是好的、坚实的人类学作品所持的关怀，这个论题贯穿在迪尔凯姆（Émile Durkheim）、韦伯和马克思的作品之中。所有的人类学先驱们都关注家庭、亲属制度、婚姻、财产的问题。我很高兴我的很多学生也在作这类的研究。这是每个人的必修课。

常姝：是的。家庭的重要性可能在中国人的生活中体现得更明显，这不只是因为儒家意识形态，也是因为它和人们的日常生活世界息息相关。

华琛：对，家庭涉及人们对生命意义的认知和自我认同感——你是谁，在你的生命中什么是最重要的。但是我并不接受那种认为中国或东亚因为儒家思想而独特的观点。很明显，儒家思想是一种意识形态。我认为它只是次生性的"副现象"，是财产体系和亲属制度体系这些基础东西的产物，而且只是一个次要的产物。儒家思想只是一个观念领域的问题，它不是引发社会前进的发动机，而只是次要的背景。打个比方说，这儿有一列火车，牵引所有车厢往前跑的大发动机是财产、社会关系、家庭生活、亲属制度、关系的再生产和劳动等社会的基础构件，最后一节车厢里才装着儒家思想，它是最后出现的，不属于社会结构。我称之为"副现象"，意思是说它是次生性的、次要的、不关键的。在我看来，意识形态是物质文化基础的产物。

常姝：有很多学者把儒家意识形态视作组织中国人民生活的原则。

华琛：我觉得这种解释并不确切，只是一种自我感觉。这就好比让我去论证民主意识形态是美国社会的基础，而实际上民主只是美国历史和美国经验的产物，是美国不断开拓国土、大量移民涌入的西进运动的产物。这明显和中国很不一样。民主是一场漫长的积累所孕育的果实，它是次生性的，并不是它最早出现并且界定一切。我认为儒家思想也同样如此。非常有意思的是中国的学者和官员们总喜欢谈论儒家思想，我觉得这样做有意识形态上的考虑，由此可以不触及中国社会物质文化变迁所引发的问题。东亚的政治领导人讨论儒家思想和亚洲价值观都是有其政治考虑的，这种意识形态可以给政府权威提供合法性，以便更好地管理社会。我给学生们上课的时候，我说如果你们想看看儒家式的家庭和亚洲价值观真正是什么样的，你们可以跟我去我家在伊利诺伊的农场，我将在那里向你们展示亚洲价值观。在那里，我和若璧的一大家子亲人们生活在一个社区里，互相照顾和关心，照料老年人。你会看到若璧四处奔忙，一会儿给老人端食物，一会儿又带他们去医院看病。那是一个庞大而亲密的家庭系统。我认为如果你想看现实中的亚洲价值观，你用不着去上海、北京、广州、香港或新加坡，因为那里已经不再是亚洲价值观的中心了。如果你真的相信儒家思想，你完全可以在美国、印度北部或墨西哥的农村地区找到它，你也会在那儿发现亚洲价值观。而这些东西你在中国的城市里已经找不到了，在中国农村还能找到。

常姝： 现在在中国农村还有一些几代人生活在一起的大家庭。

华琛： 对，如今在中国农村的许多地区你还能找到对亚洲价值观的印证，但是已经越来越少了。在过去20多年里，正如我的学生阎云祥和我的其他一些中国学生的作品所展示的，独生子女政策和生产方面的问题给中国人的家庭生活带来了很大变化。你在世界上其他地方也会发现大家庭以及和儒家思想或亚洲价值观很接近的价值观，只不过命名不同，比如在美国，人们或许会称之为基督教价值观。一种价值观叫什么名字并不重要，重要的是它始终是建立在家庭结构、土地所有权、雇佣关系等生活的基本要素之上的。我并不同意有些人说的中国因儒家思想而独特的观点。我认为他们这样说是有意识形态目的的。

常姝： 我想当您40多年前打算去中国的时候，您或许想看到中国的一些特殊点。

华琛： 对，我最开始去的时候，我确实想看看中国有哪些特殊的地方。但很快我就发现中国和其他地方并没有什么太大的不同。那里有很多人，和我说不同的语言，有不同的历史，但并没有什么太不一样的地方。我从来不认为中国非常特殊。我在那里见到的现象是普遍的。那只是一个普通的地方,有普通的人群,过着普通的生活。作为西方学者,我们不能过度强调中国的独特性。我在我的作品中提出"正统实践"的概念,探讨中国的统一性问题,是想试图去理解是什么把中国不同地域的人联结在一起。

常姝：但是这一点难道还不够特殊吗?

华琛：是的,这一点是着实有趣和独特的。在长达至少几千年的时期内,中国一直是一个统一的政治单位,这个现象非常奇妙。但这和儒家思想意识形态的关联并不大,并不是儒家思想把中国人联结在了一起。起联结作用的是中央集权的国家的权力,因为国家控制了水、农业和其他各种资源。中国悠久的统一性来源于国家的控制而非人们头脑中的意识形态。我关于正统实践的学说就是在论证中国的统一依赖于国家的强权。

常姝：我读了您的几篇讨论这个问题的文章,我觉得您更多是从文化角度解释的。您认为是国家在全国范围内推行的标准化和一统化的仪式完成了这项联结工作。

华琛：对,你的这个解读和表述是对的,但是这项联结工作是由国家来实现的,如果进一步追问什么是国家的基础,那就是它对土地、水、市场、货币和几乎一切的控制权,是这些东西维系了国家的一统。这一点我还没有论述太多。中国的情况和欧洲社会有明显的差异。欧洲没有中央集权的国家,一切都分化了,人们用不同的语言,面对不同的问题,并不存在一个统一的欧洲。但中国很不同。对我来说很有趣的一件事是中国人自己觉得他们很特殊,每个人都觉得他是中国人。我和我的中国朋友们常常争论这件事,其中有我两个相识多年的很好的朋友,一个是中国史学家,一个是人类学家。我们经常争论不休,他们总说中国很不同、很特殊，而我的论点是中国并不特殊，它只是有一个强大的国家政权。世界上其他地方也有过类似的强权国家，只不过没有维持。在 1000 多年前的欧洲，罗马帝国就是这类的权力中心，但是后来解体了。而中国的国家强权一直保持住了。

常姝：您的想法有些出乎我的意料，我觉得这有点"非人类学"的味道。尽管我们知道世界上不同地域的人群是有共性的，但我们作为人类学家还是想努力找到不同人群的特殊的深层文化逻辑，比如中国人是怎么对待生死的，而印度人又是怎么对待的。

华琛：我同意你说的，那是我们的工作。但理解所谓的独特性是一回事，解释为什么这样是另一回事，而且是一个更艰巨的任务，到现在我只做了其中的一部分。我认为我所提出

壕恩大楼（哈佛大学人类学系在该楼三层）

的由中国仪式正统实践构筑国家统一的观点正是对国家和权力的反映。我们在印度、南亚看不到这样的强权国家，在欧洲这种国家只是昙花一现，在非洲也不存在这种一统的力量。相比于文化解释，国家权力的经济基础和土地所有制等因素是更为根本的力量。

常姝：我认为您的作品谈论了很多关于文化正统性的

东西,也就是说中国人实践着的文化形式是统一的。

华琛:是的,我讨论了中国的核心文化是如何创造出来的。像你,一个来自世界上那个地域的人,称自己是中国人,说你来自一个叫作中国的地方,而你说的语言和我认识的华南朋友完全不一样。你不会说广东话、客家话或我在华南讲的其他方言。你的北方方言和华南方言差别很大,不亚于美语和俄语、瑞典语的区别。中国人各种各样的方言都被一种叫作"普通话"的人造书面语联结了起来。什么是"普通话"?它是普遍的、平常的言语。几千年前它被人为地创造了出来,继而扩散传播。除了语言上的不同,你的家乡和我的华南朋友们所在的珠江三角洲有全然不同的生态、环境和宗教系统,然而你们都说自己是中国人。你们相隔千里之遥,却都认为自己共享一个文化系统,我觉得这个问题非常有趣。你们自己不觉得这有多奇怪,觉得这挺普通,如果没有我这样的外国人提问,你们一般都意识不到这是个问题。我经常给学生们特别是中国学生提此类的问题。我觉得作为哈佛的教授,我最好的工作就是"动摇"我的中国学生,困扰他们,使他们不安,消解他们作为局内人对中国的原有理解,这样他们回到中国的时候,就会带着全新的眼光观察它。我觉得世界历史上最灿烂的成就之一就是历经数千年的岁月,中国的国家政府——包括帝国时期、民国时期、毛泽东时期、改革以来——保持了民众对中国人身份和统一的中国文化的认同。而中国地域之广袤多样如同一床五光十色的"百衲被",就是像我祖母用各种颜色的碎布缝出来的一床大被子。我眼睛里的中国是"异",而你眼睛里的中国是"同"。

常姝:我们会把自己的中国性视为理所当然。我想当您问为什么我们觉得自己是中国人的时候,很多人会说:

"啊，中国有五千年的文化和历史。"

华琛：这个回答是不成立的。你们作为一个统一的中国并没有 5000 年的历史，甚至可能还不到 200 年，反而美国比中国有更长的统一史。如果你可以客观地看待中国历史，就像我一样站到外面、以局外人身份来读中国史，你会发现中国经常是处于分裂状态，比如 20 世纪 20 年代的军阀混战期，之后是蒋介石统一了全国，继而毛泽东再进行统一。在那之前起到统一作用的是忽必烈、明太祖等人。客观地讲统一的中国并没有 5000 年的历史，这样的历史可能还不到 200 年。但当我和我的中国学生、朋友们争论为什么你们认为自己是中国人的时候，你们几乎全部都自动地诉诸历史、统一的文化、语言这些因素。我可以逐个地破解这些论点。我的工作就是动摇和破解你们对中国的固定理解。我觉得中国人的文化认同是一个很重要也很难解释的谜，而中国学者不一定能胜任这个解谜的工作，因为你们很难以局外人的眼光来看待自己的文化。如果让我来对自己国家的文化做这样的解剖工作，我同样也会觉得困难，但还是要比你们做自己的文化轻松一些，因为美国只有很短的历史。我们只有不到 250 年的历史，我们经历过内战，存在很多问题。美国人总在争论自己的文化，直到现在也是这样，奥巴马竞选的时候，谈论最多的就是作为一个美国人意味着什么。但在中国没有人作这类争论，没有人提问到底作为一个中国人意味着什么。如果有人被问到这个问题，他会说："这还用问吗？我当然是中国人！"而我的工作是往后退一步，喊一声："等等，等一下，让我们把这件事情问题化。"我觉得人类学家的角色是做一个非常不自在的人。当我和村民朋友们交谈的时候，我一点也不觉得难受，我只是跟他们聊天的朋友。但当我退回来开

始写作的时候，我开始分析一切，变得非常苛刻。多年前的一件事给我印象很深。我在哈佛带的第一批中国学生是阎云祥和景军，当时我也认识其他的一些中国学生，他们读了我关于香港和珠江三角洲的研究作品。有一天，我的这两个学生来找我，说你知道吗，我们可不能像你那样去作关于死亡的研究，中国人回避谈"死"，不只是因为不好意思，更是因为它是恶的，是倒霉的事。他们告诉我说，如果让一个中国的人类学家或者一个中国人去像我那样研究和分析葬礼，会是非常困难的，而我之所以能做到，是因为我是一个局外人、一个外国人，我没有中国文化中的那些禁忌和畏惧。我觉得这是一个很好的想法。在我的文化中，也有些东西是我不想研究而你们中国人可以研究的，并且研究起来毫无顾忌和担心。这是一个关于局外人优势的好例子。一个人类学家去作某个地域的文化研究，你必须兼具局内人和局外人两种身份。

常姝：是的。尽管我是中国的局内人，但当我去异地他乡的一个村庄作田野研究的时候，我发现我和当地人在观点和风俗习惯上有不少差异。我常常问自己到底我有多中国。

华琛：差别肯定是有的，比如说年龄的差别或者其他各种因素的差别，而且你现在已经是一个人类学家了。我很高兴听到我的学生说觉得紧张、不舒服、不确定自己站在哪里，这意味着我的工作成功了，因为你们不再固守原来的浅见了。

常姝：但同时我也发现了我和那些村民有相似的地方。比如我观察他们的清明节祭祖仪式，他们的行为步骤和对祖先的态度跟我拜祭我祖父母时的情况很接近。然后我就开始想到底是什么力量使得他们和我做同样的事。

华琛：很好！我很高兴你在思考这些东西。如果你也去看了珠江三角洲的广东人或客家人如何清明祭祖，你会发现一些很有趣的相似点。其中的一些核心操作和观念是非常一致的。然后你就要问为什么，到底这一切是如何发生的。这种现象并不是偶然的，也不是因为什么生物因素，比如你们长了什么中国"基因"。这是文化在起作用。如果你去欧洲，你会发现有很大的不同。在欧洲的地图上你会看到很多国家，比如法国、德国、奥地利、英国、瑞典等，整体上欧洲看起来就像是一张百衲被，对吧？但其实数千年前这张被子被欧洲的精英和基督教教堂编织得非常紧密，当时拉丁语把精英们联结了起来，欧洲具有类似中国这样的一统性。但很快这种一统性就被宗教改革打掉了。马丁·路德（Martin Luther）创建了路德派，分裂了基督教，由此打破了罗马帝国的一统局面，所有维持一统性的意识形态和实践都消退了。现在欧洲人讲的语言五花八门，包括法语、德语、意大利语、西班牙语、瑞典语、匈牙利语，等等。然后你再对照地看看中国。中国人讲粤语、客家语、赣语等许多种类的方言，还有各种方言版的普通话，比如山东人讲的山东话。全国各地人讲的方言土语都不一样，但是大家都被普通话维系在一起，被国家的权力维系在一起。不管你们来自哪个地区，你们都说自己是中国人，这一点很令人惊叹。我觉得这个现象应该好好地解构和考察。

常姝：我觉得我们可以具体考察一下在哪些情况下人们会提到自己的中国人身份。

华琛：这是一个你可以考虑去研究的好题目。

常姝：是的。我们刚才谈到您发现了中国人长久以来履行的一些具有普遍、统一形式的仪式，这些仪式大多是针对人的生命转折点而展开的。您能解释为什么这些仪式

如此持久吗？

华琛：这些仪式主要是围绕祭祖、死亡、婚姻、出生而进行的，它们标示着生命的开始和结束，是生命中最关键的仪式。它们在中国特别是农村地区持续了数千年之久。但如果你现在去上海、北京、广州、香港、新加坡，或者你去观察美国马萨诸塞州的华人家庭，你会发现这种仪式结构正在消失。如果你去上海和青少年们提起清明节，很少有人确切知道这个节日是干什么的，他们多数没见过祭祖活动，也没参加过葬礼。如今婚礼也有不少变化。我认为现在中国正在发生过去毛泽东曾经担心以及早期中国革命曾经忧虑的现象。革命的基本目标是要实现平等，然而今天你会看到中国正在涌现两个文化。在精英聚集的、城市化的、教育水平高的、国际性的、全球化的上海、北京以及包括香港在内的沿海城市，这些富有的、面向未来的全球化中心正在创造一个崭新的文化体系。目前还很难界定它会是什么样子。若璧 2010 年将会作一项有关中国新婚礼的研究。同样地，我们也可以研究中国的新葬礼。我认为我讨论过的那些"正统实践"的仪式在中国农村依然普遍存在，但是它们也在发生变化，只不过变化速度较慢。我感到担忧的是中国正在分为两个文化，一方面是精英化、高学历、物质丰裕的沿海和中心城市，另一方面是形成对照的农村地区。这种分化是危险的，会对中国社会的结构造成破坏性的影响。从中国历史来看，这预示着某种危机。

常姝：您的意思是说那张"百衲被"会一分为二？

华琛：不只是一分为二，这张被子中的一部分有可能脱离出来自成一派。如果对中国农村不采取一些措施，后果是很严重的。但是我对目前中国领导人的一些做法很有信心。我认为他们正在努力管理好整个社会，"和谐"的概念就典型地反映了这种意识形态诉求。这些领导人非常聪明，也受过高等教育，他们制定了很好的经济决策，比如兴修向农村地区延伸的公路、铁路、港口。他们正在努力把中国经济大潮所遗忘的人群带回到潮中。这很像美国政府在20世纪50年代的做法，那时候我们修了遍布全国、深入各州的高速公路。我认为发展和开放农村地带是很明智的决策，会产生巨大的经济效应，我对中国的前景很有信心。但有一个问题是中国目前还缺乏可以联结民众的新意识形态，而在这个领域，宗教进入了。在中国特别是农村地区宗教正在复兴，有很多人信了基督教，有很多新教基督教的家庭教会活动活跃在国家的控制之外。这是一个非常有趣的时期。对我来说中国一直是一个很有意思的国度，它现在正经历剧烈而生动的变迁。你将来还会看到更多的转折性的变化。我还很难准确地预见未来到底会发生什么，在所有关于统一性的观念之下是这张百衲被的底子，而在它的下面沉铺着太多的历史。

常姝：我们缝被子需要针线。那么在您看来，缝制一张统一的中国百衲被是用怎样的针和线呢？

华琛：国家的控制权是针，意识形态和文化系统是将所有一切缝合在一起的线。这有些像是经济基础和上层建筑的区分。经济基础（包括土地、劳动、农业、工业等的安排）是针，掌握针的人也掌握着线。但有关针的掌握权，一个现实问题是大量数据显示中国的很多地方官员也希望拿住那根针，来编出他们自己的一块新毯子。地方利益和国家利益有时候是冲突的，因此这里面牵涉到很多问题。

常姝：我最后想问的是，如果请您来向中国人介绍人类学，您会怎么说？"人类学"的中文字面意思是有关人类的研究，显得很宽泛，难以传达我们的独特关怀。

华琛："人类"意味着各种类型的人，听起来有些像体质人类学。我去作研究的时候，当人们问起我的专业，我就说自己是一个"地方史学家"，是写地方史的，而这也确实是我所做的。昨天就是历史，我今天写的东西就是明天的历史。因此我给自己的称呼一点也不夸张，而且我觉得这会更好地表达我们的工作性质。我始终相信，如果你想懂得一个社会，你必须懂历史。我有很多好朋友是历史学家，我读他们的作品，也和他们合作出版过一些书。2010年我要去香港，在香港科技大学教我的"食品和文化"课。在这儿上课，我给美国的年轻人讲了很多关于中国的东西，到中国香港我打算主要谈美国、拉美、俄国和世界上其他地方的情况。我将在食品和文化这个大框架里，努力让香港的学生们思考其他社会的现象。我要试试能不能做到这一点。我认为我的教学工作就是让我的学生们"不自在"，让他们对生活提问。我在这儿上食品课的第一节和最后一节的时候，我跟学生们说我要破坏你们的生活，要让你们活得艰难。上完这门课以后，当我的学生们再到餐馆、食品店或者在家吃饭的时候，他们将开始思考。比如当你坐在餐桌旁的时候，你不会只像动物似的吃东西，而会让自己站到局外进行观察，看谁坐在哪个位置，谁在场谁不在场，所有这些人是什么关系。也就是说，你会开始有效地分析一切。再比如当你去了食品店，你会四处看看，想想各种东西有什么含义。在这门课上，我是从食品的角度来介绍家庭、亲属制度、民族等人类学的基本问题。到课程结束的时候，学生们会对人类学的入门知识有良好的、坚实的掌握，而他们的生活也从此发生改变，他们开始观察和质询一切。这就是人类学的工作。我们总是站在外面往里看，观察事物，理解它们的含义。尽管我们有时也是这些事物的一部分，但我们要努力把自己抽离出来，以一定的距离来观照它们。这种生活并不轻松。我现在已经习惯成自然了，无论走到哪里都会习惯性地思考，有时候想停下思考、放松放松，但是很难做到。

常姝：谢谢您接受这次访谈，和我分享您的学术人生！

华琛：不用谢！我也很高兴进行这样的交流。

中国法治化:打造"第二长城"

受访人——安守廉（William P. Alford）
采访人——张冠梓
合作者——王钢桥

安守廉教授

安守廉，当代美国著名中国问题研究专家；1954年出生，美国人。安守廉1970年毕业于阿穆赫斯特学院，1972年毕业于剑桥大学圣约翰学院，1974年获耶鲁大学中国研究硕士学位，1975年获耶鲁大学中国历史硕士学位，1977年获哈佛大学法学院法学博士（J. D.）学位；现任哈佛大学法学院副院长、亨利·斯蒂姆森（Henry L. Stimson）教授、东亚法律研究中心主任，并任浙江大学光华法学院兼职教授。其研究领域主要为中国法律和法律史、比较法、东亚人权研究、国际科技交流、国际贸易法。安守廉教授不仅以中国法著名，而且在国际经济法领域有重要的影响。

主编手记

2008年12月30日,哈佛大学法学院副院长、东亚法律研究中心主任、著名中国法研究专家安守廉教授应邀接受了本书主编的采访。安守廉是他取的中文名字。在哈佛的一年访学生活里,他是本书主编唯一听过两个学期课程的教授,上学期是他开设的国际法,下学期是他开设的中国法研究专题。他是个大忙人,和他约谈实在不容易。但一旦交谈起来,他就打开了话匣子,我们足足谈了四个多小时。采访主要围绕他曾经研究的中国古代的知识产权制度、他现在研究的残疾人法律援助制度展开。时为哈佛大学法学院博士候选人王钢桥,中央民族大学法学院研究生石培培、孟庆沛、赵云梅、王斌为本文提供了部分文稿的翻译和资料整理工作。

张冠梓:安守廉教授您好。您是国际著名的中国法研究专家,能不能谈一下您是怎么开始对中国感兴趣的,又是怎么投入中国法律研究这一领域的?

安守廉:我研究中国文化和历史,开始于40多年前。早在高中时期,我就对中国产生了浓厚兴趣,觉得中国这个国家历史悠久、文化丰富,很有意思,渴望去了解。当时我觉得,美国固然有很多好处,也很发达,可是毕竟历史不长,才两三百年的历史。相比之下,中国拥有五千多年的文明发展史,对我很有吸引力,我觉得她非常值得学习和研究。不过,刚开始那几年,我只是泛泛地学习中国历史,没有确定专门的、具体的研究领域,后来才选择了中国法律史和法律文化作为自己的研究方向。现在回过头来看,这种先粗后细、先博后专、先宏观后具体的研究路子,对我的学术是有好处的。我们都知道,法律是一个国

家和民族文化的一部分、社会的一个侧面，绝不是孤立地存在着的，因此，要想了解一个国家的法律，首先就得了解其历史和文化，了解其政治、经济和社会状况。而我的学习经历正好暗合了这个道理，是很有意思的。

记得那是在我 15 岁的时候，也就是上高中二年级的那个夏天，我在波士顿参加了一个讲习班，开始学中国文化，也包括语言。那个讲习班是一个业余学校举办的。第二年暑期，我又在哈佛大学的一个讲习班学习。遗憾的是，进入大学后，我没有继续学习中国历史。直到 1970 年大学毕业后，我才又将对中国历史文化的学习捡起来，并开始学习普通话。现在想起来，再早一点学习中文就更好了，那样效果就会更不一样了。

张冠梓：您从研究中国问题转到专门研究中国的法律问题，是从什么时候开始的？

哈佛大学法学院图书馆

安守廉：刚才说到，1970年大学毕业后，我到英国剑桥大学攻读研究生，在那里一边学习法律，一边学习中文口语，也就是普通话。那时，剑桥大学还没有专门的中国法律和中国法制史课程，我学习的是西方的法律。我当时就想，一方面是我正在学习的西方法律，一方面是我很感兴趣的中国历史，如果能将这二者结合起来，也就是将东西方的法律文化作比较研究的话，一定会很有意思。这样，我在学习中就经常有意识地将这两方面的知识放在一起，加以比较、对照。1971年，我进入耶鲁大学学习，改为攻读中国语言和历史专业的研究生，在东亚研究所旁听了不少中国史方面的课程，并进一步对中国的法制史有所注意。那个时候，中国正在进行"文化大革命"运动，没有什么法律制度，但是中国古代、近代的法律制度却很丰富，所以我就专门研究这方面的内容。我在耶鲁大学读了两个硕士学位：一个专业是中国研究，属于东亚研究硕士项目；另一个是研究中国史，尤其是近代历史。那时候，我也开始选修耶鲁大学历史系攻读博士的课程。1977年，我又进入哈佛大学法学院学习法律。

张冠梓：在研究中国法的过程中，对您影响比较大的都有哪些人？

安守廉：对我产生影响、令我佩服的老师很多。其中，对我影响最大的应是孔杰荣（Jerome A. Cohen）教授。他那时是哈佛大学法学院教授，现在纽约大学法学院教书，是一位非常著名的法学家。1971年夏天，孔杰荣教授在伦敦举办一个关于中国法律制度的学术会议，当他听说我对中国法律有兴趣时，就邀请我参加那个会议，当时我只是一名耶鲁大学的研究生，还不是孔杰荣教授的学生。那次会议给我提供了结识许多中国法律问题专家的大好机会。此后，孔杰荣教授又不断给我很多帮助，为我提供了很多、很好的学习机会。譬如，通过他的推荐，哈佛大学给我颁发了奖学金，尽管当时我还不是他们的学生。还有，经他介绍，我认识了中国台湾"中央研究院"的张伟仁教授。你知道，张伟仁教授在中国法制史方面成就卓著，尤以清代法制史为专攻。他为人非常热情，态度和蔼，平易近人。1975年夏天，我仍在耶鲁大学读书，孔杰荣教授推荐我到中国台湾去，师从张教授学习中国法制史。他教我怎样查阅清代法制史资料，尤其是清代案例。清代的那些案例，基本是以文言文写的，有的掺杂了方言、俗话和俚语，还有个别不规范的表述和写法，因此很不容易学。好在那时候我比较努力，张教授也非常耐心地指导我。一段时间下来，我还是有不小的收获。

张冠梓：您在剑桥大学获得学士学位，又在哈佛大学获得博士学位，这两个学位都是法学专业的。您觉得英国和美国的法学教育有什么异同？

安守廉：应该说，这两所大学，甚至两个国家的法学教育各有所长。一般而言，美国大学法学院的一个很重要的特点，应该说也是其长处，就是跨学科的交流和比较研究。也就是说，他们强调，要研究法律，就得了解这个国家或地区的历史、经济、政治、社会、哲学等，因为这些因素在不同程度上、从不同的角度、以不同的方式在影响着法律。我认为这些看法很重要，我也觉得，要了解中国法律，就一定要了解中国的历史和文化。事实上，不只是对中国如此，对其他国家和地区也是如此。譬如，要了解美国的法律制度，也一定要了解美国的历史和文化。因此，无论哈佛大学还是美国别的大学法学院的这些进行跨学科研究的做法，视野比较宽，方法比较活，是很不错的。相较而言，英国的法学教育和研究就很不一样，比较注重文本和条文，专注于法律，不太注重其历史、文化、政治和经济的背景。准确地说，他们对历史还注意一点儿，可是对政治和经济的情况则完全不管。他们注重法律条文，主张对法律进行专门的研究。应当说，这也有好处。总的来说，综合比较英国和美国这两个国家的法学教育，各有长处，也各有缺点。把这两个做法放在一起加以综合利用，则会是一个很好的研究方法。事实上，我也是得益于这两种教育，每每想起这个事情，我就对剑桥和哈佛都充满了感激之情。

张冠梓： 如果把英、美这两种研究进路放在一起，综合运用，自然是很理想的。也就是说，一方面注重法律的条文及其实施的程序，另一方面是要注意法律的历史、文化背景与成因。但我觉得，这两方面的"关注"并不总能很容易地结合好，甚至好像有一些矛盾的地方。

安守廉： 你提的问题很不错，确实有一点矛盾，把握起来比较困难。譬如，美国学生去剑桥等英国大学法学院学习，必须事先要有法学的知识背景。而他们一旦在美国大学的法学院学习过再去英国的大学，会觉得很奇怪——为什么研究视野那么窄？而英国的学生来到哈佛，他们的感觉和学习、研究的路子也跟美国的学生不一样。前者专业基础不错，但后者显得视野很开阔。我觉得应该取长补短，但具体做起来是有难度的。

张冠梓： 您从哈佛大学法学院毕业以后，从事了一段时间的法律实务工作。您喜欢这样的工作吗？

安守廉： 在毕业后的头五年里，大概是从1977年到1982年，我在华盛顿一家很大的律师事务所工作。按理说，我的个人理想是要成为法学教授，可是如果没有实际工作经验，不了解法律实务的情况，怎么能做得好教授？我记得，我非常熟悉和喜欢的那些哈佛大学法学院教授，很多都有这样的阅历和经验。我认为，以后要想成为一名教授，最好有一点儿实际经验，所以就先去了律师事务所。那时候，我的运气还是很好的。为什么呢？1977年6月我从哈佛大学毕业，9月到律师事务所工作，而正是这个时候，美国开始和中国有了官方交往，需要大量的相关专业人才。但是，那时候华盛顿并没有多少人会念中文、说普通话，在律师行业也只有两三个律师懂中文。由于我受过这方面的教育，了解中国的情况，所以尽管自己的普通话不够标准，还是有很多和中国打交道的机会。那时候，我还是一个很年轻的律师，没有什么经验，对中国的具体情况和问题没有多少了解，可一两年下来，就已经有了很多客户，很多美国的公司，包括一些很有名的公司，都来找我合作，请我代理他们的业务。他们要在中国做买卖，有的还想在中国投资开办企业。所以，从1978年开始，我一下子就有好多机会代表客户去中国参加谈判、洽谈业务。现在看来，我感到自己还是很幸运的，这几年的法律事务对我以后的研究和教学有很大的帮助。举一个例子，我后来写了一本书，叫《偷书不算偷》（*To Steal a Book is an Elegant Offense*：*Intellectual Property Law in Chinese Civilization*，1995），是讨论中国历史上知识产权制度的书，就是来自从事法律实务时的启发。因为我做律师的时候，参加了很多客户和企业的谈判，一个很大的、很复杂的问题，是怎样保护商标和著作权。美国的企业和律师想通过谈判来保护，可是以后发现有很多问题。有人认为这是中方故意地侵犯权益，可是我认为不完全是这个原因，应另有文化的、政治制度的因素。我认为，不同国家间的知识产权保护制度，当然还有其他法律制度，不是很轻易、很简单地理解和沟通的，而是一个复杂的问题，受到政治、历史、文化和经济制度的影响。现在看来，进行知识产权方面的研究，得益于我做律师的经验。在这本书里，我主要研究中国历史上的知识产权的问题，特别是在西方国家来之前有没有保护知识产权的做法。在研究这个问题的时候，律师的经历和经验给了我很大帮助。此外，我关于残疾人权益保障的法律制度的研究，以及别的题目的研究，也得益于我的律师经验。关于这方面，我在下面还会谈到。

张冠梓：下面的问题和您刚才谈的有些关系。据我所知，哈佛大学法学院的部分教授，除了教学和研究以外，还兼有法律实务工作。实际上，中国的不少法学教授也这么做。您怎么看待这种情况？

安守廉：这是一个很好的，但也比较复杂的问题。可以分两个方面来说。首先，我不认为所有的教授都要有做律师的体验，或者在政府或其他外面的机构做事情，这不是每一个教授必须做的。可是，如果有的教授有这样的经验，那也是很好的。你知道，如果所有的教授都没有真正的、切实的实践经验，那也是有问题的，因为在做教授之前有从事实际工作的经验和阅历，对一个人的知识结构和对问题的认知实际上是一种补充和平衡。倘若不是在文学系、历史系等从事人文基础研究，而是在法学这样一个理论性和实践性都比较强的专业，最好是在做教授之前先了解和具备一些实际工作的经验。这是第一种情况。第二种情况是，一个人，已经是教授了，如果有机会在外面做律师或者法律顾问，我认为也是不错的，但不宜花太多时间在外面工作，否则就不能集中精力来教授学生、从事科研，因为时间和精力都分散了。这些年，哈佛法学院有一个规定，一位教授一个星期最多有一天在外面工作，可以在外面兼职，包括做律师或法律顾问、帮助政府或非政府机构工作、去其他大学演讲等。但这些活动加在一起，一个星期不能超过一天。坦率地说，哈佛的教授有很多兼职的机会，可他们多半还是在学校集中精力教学和搞科研，没有哪个教授是忙于外面的应酬、整天都在外面工作的。

安守廉（右）与采访者、本书主编张冠梓合影

张冠梓：我们回过头来再谈一谈您对中国法学的研究。您最初对中国法律的兴趣是在什么地方？就是说，最初进入中国法律问题研究的时候，您的兴趣点在哪儿？当时是出于什么样的研究初衷？

安守廉：我最初对中国法律的兴趣点，应该说是中国法制史。我认为，中国的法律传统跟西方是很不一样的，在很多方面都有区别。我觉得这个很有趣。因为不管美国的学者还是英国的学者，都认为自己国家的制度非常好，譬如条理分明、合乎理性、富有逻辑性、带有普遍性和通用性，等等。可大家一接触中国法制史，就觉得跟我们自己国家的很不一样。中国的传统法律，不管在制度上还是在观念上，都有很多特点，诚然有很多问题，可也有很多好处。我觉得非常有意思，就开始从事这方面的研究。我发现，西方法律注重个人诉求、个人权利，而中国法律却不是这样的。有人一看中西方之间的法律有这些区别，就说中国法很落后，一味地批评他们不注意人权、民主，等等。可是我认为，中国法律也有好处。比方说，儒家思想就比较复杂、精细、有趣。你知道，孔子德治和仁政不只是对中国人有意义，对所有国家都有借鉴意义。孔子认为，最好的办法是约束人的思想、道德和行为，而不是诉诸法律。也就是说，用道德对一个人、一个社会进行约束是更根本也更有效的，所以孔子比较注意道德感化和约束。我认为这个很有意思。中国的处世哲学是乐观主义的，讲求人性善，注重用道德处理人与人之间的关系，用道德来管理社会。反观西方人，则不这么乐观，比较强调外在的管理与约束。这两方面比较一下，就不难发现，中国和西方的法律观念和法律制度都比较有特点，各有长处，是可以互相借鉴和学习的。具体到中国近代法律制度，我也曾有过专门的研究。清朝末年的一些著名法学家，像沈家本、伍廷芳等，可以说兼通中外，精通中国传统法律，也了解西方法律。他们要借鉴西方法律的好处，来帮助中国进行法制变革，作了很多有开拓性的探索。我本人很钦佩他们的这种探索，有研究这些法学家和官员的浓厚兴趣，也有兴趣将中国法律传统与西方法律进行比较，进而把不同制度中最好的部分都放在一起、结合起来。

张冠梓：当时您开始投身研究中国法律问题的时候，

美国学界的相关研究是什么样的状况？当时有哪些具体的方面是您印象比较深刻的？

安守廉：自第二次世界大战以来，美国研究中国法的学者很多，已历经了好几代。第一代中国法学者人数虽然不多，但影响很大。其中最著名的，除了我前面提到的孔杰荣教授外，还有李浩（Victor H. Li）、拉伯曼（Stanley Lubman）、爱德华（R. Randle Edwards）、琼斯（William C. Jones）等。前面已经谈到，孔杰荣教授是我的老师，他从1960年开始从事中国法的研究，1964年在哈佛大学法学院创立了东亚法研究中心（East Asian Legal Studies Program），并开设了当代中国法和中国法制史等课程和专题讲座，培养出了一大批中国法学家和法律工作者。可以说，现在活跃于美国的中国法学研究者大多出自哈佛大学。例如现任美中法律教育交流委员会（CLEEC）主席费能文（James V. Feinerman）以及从事律师事务并兼作研究的毛瑟（Michael Moser）、图伯特（Preston Torbert）等都是。李浩教授是美籍华裔学者，也是研究中国法的学者中非常突出的一位。他早在20世纪60年代在哈佛大学攻读研究生时就开始了中国法的研究。他先后执教于密歇根大学、哥伦比亚大学及斯坦福大学，现任夏威夷大学东西方中心主任，亚太咨询委员会主席，一直讲授中国法课程。应该说，这些教授都是中国法律史研究领域真正的、勇敢的先锋。他们不光自己的学问做得好，还热心帮助下一代，鼓励年轻人研究中国，给我留下了极其深刻而美好的印象。他们都对我非常好，给我提供学习的机会，帮助我尽快走上学术发展的道路。所以，每念及此事，我就觉得自己也有义务帮助我的下一代，帮助他们去研究中国、了解中国。遗憾的是，第一代学者开始从事中国法研究的时候，美国在越南打仗，妨碍了他们与中国的交流，这是一件非常可惜的事情。不过这件事情也促使了我的若干思考。我认为，美国在越南打仗，可能有很多复杂的原因，但不可否认的一个因素是，美国领导层的决策者完全不了解越南的历史和文化。他们想当然地认为，越南和中国有着很密切的关系，美国要是在越南成功地推行自己的制度，也必将在中国、泰国等国成功。他们不仅对越南的历史和文化不了解，对越南与中国的错综复杂的关系更知之甚少。所以，我由此更加觉得，美国的学者、美国的领导应当多了解别的国家，了解他们真实的历史。在这方面，孔杰荣等教授是有远见的，他对我们年轻人非常好，鼓励我们积极地去了解中国。诚然，第一代学者在看待中国、研究中国方面有局限和问题，不可避免地带有一些西方人的思维定式。这是因为，他们不是历史学家，他们没有研究历史。譬如，哈佛大学法学院昂格尔（Roberto Mangabeira Unger）教授因为没有比较专门地研究中国历史，所以他关于中国法律的看法难免有偏颇、有问题，对此我曾经写过文章和他商榷。我觉得这很可惜，要是他们多注意一点中国的历史文化，得出的结论可能会更稳妥一些。说实话，我早期的学术论文，有些是批评我的老师的，我觉得，要是他们多了解清代法制史，他们就会发现清代的法律制度是非常复杂也非常有趣的，同时也有其自身的逻辑性和规律性，不能一味地斥之为落后。

张冠梓：和您上一辈、下一代的专家相比，您在研究中国法律方面有什么特点？

安守廉：这个问题很难回答，因为不同年代的学者面临的情况、条件和所处的环境很不一样。20世纪50年代、60年代、70年代，中国处于封闭状态，那时国外的专家没有机会去中国。但是，他们非常勇敢，有前瞻性，开创了中国法律与法学研究这一领域。在这点上，我很佩服他们。你知道，那时的美国各大学法学院都没有研究、讲授中国法律的教授，我上一代那些教授可以说是白手起家，几乎是在做着拓荒的工作。相比之下，和我年纪相仿的学者开始有越来越多的机会到中国去，可以跟中国政府、中国司法界和中国的学者交流，观察中国老百姓的实际生活。这和上一代的情况显然是很不一样的。当然，比我年轻的学者，情况就比我更好一些。如果要以年代来划分的话，那么孔杰荣教授可以说是第一代，我属于第二代，再往下的第三代和第四代就是现在开始崭露头角的年轻人。这几代学人的情况是很不一样的。譬如，我在大学学习中国法制史和中国法律的时候，还见不到中国大陆来的学生，有中国台湾地区来的学生，但也不多。我记得，从中国台湾来的同学有马英九，他现在是中国台湾地区领导人；有吕秀莲，做过中国台湾的副领导人，现在仍然活跃在中国台湾的政治舞台上；有杨仁寿，做过中国台湾"最高法院"的院长。这些中国台湾来的同学很聪明，也很刻苦，现在已经在各个领域卓有建树。现在的情况又和我那时候大不一样了，最后主要的是，中国与美国交流的空间和学习的环境大不一样了。我经常告诉我的学生，要努力地学习中文。为什么呢？因为现在的竞争更加激烈，有越来越多的中国大陆学生来到这里学习。一方面，他们了解中国，懂中文，会说普通话；另一方面，他们的英语水平很好、法学知识也不错。他们非常聪明，非常用功，基本素质和专业水平自然比我们这一代要高，所以美国学生面临的竞争是十分激烈的。此外，中国大陆现在的法律制度比 30 年前内容丰富得多，也复杂得多，现在的学生必须努力学习，才能了解。不像我们那时候，中国的法律还比较简单。记得30年前，昂格尔教授说过，学中国的法律比较一般化，很容易，因为中国没有多少法律，而现在中国每年都有大量的新的法律、法规出台。30年以前，中国有12个法学院，现在则有17万多律师，有很多法学院，现在中国的法学院比美国的法学院要多得多。现在中国学生的基础知识和专业素养也比过去要好，竞争也比较厉害。所以，我经常告诉美国学生，需要努力学习。在西方，很多政治家都具有法律从业或学业背景，单说美国历届总统，就有一半的人做过律师。这自然是对法学最好的"宣传"，同时也说明了法律人才的可塑性和精英化程度。

张冠梓： 在您的研究中，让大家印象非常深刻的是您对于中国历史和文化的深刻认识。其中有些著作，像刚才提到的《偷书不算偷》，在中国影响很大。在这本书里，您以知识产权制度在中国文明发展中的表现和作用为例，来探讨外来制度与本土文化相融合的问题，其选题和视角无疑是颇为精当和独到的。您能否简单地介绍一下这本书的写作情况？

安守廉：《偷书不算偷：中华文明中的知识产权法》（*To Steal A Book Is An Elegant Offense：Intellectual Property Law in Chinese Civilization*）一书，是我十多年前的著作了，最初由美国斯坦福大学出版社于1995年出版。这本书共分六章，其中第一章为概论，第二章追寻古代中国知识产权的脉络，第三章回顾19世纪末20世纪初西方知识产权概念的引进，第四章描绘社会主义商品经济下的具有中国特色的知识产权法，第五章介绍知识产权在中国台湾的发展状况，第六章评述美国对华知识产权政策。通过这本书，我试图从历史到现实、从学术到政策，对中国的知识产权法律制度进行一下深入的思考。一方面，介绍知识产权法律制度本身在中国的发展历史；另一方面，我也试着提出了一些与法律文化的移植相关联的观点，譬如知识产权法在中国并没有随着造纸术和印刷术的出现而出现，而是在19世纪末20世纪初由西方引入的一个全新的制度。这一移植后来遭受全面失败，主要是因为移植者没有考虑到当时中国的特殊环境；而当前中国知识产权制度的各种缺陷，也源于移植者未能很好地解决如何将在西方形成的法律文化和制度与中国的传统和现实相融合的问题，等等。这些观点的提出，并不是为了强调中国知识产权制度如何落后于西方，而是为了讨论一些颇令人困惑而又长期受到忽视的疑难现象。比如，其中一个是，为什么作为一个曾在科技和文化上领先于世界的文明古国，中国却没有形成一套保护发明创造的法律制度？另一个需要进而回答的更大的问题是，如何才能将西方有用的法律制度移植到中国的土地上，移植过来后又如何才能够使其在新的泥土中扎根成长？我认为，古代中国虽以发明创造领先于世界，却没有形成保护这些发明创造的法律制度，这一奇怪现象，加之19、20世纪之交中国引进知识产权法的失败，以及现行中国知识产权法中存在的种种问题，都说明法律必须与当地文化环境和现实状况相适应。当然，外来制度的移植也可以在一定程度上影响本土文化的变化，本土文化的变化又反过来为外来制度提供适宜生长的土壤。可以看到，最近一些年，从中国知识分子从"偷书不算偷"的高傲，到版权版税斤斤计较，可以看出，传统中国士大夫的文化已经有了相当的改变，现在的中国文化环境也许比历史上任何一个时期都更适合西方知识产权制度的生长。

张冠梓：我记得，围绕这本书，具体说是在有关宋代的版权问题上,您和中国著名知识产权专家郑成思之间还有一场学术争论。郑成思认为,尽管历史上没有制定出成文的版权保护法,但中国以禁令形式保护印刷出版者(在个别场合也延及作者)的情况,自宋代开始在八百多年中始终没有改变(在明代,禁令形式的保护似曾中止过一段时间)。他还认为,在宋代,版权作为特权出现后不久(大约一二百年)就一度被作为民事权利、作为创作者的特权(而不仅仅是出版者的特权)受到保护。而您批评郑教授把帝国控制观念传播的努力当作版权来看待,认为中国古代的有关出版法令只不过反映了"帝国控制思想传播的努力",同时这也是导致中国无法产生版权法以及知识产权法的主要原因。时间过去十多年了,您怎么看待当年您与郑教授的这场争论?

安守廉:我和郑成思教授的这场学术争论很有意思。我的书是1995年出版,而郑教授在该书出版的第二年就写了书评。那篇书评,我觉得很好,后来我还专门写了一封信给他,感谢他的严肃认真的评论。郑教授在书评里,对我的观点有所肯定,也有所批评。我认为他的观点是比较公允、客观的,看到了问题的两个方面,尽管我不能够同意他的所有观点。其实,我认识郑教授很多年,我看过他的许多作品,在研究这个题目时也得到过他的直接帮助。我认为,郑教授很有学问,他对像我这样的外国学者非常开放、非常友好。我们的观点不一样,是十分正常的。尽管我们在对一些问题的认识和看法上有所不同,但我并不认为他对我的批评是不公平的,我很珍视,也很感谢他的批评。事实上,学术批评是正常的,也是必需的。我也经常写文章批评一些学术同行。譬如,在我还很年轻、在加州大学洛杉矶分校工作时,就曾写文章批评当时担任哈佛大学法学院教授的昂格尔。那时，哈佛法学院请我来做客座教授，有机会和昂格尔教授讨论问题。他人很不错，没有因为我批评他的观点就反对我来哈佛做客座教授。根据我的了解，大多数美国学者也都认为，学术界有不同的观点、不同的声音，是非常正常的，是好事情、好现象。

对中国法学界颇有影响的哈佛大学法学院昂格尔教授

张冠梓：您和郑教授之间的争论，主要是围绕中国历史上的知识产权问题展开的。可事实上，知识产权保护在现在的中国仍然是个比较严峻的问题，中国的政府、学术界和全社会对此都非常关注。正像您所说的，在中西方之间，确实有一个文化差异问题。通过对知识产权保护的研究，我想您在这方面肯定也有很深切的感受。

安守廉：这个问题很难回答，不是几句话就能说清楚的。刚才我已经就知识产权保护方面的文化因素作了点分析。再宏观一点说，首先，和西方比较强调个人的传统有所不同，中国法律有自己的传统，比较强调集体和集体意识，比如家庭、宗族、村落等，都是被强调的比较重要的集体形式。换句话说，中国更讲求社会性，西方更讲求个人。其次，也是和第一点相关联的，就是西方比较注意权利，中国则比较注意社会责任。可是，虽然在历史上有这样的区别，但中国并不需要完全按照过去的思想和做法去做。当然，中国现在的法制受到了中国历史和文化的影响，我的意思不是中国不会变化，而是没有一成不变的东西。中国历史的因素、西方法律制度的因素，都应是中国法治化参考、借鉴的对象。其实西方也是如此。举个例子，我们的哈佛校友奥巴马，前一时期当选了美国总统，成为美国历史上的第一位黑人总统。可这件事要放在以前是不可想象的，如果再上溯到150年以前，他则会是个奴隶。所以美国的历史也有变化，而且变化巨大。当然，所谓变化，不是每一方面都要变化，也不是要变掉一切。要真是那样的话，问题倒变得非常简单了。有的法学家认为，历史不重要，可以完全不管，认为用诸如经济学的方法来分析法律就可以了。我觉得，这样看问题是不是过于简单了呢？

张冠梓：您批评昂格尔教授误读中国法的文章，是中国学术界比较熟悉的。1994年，中国出版了一部由中美学者合作编译的中文版《美国学者论中国法律传统》。该书收入的第一篇就是这篇文章。在您看来，在中国的历史和文化当中，哪些因素能够构成中国传统法律制度的独特性？换句话说，中国的传统法律和西方国家，譬如和美国、英国、德国的法律传统相比，有自己的什么特点？

安守廉：昂格尔教授对中国法所做的判断，是从一般西方学者的角度出发的。关于这一点，其实刚才我已经涉及了。往常，这些学者习惯于运用纯西方化的概念和标准，来评判一种生长于完全不同的社会土壤中的法律制度。这

方面，昂格尔等教授的观点，在过去很长的时间里，应当说具有广泛的代表性。我的观点就是针对他的这一问题展开的，虽然未必中其肯綮，也不一定能使这些被批评者及其同情者完全接受，但有一点看来是对的，那就是必须注意到法律与文化的关联。据我个人的观察，第二次世界大战后美国崛起的职业中国法学者，正在努力突破由老一代学者如韦伯、非职业中国法学者如昂格尔等人设置已久的"条条框框"，试图探索出一条研究中国法的新路子。这些学者反对生硬套用西方标准的简单做法，主张从接近中国人的思维模式和历史真实的角度出发，客观、完整地理解中国法律与其所赖以存在的社会文化传统间的有机联系。这是一种科学研究的进步，事实上也更接近中国法律传统的原貌。

张冠梓：在您看来，中国改革开放30年以来的法制建设有哪些成就？存在哪些挑战和问题？如何应对这些挑战和问题？

安守廉：这同样是个非常复杂的问题。概括地说，改革开放30年来的法制建设取得了很多成就，但也面临很多挑战。我父亲是一位历史学家，他经常告诉我要用历史的眼光看问题。从历史的角度来说，不管是在中国还是在美国，30年都是很短的时间。回顾改革开放之初的1978年，中国只有12个学校有法律系，没有法学院。那时候或在那之前，中国的律师多半是在苏联学习过的，专业储备和素养不是很好。这样的话，他们就不能胜任改革开放的大形势的需求，要应付与迅速涌入的西方国家的政府和企业进行谈判的任务，就显得捉襟见肘，经验不足。而且，那时中国的立法工作也比较简单。比如，关于合作企业的法律虽然在1979年就颁布了，但内容还是很简单。对照过去，再看看今天，你就会觉得改革开放 30 年来，中国法制建设的成就很了不起。现在，中国的大学里成立了很多法学院，出现很多法学教授，立法的成果也很丰富，还涌现了很多律师，不少律师的水平可以跟美国的或是欧洲的律师有得一比。所有这些，都是很大的成就。但另一方面，我觉得还有很多挑战。举一个例子，就是中国缺少民间机构。我觉得，不应当对这些民间的或非政府的机构有什么误解。换句话说，这些机构的目的不一定是反对政府的，而应是存在于政府外面、帮助政府分担社会任务的。尽管每个国家的社会与文化特点都不一样，和西方相比，中国的文化就有好多不一样的地方、不一样的方面，对同样一件事情会有不一样的认识，但我还是认为，不管是中国，还是美国、欧洲、印度等国家和地区，任何一个社会都需要民间组织。大家都知道美国的法律制度比较成功，为什么呢？因为美国的法律制度有着自己的特点，比方说美国许可并鼓励民间组织，而这些组织确实也发挥了非常重要的社会作用。民间组织的存在是社会正常运转最起码的条件、最基本的需求。它存在的目的就是分担一部分社会职责，不让政府做所有的事情，也不会让个人或家庭做所有的事情。可是在中国的法律框架里，对于民间机构的法律定位还是有问题的，起码不够清楚。老百姓要成立一个民间组织、开设一个民间机构，很不容易。其实，这对中国的法制建设和社会正常运转有着很大的不利影响。准许并鼓励民间组织、非政府组织，为它们建构一个清晰的制度框架，不管是对于文化发展、人权，还是别的事情，都很有好处。我这么说，意思是立法和政策制定怎样才能更加符合或贴近老百姓的实际需要，为老百姓用得着、用得上，成为属于老百姓的法律。我认为，在立法方面、在法律执行方面、在司法体制的建设方面，中国取得了很多成就，但还有不少挑战，有不少发展的余地和空间。

张冠梓：这的确是个问题。也就是说，书面上的法律怎样变成活的法（Living Law），变成有效地适应和规范老百姓生活和行为的法，而不是束之高阁的一纸空文。

安守廉：是这样。应当说，法律如何更有效地规范老百姓的生活，这不是中国独有的问题，而是各个国家都存在的问题。即使像美国、英国这些国家也有同样或类似的问题。在美国，我们的法律对于赌博、酗酒、药物、卖淫，不全是靠法律强制实施的，这点和中国有所不同。总的来说，一方面，中国这30年的法制建设成就，和其他经济、社会建设成就一样，可圈可点，成效显著。说实在的，中国30年来的变化和发展简直令人难以置信。可是，从另外一个角度来说，仍然任重而道远，仍然存在问题。立法工作方面，其中的一个问题是非政府机构的法律框架的建设。另一个问题是，世界上每一个大国都必须分权，让不同的机构承担责任，美国是联邦主义的法制制度，德国、印度等也有属于自己的制度形式。事实上中国也开始有了，比如立法法就有对各种立法主体的规定，其实就是对分权的规定，当然这方面仍然需要加强，因为中国经济规模越来越强大，需要更加清楚的、透明度高的分权机制，比如中央和地方的分权就越来越重要。现在中国的学术界也在谈论这些问题。还有一个重要的问题和挑战是市民社会的建立，也就是说，中央和地方权力的下放问题。这是不容易的，不管在美国还是别的国家都不容易，但中国尤其需要在这方面下更大的工夫。再比如，司法独立问题也是非常重要的事情，中国政府也作了很多努力，国内学术界也在谈，把它当成改革的一个方向，但这不是完全解决得了的问题。关于这点,其实现在美国也有争议。最高法院有的法官,比如斯克利尔大法官,对所主张的不同意见是直接负责的,我们依据宪法和法律判案,完全不要靠国外的案子,不管是英国的、加拿大的或别的国家的普通法,我们完全不要靠他们决定我们的案子,而是要按照美国的法律来决定。可是有的大法官,则主张参照别的国家差不多情况的案子。他们认为,可以不让外国的案子决定我们自己的案子,但需借鉴别国的经验、智慧,我们可以更深入地了解我们自己的事情、自己存在的问题,以便更好地判决自己的案子。这是一个司法独立的问题,因为斯克利尔大法官在政治上受政治力量的压力更大。所以,即使在美国司法独立也不是完全稳定、确定的。当然,和中国相比,美国的司法系统独立性更强。这方面,中国法律制度改革的挑战很大,而且在21世纪的挑战尤其不同于以往。中国的发展决定了中国要越来越多地和世界打交道,要越来越靠近和符合国际标准,不论环境、国际贸易、人权方面都是如此。现在,中国在世界上的影响越来越大,在制定和完善国际标准、国际规范、国际法等方面影响也越来越大。在30年前,中国实行改革开放,法律制度也进行改革,但多半是因应对国内变革和发展的需要。中国占世界人口的1/5,与世界的联系越来越密切,正发挥着越来越重要的国际影响,其法律制度的变革同样也必须适应国际形势的变化,接受来自国际社会的挑战。你知道,美国的制度模式和发展道路当然很重要,但不如过去那么有巨大的影响力。特别是自2008年以来,美国的经济暴露了很多问题。以往的经验告诉我们,中国在未来的重要性将越来越大,也许美国要正视世界多极化的新的格局。你看,20世纪90年代,美国在世界上拥有超强的影响力,另一方面整个世界又走向多极、多元。这不只是美国和中国的事情，还包括欧洲、印度或是其他的国家和地区。我认为，中国的发展建设对中国自身的发展意义重大，而中国国内的成败又必然影响着别的国家。可是除此以外，中国现在开始影响国际制度和秩序。8年以前中国进入世界贸易组织，开始影响这个重要的国际组织，相信以后的影响会越来越大。因此，中国现在做得对许多问题、许多方面都会产生影响，不仅影响我们这一代，而且影响下一代。从这个意义上说，中国的法制建设意义重大。

张冠梓：您刚才对中国的法律制度建设给予了高度肯定。记得您在2002年美国国会的一个听证发言中，也对中国法治建设的成就做了肯定。但当时您又说中国的法律体系还不符合公认的法治的定义。现在让您重新评价的话，您觉得目前的情况和自己在国会上的那个发言有何异同？

安守廉：那个时候，我确实有过这样的说法。你很细心，注意到了我几年前的这个谈话。你知道，参加国会会议是个很好的机会，一方面可以听取许多重要的观点，另一方面也是展示自己观点的好机会。距离上次我在国会发言的时间，已经六七年了。这几年，中国的法治建设当然又获得了新的成就，出台了许多新的法律，但基本的问题仍然存在，基本的挑战还在继续。其中最重要的问题之一，就是仍然需要加强个人权利的保护问题。也就是说，我不认为中国法治建设下一步的任务有什么根本的变化，中国还是要一如既往地面对并设法破解中国已经解决了若干并正在努力解决的法治建设问题。

张冠梓：您作为中国法研究专家，是否也参与了一些诸如中国各级人民代表大会的立法、法院的司法解释等一些咨询、顾问活动？通过这些活动，是否对中国法治建设的难度也有一些切身的体会？

安守廉：我做过一些这方面的咨询、顾问工作，尽管不是很多，但对中国法治建设方面面临的难度的确有些体会。总的来看，中国法治建设成就很大，变化很大。但中国人口太多、情况太复杂了，13亿人口就仿佛一个长长的队伍。这里面，有受过西方教育的，也有的是不识字的；有对世界知识掌握得很全面的，也有没有出过家门的；有很富裕的，也有很穷的；有最发达的地区，譬如北京、上海就跟伦敦、纽约没有多大区别，但也有贫穷、落后的地区。而在美国国内，就没有那么大的区别。我在课堂上给学生们讲中国法制史时，有的人就提出来，我们面对的不是一个中国，而是多个中国。我觉得他的观点很有意思，就从那个学生的观点引申开来，让他们进一步了解在当下的中国开展立法工作是件多么不容易的事情。因为，假如只看到北京、上海、广州的状况，就不可能适用于西部地区。而反过来，假如只顾及相对贫穷落后的地区，那对相对发达的、现代的地区也不适用。我的儿子现在在中国留学，在北京师范大学附中上课，条件和环境都不错。前一时期，老师带着他们到福建一个相对贫穷的少数民族地区进行调研，在那个地方待了一个多星期。他们老师开展这一活动的目的，就是要这些年轻学生们，包括一些外国学生在了解中国时，不要只看北京、上海，还要看相对贫困、落后的地区；不要只看汉族地区，还要看少数民族地区。我认为这个办法非常好。我注意到，有的美国人去中国，只在北京、上海的五星级宾馆待几天，就觉得中国怎么样怎么样，殊不知中国不单是这样的。所以，了解另外一个国家的历史和文化的背景和情况是不容易的事情。现在的中国，包括很多、很复杂的方面，西部的、东部的，城里

的、乡下的，等等。而且，现在中国历史这么长、变化这么快，也是别的国家所没有的。英国的工业革命差不多经历了100多年，美国也有50多年，而中国是在30年内就经历了那么大的变化。我记得第一次去中国，每个人差不多都穿着一样的衣服，对我这个外国人充满了戒备和好奇，现在再去则感觉大不一样了。所以说，中国情况这么复杂、变化这么快，要进行法制建设谈何容易！

张冠梓：据我所知，现在中国不少人对社会剧烈而快速的变化表现出或多或少的不适应。过去说30年是一代人，后来说12年是一代人，现在有人甚至说2年就是一代人。这说明中国社会的变化之快，而且是呈加速度向前发展的。

安守廉：关于这个问题，要看从哪个角度来认识。的确，中国的变化是如此之快，过去是30年、20年算一代，而现在则是5年、3年、2年算一代。可是，我认为，中国还是保留了不少自己的传统，也就是说，受到了自己的历史和文化的影响。这听起来有点儿矛盾，但却是事实。一方面经历了这么快、这么大的变化，另一方面又保留了中国传统的东西。要是有人说，我们没有受到过去的传统的影响，而是一切方面都发生了变化，我是不相信的，事实上那也是不可能的，起码中国人的法制观念等一些基本的规则还是受到了中国历史和文化传统的影响。打个比方说，虽然你穿着西装革履，但里面还有一些中国自己的因素。

张冠梓：但客观地说，留下来的有的是好的，但有的也不一定是好的。比如迷信、风水、看相、占卜等过去已经否定的东西，现在在青年中间也有所抬头。当然，也有人会不同意我对这些东西的价值判断。对一样的东西，不同的人的判断是不一样的，有人说好，有人说不好。也就是说，中国的历史和文化传统总是要有所保留的，但留什么、留多少、留多久等，则是一个异常复杂的问题。

安守廉：这个问题确实复杂，可要换个角度看也很简单。现在我60岁，我告诉我的学生：你们年轻很好，你们现在20多岁，还有五六十年，能够看到中国将来更多的变化，看到中国对整个世界发挥更大的作用。我想历史的发展有很多可能性，没有什么是一成不变的。中国的各项制度需要创新，需要现代化，但怎样处理和传统的关系则是个大问题。我越研究中国法制史，就越佩服中国的历史和文化，越来越发现中国有很多很好的现代性因素，需要提炼、总结和发扬。我有很多中国朋友，也经常在一起讨论。可是我不认为对中国的批评有什么不对，因为这可以帮助中国做更好的改进。这方面，民主问题是中国制度建设中一个基本的、不容回避的问题。我一般不太提批评性的意见，那样对问题的解决可能缺乏建设性。我认为，中国在进行制度创新时应当照顾到中国自己的传统和需求，而不是照搬西方的东西，或者与西方亦步亦趋。因为，彼此的历史和现实情况都是不同的，当然需要接受西方文化的好的东西，比如说接受美国文化中好的可取的东西——事实上美国也需要接受中国的影响。我经常以一个历史学家的思维来看待问题，不只关注美国历史，而且关注中国、英国和罗马等国家的历史。可以发现，历史上的大帝国，如罗马帝国、大英帝国、中华帝国，到如今的美利坚合众国，一个个兴起，又一个个衰落，有什么原因？有什么规律？说实话，美国作为一个新的帝国现在开始有点退缩了，这里面有很多问题需要总结、研究。

张冠梓：不管是属于自己的历史经验，还是别人的，都须搞清楚了，再有选择地继承或吸收，这是历史研究者的一个比较理想的观点。我觉得,和其他国家——比如日本相比,中国的历史太长、人口太多,改变起来恐怕更难。

安守廉:是的,改变起来确实有难度,但不是做不到。日本的法制建设有很多长处,许多中国学者都很关注,但日本也有问题。它的政治制度虽然是民主制度,但制度的变化太慢,而且不太容易解决国内的问题,我想这和它的文化特点有关系。每个国家都有自己的道路,像美国没有很长的历史,每个人可以做到所有你愿意做的事情。要是你这么聪明用功,你全部都可以做。这是美国人基本的态度。比如说奥巴马,他是一个少数民族人,父母也没有给他提供什么政治资源,可是因为他很聪明、很用功,不断努力地做事情,最后终于被全社会认可,被选为美国总统。无论如何,这是美国的好处。但美国的制度变革也不是一蹴而就的,而是经历了长时间的过程,中间也有分歧和争论。

张冠梓:您在《第二长城:中国的文化大革命后的法治建设》(*A Second Great Wall? China's Post-Cultural Revolution Project of Legal Construction*)、《输出:追求幸福》(*Exporting the "Pursuit of Happiness"*)等文章中,对一些历史虚无主义、历史终结论等观点提出了批评,同时提出告诫:要避免一种先验的或毫无根据的假设,要将中国按照世界历史当中的一种方式来发展。您确定地预见到中国将走出一条属于自己的、具有中国特色的法治建设的道路,而不是对中国传统的一种简单延续,也不是对西方法制的简单的移植。这一观点在中国的法学家中是有共鸣的。

安守廉:在未来,中国当然不会完全模仿中国历史上的法律制度,因为已经时过境迁,连最保守的中国人都不主张这样做。但中国也不会模仿西方的法律制度,因为中国文化和情况跟西方是不一样的。当下的中国，经历了新的巨大变化，也面临一个机会，就是可以很精心地设计属于自己的法治化道路。我认为，一些带有普遍性的价值和原则是适用于所有国家和民族的，而另有一些规则并不适用于所有的国家和民族。中国有自己的文化传统，美国也有属于自己的文化传统，但我不认为，中国与美国的历史和文化就完全不一样，二者没有共同的价值和规则。不能因为历史和文化的不同，就认为美国人不能批评中国，中国人也不能批评美国。不同国家的历史和发展道路不同，国家和政府的体制、法律制度会有所不同，也无须完全一样，但肯定有个共同的原则。一方面，有一般的、通用的、普遍的价值；另一方面，也要遵循自己的特点。不一定是一样的制度，但总有一个基本的价值和原则。一般地说，那些关于保护人文、人权、民主、自由方面的规范是共通的、基本的。这是大概的原则。但一旦具体地谈，或者将它付诸实践，就不再是一件容易的事情，也就是说，哪些是普遍的、基本的、共同的原则，而哪些又是不同国家的不同的、具体的情况，不同的国家有着不同的看法。比如，一个美国人认定的一些带有普遍性的价值和原则，中国人则认为不具普遍性，而是具有不同的模式和特点。因此，在这方面是不容易达成共识的。我想，最好的办法不是在两个国家之间作比较，而是要在多个国家之间作比较。不管是中国、美国，还是日本、英国，进行多个国家的综合的比较，这是非常有益的。一般地说，美国教授对本国的法律更熟悉，期待其他国家的人多了解美国的法律制度，他们到中国去讲的，更多的也是美国的法律制度和法律思想。我的想法是，最好多看几个国家，譬如美国、英国、德国、印度等，或者还有别的国家，可以具体地看一看，哪些是共通的价值和原则，而哪些又是不一样的制度、模式和道路。倘若只拿美国和中国作比较，就比较简单、武断，也是不够容易说清楚的。其实，如果稍微具体地比较一下就会发现，美国的政治制度、经济制度、法律制度和英国的很不一样，和德国的也很不一样，尽管这几个国家都是资本主义国家。我们在看了很多例子以后，就可以发现哪些因素是共通的，而哪些是不同的，又有哪些是只适合中国的。由此，中国可以去构建既带有普遍价值又具有中国特点的政治、经济和法律制度。2008年，我到中国人民大学开了一个关于残疾人权利保护的会议，英国、美国、德国、印度等很多国家的人都来参加会议。在谈到不同国家对残疾人保护的法律制度时，是非常不一样的，尽管这些国家对残疾人的权利都有一定的保护制度。譬如，德国政府重视残疾人工作，拨付了大量资金给予支持；美国则鼓励并保障残疾人以法律手段要求得到保护的权利，等等。我觉得，美国对残疾人保护的制度设置也是有好处的，起码残疾人可以有渠道和方式保护自己的权利。残疾人本身是相对弱势的，要是不能拥有保护自己的利益，是比较糟糕的。相比之下，德国政府虽然给钱很多，可是残疾人自己的事情有的时候需要自己来决定，而不是政府决定他们来做这个、做那个。所有这些，都可以供中国比较、参考、选择，以构建、完善中国自己的残疾人保护制度。说到这里，我不得不说一下自己的一个顾虑。我有时也担心被中国学者误解，说我对中国有什么别的企图。我觉得，美国人可以对中国的制度提意见，中国人可以对美国的制度提意见。我觉得，不要因为我是外国人，我谈点不同的看法，就断言我对中国好或者不好。这些年来，中国认可并参与国际学术界对话的学者越来越多，视野和胸怀也变化很大，希望以后有越来越多的中国学者、美国学者和其他国家的学者坐在一起，开展学术讨论。我认为我们都有义务参与世界各国学者的学术研究的对话，当然也必须对其他国家的学者秉持开放和诚恳的心态。

张冠梓： 自鸦片战争以降，中国的对外开放伴随着近代化进程起起伏伏，中间有间断，也有高潮。记得民国时期，中国政府邀请罗斯科·庞德（Roscoe Pound，1870—1964）等西方著名法学家多次到中国，担任政府顾问，做咨询、审改法律法规，帮助中国进行法制改革的工作。这方面，我觉得是很重要，也很必要的。

安守廉： 是这样。眼下，我正和一位中国学者合作撰写一篇关于罗斯科·庞德教授的文章，主要是研究他在中国都做了什么，对中国（包括大陆和台湾）的政治法律变迁有些什么影响。此外，也想研究一下中国对庞德有什么影响，因为中国的文化及其现代化变革肯定对他也有很深的影响。你知道，20世纪40年代，庞德曾到过中国，并对中国当时的法律变革提出了许多意见和建议，他的法律社会学思想也对中国产生了巨大的影响。他在《通过法律的社会控制》（*Social Control Through Law*，1942）一

著名法学家、哈佛大学法学院罗斯科·庞德教授

书中阐释了自己关于法律社会学思想的基本方法论、社会文明定位、法律价值的功能思考和法律任务的功利主义考察等问题。我认为，他的法律思想，特别是关于比较法律研究的观点，即使比现在的绝大部分美国学者也还要丰富而深刻得多。他在帮助中国政府立法时，不仅提出美国的法律制度的个案，而且援引德、英、法等其他国家的法律制度。他觉得，多观察、比较研究几个国家的法律制度，而不是少数一两个国家的法律制度，可能对立法者和研究者大有裨益。我们现在所在的这个庞德大楼（Pound Hall），就是以庞德教授的名字命名的，一楼的大厅还挂着他的大幅照片，以表示对这位著名法学家的纪念。

庞德大楼（哈佛大学东亚法律研究中心位于该楼四层）

张冠梓：是的。庞德非常强调法律的社会作用和效果，他关于法律是一种"社会工程"（social engineering）或"社会控制"（social control）工具的学说给中国学者带来了很大启发。其中，我对他的一句话印象深刻："我们越是清楚认识到我们正在做什么和为什么这样做，则我们的社会工程将越有效。"受他的思想的启发，这些年来，我一直对中国少数民族传统法律及其社会意义和文化价值有所关注，并借用了法律社会学和法律人类学的方式方法进行研究。来到哈佛大学后，我选择了一个题目，就是对中国和美国的两个少数民族的草根民主进行比较研究。2007年9月，我曾经对西藏拉萨附近一个叫岗德林的藏族村子进行过调研，初步了解了那个地方的社会组织的基本状况。下一步，我打算再到一个叫奥格拉拉（Oglala）的印第安人部落去调研一下，看一看印第安人社会是怎样运转、怎样管理的，看一看那里的普通老百姓是如何参与公共事务、怎样跟政府打交道的，也看一看他们的固有法是如何与美国联邦和相关州的法律发生关系的。然后，如有可能，我想把藏族村落和印第安部落的法律文化问题做一个比较。这方面，还请您多加指教。

安守廉：这个题目很有趣。我可以给你介绍一些研究印第安法律的美国专家。有一位教授研究美国联邦政府与少数民族的关系，另一位教授研究印第安部落的内部制度，可能会对你有所帮助。记得我在华盛顿的律师事务所工作时，曾为一个印第安部落——那是我们的一家很大的客户——代理案子。其中一个案子，是关于19世纪美国政府拿走他们的土地，他们起诉政府要求赔偿的案子。我记得，这个部落里，有些人主张赔偿，要政府拿钱；而另外一些人则反对，说这不单是钱的问题，不能用钱来解决。他们认为，这个土地是私有土地，不是钱的问题，不能简单地用钱衡量，而是与道德、历史有关系，关乎自己部落的宗教，即使给再多的钱也不够。那时候，为他们代理的律师在去印第安人领导的住处时需要一些军事导向和保护，因为一些人想置他们于死地。现在，回想起这些事情来，感觉很有意思。我觉得，你的这个题目很有意义，而且你学过历史、人类学和法学，这样的学习和研究经历也有助于这个题目的研究。对于法学而言，法律社会学和法律人类学是非常重要的研究视角和手段。用这一视角和手段来看中国的法律，不仅可以研究中国的少数民族，还可以研究汉族，研究整个中国法律文化。事实上，对于西方来讲，整个中国都适合于用另外一个角度去研究和观察。研究少数民族传统法律很有意义，对于研究整个中国的法律文化都有帮助，而且用人类学、社会学的方式方法，对于找到这些民族的法律文化的特殊意义具有帮助。我觉得，借鉴和学习西方的东西，重在研究具体的内容。当然，那些宏观的、普遍性的价值，或带有全球性或普世性的规则，肯定也有帮助。我认为当下中国社会的一些法律制度建设、法制化的方向，好多似乎都是奔着人类共同的方向走的，但也有自己的东西。怎样找到自己的东西，像你刚才所说的例子，那就需要去观察、研究、比较、选择。另外就是具体的制度，不要老是谈民主，民主当然是很重要的，但是模式不同，实现途径也不同，民主必须与具体的人有关，如果民主变成了上帝的意志，或变成了一个空洞的东西，那就失去了它的价值，不是它的目的了。它的目的必须与每个人有关系。选择一个社区或村落，研究一下草根民主，看看老百姓具体是如何看待民主、行使民主的。你会发现，同样是印第安人，这样一个美国的少数民族，但其政治制度和民主制度是不一样的，和中国的少数民族更不一样。中国的少数民族也是如此，相互之间是不一样的。比如说藏族，无论从历史的视角，还是文化的、经济的、政治的视角，都有自己的特殊性。从这些不同的角度，找出其制度的合理性以及问题和不足，是一个颇为困难的题目。因为既要保护他们的民族文化——加拿大叫作保护多元文化；又要不违反人权原则，不违反全人类的带有普适性的基本原则，这二者之间处理不好的话，是会有一些矛盾的。

2009年6月，张冠梓在南达科他州奥格拉拉印第安部落调研时与首领合影

张冠梓：我觉得，比较两个少数民族之间的制度建设的确很不容易。我想具体地看一下联邦政府（federal government）、州政府（state government）、部落政府（tribe government）、村落（village）之间的关系是怎么样的，在决定一件事情的时候是怎么运转的。

安守廉：这个问题更复杂。不同的印第安部落有着不同的情况，有的差别甚至很大。有的印第安部落允许设立赌场经营赌博，可以挣很多钱，这样部落内部就经常出现争做领导的情况。有的开发旅游，但也会出现旅游是否破坏他们的文化的争论。也就是说，一方面他们要有收入、

要挣钱，另一方面又觉得好像影响了文化，这也是个矛盾。什么是传统什么不是传统，是保护那个还是保护这个，需要谁来决定，也是个问题。联邦政府、州政府和部落政府会有不同的意见，即使在一个部落之内，可能也有不一样的看法。我想每一个多民族国家大概都会有这样的问题。对不同国家管理少数民族的方式进行互相比较，进而互相借鉴，当然是很有意义的。

张冠梓：我觉得，从法律多元主义的角度来研究少数民族传统法律文化很有意思。在云南西部横断山脉有一个人数很少的民族——怒族，近代以前，这个民族有少量的习惯法以规范自身的生产和生活，但同时受一个强势的景颇族山官制度的影响，又归傣族土司管理、受土司法规约束，还受中央王朝的法律管理。这样，一个人数不多的民族就被四种不同的法律制度来调整，而且老百姓知道遇到什么事情该找什么人，哪些事情用什么规范来调整。

安守廉：这个问题的确很复杂。有的民族是相对集中，有的民族则是杂居、散居的，如何保护不同地区少数民族的权益，比如自治问题、发展问题、传统文化保护问题等，都是重要而复杂的问题。这方面，法学界了解得不多，研究得更不够。

张冠梓：我知道，您最近在从事残疾人法律保障制度方面的研究，刚才您也提到过。能不能简单介绍一下这方面的情况？

安守廉：坦率地说，我不是残疾法方面的专家，只能就我的工作进行一般性的介绍。回顾一下历史就不难发现，许多国家和民族对残疾人的态度是不好的，有些做法甚至是带有歧视性和羞辱性的。比如在美国，直到现在仍然有歧视残障人士的现象。当然，我提到这点，并不是想把美国置于不当的批评中。我想强调的是，爱护、尊重、帮助残疾人，并以法律的形式确定下来，是全人类面临的共同课题和挑战。十多年前，我曾经联系一些有钱的朋友，希望他们捐款帮助中国的残疾儿童。有些人就说我徒劳无益，是在浪费时间。他们觉得，在相当长的时间里，中国残疾人的状况不会改变。我不相信他们的话，坚持去做、去推动。事实上，我们看到中国在这方面做出了很多的努力，也取得了进展。这也让我明白，每个国家在这方面的历史是相似的，只有不断地努力，履行自己的责任，才能有所成功、有所收获。

张冠梓：谈到残疾人的保护制度，现在一个重要而基本的问题，就是哪些人属于残疾人？也就是说，一些身心明显不健全的人容易区分，但另外一些人则不容易确定。而且随着社会的进步，残疾人这一概念在不断发生变化。您怎么看待这个问题？

安守廉：残疾人保护不仅是一个实践的问题，而且也是一个带有理论性的问题，有些问题需要进行深入的探讨。譬如像你所说的关于残疾的定义，就是其中之一。我觉得，任何社会对残疾人的标准，都不能局限于历史上某个时期的说法和认识。比如说在美国，只要有残疾的人士就受到保护，可以享受由政府提供的服务和帮助，不一定非得有严重的残疾才行。我想说的是，因为世界在变化，我们关于残疾人的定义和认识也必须是开放式的、不断变化的。随着世界的变化、社会的发展，残疾人的概念已经变了，而且我确信还会有新的不断的变化。残疾人的外延越来越大，适用于更多的人。你看全世界的趋势就会发现，各个国家越来越富裕，他们对于残疾人的概念也越来越宽泛。有一些国家，比如加拿大和北欧的一些国家，残疾人数众多，比世界平均数字多得多，就是因为他们关于残疾人的定义很宽泛。

2007年1月，安守廉在中国人民大学举办的"残疾人权益保障法律机制国际研讨会"上发言

张冠梓：您能否介绍一下各国在残疾人权利保护方面有什么异同？这是否和各自国家的权利观念及模式有关系？

安守廉：我们要注重各个国家在残疾人保护方面的一些共同之处，而不是拘泥于那些一成不变的模式。关于残疾人保护制度方面，我们有很多的工作模式，各有长短。概括地讲，主要有两种，一种是以权利为基数的模式，还有一种是以社会福利为基数的模式。这里还有很多专家，对这些模式的了解比我多得多。首先是以权利为基数的模式。在刚才的谈话中也提到了，他们强调个人的权利，这种模式下，个人有这种权利，而且个人主张权利的责任主要是在这里，但是大家必须要知道，至少是在美国，政府还有很多社会福利方面的责任，即便是在以个人权利为基础的模式中，政府也有社会福利的责任。同样，在社会福利模式中，政府也有很大的责任为残疾人提供服务帮助。在这方面我们必须知道，我们其他的同事也提到了，在欧洲，个人越来越重要了，个人权利越来越大，所以我说这种模式并不是完全排他的。每一个模式都有它的优势。它的优势、它的好处恰恰说明其他模式的弱点，有利有弊。比如说，以权利为基础的模式有它的优势，在哪里呢？它适应飞速变化的社会，对这个变化更敏感，不管是积极的变化还是消极的变化，而且同个人的特殊需要有非常密切的关系。因为处在这种模式中的人对自己的状况更了解。个人权利涉及个人权利诉讼，但诉讼并不一定是唯一的方式，还有行政的方式，即也不一定非要起诉，也可以主张自己的权利，通过特殊的语言让大家都能够了解。

以权利为基础的优势还有可能对公民，特别是对有残疾的公民非常好。它可以给出一个很强烈的信号，给全国发出一个信号，提醒大家，残疾人并不是孤独的，而且他们有权得到社会的帮助和保护，和其他人一样。我做了很多公益事业，在奥运会方面做了很多的公益事业，我们看到残疾人了解自己的权利，觉得自己属于整个社会，而且这种模式可以及时提供救助。美国是很大的国家，受到歧视的人可以更好、更快地得到救助，公民采取行动比政府官员采取行动要快得多，这样有利于公民，也有利于社会稳定。

但是权利导向模式也有一些挑战，我想实话实说。比如说对个人的要求很高，很大责任在个人。如果个人能力很强，而且了解很多情况，主动出击，他们就会得到很大的帮助。如果一个人情况正好相反，很多权利主张起来比较困难，这样采取权利导向模式就很重要。所以我们要不断地向残疾人介绍他们的权利，非政府组织、法律人员应该帮助他们享有权利，并在权利被侵犯的时候知道如何有效地救济，这非常重要，但是这也有挑战。哪些情况才能充分代表残障人士的权利，这个很难，特别是对智障人士来说，在这方面难度更大。我是以我个人的经验，在特殊奥运会上的经验来说的。我们大约有40个人，有著名的学者和商业人士。我们不能低估智障人士的能力。我们有很多这方面的例子，他们在智力方面有缺陷，但有的时候他们的见识比我们还强。我们是没有智障的，但是我们不能低估他们的能力。

权利导向模式的挑战是在于可能像社会福利模式那样产生系统性的影响，这表现在三个方面。第一，就其本质来讲，诉讼仍然是个人权利得以确认的主要渠道，比起立法和规条而言往往比较具体，是针对某一个问题或者某一个人，而不是试图成为全面的、有体系的、针对所有人的议题。第二，除非是最高法院或者比较高层面的法院来执行，否则法院效力不如立法和其他行政机关。第三，即使在美国这样的国家，法院也缺乏真正自我执行的权力，因此其判决得到执行，最终有赖于大众对法律的尊重。

张冠梓：与残疾人的保护制度密切相关的，是社会福利制度。您认为，如何才能完善针对残疾人的社会福利制度？

安守廉：让我们先看一下社会福利模式的优缺点。首先这个福利模式的优点是积极方面的，也是显而易见的。至少良好运作的社会福利模式比起权力导向模式不太容易让某些人无法跟进。也就是说，如果有足够的政府资金的保证，如果有政府的远见，如果有关爱的官员、活跃的政府组织、见多识广的公民群体，就不太会有人陷入贫困之中。但是，社会福利模式有一个问题就是它不太有活力，还容易产生机构管理方案、配额和类似的东西，等等。也许我的朋友不同意我的说法，但是福利模式我们要和官僚机构打交道，比如说在美国，我们现在正在鼓励残疾人士生活在社区里而非生活在一个机构当中，因为把他们放在一个机构里，容易把他们同社会隔绝。另外欧洲的模式现在也开始结合美国的权利模式的一些优点，因为它们觉得应该帮助减少成本，它们觉得美国的权利模式能够减少成本。然而，福利模式我们比较容易计算成本，但权利模式我们不太容易计算成本。

张冠梓：看来不同国家的发展模式的确是不一样的。那么，如何看待这些不同呢？

安守廉：我认为，每一个国家在建立起自己模式的时候，都需要做两件事情。既要关注自己本国的特色、自己国家的文化和经济发展水平，同时也应该注意世界的趋势、世界的义务，这不是一个国家能够回避的。无论是福利模式还是权利模式都有其自己的背景，也反映了它们所存在的社会的重要价值。看一下美国历史，就不难发现，导致制定美国的残疾人法的运动，部分是受了民权运动的影响。因此，要想成功，每个模式都要跨越自己。比如说美国的残疾人法的前提和依托在于其运作是基于具有充分活力的法律制度，并且有强大的富有企业精神的律师群体，因此建立模式的时候要考虑趋势问题。

张冠梓：谈到趋势，各国在残疾人权利保护方面是否也有共通的特点或一致的趋势呢？

安守廉：这正是我接下来要强调的另外一个方面。虽然每个国家要考虑自己的条件，但我们也要认识到，世界上有一些总的趋势。尤其是最近联合国推出了残疾人权利国际公约，也说明有一个国际趋势的存在。它强调了七大人群，是作为联合国第七个最主要的人权公约和新千年以来的第一个公约，规定了对残疾人有深切的义务。我的几位朋友都参与了公约的制定，我们对此表示感谢，同时我们还希望在必要的时候他们会谈及公约的相关部分。另外，我们要注意到，每个国家的公民社会都正起着越来越重要的作用。不难发现，传统的社会福利成本已经无法维持了，因此我们需要更积极的公民，我们需要劳动力市场的帮忙。根据它的建议，一个有活力的公民社会就有潜力减轻原本对国家而言过于沉重的成本。许多国家的经验也表明无论是在权利导向模式下的国家还是社会福利模式下的国家，为了保障残疾人获得完全的法律保障和社会福利，一个积极参与的公民社会是必不可少的。我自己与智障人士工作的经历也证明了这一点，为残疾人建立广泛的渠道，使他们成为社会有用之士，使他们发挥潜能，不仅对他们自己有利，也能让社会分享他们的劳动成果，使他们获利。

张冠梓：您能否结合自己的研究和观察，展望一下中国残疾人权利保护的前景？

安守廉：我担任国际特奥会理事，对中国而言重要的一点在于继续推广这项活动，而不要让特奥会只是昙花一现。相信中国领导人是有诚意的。但就像所有事情一样，关键在于后续的跟进。我几十年来致力于对残疾人制度进行改革，并不是都在中国，有时还在美国、德国，即使在别的国家、别的地方，我也是支持奥运会的忠实会员。我也有兴趣当一个志愿者，来中国学习，做一点对残疾人的研究，研究怎么保护残疾人的利益。在我的办公室里，你曾问过我对1984年的法律改革有什么建议。我想，改革对于残疾人可以说取得了一些成就，但也还有一点问题。我告诉你，中国经过这 30 年的改革所取得的成就比起别的经济还没有发展起来的国家，已经很不错了。中国越来越注重保护残疾人群体的利益，2008 年还修改了针对残疾人的基本法。另外，中国和许多其他国家一样现在已经加入了保护残疾人权利的机构，但美国还没有加入，所以中国有的方面做得还是很不错的。但是正像有的媒体说的那样，你看中国最有名的大学，很少有残疾的学生，也许在中国残疾人很难有机会上最有名的大学。在北京、上海等大城市，路上有残障人士专门的道路和设施，有专门为盲人制造的盲道，但在别的城市就很少或没有。还有残疾人的小孩上学，听说他们还要参加一个附加的考试。现在西方认为融合教育是非常重要的，不能把所有的残疾人都放在同一所学校里，这样会对有些残疾人造成伤害，可能对于他们而言，把他们当作正常人会更好。为什么？是因为这样能给残疾人的小孩更多的机会，同时也给其他正常的小孩一个了解残疾人的问题和情况的很好的机会。所以融合教育非常重要。道理很简单，你不可能因为一个小孩是残疾人而把他放在一边，你需要帮助他，他也需要比较多的老师。因此，我认为中国取得了很不错的进步，但是还要做更多的改变。至于当时自己怎么考虑选择一个残疾人的法律来研究，我认为，就像你决定研究中国的少数民族法律，既可以了解少数民族的情况，又可以了解一般法律的问题一样，我也认为研究残疾人法律，既可以了解残疾人的情况和问题，又可以了解社会大概的情况和问题。为什么？因为残疾人是我们当中最弱的群体，尤其是智障人，有很多事情我们应当去做。要了解一个社会的文明程度，只要看一下他们怎样对待最弱的群体，就可以了解这个社会到底是什么样的社会。

张冠梓：我刚来波士顿的时候，发现残障人士可以自由自在地出入公园、地铁、商店等公共场所，可以到他（她）想去的任何地方。我觉得这很不错。

安守廉：一个社会的基本道德是什么，他们的价值准则是什么，这个问题很有趣。我开始研究中国的残疾人法律制度时，不少外国人都认为："你研究中国残疾人，做这个志愿者，纯粹是浪费时间。中国人非常不喜欢残疾人，不关心、不照顾他们的生活。"我不听他们的话，一定要试试，开展这样的研究和志愿者的活动。我很快发现，中国人对待残疾人的态度其实和西方人没有太大区别，他们很愿意帮助我，尽管没有相应的民间机构做这个事情，残疾人援助和保护机制在中国也还没有完全发展起来，可是人们对待残疾人的尊重和帮助的意识跟美国人没有区别，不管是政府还是社会，不管是普通百姓还是学者，都是这样。这增加了我的信心，我觉得我的选择是对的。

张冠梓：您刚才提到北京、上海等大城市，设置了一些残疾人设施，如盲道、电梯等，但是我觉得用得还不够好。比如，在波士顿，残疾人是可以自行上下地铁和公共汽车的，而中国则很少有残疾人可以自行出入地铁和公共汽车。还有，在中国虽然也设置了一些盲道，但经常有人把自行车停放在盲道上，而有的盲道铺到一个地方，比如碰到电线杆或者其他别的东西，就中断了。我想，这是没有设身处地地为残疾人着想。残疾人因为身体或智力的原因，不能和社会上的正常人一样行动，就需要正常人给予帮助。健全人士对残疾人朋友的态度如何，说到底是反映了一个人的素养，也反映了这个社会的文明程度和发展程度。

安守廉：是这样的。在这方面，历史传统是非常重要的。美国就是一个很好的例证。你知道，哈佛法学院这些年来的校友中，除了奥巴马以外，最有名的可能是一个叫作奥利费·温德尔·霍姆斯（Oliver Wendell Holmes）的大法官。他在美国最高法院做大法官30多年。可即便如他这么高层次的人士也难免对此有偏见。1972年，他在对涉及残疾人的一个案子里面，写了一句话，主张不要让智障人生孩子，那个案子后来对政府的态度起了很不好的影响。现在，社会进步了，没有多少人还持有这样的看法。你看美国的律师界这30年发生了多大的变化，当时连最有名的大法官的看法都是如此，而要是你今天还提出来这样的意见，99%的美国人肯定会不同意，可是那时的人们都认为这很正常。我想，中国在残疾人保护方面，肯定也会有很大的变化，现在的情况就和二三十年前很不同。我注意到，中国政府和民众其实一直在努力推动这个事情。

张冠梓： 据我所知，这几年，哈佛大学正在进行课程改革。这在哈佛大学的历史上不是一件小事，不仅引起了哈佛全校师生的热议，而且全美教育界，乃至中国教育界都颇为关注。您作为法学院的副院长，能否介绍一下法学院课程改革的情况？

安守廉： 这几年，哈佛大学的各个院系相继进行了课程改革，都取得了较好的效果。我仅简单介绍一下法学院的情况。从2007年秋季开始，哈佛大学法学院法学博士项目（J. D. Program）的一年级学生除了完成传统的六门课程——契约法、侵权合同法、民事诉讼法、刑法、财产法和法律研究写作——之外，还得在新增的三门课程——立法和管制、国际法和比较法、问题和理论——之中，选择其中的一门学习。其中，所谓国际公法，主要内容是国家与非政府组织的双边与多边的互动，随着时间推移而逐渐

安守廉参加2009年哈佛大学法学院毕业典礼

产生的法源、制度和程序。所谓国际经济法，主要介绍关于商业交易、贸易和金融等错综复杂的经济法规与私人契约，这些经济法规与私人契约一方面建立全球经济秩序，另一方面也管理全球经济秩序。所谓比较法，主要目的是让学生了解美国以外的法律秩序，特别是法律概念的跨国借用与传播，以及不同的文化与传统对各种实体法与程序法问题的不同处理方法。这项改革的方案是在2006年10月的时候由全体法学院教授一致同意而通过的。许多教授对这次课程改革给予了很高的评价。记得卡根（Elena Kagen）院长在改革方案通过的时候说，一百多年前哈佛大学法学院首创了法学院一年级教程，如今哈佛法学院又在法学教育改革方面迈出了巨大的一步。教授联席会议主席米诺（Martha Minow）说，三门新增的课程，目的是让学生适应21世纪的立法与司法并重、商贸日趋全球化以及经济技术文化变迁要求法律人创造性地解决实际问题的时代。我认为，这次改革方案的一个显著特点，就是朝着领导法律全球化的方向前进。这两年，我讲授的中国法（比较法）就是其中的新增课程之一。现在看来，新增加的这些课程很受欢迎，不仅深受法学院学生喜爱，也吸引了其他院系的众多学生前来选修。我想，这项改革对中国的法学教育也有参考价值。固然，中美法律教育体制在很多方面有所不同，但如何让学生在学校期间有效地利用教育资源却是共通的，那就是，法学教育的宗旨和任务到底是什么，如何实现这样的任务，或者可以说，法学院的学生到底应该学习什么，法学院如何有效地进行教学。我想，这是包括美国和中国在内的世界各国所有法学教育工作者应当认真研究并加以解决的问题。

张冠梓：一个月前，奥巴马当选美国新一任总统，在世界各国引起很大反响。一种评论认为，他的当选是美国确立新价值的标志性事件，大大改变了世界对美国的认识。您如何看待国际社会对自己这位学生的评论？

安守廉：倘若没有历史的影响，那么一切变化皆有可能。刚才我谈到，历史上我们曾经犯了不少因不懂历史而带来的错误和麻烦。美国同越南打仗的一个原因，是他们不懂历史，尤其不懂亚洲的历史。他们开始跟越南打仗，说一年的时间，就可以完全解决问题。他们完全不懂得，也不理会越南有多少个少数民族。这个国家有一千多年的战争历史，外国人怎么能用一年就完全解决呢？那是不可能的事情嘛。对于奥巴马当选新一任美国总统这件事情，美国人，还有世界各国的人都对他抱有希望，希望他能解决很多问题，但事实上一个人不可能解决所有的问题，因为美国有自己的历史，有自己的传统，需要继承和改变的东西太多，需要解决的问题也很多。当然，美国有自己的长处，譬如我们的公民社会比较健全，民主制度也比较好，法律制度也比较完备，法律环境也很不错。再比如，美国的一个好处是开放性地思考问题，什么事情都可以做。可是美国也有不少问题，比方说我们有一个不好的生活习惯，就是不存钱，这个习惯的弊病在这次金融危机中暴露无遗。一般来说，美国人要是赚 100 块钱，就会花 150 块。而中国人赚 100 块钱，则只会用 80 块或者 50 块。对于美国而言，这是有很大的问题的，不光是政府，企业、团体和个人都有这种现象，需要加以改变。我认为，不管是一个个人还是一个社会，甚至一个国家，好处和坏处都是交织在一起的。其实，中国也是一样，好处和坏处也是交织在一起的，譬如你们的社会比较有秩序，但又管得严厉了一些。作为新一任美国总统，奥巴马无论是变革还是发展，都必须在历史和现实之间找到平衡。

法律改革的两难：职业主义与大众主义

受访人——李本（Benjamin L. Liebman）
采访人——王赢

李本教授

李本，哥伦比亚大学法学院中国法研究中心主任，哥伦比亚大学李瑞朋（Robert L. Lieff）讲席法学终身教授，美国著名中国法研究专家。他于1991年获耶鲁大学文学学士学位（中文专业），1993年获牛津大学文学学士学位（哲学、政治和经济专业），1998年获得哈佛大学法学博士学位（J. D.）。他在哈佛大学法学院求学期间曾任《哈佛法律评论》编委，2002年起执教于哥伦比亚大学法学院。在此之前，曾任美国第一巡回区上诉法院法官助理、美国联邦最高法院法官助理。

李本教授研究的重点是中国法律制度的变迁和演化。他有关中国法问题的著述十分广泛，内容涉及传媒与司法、法院改革、环境法律问题、集团诉讼、律师与法律援助等多个领域，并产生了广泛的学术影响。近期他的研究兴趣集中在中国侵权法、信访制度以及中国法院的改革等问题上。

李本教授曾经多次受国内外著名学术机构的邀请，就中国法问题进行讲学。他还被中国社会科学院法学研究所、吉林大学法学院和华中科技大学法学院等研究机构聘请为客座教授。

此外，他还兼任美中关系全国委员会会员等多项社会职务，为中美两国的法律学术交流做出了重要的贡献。

主编手记

　　李本教授虽然现在不在哈佛大学教书，但他却与哈佛有着不解之缘。2002年就任哥伦比亚大学法学院中国法中心主任的李本在耶鲁、牛津、哈佛大学分别获得两个文学学士学位和一个法律博士学位。他出身法学世家，有着极佳的教育背景和家学渊源，父母均为法学教授，其父曾任哥伦比亚大学法学院院长。难能可贵的是，拥有三所世界著名大学学位证书的他，居然能说一口纯正、流利的中国话，甚至把中文变成了中心的官方语言。他从事中国法研究多年，对中国的法律十分精通。2009年6月22日，应笔者的邀请，李本教授接受了时为清华大学法学院博士研究生王赢的访谈。李本教授在访谈中对中国法律改革已取得的成就表示肯定，也客观地对法律改革所面临的困难作出剖析。

　　王赢：李本教授，您好！感谢您以哈佛大学校友的名义接受我们的访谈。我想我们的访谈可以从您与中国和中国法研究的结缘开始。谈到您与中国的联系，恐怕不能不提到1986年您作为第一批中美高中学生交换计划的成员到北京景山学校学习的那段经历。能否请您谈谈那次中国之行的缘起、经历？

　　李本：那次中国之行对我来说是一次非常幸运的经历。1986年，美国和中国开始实施高中生交换计划，互派高中生到对方的中学里学习和生活。我有幸成为这个计划的第一批参与者。当时我之所以选择去中国，是因为我想找一个跟美国最不一样的国家去体验这个国家的文化和社会。当然，世界上跟美国不同的国家有很多，之前我也曾经去过其他一些国家，但是无论从文化、社会还是从政治方面对比，中国和美国的差异都可能更大一些。对于一个年轻的高中学生来说，体验一种完全不同的文化是一件很有吸引力的事情。当时，我们天天跟中国同学一起上课、生活。我是高三年级的学生，但是北京高三的学生都在复习准备高考，因此学校把我们安排在了高二年级上课。当时的第一个感觉就是中国的学校对学生的要求十分严格，在高考的压力下北京的学生都很用功，因为当时在中国读大学远没有现在这么多的机会。我学习中文的经历也很有意思，可以说我的中文是在北京的胡同里学的。因为当时我们上的课跟中国学生一样，所以没有办法系统地学习中文。但是下课之后跟中国同学说话的机会很多，慢慢地就把中文学会了。景山学校的老师和同学对我们都非常好，到现在我还跟很多朋友保持联系。当时我住在景山学校的书记贺鸿琛老师家里，现在几乎每次去中国我都会去拜访、看望贺老师，他每次见到我都会说："回家了！"

王赢：在北京学习和生活的这段经历给您留下了哪些深刻的印象？

李本：让我印象最深刻的还是中国人的友好和热情。当时的中国经济条件远没有现在好，但是景山学校的老师们对我们照顾得十分周到，所以我们在北京生活并没有感到什么不适应。也许是因为当时北京的市民很少见到那么年轻的外国人，有一次我们骑车经过天安门的时候，有一位中学老师还过来主动跟我们聊天。开始跟我们用英文聊，最后还热情地请我们去他家里吃饭。我想，这样的事情现在估计不太可能发生了。当然，当时北京的经济也没有现在这么发达。有几个小的生活细节我印象很深：有一次晚上九点多的时候，我们要出去找一个吃饭的地方，找了很久都找不到。还有，当时公共汽车车票的价格我记得只有五分、一毛和一毛五。

王赢：这段在中国学习的经历一定对您后来的学习和职业选择产生不小的影响。

李本：我经常跟别人说，自从那次去中国后，我就对中国和中国文化"上瘾"了。（笑）虽然那个时候我才17岁，但是我自己已经意识到，中国很可能会成为未来自己生活中的一部分。后来在耶鲁选择读中文，包括多年以后选择研究中国法都与这次经历有关。与同龄人相比，我去中国相对比较早，而且在我开始研究法律之前，对中国文化和社会已经有了一定的了解，这对我后来的研究工作帮助很大。

还有一点很重要的是，从1986年到现在已经有20多年了，中国之行使我有机会去观察那些老师、同学的生活在这20多年中的巨大变化，这是一种难得的经历和体验。对于一个学者，特别是研究中国问题的学者来说，这也是一个十分重要的基础。因为在我研究现在中国的法律问题的时候，我知道20世纪80年代的中国是怎样的，这样我就能够把一个问题放在一个历史的尺度里面去观察。

另外，在中国的经历也让我意识到与普通人的交流对于了解一个社会，甚至包括对于研究的重要意义。初到中国，我们对一切都感到好奇和新鲜，跟每一个人的交谈都可以给我一些新的信息，让我学到很多新的东西。1988年我第二次去中国，乘坐长途火车从广州到成都。当时这段旅程需要花费70多个小时。在火车上，除了睡觉之外，我都在跟周围的乘客聊天。跟这些普通中国人的交流加深了我对中国文化和社会的理解。现在来看，我的这些经历对自己后来的学术研究十分有用。我一直认为，研究中国的法律不能总是待在北京，尽管北京有最好的法学院和最多的法学教授，但是这些并不能代表中国法律的全部。现在每次去中国，如果有时间有机会的话，我都会到地方上走一走，与普通的老百姓聊天，听他们讲对法律的看法，尽管这些交流不是严格的学术研究，但是会给我一些很有意义的启发。这种习惯也是从第一次中国之行起形成的。

王赢：正如您前面提到的，从1986年起，由于工作和学术研究的需要，您曾经有过多次到中国访问和生活的经历。这20年也是中国迅速发展和变革的20年。在您看来，中国发生的给您印象最深的变化有哪些？

李本：变化有很多方面。比如中国的经济发展和人们的生活水平都有了很大的提高。我印象很深的是，我第一次到中国的时候有人问我："你觉得北京需要多少时间能赶上纽约？"我想现在这个已经不是关键的问题。另外一个问题可能更值得我们思考：中国的中西部需要多少年才能赶上北京和上海？与经济腾飞相伴的是，中国社会发展的一个重要的趋势是东部沿海城市与内陆地区差别越来越大。而在20年前，我们并没有感受到今天这么大的差别。只要走到离北京不远的地方，比如山西，在那里你可能会看到另外一个中国。这可能也是未来中国需要解决的一个问题。

王赢：改革开放之后中国在法制建设上取得的成就也是变化的一个方面。

李本：是的。过去的30年间，中国法律体系的发展或许是世界历史上最为快速的，很多方面的变化都可以说明这一点。

王赢：您能否展开来谈一下这些变化？

李本：过去30年来中国法制改革的发展可以概括成四个方面。

第一，法律已经成为国家意识形态和人民群众观念中的重要组成部分。法制改革也在一定程度上推动中国成功地融入国际社会。我们可以看到，在今天的中国，法律不仅调整与经济发展密切相关的领域，而且覆盖了广泛的社会领域。尽管还有很多人批评中国的法制改革滞后于经济改革，批评法律更多的是在保护国家的利益，而不是个人的权利和自由，但是中国在法治方面无疑取得了重要的进步。

民众法律意识也有了很大的提高。比如，人们如今经常通过援引法律来寻求帮助；普通老百姓的权利意识越来越强，他们相信法律可以并且应该被用来保护他们的利益；还有群众普法教育的开展和职业法律教育的努力推动了法律知识的普及，等等。

第二个重要的趋势是，法制改革在调整个体行为的同时也开始控制政府行为。这一点特别表现在行政法的产生和发展上。中国的法律改革已经构建了控制政府行为的规则，并提供了政府违反规则时的补救机制。

第三，如同在其他政策领域一样，试验一直是法制改革的重要元素。中国法律体系中的试验目前是横向水平展开的，而不只是通过由点到面的纵向推动。例如，中国某个地方的法官可以通过互联网了解中国其他地区甚至是国外的新发展，从而减少了请示上级法院的需求。

第四，法律改革带来了相当程度的法律职业化。中国司法改革的一项最重要成就是，法官、检察官以及其他法律主体的培训得到了加强。法学教育在中国的发展，为中国提供了更多的受过法学教育的人员（中国法学院的数量目前已经是美国的三倍）。但是，尽管存在这些进步，法律职业主义与大众主义之间的张力依然存在。近年来，我们也听到了强调法律体系要重返大众主义的声音。

王赢：的确如您所说，在过去30年里中国的法律改革取得了令人瞩目的成绩，但是不可否认的是也存在一些问题。在您看来，中国的法制建设还存在哪些方面的问题？未来还将遇到什么样的挑战？

李本：中国在法律领域确实存在一些亟待解决的问题，比如人们普遍关注的法院判决的执行难、司法腐败，等等。还有一些问题虽然也很重要，但是还没引起我们足够的关注。

在我看来，第一个问题或者说挑战是，中国的法律体系目前仍在寻求尊重司法机构的权威与大众主义之间的平衡。"populism"一词在中文中很难找到适当的译法。我所说的"populism"（大众主义）是指，民意会以多种方式影响法律体系，比如通过传统（例如报纸）或新兴媒体（网络）以及信访制度。

我们可以看到，近年来中国法院面临的来自公众舆论的压力不断上升。这些压力影响着司法进程，因为法官知道公共舆论会影响当地党政领导的看法，而党政官员对法院的干预依然普遍存在。一方面，对法院的公共监督是必要的，通过媒体监督和信访制度，一些处理不公正的案件被曝光和纠正。但是另一方面，老百姓通过媒体与信访申诉影响法院判决的做法会造成一种观念：法院的决定会因为媒体的报道或抗议活动而受到影响。在中国，有些时候，决定案件结果的并不是法律，而是民意。最终，民众会认为法院的判决并不是权威的或最终的。

应该说所有的法律体系都在寻求民众舆论、民众监督与司法权威之间的平衡点。但是这一挑战在中国可能更大一些。在中国，法院和其他司法机构长期以来被认为不如媒体有权威。而且，中国还具有通过法律之外的手段获得援助以及寻找"青天"的深厚传统。

李本在中国人民大学做学术报告

王赢：民意的表达往往都是通过新闻媒体实现的。您也曾经做过关于中国媒体与司法关系的研究。您能否进一步分析一下中国的新闻媒体对于中国的司法和法治发展产生了怎样的影响？

李本：这个问题可能要从两个方面来看。一方面，媒体的发展对中国的法律改革发挥了推动作用，但是另一方面我们也要看到媒体可能给司法带来的负面作用。媒体对法院存在的问题进行批评，从积极的方面看构成了对法院的一种监督。但是我们要看到，媒体报道的这种监督通常是偶发的，不具有连贯性，能够得到媒体关注的案件总是少数，因此无法形成一种普遍的监督。另外很重要的一点是，媒体的压力也有可能造成法院做出违背法律规定的判决。所以，媒体的胜利不能简单地等同于法律的胜利。

在西方，特别是在美国，我们也经常可以听到大家对法院个案判决的批评和抱怨。但是在美国的法律体系里既有政府官员在案件进程中表达意见的程序，也有通过修改法律以回应法院判决的程序。因此，我们极少看到官员试图通过向法院施压来改变判决的情况。在中国，公民参与的其他机制还不完善，这就意味着，人们可能更关注在个案中向法院施压，而不是寻求对立法的变革造成影响。而且在中国，我们也很少看到官员们作出"即使不同意判决的结果，法院的判决也应该得到尊重"的表态。但事实上，这样做对增强法院的权威十分重要。

中国的法院之所以特别受公共舆论的影响，原因之一就是法院要考虑维持社会的稳定。但是从长期来看，一个大众主义的司法体制不可能在常规案件中保持一致或公正。因此，如果法院的判决强调公众舆论或者诉诸民粹道德，而不是与成文法律保持一致，这样的机制很难成为一个维持社会稳定的长期有效的机制。

我们继续来谈中国的法律改革所面临的挑战。我认为中国法律体系面临的第二个挑战是法律发展的不平衡。正像我前面曾经提到的，中国发展所面临的一个重要问题是地区间的不平衡。这种不平衡在法律领域里同样存在。在发达地区与欠发达地区的法律体系间存在着质的差距。如果这种不平等让民众形成了法律和司法机构主要为有钱人服务的认知，最终将破坏他们对司法制度的信心。政府必须做更多的工作，使民众能通过司法制度获得援助。过去10年里法制改革的一项重大成就就是法律援助制度的建立。但是这方面还需要进一步加强。国家应该进一步鼓励政府部门和律师事务所等社会组织提供法律援助，让老百姓更容易通过法律制度来保护自己的权利。

法制教育和权利意识的强化已经让普通百姓产生了一

种对法律的期待，他们期待法律制度能够保护他们的利益。但是，如果这种期待不能得到满足，民众对法律和司法机构的信心就会破灭。提高民众对司法体系的信心还需做大量的工作，否则，老百姓就会绕开法律程序采取其他方式来获得帮助。

第三项挑战是中国的司法机构依然享有广泛的裁量权。在所有法律体系中，法院和其他机构都享有一定的裁量权，中国法律制度中的裁量权与灵活性也是司法改革快速推进的一个结果。世界上没有任何一个法律体系可以在法典中写入全部法律问题的答案。任何地方的法官——包括大陆法系和普通法系，以及中国最高法院的法官，都要进行"造法"。这是健康的，也是法院发展和运用司法机制来解决争议的结果。

但是，法律适用的不一致将破坏公众对法律的信任。所有的法律体系都需要一个解决冲突或不一致的机制，以确保类似的案件得到类似的处理。在中国，类似的案件经常会出现不同的判决，有时候，这种现象甚至还出现在同一法院的判决之中。过度的灵活性很可能与法律程序和职业主义的发展要求相背离。在推动判决结果标准化方面，中国的法院还有许多工作可以做，比如，能否授权省级高院进行司法解释。

在法律体系中，对灵活性的强调和对形式的不信任，既反映了中国独特的法律传统，也反映了中国法院在职业主义和大众主义之间的彷徨。但我必须指出，职业主义与精英主义是不能画等号的。中国所面临的挑战不是在职业主义或程序性和大众主义或灵活性之间做出取舍；而是要建立起一个法律体系，在这个法律体系中，职业主义和遵守程序规范与保护普通民众利益并不冲突。

王赢：在中国的法制建设过程中，不可回避的一个问题是如何向法治比较完善的国家学习、借鉴和移植法律理论与制度。而您在许多文章和演讲中却提醒大家，在讨论中国的法律改革问题时要充分注意到中国问题的特殊性和复杂性。在您看来，如何才能更好地在国外经验和中国国情之间找到平衡点？或者说，中国是否能在法制建设方面探索出一条不同于西方国家的道路来？

李本：我认为中国法制改革目前所取得的成功源于中国根据本土条件来选择和调整外国模式的能力。拿来主义是重要的，但是许多改革之所以成功是因为它们与中国自己的传统相契合。这些成功的经验告诉我们，中国还需继续寻找创造性的改革方案，而不仅仅是对外国模式的照搬照抄。

中国正在努力构建一种独特的法制体系。出于维护社会稳定的考虑，要求法律体系不仅要服务于经济发展，同时还要做到关注那些在经济发展中被遗忘的人群的权利。在中国之外，在没有根本的政治体制改革的前提下，很少有法律体系可以完成如此大范围的、成功的制度改革。当然，自1978年起，中国社会和政府的各个方面都发生了剧烈的变化，我们不能忽视这些改革的意义。我相信，在现有体制的框架下，中国正在创造一种更为复杂、精巧以及重要的法律体制，这是一种史无前例的事业。

另外，中国改革的例外性还体现在，在大步走向法治原则的同时，中国还继续将灵活性和大众主义确认为法律体系的核心原则。在中国的法律体系中，我们既可以看到对法治的追求，又能看到对大众主义的诉求以及对民众道德和本土习惯的认同。这种组合是中国所特有的，或许时间会检验出它的问题。但是，已有的经验告诉我们，只靠形式主义和职业主义并不足以给中国的法律体制带来充分的正当性。法院和法律体制能否抓住大众主义诉求的契机来建设司法机构的权威，是值得我们思考的一个问题。

对于中国司法机构来说，最大的挑战在于，一方面要提高人民对法院的信任，另一方面又不必回归大众主义的群众司法传统。解决这个问题的一种可行的方法是提高法律制度的透明性。另一种可行的方法是采取进一步的措施来表明法院能够保护社会弱势群体的利益。在建构人民的信任之时，法院和其他法律机构不是为迎合公众的质疑而变更判决，而是要在更为常规的案件中想办法积累公众的信任。当然，仅凭司法机构自身的努力还是不够的。例如，法院以外的官员也必须学会尊重那些他们持有异议的判决。

中国需要进一步的法制改革来确保持续的社会稳定与经济发展。过去30年的经验已经表明，中国的法律机构、法律职业人士以及普通民众具有非凡的创造性、适应性以及灵活性。虽然许多难题尚未解决，但法制改革所取得的成就实际上已经超出了所有人在1978年的预期。我们也许无法预测未来改革的具体形式，但中国法制改革头30年的历史，让我们可以对中国未来的法制改革有一个乐观的期待。

王赢：在社会科学领域中，西方有很多成熟的理论和框架，但是在分析和解决中国问题的时候大家经常会发现这些理论有解释力上的局限性。在您看来，法律研究领域里是否也有类似的问题？

李本：显然存在这样的问题。中国不可能直接照搬国外的一些法律模式，因为中国的情况确实十分特殊。可以想象一下，除了中国之外，很少有这么大的一个国家可以在短短的几十年时间里发生如此大的改变。我们有时候说，我们可以在中国 20 年的发展过程中看到西方 100 年甚至 200 年的发展历程。这种特殊性就决定了很多基于西方社会发展经验的理论对于解释中国问题常常会失效。这种解释力的局限性会让我们反思，为什么这些理论会出现问题？我们是否需要新的理论？一个典型的例子是对法律与发展（law and development）的关系的研究。经典的理论一般认为，有比较完善的产权保护法律机制是经济发展的重要条件。但是，让西方学者感到困惑的是，中国在没有西方意义上的完善的财产权保护机制的条件下，仍然实现了经济的高速发展。当然，这里面有两种可能：一种可能是这个理论本身存在问题，另一种可能是中国实际上存在财产权的保障机制，只是这种机制的表现形式与西方不同。总之，中国问题的特殊性确实对现有的理论提出了一定的挑战。

我还想强调的一点是，目前，我们对中国法律的实际运行情况还知之甚少，从这一点来讲，中国同行们对法律问题的实证性研究可能需要给予更多的关注。在我看来，很多中国学者在理论方面已经有了很高的造诣，甚至在一些方面优于美国学者，但是在实证研究领域里面还有很多空白。很多基本的问题，比如中国的老百姓怎么运用法律，法律在基层社会如何运行，尽管有一些学者已经开始做这方面的工作，但是总体来讲是不够的。我认为这是中国学术界可以加强的一个方面，这也是我目前研究的一个重点。

王赢：刚才，您谈了很多对于中国法律改革的看法，我想我们可以进一步谈谈您的中国法研究。从您已经发表的论著可以看出，您的研究兴趣涉及了中国法律的许多领域。

李本：是的。其实我关注的一个核心问题是，中国老百姓如何运用法律来解决自己遇到的问题，保护自己的利益。关于这个问题，可以从很多的角度去研究、考察。比如最近几年对法院改革、侵权法问题和信访制度的研究，还有稍早一些对律师和法律援助问题的研究，以及对中国媒体的研究。关于媒体，我并不只是研究媒体对法院的影响，而是把媒体本身看作解决问题的一种机制，研究它怎么能够帮助中国的老百姓更好地维护自己的权利。最近一段时间里，我把研究重点放在了中国的法院。对此，也有一些学者批评我说，法院在中国的法律体系中并不重要，因此不应当把重点放在法院上。但是我想，不能否认的是，在过去的30年里，中国法院的地位已经有了很大的提升，发挥的功能也越来越重要。因此，对法院的研究应该得到更多的重视。

王赢：法院在中国的经济和社会领域发挥着越来越重要的作用，但不可回避的是，人们对法院仍然有很多批评的声音，比如司法腐败、法院的裁判缺乏终局性、法院经常受到地方保护主义和行政权力的干预，等等。您对这些问题有何看法？

李本：这些问题确实存在，但是归根结底，提高法院的权威并不是一个凭借法院自身的努力就可以实现的目标。我们不能简单地把中国法院存在的所有问题都归罪于法院本身。作为一名外国学者，我想我的工作不是告诉中国应当如何改革法院和法律体系。我希望我的研究能够有助于中国学者和学术界深化对问题的认识，而中国的问题应当如何去解决应该由中国的学者和领导人给出自己的答案。

王赢：在很多中国学者眼中，您更多的是以通晓中国法律、能操着一口流利汉语的"中国通"形象出现的。但是据我所知，除了中国法之外，侵权法的教学和研究也是您的本行。能否谈谈您为什么对侵权法的研究和教学情有

独钟？

李本：我之所以喜欢教美国侵权法，其中的一个原因就是美国侵权法讲述了美国法律体系如何应对发生在19世纪末20世纪初工业化进程中的各种社会状况，那些状况在某种程度上和中国有类似之处。我个人认为，侵权法是当前最重要的法律之一，民众利用侵权法来保护自己权利的能力对任何法律体系来说都很重要。可能在中国，侵权法的重要性并没有被提得很高，西方学者也很少研究中国的侵权法。但是在美国，侵权法扮演了非常重要的角色。美国侵权法不仅是补偿受害人所受损害的法律，也是一个保险赔偿体系。相比欧洲大陆许多国家而言，侵权法在美国法律体系中的作用更大。那些大陆法系国家，一般都有更健全的社会保险体系，不仅包括医疗保险，还包括基本生活保障。反观美国，由于没有这么发达的社会保险体系，美国有25%的人口没有医疗保险，因此侵权法也承担了社会保险功能。

对侵权法的研究也与我对中国法的研究密切相关。有意思的是，在某些方面，中国目前的情况跟美国有些类似，各类意外事件比如工伤事故、交通事故等不断增加，但健康保险或社会保障体系却仍然不健全。当然，这并不是说中国要照搬美国模式，而是希望中国在发展过程中以美国为前车之鉴，以免重蹈覆辙。美国侵权法制度成本昂贵，效率不高，从而导致经济上采取很多不合理的行为。维权成本高昂，因为侵权法在赔偿方面起的效果有限，很多学者认为侵权法应起到的维权力度很不够。

王赢：目前，中国的侵权法已经被全国人大提上了立法日程，侵权法问题也成为中国的法律学者、实务家和公众所关心的热门话题。作为一名对美国侵权法和中国的侵

哈佛铜像

法律改革的两难：职业主义与大众主义

权法问题都有深入研究的学者，您对中国的侵权法立法有什么看法和建议？

李本：在讨论立法问题之前，可能首先要做的一件事情是了解中国基层法院在侵权法领域内的实践。只有在搞清楚实践当中究竟存在怎样的问题的情况下，才能制定出合理的法律。

关于中国的侵权法实践，我们还缺乏足够的了解，所以我想结合美国的情况谈谈自己的看法。

第一，任何一个国家在考虑制定或修改侵权法的时候，首先应考虑侵权法在多大范围内能解决问题，也就是说如何对侵权法的功能进行定位。到底是将侵权法作为赔偿手段之一，在工伤赔偿、医疗保险等不足以弥补受害人所遭受的损害时，通过侵权法对受害人进行补偿，还是说把侵权法作为遭受意外事故损害赔偿的基本方式呢？这两种方式都是处理问题的有效途径，问题在于我们如何进行选择。在任何法律体系都有一些重要的原则性问题，比如什么样

的行为将导致责任，责任范围有多大，谁是有可能降低风险的人，这些都是各种法律体系共同面临的问题。但是这些问题相对于更基本的问题，比如对于侵权法功能的定位来说，都处于次要地位。

美国侵权法也面临着什么样的行为应该排除在侵权法体系之外的问题。例如，在美国绝大多数发生在工作场所的事故不采用侵权法来解决，而是采用工伤事故法处理。当然，中国的工伤事故处理法律制度也在不断完善的过程中。这里我想强调的是，我们可以把很多事故赔偿放在行政体系内解决，而不再由法院处理。创设不同的赔偿制度来处理一些重复发生的事故，这样做的一个理由是有利于降低解决问题的成本，另一个理由是为了当事人的诉讼便利。这样做也可以把法院解放出来，让法院可以腾出精力处理现实中更复杂案件。可以想象一下，如果所有交通事故都告到法院，那么法院就可能处理不完。当然这种情况没有在美国发生，美国大部分这样的案件都不会通过法院的审判来解决，实践中只有2%的案件经历了开庭审理，而其余98%的案件都在开庭前和解了。我想说的是，美国除了侵权法之外，还有很多社会保险的制度，这些制度也都发挥了十分重要的作用。

第二，美国最复杂的侵权法问题都跟过去30年中兴起的集体侵权（Mass Tort）案件有关。这些案件往往涉及很多复杂的因果关系和科学问题，这些问题通常要依靠专家作证。但是专家作证的费用很高，而且很多人怀疑陪审团和法官是否能懂这么复杂的科学问题。还有一些很复杂的问题，如现在正在争论的医疗检测的问题等。中国刚开始面临类似问题，但这些问题很可能耗费大量司法资源。

第三，任何法律体系中损害赔偿都是至关重要的，获得数量可观的损害赔偿金是诉讼当事人提起诉讼的动力。在美国都是依靠风险代理的方法来解决，有律师代理客户进行诉讼。如果损害赔偿数目是固定的，或者是指定的一个上限，很多关于诉讼损害的争论就是没有意义的，这样受害人就会丧失诉讼的动力。所以我们不能忽视损害赔偿的许可范围对诉讼人所产生的巨大影响。

中国也有律师风险代理收费的制度，尽管中国的《律师收费管理办法》对律师收费进行了严格限制，排除了一些风险代理制度的可能性。对一位来自美国的观察者来说，这些限制显得有些奇怪。我们是崇尚风险代理制度，鼓励律师代理此类案件的，如果没有风险代理，律师也就没有动力来处理此类案件了。

第四，非财产损害赔偿和非人身损害赔偿很重要。当一个人因为意外事故造成痛苦，或者当一个人因害怕即将到来的厄运而遭遇的伤害，我们把这些都称为精神损害。对于痛苦和折磨，法律是否允许受害人获得赔偿，在受害人没有受到肉体伤害的时候获得精神损害赔偿的界限应该如何确定，这些问题都值得考虑。在美国侵权法领域中，大多数争议都和痛苦折磨损害赔偿有关，因为这类赔偿的数额可能很高。最有名的例子，是前几年麦当劳当被告的例子。现在精神损害赔偿都为诉讼提供了额外的动力。

最后，我们应该清醒地认识到，侵权法所能发挥作用的范围是有限的。最近一些关于美国侵权案件的研究发现，美国在非致命伤害赔偿中，通过运用侵权法获得的赔偿只占全部经济赔偿的7%，致命损害事故中仅有22%的赔偿依据侵权法获得。很多人依靠保险法获得赔偿，而不通过侵权法解决。当然美国安全制度中的某些重大进步源自侵权法的发展。面临诉讼的威胁是迫使被告采取防控措施的极

大动力。其他诸如环境污染损害、交通事故等侵权问题，对于工业化进程中的国家来说，不是依靠侵权法一条途径就能够解决的，而是依靠很多机制、制度的共同作用，包括对受害人进行行政补偿、建立诉讼激励机制、树立监督机构等。

王赢：您前面提到过，中国法制建设发展的一项重要标志是法学研究和教育的兴起。谈到中国法学教育的改革，人们经常会以美国的法学院作为参照加以比较。近年来有不少中国学者呼吁，在中国的法学教育改革中应适当借鉴美国法学院的教育模式和教学方法。根据您在哥伦比亚大学法学院教学和研究的经验以及您对中国法学教育的了解，您认为美国法学教育的哪些特点和长处值得中国未来的法学教育加以学习和借鉴？

李本：美国的法律教育也存在自己的问题，但是也有一些长处。跟中国的法学院相比，美国的法学院可能不太注重对具体法律规定和知识的传授，而是更侧重于对分析法律问题方法的训练。在这里，你选修了什么样的课程，记下了哪些具体的法律规定和条文并不重要，重要的是掌握方法。所以，如果说美国法学院有什么比较成功的地方的话，我想最重要的就是我们注重让学生自己去思考问题、解决问题。这些年来，每年都有很多中国的法学院教师到哥伦比亚大学法学院进行研究访问。他们对美国法学教育的模式和方法都有切身的体验。我相信这些经验会有助于中国同行融合两种不同教育模式的优点，改进中国的法学教育。

王赢：如果对各国的律师进行比较的话我们会发现，在美国，包括律师在内的法律职业人士在社会和政治生活中都扮演着十分重要的角色。在您看来，中国的法律职业群体未来在中国社会中将起到怎样的作用？

李本：我们可以看到，过去的30年里，律师在中国社会中发挥的作用越来越大，中国的领导人和政治家中具有法律背景的人士越来越多，这些都是很好的现象。但是，我们也要看到，并不是说法律人越多，这个社会就一定会越好，中国的法律改革就一定会越成功。如果法律人缺乏专业精神和良好的道德，对于一个社会来说并不是一件好事。在美国法律人之所以能够发挥那么大的作用固然有历史和法律传统方面的因素，但是律师群体的独特职业理想和职业道德规范也是决定性的因素之一。因此，对于中国来说更为重要的是能否成功地培养出更多的具有良好职业道德的法律职业者。近几年，我一直比较关注中国的法律援助和公共利益法的发展，也在做这方面的推动工作。如果中国能在法律职业者的公益服务和法律援助方面取得更多的进步，我相信将对中国法律人的培养产生十分积极的作用。

王赢：从20世纪70年代爱德华（R. Randle Edwards）教授开始在哥伦比亚大学法学院教授中国法课程，到80年代创建中国法研究中心，直到今天，哥伦比亚大学法学院在中国法研究方面一直保持着国际领先的地位，哥伦比亚大学的中国法研究中心也成为世界上最重要的中国法研究、教学和学术交流基地之一。您能否谈谈中国法研究中心现在的情况和您对中心未来的设想？

李本：哥伦比亚大学中国法研究中心一直注重两个方面的工作：一方面是中国法的教学和研究，另一方面是推动美中两国在法律领域的交流。在教学与研究方面，每年中国法中心都会开设多门中国法方面的课程，课程的内容涵盖了中国法的方方面面。当然，要想在几十个课时的时间里对内容广博的中国法进行面面俱到的讲授是不可能的，所以我们教学的重心不在于教会学生具体的中国法知识，而是着重于帮助学生们理解中国法律运作的机制。还有很多教师和学生借助中国法研究中心这个平台，开展了大量关于中国法律体系的研究。我们长期以来一直致力于美中两国的法律学术交流。目前，每年都有数十名来自中国的法律学者到哥伦比亚大学来。从1983年到现在，已经有数百名中国学者在这里进行过访问研究。同时，我们也为很多美国学生提供了到中国学习和研究的机会。此外，我们还与中国的一些法学院在诊所教育和法律援助方面有很好的合作。谈到未来，我们希望能进一步推动中国和美国学者之间的合作研究。现在，我们的合作更多的还是在交流的层面上。相比之下，美国与欧洲学者之间有更多合作研究的经历，而在中国和美国学者之间，我们还很少见到合作研究同一个问题、共同发表文章的情况。希望将来这样的合作可以逐渐多起来。当然，我们也十分注重中国同行对我们的建议，希望有更多的中国法律学者能对我们的工作提出好的建议。

王赢：近年来，中美两国在法律领域的对话与合作不断加强，但是我们也看到，在贸易、气候变化、知识产权等许多与法律相关的领域里，双方还有很多不同的看法甚至是争端。您如何看待这一问题？在您看来，中美两国的法律学者在推动两国的法律交流和合作方面可以发挥什么样的作用？

李本：双方在这些问题上存在不同的看法是一个很自然的现象。要知道，如果没有这些分歧和争议，那可能意味着双方的关系还不成熟，甚至缺乏基本的互动。我认为我们最需要做的是增进双方对对方法律体系和观点的了解和理解。我们做研究的目的不是告诉美国政府应该怎么去做，更不是告诉中国政府应该如何去做，学者更重要的任务是研究和介绍对方的法律体系，告诉人们对方的法律体系是怎样的，他们怎么看同样的问题。如果能够增加双方的相互了解，这样的研究就是有积极意义的。所以，从这个意义上来讲两国的法律学者可以成为促进双方相互熟悉、相互理解的桥梁和纽带。

中美关系与我的中国法研究

受访人——孔杰荣（Jerome A. Cohen）
采访人——张冠梓

孔杰荣教授

孔杰荣（编者注：曾称其为柯恩），哈佛大学法学院原副院长、亚美法研究所所长，美国对外关系委员会亚洲研究兼任资深研究员，现任纽约大学法学院教授，美国著名中国法研究专家。1951年，他从耶鲁大学政治学系毕业，获文科学士学位。1951—1952年，作为富布莱特学者在法国里昂大学学习，此后进入耶鲁大学法学院，于1955年以第一名的成绩毕业，获法学博士（J. D.）学位。1955—1956年，孔杰荣先后担任美国联邦最高法院首席大法官厄尔·沃伦（Earl Warren）与大法官费利克斯·法兰克福特（Felix Frankfurter）的助理和法律秘书。1958年，孔杰荣进入美国加州大学伯克利分校法学院，担任助理法学教授，从此开始了他的教学生涯。在伯克利任教的第二年（1960年），孔杰荣教授开始学习和研究中国法，成为美国中国法研究的先驱者。1965年，孔杰荣教授创建哈佛大学法学院东亚法律研究中心并担任首届主任，直至1981年离开哈佛法学院。其中1975—1978年，孔杰荣曾任哈佛大学法学院副院长。1989年至今，孔杰荣教授受聘美国纽约大学法学院，2005年年初孔杰荣在纽约大学法学院创建亚洲法律研究中心并担任首届主任，使其成为美国中国法研究的另一个学术重镇。他对美国的中国法研究做出的许多重要贡献都集中在这个时期，比如创建哈佛大学法学院东亚法律研究中心、倡导中美之间在法律和其他方面的友好合作与交流、积极协助中国当代的法律改革、培养大量专长于中国法的海外学者和律师等。

主编手记

多少年来，在中美法学界始终活跃着这样一位对中国满怀情谊的、孜孜不倦的"常青树"，他是在美国进行中国法研究的开拓者，是美国学界研究中国法的权威，是中美法学交流的先驱，更是力主打破中美关系坚冰、帮助中国恢复联合国安理会常任理事国席位的功勋人士，他就是纽约州立大学法学院的孔杰荣教授。孔杰荣教授从1960年开始就学习和研究中国法，成为美国中国法研究的先驱者。2009年5月5日，孔杰荣应邀接受了本书主编的采访。此次访谈，孔杰荣围绕他所亲历的中美关系正常化进程，围绕他所见证的中国法律从无到有再到现在的蓬勃之势，围绕着他所研究的逐步完善的中国司法改革侃侃而谈。他的许多话，使本书主编更加坚信那种以研究中国法律为理想、为中国法治进程而不懈努力的精神必将在中美法学界不断延伸。时为中央民族大学法学院研究生孟庆沛参加了录音整理，并翻译了部分资料。

张冠梓：孔杰荣教授您好，感谢您以哈佛大学校友的名义接受访谈。根据我的了解，您是在美国较早进行中国法研究的开拓者，大家熟知的是您是美国学界研究中国法的权威，而且在担任哈佛法学院副院长期间创建了哈佛东亚法律研究中心。您当时为什么选择中国法律作为研究对象？

孔杰荣：如你所知，我是1960年开始学习和研究中国法的。要说清楚我怎么开始中国法研究的，就得首先谈一下我早期学习的经历。1951年我从耶鲁大学政治学系毕业，获文科学士学位；1951—1952年，我作为富布莱特学者在法国里昂大学学习，此后进入耶鲁大学法学院，于1955年以第一名的成绩毕业，获法学博士（J. D.）学位。1955—1956 年，我先后担任美国联邦最高法院首席大法官厄尔·沃伦（Earl Warren）与大法官费利克斯·法兰克福特（Felix Frankfurter）的助理和法律秘书。1958 年，我进入美国加州大学伯克利分校法学院，担任助理法学教授，从此开始了我的教学生涯。但直到那时，我和中国法并无直接的接触。而且说实话，开始时我并没有什么兴趣。一个机缘是，加利福尼亚大学洛杉矶分校法学院的一位教授在 1958 年一次工作面试中曾对我讲，应该有人去研究一下红色中国的法律。我对他说，"这是我听到过的最离奇的想法"，然后就继续去搞我所感兴趣的公法了。但让我没有料到的是，两年后我的选择却与那位加州大学教授的提议不谋而合。1960 年，我在伯克利开始潜心学习中文，因为我不想成为一位宪法专家，当时美国已经有几十位非常不错的宪法专家了，我可能也会做得不错，但不会是最杰出的。人们告诉我，中国的大圣人孔子曾经说过"三十而立"的话。那时我差不多 30 岁，觉得也应该为自己的将来做些打算。于是，我尝试着去做一些不同的、有趣的、令人兴奋的事情。洛克菲勒基金会刚好给我提供了这个研究当代中国法律与社会的机会，让我可以去做美国的任何法律教师都从未做过的事情。那时，我预感到中国将来应该会起很重要的作用，中国、美国将来应该有非常密切的关系，但在美国没有人了解中国的政法制度，应该需要专家专门研究、了解中国的法律发展。

于是，我想在这方面下功夫。当时大多数人都认为我得了神经病，说我怎么扔掉那么好的前程去做这种事，他们觉得去研究中国法律制度就像进修道院一样令人不可思议。关于开始学习中文的具体时间，我一直记得很清楚：

中美关系与我的中国法研究

1960年8月15日9点钟。在那个时候，我已经知道将来应该研究中国法律，尽管20世纪60年代的中国还不太重视和讲求法律。经过"反右"和"大跃进"等一系列运动，政法系统遭到很大破坏。可是我知道，那么大规模的、重要的国家应该有，也必将会有更好的法律制度。所以，第一，我觉得自己应该多学习、了解、

孔杰荣教授在发言

研究法律；第二，如果将来有机会跟中国的专家合作，可以对包括美国的法官、政府了解中国法律起一些作用。我觉得中国很重要，也很有前途，应该抓住机会多了解一些中国的情况。当然，最大的问题是语言问题。对于西方人来说，学习中文是很难的。当然这和时代有关系。在早期，即使像费正清这样的著名老专家，1930年前后毕业，在中国待了很长时间，包括第二次世界大战在内，对中国历史非常有研究，也很了解中国的情况，但他的中国话说得也不太好、不太流利。可是，现在的年轻人，他们的英语水平就大不一样了。我30岁的时候才开始学习，对于学习外国语言而言，已经属于很老的岁数了。七八岁的孩子学习语言没有问题，可是30岁的人再学习中文，确实不容易。好在我坚持了下来。在加州大学伯克利分校，有一个中文系开设中文课程，可是因为我要加快速度学习，就没有参

加中文系的课程。那时候,有一个中国问题研究所,我请他们给我介绍了两个老师。其中一位是从北京来的,攻读历史或是政治学的博士学位。另外一个人先经过中国台湾,然后来美国,他老一点儿。他们两个都很有学问,普通话也很标准。我除了自学外,还参加这些人的活动,每天跟他们交流,收获很大。

张冠梓:20世纪60年代,当时世界范围内,在社会主义阵营和资本主义阵营之间是搞冷战的,中国内地跟美国之间几乎没有什么来往。美国对中国的实际情况恐怕不会有一个很准确、很全面、很清晰的了解,研究起来难度可想而知。

孔杰荣:在20世纪60年代那个时候,美国人不能去中国内地,中国人不能来美国。这个研究实际上是有困难的。在那个时候,我们的中国法律材料不多。有一些法律、一些规定,可是不多。1957年以后,很难找到这种法律材料,"反右派"运动发生以后,中国强调的是原来苏联的政法系统。但是,我们还可以看报纸。50年代的报纸有比较多的法律材料,可是不太丰富。1959年以后,报纸不容易找到,真的不容易。有一些问题可以研究,关于刑法、刑诉法、法院改革的材料也有一些。只有两个法律杂志,一个叫《法学》,是华东政法大学办的一个很好的法律杂志;还有一个是东北大学的……记不清楚了。它们的一些材料值得研究,可是不多。也不能去那边,可是可以去香港。香港是一个很好的地点,因为很多中国内地的人可以来这里,香港人或是英国人有时也可以去内地。我花了一年时间在香港,1963—1964年,我花了一年时间访问难民——从内地来的中国人,主要有三种人。第一种是一般的中国公民。我很详细地问他们:根据他们的经验理解,法律起什么样的作用?在新的社会主义社会,法律有没有作用?谁代表法律？他们跟法院有没有关系？他们跟警察、检察院有没有关系，有没有打交道？第二种是专家，专门负责法律机关的人。如果我可以找到原来的法官，原来的律师、警察，对我来说他们是最宝贵的。我跟他们——就像我们现在一样，利用每天上午的四个小时进行交流、访问，从中学到了很多。第三种是政法系统的对象——原来的被告，受过劳教的人，或是蹲过监狱的人，等等。我花了一年的时间访问这些人，和他们谈话，但一般都是口头交流，他们能够提供给我的书面材料很少。我已经收集了很多材料，可是我用口头交流的方法补充我原来的知识。后来，我出版了一本书：《中华人民共和国刑事诉讼法：1949—1963》（*The Criminal Process in the People's Republic of China*：*1949 - 1963*），关于中国50年代的刑事程序，1968年由哈佛大学出版社出版。这本书介绍了20世纪50年代的政法系统，但1958年以后的材料比较少，最丰富的材料是1953—1958年的。这本书不仅介绍正式法律系统，也介绍传统的影响，还介绍社会系统，社会怎么组织的，比如在城市有居民委员会，也有治安保护委员会，有派出所，派出所的警察跟街道的官员有什么关系，他们跟正式法律系统有什么关系。因此，不仅应该考虑到正式法律系统——法院、检察院、律师这些，还应该看到社会的组织，他们是怎么联系、怎么配套的。这个很有意思。这个实际上就是60年代我开始学习中国语言、研究中国法律的情形，再到后来就是我们大家都知道的我和费正清做的研究，还有史华慈（Benjamin I. Schwartz）对中美关系也有一个研究。跟你们说，他的文章很有意思，因为我觉得他很了解中国的历史、法院、法律、政法系统起什么作用。他是我的好朋友。

张冠梓：1978年，您应北京市政府的邀请，成为第一

个在中国内地设立办公机构的外国律师,当时您对中国法律制度是什么样的一个看法?当时您对中国将来的法律制度建设有什么预期?

孔杰荣:中国经过"文化大革命"以后,比较乱。可以说,1976年以后,1977年、1978年还是比较乱的,可是邓小平上台以后,他们就决定组织设立一个政法系统,这是国家迫切需要的。因为国内的经济发展需要法律,国外的经济合作也需要法律;国内的保护人权、权利需要法律,惩罚违法行为也需要法律;组织最有效的政府机构需要法律,解决老百姓之间的日常纠纷也需要法律。在那个时候,每个政府机关都开始去了解法律是什么东西。我给你举个例子,我在哈佛,每年我们法学院的国际税收研究所都写信给中国财政部、税务总局,邀请他们派人到哈佛大学国际税收研究所来学习、研究,但一直没有回复。哈佛大学国际税收研究所是挂在法学院的,我的朋友兼同事是负责人。1954年第一次写信给中国,此后每年一封,一直到1978年,中国政府没有给我们答复,24年都没有答复。1978年12月初,我们收到一封信,终于得到他们的答复了。写信的是税务总局的局长,他姓刘,叫刘志城,说是收到我们的邀请了。他问我们:"我们应该做什么?我们很想参加。"我们写信给他,告诉他:"如果你们有兴趣的话,柯恩明年1月份以后,在香港逗留半年,"——因为我有半年时间休息——"你们可以跟他联系。"所以,第二年1月份,他们写信给我说:"我们有兴趣派人到哈佛大学去。"1979年1月,那个时候,邓小平刚去美国,所有的中国人都说中美关系现在特别好。邓小平回来以后,说美国太好了,甚至他们现在就希望美国派人来。所以他们给所长写信,邀请我去北京,跟财政部、税务总局的人交流,谈合作的可能性。我2月初去北京待了一个礼拜，作为他们的客人，我们一方面谈怎么派人到哈佛大学去，另一方面也谈到在中国国内我们怎么合作，因为他们有新的任务，压力很大。中国政府上层告诉他们，税务总局、财政部应该准备新的法律——国际税收法律，因为很快有外国投资者开始跟中国合作，外国投资者应该知道自己会受到什么样的税收待遇，而如果没有法律，就不知道中国是怎么规定的。这就需要我们的帮助。我们应该两条腿走路，一方面考虑将来怎么派人去哈佛，另一方面是马上策划制定法律。我就问税务总局的刘局长："你税务机关有多少人员？"他说全国税务系统，一共25万人左右。我问他有多少人会英文，他说没有一个。我告诉他怎么派人去哈佛学习。我们是"落后分子"，当时只会英文，还没有学会中文。很自然的，我们应该培养新一代的专家。我们马上安排学习计划，他们选择二十几个人，都是最好的年轻干部去学习英文。他们在大连办了一个英文班，很敬业地学习英文。可是这解决不了第二个问题——怎么制定法律，颁布法律以后又怎么执行。我告诉他，我可以邀请西方的税收专家来中国给有关部门的负责人、专家解释国际税收法是什么，包括美国的。所以，1979年2月初，我们决定在7月份组织一个学习速成班，利用四个礼拜的时间来学习。可是材料要准备好，因为这样的课需要材料，有关的中文材料。当时有关的税收法材料都是英文的。我告诉他，估计一个礼拜，我可以提供给他有关的中文材料。我请我的哈佛大学国际税收研究所的所长、同事们帮忙。那时候我是法学院的副院长，我负责国际法律的研究，也负责研究生的培养。我们提供给他们材料以后，他们应该找人把它翻译成中文。他们找了两个人，这两个人都姓王。一个是财政学院的教

授，另一个在第二次世界大战期间当过国民党财政部的翻译。他们两位努力工作了几个月，把这些英文税收材料翻译成中文。同时他们还组织编写了一部词典，关于财政、税收、行政、法律的词典。随后，他们就邀请125个人参加夏天的会议。他们选择大连，因为那个时候北京有空气污染，大连则比较舒服，下课可以去游泳——他们知道我喜欢游泳。我们还没有到大连之前，他们已经开了一个初步的学习班，因为应该给参与者适当的准备。他们总共花了六个礼拜，其中四个礼拜我们跟他们在一起——在我们还没有到大连以前，他们已经花了两个礼拜在准备。这一次，他们那么多人，学习的内容不再是马列主义，而是国际税收、经济、法律的概念。很有意思的是，新中国成立以后第一次有这样的学习班。以后，我经常跟中国有关方面合作，不只是经济问题，我跟贸促会合作过，跟北京市的经委也合作过——领导是肖央，不是最高法院那个。他后来做过四川省省长，那时候是北京经委的。他邀请我在北京待一年，培养他的干部——不是学生，而是经济干部，已经有经验的，25—50岁的三十几个人。我用中文教了一年的课。当时还没有很好的翻译。有会英文的翻译，可是不懂专业知识。所以，我只好自力更生。我给他们介绍合同法，告诉他们怎么解决纠纷、进行仲裁，等等。我每个礼拜花9个小时给他们用中文上课。我也请两个教授跟我一起研究，我自己每个礼拜花6个小时来学习。他们对我很好，这是最好的方法。

张冠梓：1978年中国改革开放到现在已经30多年了，其间您参与了中国法制建设的许多工作，同时也是近距离的观察者和见证人。您怎么评价中国这些年来取得的法制建设成就？目前，如果深化法律制度改革，您有什么看法和建议？

孔杰荣：总的来说，在制定法律方面，特别是在一些主要的方面，中国进步得很快。1979年以前，中国基本上没有什么法律，仅有个别的法律、法令和规定。1979年以后，中国强调法制建设，大幅度制定法律，很多方面都给人们留下了深刻印象。可是法律需要执行，执行需要机构。应该成立什么样的机构？在那个时候，法院受到了很大的破坏。"文化大革命"以后，检察院基本上在重组，连律师都没有——1957年以后的20年间，中国没有律师，连法学院的教师都很少。我初到中国的第二年，去北大找法学院的老师，找了半天都找不到一个，很多人都下放了，没有在家。老师不在，学生也没有几个。第三年，我提出一两个可以跟他们交流的事，但他们什么都不懂。1979年以后中国在法律教育方面应该说进步非常快，现在在中国有625个法学院（法律系）——可能还会多一点儿。这是大规模的变化，质量还是一个问题，可是已经很不错了。在法院方面，法院还有执法质量问题，还有贪污问题，还有政治影响问题、地方保护主义问题。可是应该认识到，中国法院的情况比30年之前好得多了。检察院也一样。现在有15万左右的律师，而1979年一个也没有。1979年初，可以说我是中国唯一的律师。1980年中国恢复律师制度。现在中国的律师很多是非常能干的，他们有的在国内，有的在国外进行学习和实践。但中国的律师缺乏独立性。在经济方面，他们可以起到非常好的作用；而在刑事诉讼、刑事辩护方面，存在的问题很多，取得的进步也不大。所以，你问我的问题，应该看在什么方面，针对什么样的问题。关于经济法律，我觉得现在中国的立法、执法看起来都不错，但还是有问题，地方保护主义可能是最难解决的。所以，你问我政法系统30年来的变化，我应该认识到进步很多，

发展得也很快。可是，这方面的发展是不平衡的，应该考虑到历史问题。

张冠梓：您的研究领域涉猎很广，包括刑事诉讼、国际公法、民商法、合同法、投资法等。另外就是您涉及的地区除了中国以外——您当然以中国为主——还包括越南的、朝鲜的、东亚和东南亚的一些国家，还有日本。您在这些方面撰写了一些很著名的著作，影响都非常大。您能不能把您引以为豪的一些成就给我们做一个简单的概括？

孔杰荣：我没有开始考虑写自己的生活经验。最近在纽约大学法学院，他们给我安排了46个访谈，我已经拍了16个，每次是75分钟。现在每个礼拜都有一个采访我的系列专题片，你回去以后可以看他们的网站。现在已经陆续播出了。

张冠梓：这两年，您经常会谈到中国农村法治的供需问题，并有一个非常有意思的提法叫"赤脚律师"。您能不能就"赤脚律师"、中国农村法治的供给问题做一些介绍？

2005年9月，孔杰荣被聘为中国政法大学名誉教授

孔杰荣：我觉得这个题目很重要的。中国农村需要法律人才，可是律师很少，大多数的律师都在规模大的城市里。如果你去一个县城，有可能你会碰到几个律师，但也有可能完全碰不到。在中国，可能有两百多个县城没有律师，即使有几个律师，他们有时也并不想帮助老百姓。所以，老百姓有了法律问题，他们能做什么呢？有的地方有司法局成立的办公室，有的地方有一些法律援助的部门，可以帮助他们。可是，还有很多地方，还有很多村、乡、县城，需要律师帮忙。这就是为什么会产生"赤脚律师"的原因。我认识一个叫陈光诚的人，他是山东农村的一个盲人。他建议我去参观访问他们的村子。我花了三天时间跟他在一起，他给我介绍一些所谓的"当事人"，都很穷，而且都是有问题的人，他们都是需要法律帮助的人。后来，我跟清华大学法学院的院长王晨光教授谈话，他也认为应该培养"赤脚律师"，他想设立基金会支持这个计划。"赤脚律师"和城市里的一般律师有什么区别呢？一般的律师受过法律教育，他们上过法学院（法律系），接受了正规的法学教育。赤脚律师是自学的，没有上过法学院。比如说，陈光诚开始想自己试试看，看能不能帮到村里的人。后来我们见面以后，我就陪他去新华书店，替他买一百美金的有关法律的书给他。他回家以后就开始学习，是自学的。在他去做法律工作以前，他看过一本介绍民事诉讼法的书、一本介绍行政诉讼法的书和一本关于税法的书。他没有参加过司法考试。像这样一个赤脚律师，他作为代理或者是从事实务工作的时候，法院和检察院认可他吗？怎么确认他的资格问题？我不清楚，因为我们对这些事情缺乏足够的了解。国家允许没有上过法学院的人参加司法考试，但一般说来，这些人的教育水平不高，可能没有办法通过考

试。自学了马上去用，但如果没有通过司法考试，还是没有律师资格的。

张冠梓：您在美国培养了大量的中国法专家。有不少教授、政治家，还有许多从事中国业务的律师，都是您的学生。您能不能简单介绍一下这方面的情况？

孔杰荣：你知道，2010年的7月1日，是我80岁的生日。7月1日，不单是中国共产党的生日，也是我的生日。我原来的那些学生想着如何来纪念、庆祝我的生日。我有很多学生，你刚才说的人中有一些是国际律师，有一些是政府的官员，有一些是法学院的老师，也有很多从中国来的学生。你知道2009年来纽约大学法学院学习的有65个中国学生，可能是历年来最多的。他们是来读硕士、博士学位的。开始是攻读硕士学位，后来继续读可以拿到博士学位。而大多数人读完硕士后，就回去当律师了。现在很多人在香港、上海、北京、广州等地工作。当然，去台湾的也有很多。原来我有很多从台湾来的学生，包括马英九、吕秀莲，还有现在的"司法院长"赖英照。在台湾，他们很多老一代的法官来哈佛是20世纪60年代以后。所以，我为有很多来自中国的学生而感到荣幸。他们有很多人非常能干，毕业以后起了很重要的作用。有的致力经济发展，有的投身政治领域，有的从事法律工作，都干得很不错。比如说，在教育系统里，哥伦比亚大学的爱德华教授就是一个很好的例子，他现在已经退休了。他是我的学生。他非常棒，在法律界起到非常大的作用。他和中国、美国的法学家都有很愉快的合作关系。在乔治市，詹姆斯·贝特曼（James Betterman）是我原来的学生，在乔治·华盛顿大学法学院，他也是一个非常能干的人。在夏威夷法学院的艾莉森·卡尔德（Allison Karder），是一名女教授，她是研究法制史的专家。在教书育人方面，我现在有比较多的学生都加进来了，因为美国人开始对中国法律感兴趣了。但更多的学生是在律师事务所工作，纽约、芝加哥、华盛顿、北京、上海、香港各个城市都有。还有一些人在政府部门工作，其中有一个曾经担任美国在北京的大使——雷德（Clark T. Randt Jr.）大使。我在哈佛是 1964—1979 年，1979 年以后，我是部分时间在哈佛，部分时间在这里。

张冠梓：您曾经作为"江南命案"中江南的遗孀——崔蓉芝的代理人。这个案件不但在中国的台湾、大陆影响巨大，而且也影响到世界各国，给全世界的华人留下了很深刻的印象。您代理"江南命案"，对于中美两国之间的法律传统及其特点和异同，肯定会有一些很深的体会吧？

孔杰荣：我想在 2009 年夏天以后开始写一篇关于这个"江南命案"的文章。这个"江南命案"发生在 1985 年。1984 年 10 月 15 日江南遭暗杀之后，到 1985 年初，江南的太太崔蓉芝请我当她的代理人。在中国台湾，我可以当她的代理人，但我自己也需要台湾的律师帮忙，因为我不是台湾的律师。所以，我请谢长廷帮忙。我原来的其他学生，他们不敢给我帮忙，他们都害怕政治迫害，因为当时的中国台湾还处于独裁统治之下。可是谢长廷不怕，因为他想用这个案件提高他的政治地位。他这个很能干的人给了我很大的帮助。这个案件也给了我很多好的机会去了解他们的很多问题：政治跟法律的问题、刑法和刑诉法的问题等，很有意思。当然，还是有很多秘密是我们不知道的：除了蒋经国的弟弟蒋纬国以外，还有谁支持杀死江南？是不是更高的领导者？我们没有办法知道。可是我们知道，蒋纬国的助手得负责任，蒋纬国自己应承担怎样的责任就不清楚了。也就是说，这件案子是用中国台湾的"法律"制度来审判的，但如果同样的案子发生在美国，最后的结果可能会有所不同。我知道他们不想产生太大的政治影响，所以第一审案件他们不让我参加，他们找了一个法律的借口排斥我。他们认为我是给他们添麻烦的，他们的报纸报道说，我是一个很厉害的律师。我是通过香港电视台来了解整个过程的。那个时候，他们的报纸开始有一点自由。我说的话，在台湾"《中央日报》"上报道很少。但还有另外一个报，是《自由晚报》，我说的话在上面基本上都可以报道。我给他们造成了很大的压力，所以第二审时他们给了我参加的机会。参加一审的律师是谢长廷，他也只是帮我的忙。我们发现了很多材料，然后我们把这些材料提交到美国联邦法院。当时，我们起诉中国台湾"政府"，要求赔偿，因为政府杀死崔太太的丈夫。最后，我们以非正式的方式妥协，崔太太收到一笔赔偿金。

张冠梓：您长期担任法学教育的领导和管理工作，能否谈一下美国法学教育的特点？哪一些是值得中国学习和借鉴的？

孔杰荣：我觉得中国大陆法学教育最大的问题，就是学生觉得学习法律没意思——中国台湾也一样。觉得没意思，他们的兴趣就不大。因为教授讲学不问他们问题，不用讨论、对话的方式，给他们讲学就是念报告，学生只是做记录。这样学没意思！法律条文有很多详细、烦琐的方面，如果你念给他们听，很多人都会觉得很烦、没意思，所以应该想办法提高学生的兴趣，比方说采取座谈会的形式。我现在有很多 Seminar（专家讨论会），我总是邀请一两个专家谈论一个题目，我与他们进行讨论、对话，学生就开始加入，挺有意思的。听专家的讲学、报告，看他们的书，都是最有效的学习方法。可是，还应该利用上课这样的机会组织一些谈论、交流，以此来解决一些问题。我觉得，中国的法学教育应该考虑怎么找到最有意思的方法、更有效的方法。

张冠梓：您是中美法学交流委员会的发起人。作为一个美国人，您研究中国的法律，和我们中国人自己研究中国的法律，您觉得有什么不同点？怎样才能进行进一步交流和合作？

孔杰荣：我们都有同样的问题。一个问题是国家的透明度不够，很难指导实际的情况。我总是强调，不应该只做理论研究，更应该把理论和实践结合起来。问题是怎么做。中国的政法系统透明度不够，甚至连中国国内的法学院也很难找到适当的材料来了解刑事、行政，甚至民事案件，很难了解实际的情况。我们都应该采取实证研究的方法，用实证研究最宝贵的经验改进政法系统。如果你不了解实际的情况，怎么立法？怎么执法？只有充分了解了实际情况，才可以考虑怎么改革。可是，大陆才刚开始重视这个问题。我们美国国内的实证研究也不够，而且没有方案。我们自己就是自己的方案，我们不知道什么才是最宝贵的经验。当然，我们也是因为有问题，所以才在某些方面做实证研究的。我鼓励多培养那些了解社会科学实证研究方法的一代新人。

张冠梓：您刚才说的第一本关于中国的刑事程序的书，谈到您1963—1964年在香港作访谈。我感觉，您用的是社会学和人类学的方法，这个方法对法学研究来说也非常重要。

孔杰荣：现在，有的美国社会学家已经开始在中国研究法律的实际作用，尽管人数还不多，但这是一个方向，也是一种趋势。我觉得30岁以上的新一代学者，他们在中国也开始研究关于法院怎么执法的问题。刚才谈到了中国法学教育存在着怎样调动学生兴趣的问题,也就是教育方法的问题。除了这个方面以外,中国的法学教育还有其他一些问题。譬如有时候有政治上的限制,有一些问题不能谈,比较敏感。本科一年级、二年级的学生还是应该学会解决思想问题,了解党的历史、党的影响,提高自身的政治觉悟。我觉得,我们美国人在这方面并没有接受专业性的教育,可是大家对国家的政策都比较了解。所以,我觉得中国在政治上的限制也应该减少一些。

张冠梓：您对中国的律师状况也有关注。实际上根据近年来中国的一些社会调查,当律师已经是比较受欢迎的职业之一。您对中国现在律师的执业状况有什么评价？特别对刑事诉讼方面的律师的状况,您有什么样的看法？您刚才也涉及这些方面了。

孔杰荣：刑事辩护律师的困境很多。国家到目前为止还不允许他们很自由地为当事人辩护。比方说,公安局刚抓了一个人,这个人可以委托律师,但有时候律师没有办法去看守所看他。即使可以去看他,但在他们说话的时候,看守所的人也会在旁边监听。我觉得,这样就是限制了他们谈话的自由。另外一个问题是,审问嫌疑人的时候,律师很难陪着他。有没有用酷刑,有没有打他,对他的态度怎么样,这些情况都不知道。这是个很大的问题。律师想事先调查、收集材料是不被允许的,只有到侦查机关结束侦查工作以后,律师才可以收到他们的材料。参加审理程序,律师一般是不允许叫证人的,证人一般不出庭。这是一个大的问题。如果证人不出庭,就没有办法询问他们,只看他们审理前的报告,会很难确定是不是真的。可是,如果律师想独立去询问证人,有时候证人也会害怕,在没有确保打赢官司之前，不敢给律师全部的有关材料。这是另外一个问题。律师本身也有很多限制，律师协会是司法机关控制的，司法局是公职机关，律师自己很难选举他们自己的领导。我刚刚发表一篇文章，是关于北京律师协会的情况。现在，自治问题是一个比较敏感的问题。不光是律师自治的问题，很多自治的问题都是这样。如果律师不能起到他们应起的作用，很难说法治系统是完善的。

张冠梓：中国人熟悉您，一个重要原因在于您是中美关系的先行者之一。中美关系在20世纪70年代初能够打破坚冰，包括尼克松总统访华，以及在这之前的基辛格访华，应该说和包括您在内的一批有识之士积极建言献策是分不开的。听说在中美建交之前，您和您的哈佛同事就曾对美国的对华政策提出过建议，我想这也反映了美国民众渴望打开与中国交流的大门的强烈愿望，想必这对美国对华政策的调整也发挥了很大的促进作用。

孔杰荣：我和我的哈佛同事，就美国的中共政策提出了一揽子建议，于1968年11月6日集体签署，最初作为备忘录刊登在1969年2月份的《战略杂志》上，它清楚地勾勒出"平衡"与共产党执政的关系所应采取的步骤。我记得，参加签署的专家，除了我（时任哈佛大学法学教授，此次活动的负责人），还有东亚研究中心主任费正清，经济学教授德怀特·珀金斯（Dwight H. Perkins）、埃德温·赖肖尔（Edwin O. Reischauer），历史与政府学教授本杰明·史华慈，历史学副教授詹姆斯·汤姆生（James Thomson）等。除了上述来自哈佛大学的学者外，还有哥伦比亚大学政府学教授多克·巴内特（Doak Barnett）和麻省理工学院政府学教授白鲁恂（Lucian Pye）。据我的了解，是亨利·基辛格博士于1968年亲自将这份备忘录呈递给新当选的尼克松总统的。

张冠梓： 你们当时签署这样一份建议书，是出于什么样的考虑？或者说，你们是想使美国达到一个什么样的目标？

孔杰荣： 中华人民共和国成立以后的20年里，中美关系一直处于敌对和僵持的局面。很明显，无论事件的性质如何或者解决越南问题的时机如何确定，中国问题都将在新政府当政——确切地说应该是整个20世纪70年代——继续主宰我们与东亚的关系。中共的规模、意识形态、相对孤立、潜在影响力和国内状况加剧了世界部分地区长期的不稳定。避免与中国发生战争并减少其周边地区的混乱，长期以来都是美国的中国政策核心目标，这一点需要坚守。朝鲜战争结束以后，前几届政府主要是沿用两极政策来实现这些目标：一方面，用军事遏制以降低同中华人民共和国通过大使级会谈进行交往的可能性；另一方面，就是时不时地提议进行非官方接触。当然，随着时间的推移，第一种方法的优先权使得第二种方法的重要性相形见绌了。长期以来，这两种策略好像已经趋于平衡，因此在持续避免与中国开战和阻止中国武力干涉国外事务的同时，我们要积极行动以缓和中美之间的紧张局势以求实现最终和解。在提出实现目标的具体步骤时，我们需要对一些关键词格外谨慎。虽然引起中国内地过去3年混乱的国内骚乱的结果还不十分明朗，但我们现在也并不奢望会有中国人愿意改善同美国的关系，因此我们提出的某个或者所有动议有可能立即被北京领导人拒绝。然而，我们之所以提出这些动议，是因为我们确信：我们要实现在东亚的国家利益最大化，需得益于给中国人选择同外部缓和相互之间的敌对状态这一美国的国家政策。最低限度上，我们会使得北京的决策过程变得复杂——以前都是简单地建立在美国是敌对不可缓和的这样一个理论假设的基础上；同时，我们可以通过事实和话语向现在或是以后对毛泽东关于世界的看法抱有怀疑的中国领导人证明他们的怀疑是正确的。如果我们采取这一较为有效的政策，我们就至少能够获得稳定住北京方面的机会；否则，双方敌对的结果只能是为战争埋下祸根，最终导致两败俱伤。

张冠梓：你们当时是如何认识和评估同中华人民共和国的关系的？怎样启动与中国的外交活动？

孔杰荣：我们是从以下几个方面加以考虑的。一是进行探索性的会谈。这也许会被拒绝，但你必须认真探寻安排中国领导人与你所信任的某人之间进行机密会谈的可能性。你的密使可以向中共领导人转达新政府有兴趣倾听中国在越南问题和裁军问题，以及通过非官方或非正式的安排发展正式关系等一系列问题上的看法。中国完全有可能拒绝这样一个密使，然而这一努力将被用来表明美国改变了国家立场。

二是越南谈判问题。越南问题的艰难解决过程完全能够提供一个同中国改善关系并使中国参与国际秩序的机会。尽管中国目前对谈判解决仍抱有疑虑，但新政府要灵活运用时机，以使北京在越南谈判进程中扮演某种角色——可能是通过一个重新组建的论坛，亦可能是经由包装的、能够使中国以及越南和其他处于分裂的国家最终成为统一国家的某种形式。我们首要考虑的问题是，越南谈判问题要被看作是解决亚洲更广范围问题的一个潜在步骤，并因此有可能将中国纳入国际交往的一个手段。

三是减少攻击和争论。不管北京的言辞是否充满敌意，所有政府发言人都要在其对中国的评论中抑制自己，不发表挑衅性的话语。这一点很重要。过去,"和解"的虔诚愿望多被诸如将中共比作纳粹分子的出版物所浇灭。尤为激怒中共的是美国人显而易见的立场——台湾是中国的唯一代表。新政府应尽早寻求机会以消除话语与现实之间的这种障碍。1955年以来,在两党三位总统的领导下,美国政府在日内瓦、华沙和台北与两个自称"中国"的政府打交道。我们应该注意到这样一个事实——当然这里并没有任何炫耀的意思——我们实际上已经给予北京事实上的承认15年了,虽然法律上的承认仍是一个有待讨论且尚未完成的过程。

四是反弹道导弹(ABM)问题。新政府将不得不决定是否要继续新近批准的"虚弱的"反弹道导弹体制。在我们看来,现任政府对这一体制对中美关系产生的影响给予的考虑不够充分。我们认为,制订反弹道导弹计划,试图在军事上威慑北京是不必要的。这个计划不仅会打破苏美之间的军事平衡,而且也完全可能会被中共看作是美国人企图攻打北京的证明。我们吁请新政府再次考虑反弹道导弹问题。

五是贸易问题。作为朝鲜战争的遗留问题之一,美国针对中国实施了贸易禁令,拒绝给予中国需要的任何物资,甚至拒绝给予中国因美国的经济影响所带来的可能性改变,还阻止我们的商人分享中国市场。这种政策并没有得到任何一个盟国的支持,仅仅是我们与第三方国家关系的一个短时期的刺激策略。新政府应尽早寻求时机来改变这一贸易政策。因此,新政府应该在前任尝试性话语的基础上,像我们与苏联和东欧开展贸易一样,同中国开展非战略物资往来。

六是关于旅行和其他交往。新政府同样要解除对美国人前往中国旅行的最后管制。同时,也要让北京方面知道我们愿意接纳从中国来的参观者。这些措施反映出的不仅仅是一个自由社会的信心和力量，同时也会促使中国未来的领导人选择走出封锁。为了增进官方交往，新政府要鼓励中美两国间的记者、教育工作者、科学家、艺术家和其他群体进行私人和非官方会谈。

张冠梓：和中华人民共和国发展外交关系，必然牵扯到美国同中国台湾的关系问题。

孔杰荣：是的。这是个不可绕过的问题，也是我们的第二个建议。前述步骤是关于重构华盛顿—北京关系的尝试性努力。不可避免地，随之而来的步骤必然是重构华盛顿—台北的关系。这里的目标还是填补话语和现实之间的沟壑。长期以来，美国政府表面上承认"中华民国"代表中国政府，声称其辖有大陆和台湾及澎湖列岛。但是实际上，华盛顿方面一直将其视作一个限于台湾及澎湖列岛的"政府"，心照不宣地接受"民国"政府不会重新征服大陆的事实。1951年以来的历届政府都清楚地表明"台湾"在法律上不是中华人民共和国的一部分，其地位悬而未决，需留待将来解决。新政府要依据这一现实。政府应该重申，只要台湾人民希望保持其作为与中国大陆分离的一个实体的地位，政府就有防护台湾及澎湖列岛的义务。但是，政府要通过采取四个专门措施，避免被"中华民国"带入进退两难的窘境。一是政府派往中国台湾的使者必须是一个理解政府深远中国战略并能够传达这一信息的人。为了表明其出于政治意义而非军事意义，这一人选不应当是军人出身。二是只要台湾海峡还处于相对和平状态，政府就应利用这一时机再次促成"中华民国"有序地从马祖、金门等离岸岛屿撤离（尽管被"民国"政府占据着，但这些岛屿给海峡两岸提供了把美国拉入不必要的亚洲冲突当中来

哈佛大学校园一角

的机会)。政府还应促成"民国"政府终止针对大陆的挑衅性行动。三是政府要为华盛顿与北京关系的逐渐改变创造应对条件,要同"中华民国"政府坦诚交换意见,尤其是在不可避免的、复杂的联合国问题上面。四是政府要灵活应对台湾社会日益增加的政治压力,还要利用机会促使蒋介石和其继任者赋予1100万名台湾人和在岛上的200万名大陆人更完全地参与政治生活的机会。

张冠梓: 您知道,台湾问题牵涉中华人民共和国和中华民族的核心利益,是无法让步的。和中华人民共和国建交,必然也会牵扯到其他方面的一些更宽泛的问题。

孔杰荣: 这些方面我们也都考虑到了,这是我们的第三个建议。具体地说,一是关于联合国问题。1969年秋天之前,新政府不会面临中国在联合国的代表权问题。而到了后来,寻求越南问题的解决以及早前的与中国有关的交往主动性就成为促使两国关系正常化的关键。如果上述的这些措施不会使我们在发展与中国的关系上有所收获，那么在联合国大会上我们也会面临同样的问题。即使不这么做，我们还是确信政府不会阻碍中华人民共和国获得在联合国的代表席位。由于若干显而易见的原因，联合国在北京的代表一定会在中美关系改善之前到来——这也可能是中美关系正常化的一个前提。我们认为，中国走出孤立就意味着中国人有可能随时参与国际论坛，并加入类似交往所形成的长期"社会"。因此，美国政府的决策者应接受北京在联合国大会和安理会中的成员资格。同时，也要为中国台湾提供一个大会席位——不管是作为一个"独立的"地区还是作为中国的一个自治区域。这些目标最好是通过默许的方式取得，而非通过华盛顿方面的积极努力，但我们仍要事先认真筹划。二是关于中国的邻国问题。我们对华政策的逐渐改变和欢迎中国成为我们的主要盟国，会引起那些先前依据我们的政策而采取相应行动的中国邻国的不安。为了尽量避免这个问题，我们会不断告知我们的方案和计划，以使其确信我们会对这些国家的社会福利保持关注。三是关于日本。尤为重要的是，我们的每一步战略都要把日本考虑进去。虽然日本会认同我们战略的要义，但如果我们在事先不告知的情况下突然掉转方向，就会给日本政府带来严重的难堪。四是与第三国的交往。为了使中国有效地参与国际交往，我们应欢迎日本这样的国家努力增进与中华人民共和国的交往。五是关于华盛顿—莫斯科—北京关系。先前的建议中未及言明的是，希望新政府努力将中美关系视作与苏美关系相区别的问题——尽管这不可避免地是个相关联的问题。中苏交恶为我们提供了一个将每一方区别对待并在与每一方的交往中详细审视我们国家利益的机会。我们吁请新政府考虑美苏两个超级大国

的平衡，避免以莫斯科看待北京的视角来判断中国及其发展。苏美结盟以遏制中国会给俄国带来利益，但并不会同时给美国的国家利益带来好处。

张冠梓：您如何看待中美建交以来双边关系的发展？

孔杰荣：可以说，我是中美关系的见证人，也是中国改革开放的见证人。我可以发给你一个备忘录，是我跟哈佛大学的同事在1968年秋天写的。1967—1968年，我们几个人在哈佛开会，准备讨论下一个总统会对中国做什么。尼克松总统上台是1969年1月份，他参加大选的时间是1968年11月初。所以，在他选举以后，我们马上提交给基辛格一个备忘录。1972年6月16日，周恩来总理在人民大会堂请我和费正清教授一起吃饭，并合影留念。那4个小时是我终生难忘的。当时是尼克松总统结束访华不久，两国发表了《上海联合公报》，我们主要谈了如何落实这些公报的内容与精神，特别是如何实现两国建交的具体问题。我和费正清教授还向周总理建议，中国应派学者到美国哈佛大学去进修。我个人还特别提出，想请中国研究法律的学者到哈佛大学法学院作交流，并建议中国政府派知名的国际法专家到国际法院任职。我认为，中国既然已经开始在联合国行使代表权，那么下一步就应该委派自己的专家参加国际法院的工作，以发挥中国在国际上应有的重要作用。后来中国接受了我的建议。中美建交之后，中国政府决定派人到哈佛大学作交流。1979年，我协助安排了外交部一名翻译到哈佛大学进修。2008年9月，温家宝总理出席联合国会议期间，我应邀参加了欢迎宴会。37年来，中国本身及中美关系的发展都发生了很大的变化。1972年我去中国时，中美尚未建交，两国交流处于起步阶段，连代表处都没有。美国并不了解中国的情况。37年后的今天，美中关系非常密切，我们两国的前途连在了一起。1972年，美中贸易关系刚刚开始，两国贸易还存在很多障碍。现在，美中贸易额很大，也很重要。当时的中国完全不接受外国投资，而现在，中国已有很多来自美国的投资，来自世界各地区的投资都在中国发挥着重要作用。而且，中国也已开始对外投资，中国的投资项目受到全世界的欢迎。中国经济的巨大变化还表现在所有制形式的变化上，除了国有企业外，还出现了新的经济形式，如合资企业、独资企业等。如今中国的经济有很大的国际影响力。1972年的中国仍处在"文化大革命"期间，基本上还没有完整的法律教育，甚至没有法学院。现在中国有了数百个法学院与法律系，政府部门、各级人大也有一批法律专家参与中国的立法工作。当今中国的媒体、交通等都高度发达，普通中国人的生活水平大大提高，中国有了非常重要的国际地位。当然，中国仍面临很多问题与挑战，也遇到了一些不易解决的历史遗留问题。但是我们更应该看到，中国创造了奇迹，中国带来了希望。

张冠梓：您对中国海峡两岸的情况都很熟悉，台湾地区一些领导人和您还有师生之谊。能否评价一下马英九担任台湾地区领导人以来海峡两岸关系的新进展？

孔杰荣：1977年和1978年，吕秀莲与马英九都在哈佛大学法学院念书，且同是我的学生。许多人让我比较他们两个，我就告诉他们：你不能比较马英九与吕秀莲，就像不能比较苹果与橘子。但有一件事情我不能不提及。记得1978年初夏，吕秀莲完成哈佛学业一时不知何去何从。我提醒吕秀莲说，杜鲁门总统有一句名言："耐不了热，就不要进厨房。"我鼓励她返台"打拼"才更有意义。吕秀莲果真返台投身政治。1年后，"美丽岛事件"爆发，吕秀莲被

抓，次年被判 12 年有期徒刑。直到 1984 年 10 月，"江南命案"爆发，台北当局大受国际舆论压力，我认为救吕秀莲的时机到了，就去台北找到当时任国民党副秘书长的马英九，带他去探视狱中的吕秀莲。那一天，我与两位学生同在狱房，斯情斯景，一生难忘。吕秀莲随后获释。马英九在救吕秀莲的过程中扮演了关键角色，他对老同学有情有义。尽管如此，但政坛如战场，作为政敌，吕秀莲对恩人马英九却从不留情，常在公众场合痛骂马英九。我真的希望他们在政治对立之外，还能记得 30 多年前的这段同学情谊。

对于马英九担任台湾地区的领导人，我感到很骄傲、很兴奋，但也并不意外，因为我感觉马英九其实毕其一生都在为此作准备。他为人非常聪颖，勤奋努力，英文造诣也很深。马英九的博士论文《东南中国海海底资源的国际法问题》写得很好，在国际政策及国际法研究领域是有不小的影响的。记得 2008 年台湾地区选举时，美国智库非常看好马英九，认为他是"大选"的热门人选。2008 年 3 月马英九访问纽约，美国"外交协会"曾特地安排我与马英九的对话，当时美国学者对马英九评价甚高。对于他这一年来的领导，台湾地区，还有美国及中国大陆都是给予积极评价的，并且寄予了很大的期望。但高度期望也带来问题，因为要彻底履行政治上的承诺实在是非常困难的。必须要承认，台湾问题及两岸关系仍存在挑战，希望两岸关系能在稳定及互信的基础上得以妥善处理。

一年前，我在接受媒体采访时曾经说过，马英九的胜利当选有助于缓和紧张的两岸关系，台湾"政府"的当务之急是尽速修补与美国、中国大陆的互信基础。这一年来，马英九主打经济及民生议题，同时积极调整两岸政策，推动两岸关系稳定发展，大大缓和了两岸政治紧张对立的局面，为两岸经济合作提供了机会，很好地解决了人民的生计问题。他的做法是令人欣慰的。我建议，马英九应充分展现领导能力，有效地管理、控制国民党，使其在"立法院"占据优势，避免权力被滥用。

新时代的中美关系：合作不是选择，而是命运

受访人——劳伦斯·亨利·萨默斯（Lawrence Henry Summers）

采访人——吴思

劳伦斯·亨利·萨默斯教授

劳伦斯·亨利·萨默斯出生在美国康涅狄格州的第二大城市纽黑文的一个犹太人家庭，他的父母都是经济学者和宾夕法尼亚大学的教授，他的叔叔保罗·萨缪尔森（Paul Samuelson）和舅舅肯尼斯·约瑟夫·阿罗（Kenneth Joseph Arrow）为现代经济学的鼻祖，两人分别获得1970年和1972年诺贝尔经济学奖。

萨默斯16岁进入麻省理工学院修读物理学，后转修经济学，1975年毕业获得经济学学士学位。他就读期间曾是麻省理工学院内一名活跃的辩论队员。此后他成为一名哈佛大学的研究生，跟随美国著名经济学家马丁·费尔德斯坦（Martin S. Feldstein）学习，并于1982年毕业获得经济学博士学位。此后他在麻省理工学院和哈佛大学作短期教学，1983年，萨默斯成为哈佛历史上最年轻的教授。1991—1993年，担任世界银行首席经济学家并成为世界银行历史上最年轻的首席经济学家。1993年，出任克林顿政府美国财政部国际事务副部长；1999年担任克林顿政府财政部长；2001—2006年担任哈佛大学第27任校长；2009年担任奥巴马政府的白宫国家经济委员会主任。

作为一名研究员，萨默斯在经济、公共财政、劳工经济、金融经济及宏观经济等各方面做出重要贡献。在另一方面，他也活跃于国际经济、经济人口学、经济历史及发展经济学。他的工作集中于分析经济数据来解答明确的问题。譬如：储蓄能否对税后利率做出反应？从股票得来的收益能否预测得到？是否大部分人只在过渡性失业时获得失业优惠？1993年他因为研究宏观经济的成就获得美国经济学会约翰·贝茨·克拉克奖（John Bates Clark Medal）。

主编手记

吴思现就职于国务院发展研究中心主管、中国经济年鉴社主办的综合性经济学刊物《中国经济报告》,任编辑部副主任。长期关注国际智库和学界的前沿研究成果,主持了"对话诺奖得主"以及"制度的力量"系列访谈,与50多位国际政要、智库专家和学界精英进行了一对一的深度对话。她就中美关系和贸易摩擦等问题邀请美国前财政部长、哈佛大学校长劳伦斯·亨利·萨默斯分享其观点。在这篇专访稿中,萨默斯教授的核心观点:"中美双方不应该只从商业和贸易角度看待两国关系;而应把谈判框架放宽,用更加宽泛的思维及多边的方式处理两国关系"为处理当前中美关系提供了一定的参考意义。原文刊于《中国经济报告》2018年第10期。

劳伦斯·亨利·萨默斯(Lawrence Henry Summers)近年来活跃在全球经济和政策研究的前线。萨默斯1954年出生于美国一个犹太人家庭,父母是宾州大学著名经济学教授。而他的叔叔萨缪尔森(Paul Samuelson)是现代经济学的鼻祖,舅舅阿罗(Kenneth Arrow)也是另一位现代经济学的创始人,两人分获1970年和1972年诺贝尔经济学奖。受家庭环境影响,萨默斯在学术界和政界都颇具分量。他16岁进入麻省理工学院,27岁获得哈佛大学经济学博士学位,28岁被聘为当时哈佛大学历史上最年轻的教授,37岁成为世界银行历史上最年轻的首席经济学家,39岁荣获青年经济学家的诺贝尔奖——克拉克奖,后又担任哈佛大学校长。除学术建树外,自1982年出任里根政府的白宫经济顾问委员会顾问以后,萨默斯每段职业生涯都令人刮目相看:1999年担任克林顿政府的财政部长;2009年担任奥巴马政府的白宫国家经济委员会主任。日前,《中国经济报告》就中美关系和贸易摩擦等问题邀请萨默斯分享了自己的观点。

中美关系走向

吴思：你怎么看特朗普的贸易政策？在他发动的贸易战中，谁会成为赢家？

劳伦斯·亨利·萨默斯：总的来说，我认为里根总统关于核战争的说法是正确的：核战争永远没有赢家，也永远不应该打。贸易战也是如此。从经济学原理来看，贸易战最大的后果是心理上的威慑，真正对供求关系的影响很小。我希望我们不会看到真正的贸易战。如果我们真的经历贸易战，每个国家的工人、企业和消费者都会承担后果。我认为这没有什么好处。双方都有正当的商业目的，但正确的做法是谈判，而不是对抗。

吴思：关于当前中美贸易摩擦，主要存在哪些分歧？

劳伦斯·亨利·萨默斯：我曾经听到一个中国朋友对我说，如果美国希望中国减少钢铁出口、增加汽车进口、允许美国企业在中国进行更多投资，那么中美两国可以坐下来谈判寻求解决方案；但如果美国想要制定规则、维持全球领导地位、让中国融入或适应美国主导的体系，这是无法谈判的。但中国越来越担心美国的诉求是后者，美国将中国视为威胁而非机会。

我也听到另一个长期生活在美国的中国朋友问，美国为什么不继续做好自己，而只是想要遏制中国？他认为美国不具备这样的力量来遏制中国。我觉得这些问题值得美国人深思。

作为一个美国人，我想竞争是永远存在的，美中两国应该寻求共同发展的可能。在当今的世界舞台，美国经济在很大程度上受到中国、日本、印度、德国等很多国家的影响，美国应该更多思考如何继续发挥自身的独特作用，而不是扮演像冷战之后那样"一枝独秀"的角色。

同时，我也告诉我的中国朋友，我完全理解你们对特朗普诸多行为的担心。但从美国的视角来看，美国也有越来越多的人担心，中国一方面希望依靠强劲的增长重新定义地缘政治，另一方面又继续享受作为一个发展中国家的特殊保护。这在美国人看来，是鱼和熊掌不可兼得的。

那么我所希望的是，未来美国和中国能够意识到，通过合作解决一些共同关注的问题（如核扩散、流行病、恐怖主义等），要远比分歧更加重要。美中合作不是选择，而是命运。

吴思：你对未来 30 年中美关系的发展有何展望？

劳伦斯·亨利·萨默斯： 如果构想未来 30 年美中关系的情景，我想两国都取得成功或者两国都无法取得成功，出现这两种情景都是有可能的。但美国成功、中国失败，或者中国成功、美国失败的情景基本上不太可能出现。双方都必须认识到这一点。

吴思：根据你的判断，这几年中美两国努力构建新型大国关系是不是一种好的合作模式？

劳伦斯·亨利·萨默斯： 我十分欢迎中国呼吁的新型大国关系。在我看来，现在美国和中国之间的经济联系与过去大国之间的纽带是不同的。大国关系的伟大性就在于，彼此尊重对方的尊严、传统和体制，就一些共同关注的问题开展合作，建立法制和程序来解决商业问题。如此，美

中两国就能够为全世界营造一个更好的环境，我坚信这是完全可以做到的。但如果打贸易战，以牙还牙，则不可能实现共赢。

吴思：如果中美两国坐下来谈判，你会给出什么建议？

劳伦斯·亨利·萨默斯：现在美国政府更多是从商业的短期视角来看问题。这就让谈判更加难以达成，因为双方对成功的谈判的理解并不一样。双方不应该只从商业和贸易角度看待两国关系，而应把谈判框架放宽，用更加宽泛的思维及多边的方式处理两国关系。与其只让贸易领域的官员来谈，不如让拥有更加丰富背景的官员从更加宽泛的框架来处理贸易问题；与其仅局限于贸易问题，不如更多地去探讨长期的两国关系。

吴思：你所说的宽泛的谈判框架包含哪些内容？

劳伦斯·亨利·萨默斯：比如说北亚安全、数据交易规则、政府行为、网络冲突管理等。对于这些问题，各国应该承担怎样的责任，是我们需要进行更多思考的。

吴思：你对于中国应对中美贸易摩擦有何建议呢？

劳伦斯·亨利·萨默斯：中国不应该把美国发生的一切都归咎于特朗普的失败。虽然特朗普的很多行为让中国感到担心，我表示理解，但我也想强调，特朗普的做法其实能够反映出美国对中国态度的一系列变化。所以不能简单地看问题，拭目以待可能是一种错误的做法。

吴思：你对特朗普又有哪些建议？

劳伦斯·亨利·萨默斯：美国不应该对中国采取威吓的策略。尽管有一些国家可能曾对中国贸易与商业行为感到威胁，但由于现在美国对WTO与全球多边体系的漠视，容易让世界大多数国家都站在中国这一边。这不仅使得中国更容易抵制美国，而且削弱了美国制裁的有效性。

中国应对贸易摩擦还需深化改革

吴思：今年是中国改革开放40周年，你如何评价中国过去40年所取得的成就？又存在哪些问题尚未解决？

劳伦斯·亨利·萨默斯：我认为中国过去40年的经济改革是人类历史上最伟大的经济成就。中国经济保持了快速增长，让人们的生活变得更加开放、更加美好。这些正面的成就让遗留的问题看上去不值得一提。中国目前面临的主要挑战已经不再是贫穷，而是向中等收入国家迈进。中国要想在全球治理方面发挥更大作用，在保持经济稳定发展的同时，还需要不断推进改革。当然，在这个过程中也会有许多不同的新问题产生，我不认为中国未来的经济改革会没有阵痛地走下去，随着各类财政预算的收紧和监管的加强，决策者需要有更大的决心。

吴思：你对中国下阶段改革模式有何建议？

劳伦斯·亨利·萨默斯：分阶段渐进式的改革模式对中国来说仍是行之有效的。我建议中国下阶段有必要大力加强对国有企业的预算约束，以及进一步扩大金融自由化。这些改革措施需要以强有力和果断的方式实行。当然，这并不代表以激进的"休克式疗法"推进改革，但也并非蜻蜓点水般不痛不痒。

吴思：在下一步改革开放中，中国应如何在效率和公平之间进行权衡？

劳伦斯·亨利·萨默斯：我认为不需要考虑在效率和公平之间进行取舍。很多政策措施可以同时提高效率和公平。举个例子，如果更多的人能够离开贫困的农村，转移到更公平的城市地区，既能增加公平，也能提高经济效率。

再比如说，让中国最有才华的年轻人都能够上大学。此外，如果能够出台更有力的竞争政策，减少垄断利润，也会使经济运行更有效率。

吴思：当前中国正处于深刻的经济社会转型期。转型过程中出现了债务累积和资产泡沫等问题，中国应如何化解转型期金融风险？

劳伦斯·亨利·萨默斯：我不认为有单一的方法或灵丹妙药能够完全解决这些问题。西方国家十年前的教训就表明，没有人能幸免于资产泡沫的问题。总的来说，我认为对金融行业进行功能监管十分重要。过去在机构监管模式下，某些金融机构受到了监管，而某些机构则不受监管。更好的做法是功能监管，即对某些特定的金融活动进行监管。只要你开展借贷业务，不管是银行、金融公司还是其他类型公司，你都应该受到监管。

吴思：那么在你看来，中国未来会不会出现系统性金融危机？

劳伦斯·亨利·萨默斯：未来是一个很长的时间概念，我相信中国在某个时间段也许会出现一些金融方面的问题，但总体来看中国的金融体系是健康的，所以我不知道什么会导致它的下一次危机。就好比一个人身体健康，他自己应该也不知道未来会因何而死亡。

吴思：你认为中国将会在区块链、人工智能、机器人和大数据等新技术领域成为全球领先者吗？它们对经济又会有什么影响呢？

劳伦斯·亨利·萨默斯：我认为它们有很大的潜力，特别是区块链、人工智能和大数据相结合的应用在推动创新和提高生产率方面有很大的潜力。仅从中国庞大的人口规模产生的数据量来看，中国就非常有能力发展好这些技术。

中国的软实力与对外交往

受访人——约瑟夫·奈（Joseph S. Nye）
采访人——于盈

约瑟夫·奈教授

约瑟夫·奈，生于1937年，1964年获哈佛大学政治学博士学位后留校任教。曾出任卡特政府助理国务卿、克林顿政府国家情报委员会主席和助理国防部长；后来重回哈佛，曾任肯尼迪政府学院院长，现为该院教授。

约瑟夫·奈是国际关系理论中新自由主义学派的代表人物，以最早提出"软实力"（Soft Power）和"巧实力"（Smart Power）概念而闻名。他在1990年出版的《注定领导世界：美国权力性质的变迁》（Bound to Lead：The Changing Nature of American Power）一书及同年在《对外政策》杂志上发表的题为"软实力"一文中，最早明确提出并阐述了"软实力"概念。"软实力"随即成为冷战后使用频率极高的一个专有名词。在2004年出版的著作《软实力：世界政治中的成功之道》（Soft Power：The Means to Success in World Politics）一书中，他又对"软实力"概念进行了补充。约瑟夫·奈所说的"软实力"，主要包括文化吸引力、政治价值观吸引力及塑造国际规则和决定政治议题的能力，其核心理论是："软实力"发挥作用，靠的是自身的吸引力，而不是强迫别人做不想做的事情。

他对中国"软实力"增长也较为关注，于2005年底在《华尔街日报》上发表了《中国软实力的崛起》一文。

2009年1月，约瑟夫·奈获提名为奥巴马政府美国驻日本大使。他的新概念"巧实力"（Smart Power）也成为奥巴马政府外交战略的主轴。

近年来，他发表了一系列关于美国权力的论述，包括：2011年《权力的未来》（The Future of Power）、2013年《总统领导与美国时代的创造》（Presidential Leadership and the Creation of the American Era）、2015年《美国世纪结束了

吗?》(*Is the American Century Over?*)。在一项针对国际关系学教授的调查中,约瑟夫·奈被评为对美国外交政策最具影响力的学者。2011年,美国《外交政策》杂志将约瑟夫·奈列为全球百大思想者。

主编手记

　　约瑟夫·奈是当今世界重要的政治学家之一，分别在普林斯顿大学、牛津大学和哈佛大学接受系统的政治学和国际关系学教育，曾在克林顿政府时期任主管国际安全事务的国防部助理部长、国家情报委员会主席等要职，后出任哈佛大学肯尼迪政府学院院长，现任该院国际关系学教授。1990年以来，他提出、发展和完善了"软实力"（Soft Power）概念，现已成为分析国际关系特别是国际政治的重要概念之一，受到了国际社会和学术界的普遍关注。由于他在克林顿政府时期的特殊地位以及在国际关系研究方面的独特视角，加上时任总统奥巴马与哈佛大学的特殊关系，约瑟夫·奈当时成为美国政治界和学术界关注的焦点人物之一。约瑟夫·奈教授于2008年12月1日和2009年1月28日，两次在肯尼迪政府学院办公室接受了时为哈佛大学肯尼迪学院硕士研究生于盈的采访。

一　关于提升国家"软实力"的问题

　　于盈：约瑟夫·奈教授您好，感谢您在百忙之中接受访谈。近年来，您对中国"软实力"的问题愈加关注，并多次访问中国。作为20世纪90年代"软实力"这一概念的创始人，您认为中国在增强"软实力"方面取得了什么进展，又可以继续在哪些方面努力？您是否认为2008年北京奥运会提高了中国的"软实力"并改变了世界对中国的看法？中国的"软实力"有可能会赶超美国的"软实力"吗？

　　约瑟夫·奈：实力是指通过影响他人而获得期望结果的能力。影响他人行为主要有以下三个方式，即通过强制

性威胁（"大棒"）、利益引诱（"胡萝卜"）或吸引力，使别人认同、接受你的主张。而"软实力"是指通过吸引力而非靠强硬手段或利益引诱的方法去影响别人，来达到你所想要达到的目的的能力。"软实力"来源于一个国家的文化、政策和价值观念的吸引力。在世界政治中，一个国家可以通过它在文化上、政策上或价值观念上的吸引力，使别的国家模仿其榜样，理解、认同其在国际社会上的主张和维护国家利益的行为。"软实力"不是强国的专利，所有国家都有创造"软实力"，并通过"软实力"来提升自己国家国际地位的能力。"软实力"比强制性威胁的方式更文明，也更持久。

至于一个国家可以用什么资源来创造"软实力"，答案就是它的文化、政策和价值观念。

比方说中国一直以拥有悠久的传统文化而充满吸引力，但现在中国也正在融入全球大众文化之中。中国电影《卧虎藏龙》在美国外语电影的票房排行榜中位居榜首。美国职业篮球赛休斯敦火箭队的中国明星球员姚明有机会成为另一个迈克尔·乔丹。尽管在2008年的奥运会篮球比赛中中国队输给了美国队，但姚明依旧是北京奥运会之星。在过去10年中，中国招收的外国留学生数量增加了3倍，从3.6万人迅速增加到11万人；外国游客的数量在奥运会之前已增长到每年1700万人次。此外，中国在世界各地创立了200多所孔子学院，教授中文和中国文化。正当美国之音的汉语广播时间从以前的每天19个小时减少到现在的14个小时之时，中国国际广播电台把英文广播时间增加到全天24小时。但是，中国目前还没有像好莱坞这样的文化产业，中国的大学也还不如美国。

这些年，中国的外交政策一直朝正面的方向发展，更专注于多边合作。10年前，中国在多边协议上外交还持谨防的心态，而且与周边国家也有一些争议。在这10年以来，中国加入了世界贸易组织；为联合国维和部队贡献了3000多名士兵；进一步促进防止核扩散问题的解决（包括主持朝鲜核问题的六方会谈）；解决了与邻国之间的领土纠纷；并加入了多个区域性国际组织。新的外交努力，加上"中国和平崛起"的口号，有助于缓解其他国家的恐惧和减少其他国家联合起来压制一个正在崛起的中国的可能性。我们同时见证了中国对东南亚的政策在过去10年的变化。但是，与美国相比，中国依旧缺乏帮助创造国家"软实力"的非政府机构。在政治上，中国依旧饱受腐败和法治不健全的困扰。

在价值观念方面，尽管中国保持了一党执政，但它在过去30年将国内生产总值（GDP）提高了6.8倍，这一经济飞速发展的成功对许多发展中国家来说非常具有吸引力。相对于曾经盛行并占主导地位的推广民主政府和市场经济的"华盛顿共识"，如今，在亚洲、非洲以及拉丁美洲的部分地区，推广市场主导加上宏观调控的"北京共识"更受欢迎。另外，中国还通过对外进行经济援助以及允许其他国家进入中国发展市场来增强它的吸引力。但同时，中国的一些价值观念也使一些国家不满，削弱了中国对西方国家的吸引力。从长远来看，如果中国可以加强与西方国家的交流对话与沟通理解，则中国"软实力"可以得到进一步提升。

由于国内存在的一些问题，使中国吸引他国的能力受到限制，但是我们不能因此而忽略了中国所取得的进步。北京奥运会是中国增强其"软实力"策略的重要组成部分。中国不仅仅希望通过运动员获得的金牌数量来提升其国际

声望和吸引力，还希望通过成功举办奥运会来达到这一目的。尽管民意调查显示近年来中国的吸引力有所增加，但要提高中国在国际上的"软实力"，仅仅成功举办一场奥运会是不够的。

我认为，只要中国继续坚持走改革开放的道路，中国的"软实力"在长远来说肯定会增强。如果中国变得更加繁荣和民主，中国的"软实力"将会进一步提升，这也是我认为会发生的情景。美国的"软实力"也依赖于文化、政策和价值观念。这些年虽然布什政府的外交政策在世界许多地方缺乏合法性，进而削弱了美国的"软实力"，但美国文化对其他国家来说依旧具有吸引力。芝加哥全球事务委员会2008年出版了一份关于亚洲"软实力"的研究报告，研究表明美国的"软实力"仍高于中国、日本以及其他所有国家。我们可以设想10年后的民意调查，如果中国的价值观念更为开放，国家在更多方面继续取得成功，并且中国的政策被其他国家所认同，那么，我认为中国的"软实力"将会得到很大的提升。中国的"软实力"能否赶超美国，还取决于美国在文化、政策与价值观念三方面的发展情况。对中国"软实力"的提升，我持乐观态度。

于盈：您刚才谈到，"软实力"包括文化、政策和价值观念等多方面的因素。那么我们如何对国家之间的"软实力"进行比较呢？

约瑟夫·奈："软实力"是吸引他人的一种能力，因此"软实力"的最终测试是其他人是否被吸引。

比较不同国家"软实力"的其中一个办法，就是通过民意调查询问人们的看法、评价来衡量"软实力"。的确，短期内在个别问题上的民意会发生变化，但我们可以计算出长期调查的平均数。因此，尽管由于某一特定政策或特定事件的影响，民意可能一时升高或降低，但我们可以观察一两年的平均数，然后看看平均数是否相差不大还是民意确实发生了变化。所以，我们不要拿一个瞬间的民意调查来看"软实力"的大小，而要通过长期民意调查的平均结果来测量。在这个意义上说，民意调查可以成为衡量一个国家"软实力"大小的方法之一。但是，"软实力"的最终衡量和实际证明将取决于他人是否被吸引以及相应改变他们的行为。

在某种特定情况下，通过考量一个国家要求另一个国家去做某件事，而被要求的国家是否真的去做，是因为被吸引自愿去做还是因为被强制性威胁或利益诱导才去做，就可以看到一个国家"软实力"的大小。当然，这是难以衡量的，但"硬实力"也有同样的问题。换句话说，我们可以衡量一个国家的军事力量大小，但不会知道这是否会产生预期的结果——有时一个国家拥有较强的军事力量，但却会战败。我们可以衡量实力的来源，但是否会导致预

哈佛大学肯尼迪政府学院托伯曼（Taubman）办公楼

期的行为取决于具体的事件。

于盈：在中国，"软实力"是一个比较新的概念，但在这几年得到了很大的关注并进入了中国的官方语言。中国国家主席胡锦涛在2007年10月举行的党的十七大上提出，要将提升"软实力"作为国家一个重要的战略任务。请您谈谈"软实力"对中国的重要性？

约瑟夫·奈：中国可以从"软实力"中得到许多益处。目前，中国的经济和军事力量明显上升。当一个国家处于崛起的阶段，往往会引起邻国的恐慌，并可能导致其他国家联合起来扼制这个国家的崛起。但如果这个崛起的国家同时拥有"软实力"，它就能让自己具有吸引力，并减少其他国家的恐惧和试图扼制其崛起的可能性。

例如，在19世纪，德国利用它的"硬实力"统一了国家，在那之后，在俾斯麦的带领下，他们决定致力于"软实力"的发展。俾斯麦开始着重于外交发展，使德国不再继续实行"硬实力"和战时的政策，他更多地转向了友好外交政策以发展"软实力"，使德国被其他国家视为一个具有吸引力的朋友。从19世纪的70年代到90年代，德国是相当成功的。但后来德国的皇帝辞退了俾斯麦，重新采用扩张政策，这就削弱了德国在俾斯麦时期发展起来的"软实力"。

所以我认为中国国家主席胡锦涛以提高中国"软实力"作为国家战略任务的举措是很明智的，因为它会使其他国家更容易接受中国的崛起。

于盈：您提到，通过建立和主导国际规范及国际制度可以增强一个国家的"软实力"。您认为中国可以建立或利用什么样的国际机构帮助提升其"软实力"呢？

约瑟夫·奈：是的，通过参加或利用国际机构左右世界政治的议事日程，可以影响他国的偏好和对本国国家利益的认识，从而可以帮助一个国家提升其"软实力"。例如，19 世纪的英国和 20 世纪后半叶的美国都通过创建新的符合英美自由主义和民主主义经济体制的国际规则体系和机构，来倡导他们的价值观念的，比如自由贸易与黄金标准、国际货币基金组织、世界贸易组织和联合国。

我认为，中国参与世界贸易组织和联合国安全理事会是非常重要的。我还希望看到更多一些国际组织，比如像八国集团吸引中国为常任成员，而不仅仅是邀请中国出席会议。

于盈：您认为如果中国外交政策要转向更多地使用"软实力"而不是"硬实力"，主要会面临哪些障碍？您认为中国可以采取什么策略来克服这些障碍？

约瑟夫·奈：一个国家想要转向更多地使用"软实力"而不是"硬实力"，其中一个障碍就是有些国家认为它们必须使用武力才能生存的观念。例如以色列，由于它与巴勒斯坦的战争，要想在阿拉伯世界增加其"软实力"很困难。对于中国来说，如果台湾"宣布独立"的话，相同的问题也有可能出现，中国可能会认为必须使用武力阻止台湾"独立"，这样很可能就会损伤中国在欧洲、美国和其他地区的"软实力"。很多时候，由于一个国家的整体外交政策目标，它不得不使用"硬实力"，而使用"硬实力"可能会损害该国的"软实力"。一些国家可能认为很难发展其"软实力"资源；一些国家可能拥有内向型文化，对其他国家不一定具有吸引力；还有一些国家决定他们不会着重发展"软实力"——缅甸是一个例子。因此，在发展"软实力"方面，不同国家面临不同的障碍。

值得注意的是，有时候一个没有什么明显优势的小国

家可能会拥有较大的"软实力"。例如挪威，没有其他国家的人说它的语言，它不是欧盟的成员，只有500万人口。但它们奉行的政策是一个和平缔造者，给予了大量的国际援助，这使挪威变得很有吸引力。另一个例子是新加坡，这也是一个小国，只有400万人口，但它却成为东南亚地区的枢纽，给这个地区的其他国家带来帮助，这对增加新加坡的"软实力"非常有益。

于盈： 您除了在国际上最早提出"软实力"的概念，还最早创造、提出"巧实力"的概念。2009年1月，希拉里·克林顿在被确认成为美国国务卿时，也使用了这一概念，并把它作为美国外交政策的基石。请问什么是"巧实力"？中国如何才能更好地利用"巧实力"来影响国际事务？

约瑟夫·奈： 我认为，独裁专政和强制性的领导方式，即早期军工时代靠"硬实力"治理的模式，基本上已经被后工业化社会靠"软实力"治理的方式所取代，即设法吸引、激励和说服，而不是靠发号施令。然而，最有效的领导实际上是能够将"硬实力"和"软实力"在不同的情况下按不同的比例相结合。如果能够将"软实力"和"硬实力"有效结合，就能得到"智能实力"。

极少国家能够只以"软实力"实现其在国际上的目标。但是，如果一个国家只使用"硬实力"而不使用"软实力"，则有可能导致其他国家的抵制。我认为，美国布什政府就是一个例子。布什过于依赖"硬实力"，但没有利用足够的"软实力"。在"9·11"事件的震惊和恐惧之后，美国对全世界摆出了一张愤怒的面孔，反映的不再是美国传统的希望和乐观、宽容和机会平等的价值观念。这种态度和做法损害了美国召集盟国加入其反恐行动的能力。美国的过去6年证明了单独靠"硬实力"不能确保一个国家长远目标的实现，重要的是要知道如何将"硬实力"和"软实力"正确地结合起来，发挥积极的作用。在冷战期间，美国通过"硬实力"，阻止了苏联的扩张。但是，正如美国国防部长罗伯特·盖茨（Robert Gates）曾经指出的那样，美国的领导人还认识到，"冲突的特性要求我们发展重要的能力和机构——其中许多都是非军事类型的"。因此，美国利用其"软实力"重建欧洲和日本，并建立了过去半个世纪的国际秩序、规范和体制的核心。

2009年1月，希拉里·克林顿在被确认成为美国国务卿时，宣称要通过外交和国防相结合的"巧实力"来恢复美国的领导地位。希拉里·克林顿谈到的"巧实力"就是指灵活运用外交政策工具箱里的所有工具。关于使用"巧实力"对美国外交政策所带来的改变，国务卿希拉里和总统奥巴马都表示，他们希望把重点放在外交方面，更多地投入外交资源和提供更多的国际援助。我想这些都是我们在这届政府中会更多看到的。

所以我认为，中国在制定战略时，应该把"软实力"和"硬实力"结合起来，也就是把能够吸引和说服他人的能力同经济及军事实力结合起来，这是明智的做法。

于盈：刚才我们已经讨论过了"软实力"的使用，关于"硬实力"的使用，尽管中国的军费开支只占国家财政支出很小的比例，比世界上许多国家要低很多，但每当中国的军费开支有所增加，就会引起世界各国的焦虑。中国如何能更好地将"硬实力"和"软实力"相结合，在外交事务中施加影响？

约瑟夫·奈：当其他国家看到中国的军费开支有所增加时（2008年大约增加了18%），他们会变得很焦虑，想知道中国增加军费开支的用意何在。但是，随着中国支持更多的联合国维持和平行动，随着中国尝试使用更多的"软实力"来解决台湾问题，以及更多地与多边机构合作，如东盟区域论坛，这些转变使中国的军事力量增加对周边国家所带来的威胁感减少。这就是能力和意图的问题。当人们不知道中国增加军事力量的意图时，他们会感到担忧，但是如果他们知道中国增加军事力量的意图是和平的，那么中国军费的增加就变得不那么令人担忧了。如果中国政府可以加大军费开支的透明度，主动向国际社会披露军费开支的用途等，将可以减轻国际社会的疑虑和担忧。

约瑟夫·奈（左）与采访者于盈合影

二　关于中美关系问题

于盈：美国刚刚经历了一次历史性的选举。很多中国人密切关注美国的这场选举以及新政府的政策动向。新总统奥巴马说，他将寻求与中国的合作关系，他的主要顾问团队也是由温和派组成。但同时，他在劳工和人权问题上比前任总统布什更敏感。请问您如何看待新政府的对华政策？

约瑟夫·奈： 我认为一个好的变化是在美国这次竞选活动中，没有再把中国作为争端问题。这与2000年和1992年的选举不同。在那两次选举时，对华政策都是竞选中的争端问题。我认为这反映了一个事实，也就是民主和共和两党的对华政策现在已变得更加趋同，因此在两党轮换执政时，对华政策将会有更少的变化。因此，我认为奥巴马的对华政策大纲将会与布什的对华政策大纲或克林顿的对华政策大纲大体相似。现任世界银行行长罗伯特·佐利克（Robert B. Zoellick），在他还是美国副国务卿时提到，美国应该邀请中国成为国际体系中的"负责任的利益攸关方"，鼓励中国积极参与国际事务。当前政府的对华政策大纲仍将保持与中国的关系，欢迎和努力帮助中国成为一个"负责任的利益攸关方"，并接受中国国力崛起的事实。在这个大纲里，仍然会存在一些具体问题上的分歧，如贸易逆差和人民币汇率问题等，但我认为这些分歧不会具有高度的破坏性。我认为两国关系的总体框架将不会发生很大变化。

从总体背景来看，中国现在是美国的第二大贸易伙伴和最大的官方债权人。有些人认为对华贸易使美国变得脆弱，人民币可能被有所低估，但在2006年前5年的美国贸易赤字增加中，中国仅占1/3，人民币升值将不会解决美国的赤字问题。中国可以通过抛售所持有的美元来损害美国的利益，但是这样做，也将损害中国自身的经济利益。至于就业，即使美国限制从中国进口低成本物品，美国也需要从其他国家进口这些物品。为了解决美国的经济问题，美国必须调整好内部经济政策,通过提高储蓄来减少赤字,并改善美国的基础教育。美国已经接受了中国的重要性和中国国力的崛起这一事实,并且希望与中国友好合作。我认为这种政策会继续下去。

我认为,奥巴马对劳工和人权问题比较敏感。他的中国问题顾问杰弗里·贝德(Jeffrey A. Bader)是达赖喇嘛的朋友,同情西藏问题,将会对奥巴马的对华政策有一定的影响。不过,布什在宗教问题、人权问题、西藏和达赖问题上也很强硬。这些是美国和中国存在分歧的地方,我认为这些问题不会改变。我认为对于中国来说,重要的是要认识到,无论是在西藏问题上还是在台湾问题上,美国都不希望看到中国分裂。美国接受中国在这些地方的主权。但有一种意见认为,中国赋予西藏更多的自主权将是明智的决策。这并不等于说要独立。我认为奥巴马和布什政府的对华政策不会有很大差异。

约瑟夫·奈在演讲

于盈：您提到了在美国经济衰退时，人民币币值的问题很可能会产生争议。奥巴马政府新的财政部长盖特纳（Timothy Geitner）指出，奥巴马认为中国"操纵"人民币汇率，奥巴马政府将"积极利用"所有外交渠道，推动改变中国的货币政策。您认为这预示着奥巴马政府将对这一问题出台强硬政策吗？您认为什么是改善这个问题最有成效的方法？

约瑟夫·奈：我并不认为这个问题将成为无法控制的冲突。但是，我认为有一个更大的问题，就是如果中国依赖出口贸易的增长产生了巨大的贸易顺差，那么这些盈余要通过其他国家的贸易逆差以及经常账户赤字而得以实现。从这个意义上讲，世界经济在过去 10 年里存在的许多不平衡，既是由于美国人开支过多，也是由于中国人消费不足，这两个方面共同作用导致全球经济失衡。我认为，在未来，各国不得不通过合作来达到平衡。我认为不应仅仅从币值和汇率操纵的方面去看问题，而应探讨如何建立一个稳定的贸易框架，不仅使中美两国的贸易能取得成功，而且使中国与其他国家的不平衡贸易的局面也能得到扭转。未来的均衡的经济关系需要中美两国都作出适当的调整。

我认为有效改善人民币币值争议问题的方法之一就是继续在中美之间已经开展的经济战略对话。这是朝着正确的方向前进的一步。但中美两国还要做更进一步的努力，因为显然这些对话并没有解决问题。

于盈：台湾地区 2008 年也经历了一次带来巨大变化的选举。台湾地区现任的领导人比较明智、温和，您如何看待美国今后在海峡两岸关系中所扮演的角色？美国的立场会有所改变吗？

约瑟夫·奈：我认为从陈水扁到马英九的换届是非常

好的一步。陈水扁的冒险行为不利于中国大陆、中国台湾和美国。我认为美国各届政府在海峡两岸关系上的立场是基本一致的，就是不支持台湾"独立"，也不支持中国使用武力解决问题，而是希望北京和台北能就海峡两岸的关系进行谈判。美国从国家利益出发，十分重视同中国的友好关系，对台湾是从人权的角度考虑希望维护其民主体制。但是美国并没有利益驱动去帮助"台湾"成为主权国家。

随着越来越多的台湾公司到大陆投资和越来越多的大陆游客前往台湾观光旅游，我相信中国大陆和台湾地区的关系将随着时间的推移而得到改善。海峡两岸间的差异将会越来越不明显，很有可能可以通过谈判，构建一些框架来解决两岸问题。中国香港的问题就是通过一国两制的原则和和平谈判的方式而得以解决的。也许北京和台北可以设计出一个国家三种制度的解决办法。其中，坚持一个国家是最重要的部分。我认为一个国家的前提不会改变，中国的主权不会改变。我认为美国民主、共和两党在台湾问题上的立场是一致的。

于盈：随着中国发展得日益强大，而美国遭受了金融危机的打击，您认为这会对中美两国的实力和关系产生影响和变化吗？您认为在经济衰退期间，中美关系的焦点问题会产生变化吗？

约瑟夫·奈：中国经济的增长对美国乃至对全世界来说都是一件好事。我希望中国经济能继续增长。我认为美国经济在衰退几年后也将再次增长，这将对中美两国都有利。因此，从短期来看，在未来一年，美国的经济衰退将给美国带来一些不利，但中国仍然需要依靠出口美国市场以保持其国内经济的繁荣。我认为，中美两国的关系仍然是相互依靠的对称关系。我认为这是健康的关系，因为它鼓励双方积极与对方合作。

只要出现经济衰退，无论是在共和党政府还是民主党政府的执政下都会出现就业机会的丧失和保护主义的抬头。因此，人民币币值的问题、中国的出口补贴问题以及对美国就业情况产生的影响等都很可能会在经济衰退期间引起争论。

尽管中国的国力在快速增长，但中国的实力也不应该被过分夸大。从一方面来看，按购买力平价来计算，中国在2007年就成为仅次于美国的世界上第二大经济体，而且中国的经济平均每年增长10个百分点。但是按人均计算，中国的国民收入在世界上仍处于中低等收入范围，人均生产总值也只有美国的12%。此外，中国的军事实力远远落后于美国，"软实力"也远在美国之下。因此，在相当长的一个时期内，美国与中国的综合实力对比和双方合作关系不会发生根本性质的改变。

于盈：中国最近接连发生毒饺子、宠物食品、牛奶和玩具等问题，使得包括日本和美国在内的许多国家对中国产生不满情绪。中国应该如何减轻这些事件对外国民意带来的负面影响？您认为这些问题会给中国带来不稳定吗？

约瑟夫·奈：这些问题不仅使国际社会对中国产生不满，而且在中国国内也引发了许多不满情绪。毕竟，毒牛奶事件的直接受害者是中国儿童，受毒玩具影响最大的也是中国儿童。我认为中国的明智之举是建立更好的规章制度，并严打腐败。只有这样，依靠健全的监管法规制度，尤其是使企业不能靠贿赂去逃避监管，才能从根本上改善这些问题，使国内消费者和国际社会对中国食品恢复信心，有助于提高中国的国际声誉。

这些事件已经给中国带来一定程度的不稳定。近期，

中国政府公布的群体抗议事件就有 85000 起，其中许多抗议事件都与土地的适当赔偿问题有关。但是这些事件应该不会导致更大程度的不稳定。我认为关键问题将是中国经济能多快恢复。我希望中国政府已经颁布的刺激经济方案能对中国的就业产生重大影响。此外，增加政府支出建设社会保险不仅对中国公民有利，而且还能够提升中国在世界上的地位。

于盈：您一直非常关注中美两国关系的发展，请问您对日后中美关系发展走向持怎样的看法？

约瑟夫·奈：我对中美关系的长远前景持乐观的态度。我认为中美两国有很大的共同利益，如果我们能用明智的方式来处理一些争议问题，我们就可以达成一个良好的中美关系。我认为，总的来说，过去 10 年里中美关系相对良好。正如我之前所提到的，中美关系还存在问题，但就大体而言，美国和中国的合作是未来的主导趋势。

美国的民意调查显示，接受调查的 1/3 的美国人认为中国将"很快主宰世界"，而将近一半的美国人把中国的崛起视为"对世界和平的威胁"。与之相对，许多中国人担心美国将不会接受中国的"和平崛起"。我认为，这些忧虑都被夸大了，而持这种态度的人也只是这两个国家中的少数，不一定代表主流民意。美国人和中国人都必须避免这种夸大的恐惧。也许双边关系的最大威胁就在于认为两国的冲突不可避免。纵观历史，只要一个崛起的大国在其邻国和其他大国中引发恐惧，这种恐惧就会成为发生冲突的其中一个原因。在这种情况下，很多看似很小的事件都会引发不可预见的和灾难性的连锁反应。

我在我的文章中试图去做的一件事，就是解释为什么我认为美国对中国的恐惧被夸大了。我认为，只要美国与中国有更多的接触和沟通，就会对中国有更多的了解，从而减少对中国的恐惧。其中，我特别认同的是进行有益的军事交流，双方的军人能够相互沟通、相互理解。此外，领导人之间的交流也是非常重要的，记者在两国之间来回走动和交流也很重要。我认为，随着人们加深对中国的认识和了解，他们会减少对中国的各种怀疑。因此，在这个意义上说，人民之间的更多接触和对中国内部问题的了解能使美国人更全面地去看中国。所以，我认为中国增强"软实力"的其中一个任务，就是提高其他国家和人民对中国的认知和对中国面临的问题的理解。中国尽管已经取得了伟大的成就，但仍然面临许多问题。从1990年以来，中国已成功帮助4亿人摆脱贫困，但是仍有相当一部分人口处于贫困之中。还有，中国有1.4亿流动人口劳动力面临就业压力，城乡面临严重的污染问题以及贫富差距拉大和腐败问题等。如果人们能更准确和更深入地看到中国的真实面目，将有助于他们把一些媒体的负面报道放到一个大背景下去考虑。

在本世纪，中美之间没有必要发起战争。并非每一个崛起的力量都会导致战争——美国在19世纪末就和平崛起，赶超了英国。如果中国的崛起坚持和平的路线，它会给中国人民、邻国人民以及美国人民带来巨大的利益。但是，我们要记住希腊历史学家修西得底斯的劝告：恐惧会导致预言的实现。我们要不断提醒政治领导人和民众对这个劝告的认识，把威胁论和事实分清楚。所以我认为，美国人和中国人积极正面地看待未来非常重要。中美之间保持良好的关系将是决定21世纪全球稳定的一个关键因素。

于盈：中国的崛起不仅让美国担忧，而且还让日本担忧。您对中日关系的和平发展前景有何看法？新国务卿希

2007年12月，约瑟夫·奈（前排左一）参加中国社会科学院美国研究所与哈佛大学肯尼迪政府学院共同主办的"共建中美建设性合作关系研讨会"

拉里·克林顿在她的就职演说中提到，良好的美日关系是美国在亚洲利益的基石。您认为美国在防止中日两大国之间发生冲突中应该发挥何种作用？

约瑟夫·奈：如果你回首5年前，会发现中日关系非常紧张。幸运的是，中日关系在过去几年逐步得到改善，这是可喜的进步。我一直认为，东亚的稳定取决于美国、中国和日本的良好三角关系，只有三边的关系都好，这个三角关系才是良好和稳定的。这个三角关系的稳定才能加快这个地区间贸易流通，促进该地区整体繁荣发展，也有利于美国的利益。因此，我认为从美国的利益出发，建立中美、日美以及中日友好关系很有必要。

日本一个深层次的担忧是随着美国与崛起中的中国越来越靠近，日本会被边缘化。美国已经与日本建立安全条约联盟，以确保日本不被中国、俄罗斯或其他国家欺负。美军及其基地的存在和旨在保护美日两国安全的合作措施，如建立弹道导弹防御体系等，都表现了美国注重与日本的战略利益关系，美国的安全条约对日本来说仍然非常重要。此外，美国所能做的是与日本一道努力，建立一种可能双赢的局面。举例来说，美国可以与日本和中国一起就处理洁净煤和气候变化等问题建立三方合作关系。要建立三国之间的良好关系有多种方法。

美国把日、中、美三国之间的三角关系视为东亚稳定的基础，并希望维持三国之间的友好关系。但这个三角形并非等边三角形，因为美国与日本是盟国。

三　关于中国的外交政策

于盈：中国的外交政策基于一个不同于美国的价值体系，长期以来，中国政府一直奉行不干预和中立的和平外交政策。随着中国的崛起和在国际舞台上作用的增大，中国这种不干预和中立的外交政策有时被误读为是与另一方的合作。比如，中国在运用不干涉和中立的外交政策处理达尔富尔问题时，受到了国际社会的谴责。您认为中国应该如何处理发生在其他国家的人道主义危机问题？

约瑟夫·奈：我认为在外交政策上，中国已开始逐渐步入一个"负责任大国"之列。但如果我们谈到苏丹问题时，我们看到中国最初声称只对苏丹的资源感兴趣，至于对其内部事务中国不想干预。当在面对像种族灭绝这种问题时，因为人道主义原因，也因为这对中国的"软实力"会产生不良的影响，这种对他国事务实行不干预的外交政策是行不通的。如果其他国家内政处于一种非常糟糕的状况，许多人正在遭受屠杀，那么不干预就意味着你允许种族屠杀的行为发生或对此无异议。当欧洲人或美国人认为

中国进入苏丹只关心石油，而不关心达尔富尔种族大屠杀的问题时，我认为这不利于中国。从这个意义上讲，我认为中国必须超越现行的不干预他国内政的传统外交理念。

如果我们看看中国在过去一两年的外交政策，就可以看到其中的变化，中国已开始支持联合国的维和行动并派遣维和部队，并发表声明呼吁苏丹政府采取行动、改变内部政策和重视国际社会发出的警告。我认为这些都体现了中国正在成为一个负责任的大国，也会对中国在国际社会中的地位产生正面的影响。

于盈：您认为中国可以在哪些全球性问题上发挥更大的作用并做出积极的贡献？

约瑟夫·奈：我认为一个重要的议题是全球气候变化，现在中国的温室气体排放量已经超过了美国。所以，在影响气候变化方面，中国已成为超级大国。虽然中国的人均温室气体排放量只是美国的 1/5，但是从对全球气候变化所产生的影响来看，人均排放量并不重要，关键在于排放总量。中国在这一问题上将会感到自己受到来自其他国家和本国民众的越来越大的压力。当冰川融化和河流干涸之类的问题开始出现，中国自己也会受到全球气候变化的影响。因此，中国必须就气候变化这一问题与其他国家合作。如果中国坚持要等到中国的人均温室气体排放量相当于美国的人均水平时才去与他国合作解决全球气候变化的问题，那将是一个全球性的灾难，因为正如我刚才所说，对全球气候变化所产生的影响来看，人均值并不重要，关键在于总负荷。因此，中国必须采取有效措施在保持国内经济增长的同时，与其他国家合作一起解决环境问题。我认为，如果处理得当，应对全球气候变化的行动将带来双赢的局面，而不是一个"零和博弈"的关系。

鼓励中国在全球气候变化问题上起积极带头作用的一大动力，是中国的自身利益。正如我前面提到的，如果一些全球气候变化的现象影响到中国的气候和农业发展，中国将愿意参与合作。除此之外，我认为在诸如洁净煤的技术和处理二氧化碳的技术方面的合作都是很有意义的。美国、中国、日本和其他国家应积极开发新技术，使煤炭的污染不断降低。

　　总的来说，一些全球性挑战的问题，如气候变化、全球性流行疾病、恐怖主义和国际犯罪等所造成的损失，相当于甚至超过军事冲突所造成的损失。例如在1918年，流感导致死亡的人数超过了第一次世界大战中死亡的人数。应对这些全球性威胁问题需要各国合作，也需要发展"软实力"吸引他国的支持。欢迎中国加入国际中的"负责任大国"之列，一同解决全球性问题，这才是明智之举。

四　关于中国的未来发展

　　于盈： 听您讲话、做报告，以及阅读您的著作，知道您一直对中国的发展、中国的未来持有很大的兴趣。

　　约瑟夫·奈： 我认为，中美关系的良好发展是21世纪的一个重大问题。所以，我认为，维持好中美两国的关系是非常重要的。我希望继续深入学习研究中国和中美两国关系。我不期盼自己能成为一个中国问题专家，因为除非你会讲一个国家的语言，否则你不能真正地了解这个国家。我年纪已经太大了，没法学习一门新的语言。但是我很有兴趣继续关注中国的未来。基于中国在过去30年间所取得的辉煌成就，我对中国的发展前景非常乐观，希望在未来30年里，中国按照这条路线继续成功地走下去。

于盈：通过这些年的持续关注，您对中国的看法也有变化吗？

约瑟夫·奈：我认为我对中国的看法随着中国的发展而不断改变。多年来中国已经发生了翻天覆地的变化。我认为中国还有很多地方需要改进，但是我肯定中国将会朝着正确的方向前进。

于盈：我们也知道一些您关注中国的个人因素。

约瑟夫·奈：我有一个中国孙女。她来自广西壮族自治区南宁市，是一个被遗弃的孤儿。在她不到1岁的时候我儿子儿媳收养了她，现在她6岁了，是一个非常乖巧的小女孩，所以从个人的角度来说，我非常希望看到友好的中美关系。

约瑟夫·奈手持他收养的两个孩子的照片

于盈：您曾经是哈佛肯尼迪学院的院长，在肯尼迪学院的时间很长。通过您与哈佛中国学生的接触，您对中国的下一代有什么看法和建议呢？

约瑟夫·奈： 与这里的中国学生相处给我留下最深刻的印象，是他们对未来和对中国长期持乐观态度。我认为这是一件好事。中国的年青一代与美国当代青年分享着类似的长远看法和态度。与我交谈的大多数中国学生都希望看到繁荣和民主，尽管民主的模式可能与美国的民主不尽相同。他们还希望看到更多的言论自由和人权发展。我认为这就是中国的未来。这就是为什么我对中国的长远发展持乐观态度的原因。

巧实力和奥巴马政府的对华政策

受访人——约瑟夫·奈（Joseph S. Nye）
采访人——甘藏春
合作者——胡必亮

约瑟夫·奈教授

主编手记

如上篇所述，约瑟夫·奈是国际上最早提出国家"软实力"概念的著名学者。如今，"软实力"成为冷战后使用频率极高的专用词汇，深刻影响了人们对国际关系的看法。2008年11月，正在哈佛大学肯尼迪政府学院进修的国家土地副总督察甘藏春与约瑟夫·奈就软实力、巧实力和奥巴马政府对华政策的走向进行了讨论。中国社会科学院农村发展研究所研究员、哈佛大学肯尼迪政府学院研究员胡必亮参加了讨论并对书稿作了整理。此篇访谈稿与上篇虽然在内容上有些许交叉，但角度和重点并不相同。

一 国家软实力的本质是一个国家对其他国家及其人民的吸引力

甘藏春： 自从您提出"软实力"理论后，我一直在思考这样一个问题，我们所生活的世界具有明显的多元文化特征，不同国家具有不同的文明、不同的价值观和不同的生活方式以及不同的历史传统，这就意味着每一个国家都有其独特的软实力，不能一味地强调发达国家的软实力，而忽视了一些发展中国家的软实力。您认为是这样的吗？

约瑟夫·奈： 我所指的软实力，主要是指一个国家对其他国家所特有的吸引力（attraction）。这是一种很特别的能力。我们至少需要从两个方面来认识和理解这种能力：一方面是你做得很好，确实很吸引人，也就是说你客观上具备了一定的吸引力；另一方面是别人必须主动地承认和接受你的吸引，也就是要被你所吸引。譬如说，美国好莱坞的电影很吸引人，这是许多人都承认的。但无论多么吸引人，沙特阿拉伯人并不为之所动，他（她）们并不为好

莱坞的电影所吸引。这表明，软实力不仅是指你在一些"软"的方面如文化、价值观等方面要有足够的吸引力，同时还能做到让别人从内心深处主动地被你所吸引。这就是软实力与硬实力所具有的本质上的不同，即硬实力是一种"强制"（coercion），根本不管你是否接受这样的强制。譬如说，当一个人拿着一把枪威胁着要毙了你的时候，你是不可能决定是接受还是不接受这样的强制的，拿枪的人也不在乎你是接受还是不接受他的强制，这就是硬实力。由此可见，在多元文化背景下，每个国家都有自己的文化、传统、道德观等许多"软"的方面的要素，但这并不意味着每个国家都具有"软实力"。如果你的一些软的方面的东西不被别人所接受，那就不能说你具有这方面的软实力。

甘藏春：谈到硬实力，很容易在不同国家之间进行衡量和比较，要么军事上占优势，要么经济上有实力。但谈到"软实力"，似乎很难定量化，不好计量。这样就使得这方面的理论研究难以深入，现实生活中也不好衡量和比较。不知您怎么看待这个问题？

约瑟夫·奈：你说得很对。软实力确实不容易定量化，但却不是不可以衡量的。目前主要有两种衡量方法：一种是公众舆论的看法，这在美国比较流行；另一种就是比较研究的方法，即在对不同国家进行相关案例研究的基础上，通过比较的方法看出哪些国家比另外一些国家更具吸引力，这种比较的方法既简单易行，也能够清楚地看出差别。我们倾向后一种方法。

甘藏春：这样就引出了另外一个问题，那就是公众的看法一般都是与自己所在国家或民族所特有的传统和价值观紧密联系在一起的，是建立在不同历史传统基础上的。实际上，具有不同价值取向的人们对于同一国家的评价往

甘藏春（讲台上靠左者）和胡必亮于2008年11月25日在麻省理工学院做学术报告

往相去甚远，这怎么能形成人们对于一个国家软实力的一致看法和判断呢？

约瑟夫·奈：理论上讲确实有这么一个问题，但如果你看看现实情况，你会发现实际上并不是一个大问题。还是举例来说吧，我们知道，挪威的公众和沙特阿拉伯的公众可能在价值观方面存在很大的差异性，但如果我们让这两国的公民谈谈他们对日本和印度两国软实力的看法，我想答案应该是不出我们所料的。这就表明，即使不同国家和民族具有不同的价值观，但在对其他国家的判断上，通常不难形成一致的判断，主要原因在于软实力强调的是吸引力，包括对具有不同价值观的社会和群体的吸引力。

甘藏春：目前，美国发生了比较严重的金融和经济危机，很显然，这将直接影响到美国的硬实力。我认为，这也可能会对美国的软实力造成一定的不利影响。您说这样的情况会出现吗？

约瑟夫·奈：是的。金融和经济危机不仅直接损害了美国的硬实力，也严重冲击了美国的软实力。过去被世界

各国誉为成功的"华尔街模式"一夜之间消失了，美国在世界金融市场的影响力大幅下降。美国未来软实力的情况如何，在很大程度上取决于美国政府如何处理这次金融和经济危机。如果处理得好，美国的软实力还会逐步回复；如果政策措施不恰当，美国的软实力还将进一步下降。日本在这方面为美国提供了一个可供借鉴的例子。

二　美国乐见中国软实力增强，因为这直接意味着双赢

甘藏春：中国实施改革开放政策以来，经济、政治、社会等各项建设事业都发展很快，不仅硬实力随之不断提升，软实力也有了很大增强。您认为这对美国意味着什么呢？

约瑟夫·奈：我可以很直接地告诉你：这意味着双赢。我们不难发现，美国软实力增强，意味着美国对中国的吸引力增强；反过来讲，如果中国的软实力提升，当然也就意味着中国对美国的吸引力提高啰。我们从一个指标就可以很清楚地看出这种双赢的情况，由于美国的吸引力，不少中国学生在美国学习，不知你发现没有，最近几年有越来越多的美国学生开始到中国去学习。这表明中国的吸引力增强了嘛。这是一个很好的迹象。我认为这是美国所乐意看到的，因为美国学生喜欢嘛。这就是双赢。

甘藏春：谈到中国的软实力，已经为大家所接受的一些因素包括中国传统的伦理道德、强烈的集体主义精神、浓厚的家庭观念，还有仁慈和谐的理念，等等。我知道您曾经是美国政府的高级官员，我现在是中国政府的一名官员，我们应该都能深切地感受到中国共产党和中国政府所

巧实力和奥巴马政府的对华政策

甘藏春在做学术报告

特有的巨大的组织和动员能力,这是其他国家所不具备的。这样的能力在处理危机事件时表现得尤为突出。譬如说我国的党和政府在抗击四川地震灾害方面所表现出的能力就非常突出。您认为这也应该属于中国重要的软实力吗?

约瑟夫·奈:当然属于。中国在这次抗击地震灾害斗争中赢得了世界各国的普遍赞誉,赢得了全世界的尊敬,这自然也就增强了中国在世界上的吸引力。我需要特别提到的是,在地震灾害发生后的很短时间内,中国政府就将军队送到了抗震救灾的前线,中国领导人迅速赶到了地震灾区。同时,在抗震救灾过程中完全开放媒体的做法也是得分很高的,这与以前的做法完全不同。这些都使中国在世界上比以前更具吸引力。

甘藏春:问题在于,现在世界上也有人不断地批评中国共产党和中国政府在推进民主政治方面、在健全法制方面做得不够,要加快这方面的改革步伐。当然,我也认为中国需要进一步加强民主与法治建设,但如何处理好推进这方面的改革和保持我们上面提到的中国所特有的强大的组织和动员能力之间的关系，可能是需要我们认真分析和研究的一个重要问题。

约瑟夫·奈：对的，这确实是一个重要问题，而且是一个比较难的问题。长远来看，中国需要更多的政治参与，国家越是富强、人民越是富裕，就越是需要更多的政治参与。要比较好地做到这一点，实属不易。不仅是因为对于当政者而言，更多的民主、更多的政治参与、完善的法制通常会使他们失去手中掌握的硬权力，而且也因为在有些情况下，一个国家在得到更多软实力的同时，可能会相应地失去一些硬实力。印度就是这方面的一个例子。我想这是中国这一代领导人和下一代领导人所面临的一个共同难题和重要挑战。

三 将软实力和硬实力结合起来加以巧妙运用，就是"巧实力"

甘藏春：我知道，您在"软实力"概念基础上，最近又提出了"巧实力"概念。这个"巧实力"主要巧在哪里呢？如果我的理解没错的话，您的"巧实力"所表达的思想在中国古代的孔子和孙子那里早已有了。

约瑟夫·奈：我们已经知道，不论是硬实力，还是软实力，都是工具和手段。如果比较这两种工具和手段的话，我个人更喜欢软实力。但实际上仅靠软实力也是不够的。解决问题的最好办法往往需要根据具体情况将这两种工具混合起来运用，这就是我所提的"巧实力"概念。"巧实力"之"巧"，主要在于针对不同的具体情况，灵活地、平衡地将硬实力和软实力结合起来使用。你讲得很对，我提的这个概念是新的，但基本思想在中国古代确实早就有了。在孔子那里、在孙子那里以及在其他一些古代思想家那里我们都能找到。尽管古代就有，但我们以前从理论上理解不够，在现实中运用得也不够。我认为目前的美国和世界上许多国家都需要认真考虑，如何运用巧实力来解决一些重要问题，包括中东和平问题、阿富汗问题、伊拉克问题、伊朗问题等都不是仅仅可以依靠硬实力得以解决的。因此，布什总统试图仅仅依靠硬实力在伊拉克建立民主制度的做法是错误的。当然，硬实力对于推进民主政治和反恐是绝对必要的，但软实力往往更重要，而最有效的办法是将这两者结合起来合理运用。

四 奥巴马就任总统后中美关系长远乐观，但很可能会在人权和贸易保护问题上对中国展开新的攻势

甘藏春：我这次在哈佛学习，有机会实地体会和感受美国大选。我发现在这次选战过程中，中国问题已经不再是选战的论题了。这是否意味着中美关系发展到了一个新的历史阶段。从您研究"软实力"和"巧实力"的角度来看，奥巴马就任总统后中美关系发展的新走向会是怎样的一种情形呢？

约瑟夫·奈：中国问题不是这次选战的一个重要论题，这对中美关系来讲是一个好消息。这意味着中美之间更多的已经成为战略合作伙伴。但我们同时也必须注意，由于美国的失业率不断上升，由此而来的一个坏消息就是保护主义包括贸易保护主义可能重新抬头，这将不利于中美之间贸易的发展。从"软实力"和"巧实力"角度看问题，

我建议奥巴马正式就任总统后首先不要成为布什在处理阿富汗、伊朗和伊拉克问题时所采取的原外交政策的"人质",而是应该迅速地运用"巧实力"思想重新确立美国新的外交政策,立足于"向前看",找到新的希望;其次,奥巴马应该马上到亚洲主要国家走一圈,从东京开始,经首尔,到北京,最后到新德里,以此表明美国承认和重视亚洲的崛起,而不仅仅只是重视中东问题;此外,奥巴马还应该迅速组建一支好的队伍来处理气候变化问题。当然,你提到的中美关系问题一定是奥巴马关注的重要问题之一。我对中美关系持长远乐观的态度。

甘藏春:除了贸易保护主义可能抬头以外,奥巴马政府执政初期中美之间一些其他重要的政治关系的焦点将会集中在哪些方面呢?

约瑟夫·奈:当然是人权问题。台湾问题现在已经不是焦点问题了,而且目前已经出现了好转的迹象。我认为现在中美两国所出现的良好势头主要表现在两国都不再互相猜疑,而是力争如何做到更好地理解,减少不确定性。因此我需要再次强调我的基本判断,那就是我对中美关系持长远的乐观态度。

美国最大的威胁并非来自中国

受访人——约瑟夫·奈（Joseph S. Nye）
采访人——姜红

约瑟夫·奈教授

主编手记

2015年6月3日，美国著名国际政治学者、哈佛大学教授、牛津大学访问教授约瑟夫·奈在牛津大学马丁学院作了题为"2030年中国是否会超过美国"的演讲。约瑟夫·奈在演讲中指出，美国与中国是既竞争又合作的关系，两国应当加强合作，共同处理一些全球问题，如何避免出现混乱无序的合作状况是关键所在。演讲过后，中国社会科学杂志社驻英国记者站记者姜红围绕软实力、巧实力及中美关系、双方实力对比等问题，对约瑟夫·奈教授进行了专访。

姜红：作为"软实力"理论的提出者，您在《权力的未来》(The Future of Power)一书中指出，假如我们必须在硬实力与软实力这二者间做出非此即彼的选择，要选择硬实力。但是您个人似乎更青睐软实力。请您谈谈这个问题。

约瑟夫·奈：如果能够通过软实力来取得想要的结果，那么我认为它比硬实力更好，因为这样一来你为自己留下更多选择的余地。不仅如此，使用软实力解决问题，也给对方留有更多选择的余地。在人类生活中，大部分情况下需要结合硬实力与软实力，但越是能够通过软实力解决问题就越好。

姜红：您在多个场合都提到，中国最大的软实力来自自身的传统文化。您认为中国应当如何更好地发挥自身的软实力优势？

约瑟夫·奈：我认为中国传统文化具有很强的吸引力，世界上很多人也深以为然。中国古代哲学尤其是孔子和老子的著述以及中国的绘画、雕塑、陶瓷等，对很多人都颇具吸引力。孔子学院带来的一大益处，就是它能够帮助人们学习并了解中国传统文化。通过孔子学院教授中国传统文化，对提升中国软实力很有益处。

姜红：尽管中国在努力提升自身的软实力，但是国际上仍然会存在一些对中国文化及软实力的误解。您认为应当如何摒除这些偏见和误解？

约瑟夫·奈：中国越是加强与外部世界的接触，开放程度越高，就越有利于世界更好地理解中国。进行坦诚的交流并且愿意接受一些批评的声音也很重要。更加开放并进行自我批评，会更有利于中国。

姜红：您还提出了"巧实力"的概念，并且将其定义为"结合软实力与硬实力的有效战略决策能力"。那么，对中国而言，应如何有效增强巧实力？

约瑟夫·奈：中国如果把经济、军事上的硬实力与自身的软实力相结合，就会拥有巧实力。硬实力的增长可能会让邻国感到害怕，但是也能够对邻国产生吸引力，避免邻国结盟反对。

目前，中国要增强巧实力，需要妥善解决与邻国的领土争端问题。中国本身如此之大又如此重要，因此必然是这一地区的主导力量。这也意味着中国有能力接受多边行为准则，有能力调解诸多冲突。无论如何中国都是强大的，但是如果中国只是通过双边机制来解决争端，可能使邻国感到很有压力，这样会有损中国的软实力。所以，我认为，采取更广泛的多边途径对中国最有利。

姜红：对于中国的未来发展前景，有人非常看好，但也有人持悲观态度。而您似乎很确定，中国将会和平崛起，而且中国经济也不会崩溃。

约瑟夫·奈：中国目前是有一些需要解决的问题，如实现经济发展转型等。中国已经意识到，随着人口结构、劳动力结构的变化，中国必须要转变劳动密集型的发展模式以实现经济转型，并正在对此进行探索。有一些专家对中国的未来发展持有悲观的态度，但我认为中国有能力解决这些问题。尽管我认为目前有些人对于中国的实力有所夸张，但是我并不认为中国会走向失败。中国的经济不会崩溃，而且经济发展速度放缓的问题也会得到有效解决。

姜红：您提出，中国不干涉他国内政的原则值得肯定，但是要避免美国在20世纪30年代所实行的不干涉主义，又要避免成为袖手旁观的"自由撰稿人"。您认为这其中应当如何权衡？

约瑟夫·奈：这是一个很难回答的问题，需要具体情况具体分析。中国已经意识到需要在国际社会发挥更重要的作用，而且也有迹象表明中国正在快速做出转变。比如，中国是联合国安理会常任理事国中派遣维和人员最多的国家。所以我认为中国不会像20世纪30年代的美国那样。

我认为如果中国有能力帮助其他国家，比如通过亚洲基础设施投资银行之类的机构帮助其他国家进行基础设施建设，将对其他国家的内部经济产生重大影响，这不仅有益于这些国家，也有益于中国。我认为美国应当支持亚投行，反对亚投行是错误的。

姜红：美国经济学家约瑟夫·斯蒂格利茨（Joseph Stiglitz）认为，美国之所以不支持亚投行，主要是因为担心自己丧失全球霸权及影响力。您如何看待这一点？

约瑟夫·奈：正如我所言，我认为美国应当支持亚投行，尽管美国不一定要加入亚投行，但是美国对于其他国家加入亚投行应当持支持态度。通过亚投行，中国能够利用自己的巨额储备帮助一些贫困地区发展基础设施，这是对全球公共利益做出贡献。我觉得亚投行与美国霸权之间没有什么关系，而且亚投行不会削弱国际体系。世界银行、亚洲开发银行与亚投行可以实现有效运转而并行不悖。亚投行的成立并不意味着世界银行的终结。如果说霸权意味着由某一个国家进行控制，那么我对于这样的霸权持怀疑态度。身为大国，在全球公共利益方面也需要做出表率。

姜红：您如何看待中国在当今国际秩序中的地位？中国采取多种举措，去履行一个负责任大国应尽的义务，但有人认为中国对国际秩序构成威胁，您是否同意这一看法？

约瑟夫·奈：中国是联合国安理会的成员，是世界贸易组织的成员，并且从中受益。中国希望在国际秩序中发挥更为重要的作用，并且为此成立一些机构，这是合情合理的。这样做并不是要摧毁国际货币基金组织、世界贸易组织或是联合国等机构。我认为中国不是要颠覆国际秩序。

姜红：您在演讲中提出，美国仍凭借很多优势，将继续保持领先地位，但是美国自身也存在诸多问题，这些劣势将会对美国的软实力产生何种影响？

约瑟夫·奈：据我观察，影响美国软实力的问题包括：基础教育，即从幼儿园至高中阶段的教育问题；不平等造成的问题；华盛顿决策层面的僵局等，这些都会在一定程度上限制美国的软实力，但是不会在很大程度上削弱美国的软实力。这些是真实存在的问题，但是可以得到解决。同样，中国所面临的问题也是真实存在的，但是也可以得到解决。

姜红：我们看到，美国作为"世界警察"插手别国事务备受诟病，引起很多争议。您认为干预别国事务的边界在哪里？

约瑟夫·奈：就美国而言，美国侵略伊拉克其实是犯下了一个很大的错误。尽管萨达姆为人很糟糕，对他的人民很残忍，但是我觉得美国插手推翻萨达姆政权的做法不可取。因为，如此一来，美国制造出的是问题而不是方案。所以，美国对叙利亚所采取的措施与伊拉克有所不同，也许是从伊拉克问题上吸取了一些经验教训。

姜红：您在演讲中提到，美国人很担心美国会衰落。如何看待这一问题？

约瑟夫·奈：美国人对于美国的衰落总是忧心忡忡，但是有关美国衰落的说法总是言过其实。同样，关于美国霸权的说法也是夸大其词。我在《美国世纪结束了吗？》(*Is the American Century Over*？) 中也提出，很多时候，人们都说美国拥有霸权，但是实际上美国没有办法掌控一切。

姜红：您在《美国世纪结束了吗？》一书中也提到，如今有越来越多的美国民众认为美国应当在国际上管好自己的事，而其他国家也应走对本国最有利的道路。

约瑟夫·奈：还是要具体情况具体分析。比如，目前中东的冲突很难解决，我认为美国应该倾向于避免过多介入。但是对于一些美国的盟友而言，他们与美国关系良好，对美国的军队持欢迎态度，美国会持续参与其中。

姜红：所以您在这本书中所说的"美国要维持现在的地位就必须要做出智慧的选择"，并不是指美国如何维持霸权？

约瑟夫·奈：我认为美国必须要学着与世界其他国家进行合作。美国仍然处于最强大的国家这一位置上，但是美国仅凭一己之力无法解决世界的问题。比如气候变化问题、流行性疾病、恐怖主义等，单枪匹马是无法解决的，必须要与包括中国在内的其他国家合作。所以，我无论是在书中还是演讲中都强调，中美之间有合作的经验，而且双方有具体利益，美国必须关注这一事实。

姜红：您在书中建议不要再谈"单极化""多极化"这样的老生常谈，那么您认为我们应该转而关注什么？

约瑟夫·奈：这两种说法有时候会让人感到困惑。从军事意义上而言，世界是单极化的，从经济意义上而言，世界又是多极化的。而且，在涉及气候变化、流行病、恐怖主义等跨国问题时，谈论单极化、多极化没有什么意义。我们应当关注的是如何通过合作确保公共利益，避免混乱无序的局面。

姜红：您如何看待中美关系的现状与未来？

约瑟夫·奈：我认为中美两国领导人应该在各个层面有更多接触，无论是政治、经济还是军事方面，这样我们能够更加清楚地了解彼此，降低不信任的程度。我希望习近平主席即将进行的访美之行，也能促使中美关系朝着这个方向发展。

姜红：中美之间既有合作，又有竞争。目前仍有一些美国人认为，中美之间有着一场零和游戏，在这种情况下，中美应如何取得您所提倡的双赢局面？

约瑟夫·奈：我认为中美方面总有一些人对彼此不信任，存在"零和游戏"的思维。尽管中美两国存在一些冲突，在这些冲突领域可能是零和的结果，但是在另外一些问题上，中美可以取得正和。我希望中美两国元首会晤时，能够着眼于这些方面。中美两国都必须看到，在很多问题方面，只有两国合作才能解决，两国需要对此做出调试。

姜红：有人认为，随着中国崛起，中美之间的冲突在所难免。您如何看待这一问题？

约瑟夫·奈：20世纪90年代的时候，我曾经写道，中国的崛起可能会带来冲突，但是如今我觉得这不可能。尽管一些分析者断然主张中国不会和平崛起，还有人将这种情况类比于第一次世界大战期间德国的工业力量超过英国。但是正如修昔底德所警告过的，相信冲突不可避免往往就是最终造成冲突的主要原因。如果双方都认为最终战争不可避免，那么就会各自做好相应的军事准备。

  历史上，德国紧随英国脚步并于1900年在工业能力方面超过英国，而如今中国的整体军事、经济及软实力方面在全球层面上超越美国，可能还需要几十年的时间。根据最近国际上的一些调查，中国在软实力方面与美国还有差距。比如，中国的大学尚未达到美国大学的同等水平，中国的文化产业还无法与美国好莱坞相匹敌。

  换言之，相比于100多年前的英国，美国有更多的时间处理自己与一个崛起的大国之间的关系。尽管总是可能存在对于形势的失算或是人为错误，但只要做出正确的选择，冲突、战争并非不可避免。中美两国能否处理好彼此的关系则是另一个问题了。

  姜红：您认为对于解决南海争端而言，应采取多边机制，但是美国插手南海事务会让问题更为复杂和棘手。我们应如何理解美国在这一问题上的立场？

  约瑟夫·奈：美国在这一问题上的立场是，应当遵守《联合国海洋法公约》。同时，美国也已经声明，美国对南海主权争议不持立场，希望有关各方通过和平的方式解决有关问题。我认为南海问题不会极大地改变中美关系。我最近刚刚就此问题写了一篇文章，我认为南海问题不会造成中美之间的冲突，南海局势不会失控。

  姜红：您指出，对于美国而言，最大的威胁不是中国或者世界其他地方的崛起，而是混乱无序的局面。请您详细谈谈这个问题。

  约瑟夫·奈：我所说的"混乱无序的局面"指的是在

解决问题时我们无法进行彼此合作的状况。随着中国等世界其他国家的崛起，国家之间需要进行合作来完成一些事业。正如世界银行行长罗伯特·佐利克（Robert Zoellick）曾经指出的那样，应当将崛起的中国视为一个负责任的参与者，而不是一个搭便车者。在解决气候变化、货币金融体系不稳定、流行性疾病等问题方面，双方可以取得正和的结果。

目前，我们已经为此做出一些努力，比如去年习近平主席与奥巴马总统会晤之后，中美加强了在抗击气候变化方面的合作。所以说，我们正在取得一些进步，然而还需要加快进展。

应完整地看待新中国的历史

受访人——柯伟林（William C. Kirby）
采访人——李海鸿

柯伟林教授

柯伟林，美国著名的中国现当代史研究专家，哈佛大学中国基金会主席，哈佛大学中国研究 T. M. Chang 讲席教授，哈佛商学院史宾格勒家族工商管理学教授，美国人文科学研究学会院士，前哈佛大学费正清中国研究中心主任，中国北京大学、南京大学、重庆大学和复旦大学及德国海德堡大学、柏林自由大学客座教授。中国人民大学重阳金融研究院理事。柯伟林 1972 年毕业于达特茅斯大学，获史学学位；1981 年毕业于哈佛大学，获史学博士学位。1980—1991 年执教于华盛顿大学（密苏里州圣路易斯市），获历史学教授职位，并历任该校国际关系项目主任、亚洲研究中心主任和大学学院院长；1992 年起执教于哈佛，历任历史系主任、亚洲研究中心主任。从 2002 年到 2006 年，柯伟林教授作为哈佛大学文理学院（本科生院）院长，对哈佛的本科生教育进行了重大改革，提高了哈佛大学本科生的实力和水平，文理学院以 20 世纪 60 年代以来最快的发展速度迅速成长。2017 年 11 月 13 日，柯伟林获颁香港浸会大学荣誉人文学博士学位。柯伟林研究和教学领域较为广泛，主要是从国际背景下探讨中国的工商业、经济和政治发展，具体涉及 20 世纪 50 年代以来的国际社会主义经济、台湾海峡两岸关系以及中国与欧美关系、现代中国商业发展、中国公司法和公司结构等，目前主要从事中国商业的案例研究和中美高等教育的比较研究。其主要著作有《德国与"中华民国"》《"中华民国"国家与经济手册》《中国现代自由世界》《中美关系正常化：一段国际历史》《全球：从跨国界角度看中国》《中国与世界互动：国际化、内化与外化》《转型的世界：二十世纪全球史》等。

主编手记

柯伟林教授不仅是一位中国研究专家，还是一位本科教学非常投入的老师，更是一位出色的学术组织者和管理者。他异常繁忙，而他的经历又丰富多彩，这次访谈只能截取他的工作与生活里与中国或中国学相关的某些事件或片断，如他组织的纪念中华人民共和国成立60周年的研讨会、他发起和主持的中国基金会、他讲授的核心课程及他的研究兴趣等。

李海鸿：柯伟林教授，2009年5月1—3日，您主持举办了"中华人民共和国60岁：国际评估"这样一次大型的国际学术研讨会。我想问，您为什么会想到要举办这样的研讨会呢？这次研讨会有没有达到您预期的目标？能不能说这次研讨会代表了美国甚至世界的中华人民共和国研究的最新成果？您本人如何评价中华人民共和国60年的历史在中国历史上的地位呢？

柯伟林：正如我在研讨会开幕式上所说的，60岁生日对于任何一个中国人来说都非常重要，它代表着吉祥，它预示着一个人从此便可以悠然自得、安度余生了。如果我们把中华人民共和国看作是一个有生命的机体，那么，过了60岁生日，她是不是也可以如此呢？中华人民共和国过去发展如何，现在情况如何，将来又会走向何处，我觉得在其成立60周年这样一个时刻，为其作个评估再确切不过了。

这次研讨会把中华人民共和国作为一个有生命的机体，其目的就是对其能否健康长寿作各种各样的检查。从这个角度出发，很多人会说，回顾过去，我们现在对中华人民共和国的理解与30年前，甚至20年前都大不相同。中华人民共和国的发展日新月异，我们对她的理解也随之而不断变化，所以，此时此刻，回顾过去也意味着展望未来。

我个人的理解是中华人民共和国的历史可以分为两个阶段：前30年中国国际关系相对封闭；后30年是改革开放的时代，中国对西方社会开放了，经济也得到了持续发展。在1979年，人们很难想象中华人民共和国会有今天。30年前任何人都不可能想到中国会有30年史无前例的经济飞速发展，有20多年的政治相对稳定，有绝大多数人生活水平的极大提高。所以，回顾中华人民共和国60年的历史时，我们首先要讨论的是两个截然不同的历史时期。但与此同时，人们还不禁要问，是什么把这两个不同的时期联结在一起的，因为毕竟中华人民共和国的执政党始终是同一个政党，即中国共产党。我们在讨论中华人民共和国历史断层的同时，也应该讨论其历史的持续性，讨论在2000年还能不能找到1950年的影子。

还有一点，中华人民共和国历史的研究可能是中国历史上最新的领域，现在我们能看到很多档案——尽管还不是最理想的状况，中国政府也在发行和出版越来越多的各种各样的材料，很多中国人都在撰写回忆录，有的回忆录甚至在一个人去世后才得以出版，还有社会学家和文学批评家在考察当代中国的状况。所以，关于中华人民共和国的研究，我们有极其丰富的史料可以利用和研究，我们有很多理论和观点可以讨论和相互借鉴。因此，我觉得有必要组织一次研讨会以强化学者和学科之间的交流。

我认为这是一次成功的研讨会。首先，研讨会不仅使哈佛的甚至全美国的中国学专家有机会坐在一起面对面地讨论，还会集了来自中国大陆、中国香港、中国台湾和亚洲其他地区的学者，欧洲也有学者参与了讨论。研讨会充满合作精神，整个过程体现出，这并不是一个政治性研讨会，而是真正的学术讨论会，学者们同意或不同意他人的观点时，完全出于学术的考虑，出于强化我们对中华人民共和国历史与未来理解的考虑。

其次，围绕上述问题，研讨会又分成"政体""文化、信仰与实践""社会转型""财富与福利"等几个议题，与会学者就各自的研究领域发表了独到的见解。如裴宜理教授谈到，过去20多年里有很多很多人预言，中华人民共和国政府即将灭亡，可是，中华人民共和国非但没有灭亡，反而越来越有能力应对领导人换届以及公众抗议可能造成的动荡，越来越有能力推动和维持一个有史以来持续发展最快的经济，对此，她也给出了自己的解释。麦克尔·麦克爱罗义（Michael B. McEtroy）教授指出，2006年，中国取代美国，成为向大气排放有害气体最多的国家，中国正面临日益增长的国际压力，风力发电可能是解决中国能源问题和环境污染问题的一个可行的途径。沈艾娣（Henrietta Harrison）教授则提议，中国应该更好地处理宗教信仰问题，因为跨地区、跨国界的宗教信仰，如天主教或基督教，正是中国日益提高的国际化趋势的一个部分。诸如此类，还有很多。

我认为这次研讨会在某种程度上代表了中华人民共和国研究的最新趋势，我们对于中华人民共和国的理解也会因此而更上一层楼。

李海鸿：2006年，哈佛中国基金会项目开始启动，迄今已资助哈佛不少中国学研究项目和学生实习项目。作为哈佛中国基金会的重要发起人，您当时为什么想建立这样一个专门机构和专项基金项目？

柯伟林：我想建立中国基金会的目的，是想在哈佛大学内部建立一份专项基金，以便资助哈佛大学内相关中国学的研究与教育。哈佛有很多中国学研究专家，但现在很多对中国感兴趣的人并不是中国学专家，他们当中有的从事环境研究，有的从事公众健康研究，有的从事比较法律研究，还有的从事建筑、城市规划、教育等的研究。目前，这些人都意识到中国这个国家异常重要，并极想参与到对这个国家的研究中。我觉得我们应该帮助他们，让他们研究更方便。所以，通过哈佛基金会，我最想做的事，就是把哈佛的中国学扩展到中国学专家以外的领域。

具体说来，主要有几个方面的考虑：首先，是想资助哈佛大学在中国展开活动，如有可能，最好在中国建立办事处什么的；其次，是想资助哈佛大学内部有关中国学的研究和项目，以便继续保持哈佛大学作为中国学研究的中心地位；再次，是想资助哈佛内部各个院系及各种项目的中国学研究，推动其在适当的时候相互合作，以便使哈佛大学在中国学的研究上各种努力最大化；复有，我想鼓励哈佛的学生尽早对中国和中国学感兴趣，以便为其将来从事中国学研究或有关中国的工作做准备；最后，就是希望能够加强与中国学者和学术机构的交流与合作。

李海鸿：为什么在中国建立一个办事处或让学生有机会到中国去很重要呢？

柯伟林：我认为，有机会去中国对哈佛学生很重要，因为学习中国最好的地方就是中国。当然，我们希望他们去之前有所准备，这也是我们创办哈佛—北京汉语学院的原因，因为学习汉语最好的地方就是中国，我们有 100 多个学生暑期到中国学习汉语，800 多个学生春秋两个学期在哈佛学习汉语；此外，我们到北京实习的学生也从无到有，发展到过去两年多的四五十个。

应完整地看待新中国的历史

柯伟林访问中国人民大学

李海鸿：从过去两年多资助的项目来看，哈佛基金会似乎有充足的资金，那么这些资金从何而来？您又如何说服人们为基金捐款呢？您是否也希望中国政府或个人参与其中呢？

柯伟林：在过去两年里，哈佛基金资助了"哈佛残疾人项目""危机管理""对中国经济增长和控制空气污染重新思考"及"龙胆：中国的医疗培训和国家保健的标准""村庄发展"等七个项目，资金从五万到十七八万不等，2009年我们在资助更多研究项目之外，还新设了"课程设立资金"，以鼓励哈佛教师开发新的以中国为中心的课程，加上本科生到中国实习、学汉语，哈佛基金确实投入不少。

但是，到目前为止，哈佛基金还不是投资基金，我们没有把钱投到股市上，基金是哈佛大学投入的，共有10年期限。哈佛大学之所以下大力气，是因为已经决定将中国作为其国际发展的一个重中之重，目前开张的哈佛上海办事处是唯一一个整个哈佛大学的国际中心。哈佛在世界上没有其他类似的机构，这足以说明，中国是哈佛大学国际工作的第一重点。

我们当然想募集资金，以便在10年之后，继续并扩大我们现在所做的事情，但募资工作才刚刚起步。所以，如果中国有人想帮助我们这个基金，我们当然很高兴。事实上，这个基金并不仅仅对哈佛有利，它也在资助与中国的合作，资助哈佛学生到中国的大学，同中国的大学生一起学习和工作。所以，有人捐资的话，我们当然特别欢迎。

李海鸿：最近一段时间，南亚和东南亚研究在美国高校中越来越热，作为费正清中国研究中心的负责人，您长期致力于中国学在美国的发展与传播，那么，您认为目前的南亚和东南亚热是否会影响甚至削弱哈佛或美国的中国学发展呢？

柯伟林：这个问题问得好。哈佛大学过去四五十年里，东亚研究一直非常强，但哈佛大学对于印度和东南亚的研究却极其薄弱，直到不久以前，在南亚和东南亚研究上，哈佛大学从来都没有处于领导地位。最近，哈佛大学也开始着手加强南亚和东南亚的研究，设立了"促进南亚"的项目，以方便哈佛的师生之间、哈佛师生以及美国和其他国家中最优秀的南亚研究专家之间的学术交流，方便学术互访，并使他们有机会与南亚著名的公众人物面对面地交流。

我一点儿也不担心南亚研究会转移哈佛大学对中国和中国学的兴趣。事实上，在我们开始创建南亚研究的过程中，对中国感兴趣的学生也在渐渐增多。对中国感兴趣的学生同时也对印度甚至对整个亚洲都非常感兴趣。印度和中国是两个重要的且日益强大的国家，他们对这两个国家同时都感兴趣，我觉得可以取得相得益彰的效果。至于东南亚研究，我就更不担心了，因为东南亚没有一个大国，都是小国，学生很难集中到某一个国家的研究上；而且，哈佛也没有足够的师资引导学生从事东南亚的研究。但另一方面，我觉得东南亚研究其实对中国研究很重要，如果人们想理解中国商业发展，就不得不了解那些前往东南亚（南洋）的人，他们到那里去赚钱，然后又回到中国投资，这种资金循环对于中国华侨来说很典型。所以，我认为，南亚和东南亚研究不但不会削弱哈佛的中国学研究工作，恰恰相反，南亚和东南亚研究越强，我们对中国的研究也就越强，我丝毫不担心它们会影响中国学的发展。

李海鸿：您喜欢教学，并把教学作为传播中国学的一个途径，在您的核心课程"当代中国：现代世界的中华人民共和国和台湾"中，中国大陆和台湾似乎占有相同的分量。作为一个大陆来的学生，我在做助教的过程中，也从这门课中学到了很多台湾的历史与现状，特别是台湾人民的身份认同问题。我想问，您希望通过这门课和这样的安排让学生们了解什么呢？您如何看待中国大陆与台湾的关系呢？

柯伟林：这个问题问得非常好！不过，中国大陆和台湾在课程中占有相同分量的说法好像不太确切，确切地说，应该是台湾占1/3，大陆占2/3。

通过这个课程和这样的安排，我首先想探讨的是，从1950年到现在中国发展存在的各种可能性。大陆方面，中华人民共和国有各种各样发展的可能性；台湾地区政府也有几种发展的可能性。但是，它们却不大相同。比如，在比较政府在经济发展中的作用时，我们发现，台湾很早就从政府计划经济过渡到政府指导经济，而这种过渡在大陆却很晚，为什么呢？事实上，从任何角度看，大陆和台湾都可以相互学习。

其次，还有一个重要原因，我认为共产党和国民党算得上是真正的兄弟党。两党非常相似：共产党在国民党时期成长壮大，在组织和运作上都模仿国民党，就像国民党模仿俄罗斯人一样；它们都源于苏联，尽管各自的学习方式和所学的东西有所不同，它们相同之处还是多于不同之处的，尤其是20世纪50年代。我觉得两党之间可以相互学习的东西特别多。当然了，它们面临的问题可能不尽相同，我也不会对它们存在不同的问题视而不见。但是，它们却不得不从相同的菜谱中寻找各自的需求。比如说，是允许私营企业的存在，还是压制？是宽容不同政见，还是压制不同政见？是允许选举，还是阻碍选举？如果允许通过选举的方式产生政府，是不是仅仅因为相信自己无论如何都会获胜？国民党在台湾50多年就是这么做的，直到他们最后丢掉了执政党的地位。而这个时候，他们又不得不改变政治体制，以便能够重新掌握政权。我认为中国大陆的领导人从台湾那里学到了不计其数的经验，台湾反过来也一样。

总而言之，我的中国当代史的课就是要学生了解国民党与共产党的异同，了解20世纪50年代以后中国发展可能选择的道路。

对于大陆与台湾的关系，我觉得，今天和以往一样好！

李海鸿：不知道您是否记得，我做您的助教时，我们曾发现一个学生的课程论文有剽窃嫌疑，查证后，那个学生被勒令退学了，那个时候，已经是他大学本科四年最后一个学期期末，他就要毕业拿学士文凭了。当时，我吃惊透了，我没想到在撰写课程论文时剽窃就要受到这么重的惩罚，几个中国来的同学也觉得处理得太严重了，但我的

应完整地看待新中国的历史

柯伟林（左）接受李海鸿采访

几个在哈佛或在美国其他大学读过本科的同学都觉得这样处理无可厚非，因为在他们看来，任何形式的剽窃都要承担严重后果。他们的反应让我想起一个类似的对比来，我曾让一个加拿大同学帮助一个从中国来的校友修改每周一次的读书报告，有一次他非常郑重地对我说："她的读书报告写得很好，实际上是太好了，因为她是抄的！这是剽窃！你应该跟她说千万别这样做。"当我同那个校友谈这件事时，她却满不在意，说："你看看他那样子，好像天塌下来一样，一个读书报告，有什么了不起的！"类似的对比让我感觉到，哈佛大学在防止剽窃的问题上的教育应该是很成功的。啰嗦了这么多，我想问的问题是，哈佛是如何教育学生，并使绝大多数学生坚信，在其学习及今后的学术生涯中，抄袭和剽窃是一件非常严肃的事，是要承担严重后果的？这方面，您对中国的大学和学者有什么建议吗？

柯伟林：这个问题提得太好了！我的确记得那件事，

那是一个美国学生而不是中国学生。我的理解是，剽窃是一种学术造假的形式，学术造假有各种各样的形式，不同文化对其理解和处理方式也不同，有的文化处理得要严重些，有的则没那么严重。不可否认，学术造假是普遍的，任何文化中都存在，美国有，中国也有。不过，正如你所感觉到的，哈佛大学对学术造假态度十分严肃，因为我们坚信，一所大学想要生存，最根本的就在于能够取信于人，无论你说什么，你所说的都应该是你自己的话，你所表达的都应该是你自己的思想，这是再简单不过的道理。

你问哈佛大学为什么那么成功，我觉得那个学生的剽窃足以说明哈佛在这方面失败了！而且，他不是唯一一个，类似的情况时有发生。当然，正像你所说的，哈佛对他的惩罚是很重的。在很多中国学生或学者看来，一个本科学生，撰写课程论文时剽窃，就受到这样的惩罚，可能有点儿不可想象，但这正是我们的目的所在。哈佛大学尝试着尽可能早地告诫学生任何形式的剽窃都是一件非常严肃的事情，这种教育从他们踏入哈佛校园那一刻就开始了。哈佛有专门的写作课，每个哈佛的本科生——包括那些可能从事科学与技术的学生——在一年级的第一个学期都要上这门课，都要懂得怎样正确使用材料、怎样使用材料是不正确的。所以，从一开始，哈佛就告诫所有本科生不要抄袭，不要剽窃。同时，因为还从国外招收研究生，哈佛大学为使那些没有选修这门课的人尽早接受这种教育，每年夏天都会办国际研究生新生英语强化班，在帮助国际新生适应新的环境的同时，也告诫他们不要抄袭、不要剽窃。我也记得那个学生，并不是一个还不懂得规则的学生，他已经四年级了，已经对这些规则耳熟能详，所以，他的抄袭和剽窃就是彻头彻尾的造假！不幸的是，这种毫无廉耻的人在任何文化中都存在。

我觉得防范学术造假对哈佛很重要,对中国的大学和学者也越来越重要。因为,中国逐渐走向国际化,中国的大学和学者也是全球学术研究的一个组成部分。所以,我希望他们在发表论文时,也尽可能像他们的英国、美国或西欧的同行那样谨慎。我对这项工作非常有信心!不过,我觉得这项工作需要尽早做,要尽可能早地教育学生什么是正确的、什么是错误的,并对那些明知故犯者给予严惩。

李海鸿: 我想接着这个问题问一下,您是否遇到过或听说过哈佛教授抄袭和剽窃的事情呢?

柯伟林: 遇到过,不过不是我亲自处理的。的确,哈佛也曾发生过教授抄袭和剽窃的现象,我知道有一个教授受到了审查。这也很有趣,尽管可能不公平,哈佛的学生们抱怨说,哈佛对学生的惩罚比对教授的惩罚要严重。他们说得对!也许我们也应该考虑改变这种状况。

李海鸿: 您的研究生中,有一些是从中国内地过来,或有内地教育背景的,您在同他们的接触过程中,有没有觉得中国高等教育存在问题?能否谈谈您对中国高等教育的整体看法?您认为中国大学是否应该以哈佛为榜样?还有,2008年10月10—12日,您组织了一个关于当代中国高等教育的哈佛—伯克利国际论坛,您组织这个论坛的目的是什么?

柯伟林: 我认为,哈佛大学能够长期保持其最优秀大学的地位,其原因之一,就在于哈佛大学能够招收到的中国学生的数量。你看起来似乎有些惊讶,但这是千真万确的。哈佛文理学院研究生院的招生本着纯粹的国际化原则,一个学生能否被哈佛接收,完全看他在自己所选择的研究领域是否出色,这一点是毫无疑问的。哈佛大学从中国——包括中国大陆、中国台湾和香港——招收的学生人数比我们在世界上任何其他国家或地区都要多,特别是在科学和技术领域,中国学生人数多就更明显,这一点人们似乎也司空见惯了。所以说,哈佛能够如此强大,与我们能够招收到的中国学生,甚至和有中国教育背景的教授有很大关系。

  我认为中国的高等教育也是当今世界的一个极有发展潜力的领域。中国高校发展的速度是当今世界上最快的,不仅规模不断扩大,教育质量也在不断提高。当然,中国的高校也不可避免地存在着这样或那样的问题,我在北京大学演讲时,也曾谈到这个问题,我认为,科举制被废除、清朝灭亡之后,中国的人文教育传统逐渐被淡化;在近现代求富求强的强烈愿望驱使下,中国的高等教育越来越强调专业化和技术层面,人文教育愈加缺失;今天的中国要想成为一个不仅富强而且和谐的社会,就需要重视人文教育,需要让学生了解基本的为人处世之道,需要培养更多改造社会、改造观念的科学家和工程师。但不仅中国高校有问题,美国的高校,包括哈佛大学,也有很多问题,大家都有问题。但是,我认为如果有哪个国家的高等教育制度能够在本世纪赶上并超过哈佛大学的话,那就是中国的高校。我这样说并非毫无根据,100 年前,哈佛并不是一所世界名牌大学,而现在每个人都认为哈佛大学是世界最有名的大学之一。100 年前,所有世界上最好的大学都在德国,可是现在,据有些调查说,在世界排名前 50 所大学里,没有一所是德国的大学。这说明,世界是在不断变化着的,你现在第一并不意味着 20 年后你依然是第一。我觉得在今后的 20 年里,中国会有多所大学跻身世界最优秀的大学行列,至少是前 20 名,甚至是前 10 名。所以我觉得,现在正是一个令人激动的时刻，因为，在这一时刻，哈佛大学与中国大学既有竞争又有合作。

李海鸿：您的著作曾探讨全球化与国际化，您如何看待在全球化与国际化的背景下中国的发展呢？

柯伟林：中国的过去就是全球化和国际化的。我们理解今天的中国，不仅要在中国背景下理解，也要在全球背景下理解，中国曾经在很长时间里在很多方面是世界的主导者之一，有时候我们忘了这一基本事实，是因为中国现在对外开放的程度比我们20年前想的要高得多。其实，中国对外封闭的时间很短，也不如其开放时期那么重要。在我看来，至少从太平天国开始到现在，人们很难说得清什么是开放的，什么是封闭的，在开放与封闭之间没有严格的界限。无论政治上、经济上、社会上，还是宗教上，中国始终是世界潮流的一部分，可能有时是领导者，有时是跟从者，但无可否认的是，中国确实是世界的一部分。就是在20世纪50年代也不例外，只不过那个时候，中国并不是资本主义国家阵营的成员，而是社会主义阵营的成员，而且是非常核心的成员。所以现在中国努力拓展其国际影响再自然不过了。现在的世界同19世纪20年代的世界极其相似，那个时候，世界上最有钱的人是中国人，而最大的经济则是中国经济，当然是中国的全球经济。

李海鸿：最近您又开始对中国商业史感兴趣，有没有什么特殊的原因？对于中国今天的市场经济，您认为中国人从老祖宗那里学得多呢，还是从现代西方人那里学得多？

柯伟林：现代的中国商人和商业史很独特，要问他们从哪里学到的市场经济，我觉得，中国近代史上一个词对他们最适合不过了，那就是"中学为体，西学为用"。中国的商人在采用西方管理技术方面非常到位，不管是董事会，还是股份有限公司，中国商人都特别善于利用国际化的商业组织形式。与此同时，那种家族管理、小规模商业的传统却经久不衰；商业管理通常不仅看商业运作，还看人际关系、交际圈，什么人可以信任、什么人不能信任等观念对中国商业非常重要。换句话说，一个中国的公司，其外在的形式同一个西方的公司没有太大的差别，但内部的人际关系却非常中国化，也可以说，其硬件有时更像西方，但软件却是非常非常中国化的。不仅私营企业如此，国有企业也如此，尽管国有企业与私营企业的历史不同，但其历史也是非常中国化的。我觉得，这两方面的结合也不是什么不足，相反，很多时候都是一份强有力的资产，可能更适合中国商业的发展。

李海鸿：中国有句话叫"学而优则仕"，说白了，就是学问做好了，就去当官做管理。通常，是做学问还是当官，对很多人来说，都很难选择，因为很难既当好官又做好学问，二者兼顾实在不容易。我不知道您是否也经常面对这样的抉择？您一方面热爱学问和教学，把中国学作为一个使命；另一方面，您又一直从事繁重的学术管理和教学管理工作，但您却显得游刃有余。那么您是如何把做学问和当官结合得这么好呢？

柯伟林：这是你问得最难的问题，不过很有趣儿。我也不是游刃有余，只不过尽力而为罢了。但有一点你是对的，那就是，和费正清一样，我的确对中国学有种使命感，想尽量推动美国对中国的了解，这其实也是费正清中心的一个使命。我们帮助本科生、研究生及来自世界的学者，目的也在于此。我认为中美关系是世界上最重要的国际关系，我衷心希望我们的学生——无论是从中国来的，还是从美国来的——更好地为这一重要关系作准备。

在细微处观察中国历史

受访人——包弼德（Peter K. Bol）
采访人——张冠梓
合作者——郝瑜、罗祎楠

包弼德教授

包弼德，美国近年来极为活跃的中国学家，著名中国历史研究专家，哈佛大学 Charles H. Carswell 讲座教授，1997—2002 年担任哈佛大学东亚语言文明系主任及东亚国家资源中心主任，现任哈佛大学分管教学创新的副教务长、地理分析中心主任、国际中国历史地理系统管理委员会主任、国际历史人物数据库项目主任。其著作包括《斯文：唐宋思想的转型》（1992 年），并与人合编 *Ways with Words: Writing About Reading Texts from Early China*（2000 年）以及《中国历史地理信息系统》（2005 年）等书。最近十余年的研究专注理学的历史角色和地方文化史的发展。他于 2008 年出版了《历史上的新儒家》（*Neo-confucianism in History*）。

主编手记

　　包弼德教授是美国近年来颇为活跃的中国学家。他的代表作《斯文：唐宋思想的转型》，以及他所提出的"唐宋转型"的新的阐释，在世界中国学界有着广泛的影响。在我刚到哈佛，向他提出访谈请求的时候，他要求我首先听他与柯伟林教授的"中国的传统及其转型"的课程。此次访谈是听了他的一学期课程后，于2008年12月9日进行的。时任西安外国语大学党委书记、哈佛大学肯尼迪政府学院访问学者郝瑜教授参加了访谈。哈佛大学文理学院博士候选人罗祎楠参与准备了采访素材。时为中央民族大学法学院研究生石培培、孟庆沛、赵云梅、王斌参加了录音整理。

张冠梓：包弼德教授您好。2008年8月来哈佛大学的时候，不少人向我推荐选修您讲的课。现在，这个学期快结束了，听了您和柯伟林教授讲授的"中国的传统及其转型"，感到收获很大，同时也有一些需要向您进一步请教的问题。我印象特别深刻的是第一堂课，您播放了2008年8月北京奥运会开幕式的片段，那场面和气势确实让人震撼。我个人觉得，奥运会开幕式的演出，在一定程度上可以说体现了当代中国人对世界和对自己的历史文化的理解。您作为中国史研究专家，怎样看待中国人通过这次奥运会展示出来的对自己的文化和历史的诠释？

包弼德：像其他历届奥运会一样，2008年北京奥运会不只是体育盛事，而且是人类文化交流的重大事件，自然引起了全世界的好奇和关注。关于对这次奥运会的看法，我想你们中国学者了解的肯定比我多，而且中国人自己对这次奥运会开幕式的看法，也不是我能准确了解的。但是

在细微处观察中国历史

323

我认为，这次奥运会的确提供了一个中国人展示自己悠久历史、灿烂文化的很好的机会，事实证明也获得了成功。我想，这是一个很好的开端，也是一个很好的范例，就是中国如何把自己的东西展示出来，与其他国家和民族进行交流与共享。回顾一下历史，古代中国并不缺乏对外交流的传统，有着很多、很好的与外邦交流的史实，现在应当进一步继承下来，想一想怎样做得更好。我记得，1999年江泽民主席在哈佛大学有一个演讲。整个演讲大概有40分钟，前20分钟用汉语讲，后20分钟用英文讲。面对哈佛的众多师生，他讲到了中国的历史，讲到了中国对世界的贡献，也讲到了中国价值。当然，他所说的历史是和当代政治有关系的，但至少说明，历史上不是没有科学，一定是有科学的。另一方面也说明，中国不是一个与世隔绝的国家，而是和其他民族、国家和文明有着这样那样的联系。说实话，自从听了那个报告，我逐渐觉得中国领导人的所想、所讲，他们对中国和世界的认识，跟以前有些不一样了。这次奥运会也是一样，从文化交流的意义上说，我们看到的开幕式无疑是中国与外部交流、展示自己的一个很好的方式，可以让其他国家和民族进一步了解中国究竟是怎么回事，到底发生了什么样的变化，也可以让大家明白中国既是一个已经比较现代化，或者说正在迅速走向现代化的国家，又是一个富有历史传统、文明根基的国家。我发现，有些中国人，哪怕是一些受过教育的人，其实对自己的文化不够了解，对自己的历史存在着这样或那样的偏见，时而表现出对自己的国家和民族的不自信，时而又表现得过于自信和狭隘。其中一个突出的现象，就是看不起自己的历史，感觉不到自己的历史有多么伟大，感觉不到自己的文化有多么好。我觉得这一点特别奇怪，是很不对的。这说明，需要加强对外交流，通过各种形式的、有实际效果的展示和宣传，逐步增加中国和世界的互相了解。如果换个角度看，加强中外交流和对话，其实也是中国人增加对自己历史与文化的了解和把握的很好的方式。

张冠梓：您上课时采用了图片、图表、音乐、录像、电影等多种手段，表现形式丰富、活泼。而且，您自始至终与学生互动交流，鼓励大家提问、发言，课堂气氛显得非常活跃。这从学生的"出勤率"以及他们在课堂上的反应就能看出来。我想，对于美国或其他国家的学生而言，中国史是一门外国史、国别史，可以说是比较偏、比较专的课程。您能在哈佛的课堂上将中国历史课讲出这么"火爆"的效果，其中一定有值得我们学习和借鉴的地方。

包弼德：其实，选修中国历史的学生对我开设的课程认识和重视是有个过程的。我刚开始开这门课的时候，不少学生觉得，研究中国最重要的是了解现代的中国，也就是新中国的情况，而现代中国跟古代是不一样的，何必去学古代历史呢？现在，他们的态度转变了，都意识到中国的现代和古代其实是有着密切关联的，不可以把中国的历史割裂开来。也就是说，中国的古代跟近代、近代跟现代，以及古代跟现代，是有着逻辑的连贯性和继承性的。明白了这个道理，他们对我开设的这门课程就有了积极性，就会主动来上我的课。你可以看到，不仅那么多美国学生在听，世界各国的学生在听，而且中国的学生也很感兴趣。的确，了解了中国古代历史，对于了解现代中国是有很大帮助的。如果就古代讲古代，那么即使在中国讲中国古代史，也会很枯燥而乏味，事实上也是没有多大意义的。

张冠梓：为什么您对中国历史有这么浓厚的兴趣？选择中国历史作为研究对象，是否和您个人的经历有关系？

2008年秋，包弼德（讲台上站立者）和柯伟林（讲台边就座者）共同讲授"中国历史"课程

还有，您是否对现实的问题有关怀，希望从历史中寻找答案，探询一些规律性、逻辑性的东西？

包弼德：我开始接触中国的历史和文化是上高中的时候，大概是在1965年的样子。当时我对政治非常感兴趣，经常思考一些我们国家乃至国际上的所谓大问题。我注意到，当时美国只承认台湾"政府"，而不承认占世界人口1/5的中国大陆共产党领导的人民政府，这和美国在世界上举足轻重的地位显然是不适应的，和美国在世界上应当发挥的领导作用也是不相适宜的。我琢磨，这样的政策显然不行，不能持久。所以，我开始学习中国历史，试图多了解中国。那时，美国大学对中国有兴趣的并不多，在中学开设汉语课程的更是几乎没有。至少在公立中学里没有开设的，私立中学可能有一两个。我找到了一个专门给高中生开课的辅导班，参加了一些讲授汉语的班。我所住的地方有一所大学恰好开设汉语课程，我也到那边上过课。本来，在我上中学的时候，就开始对历史有兴趣。我对历史有兴趣，主要是想弄明白，我们现在面临的情况，有哪些是必然发生的，又有哪些是加进了人的作为。如果我们现在的情况是这个样子的，那是因为前人做了一些事情，给出了一些选择。由此也可以说，我们现在也可以通过选择，通过改变我们的行为，做出一个现时的新的选择。当时，我属于左的一派——这也是我家的传统，觉得中国属于社会主义，没有什么不好。美国不承认中国大陆，支持台湾当局，是很不合适的。因为，我觉得美国在世界担当着领导性的角色，却不同中国大陆打交道，原因主要是中国是社会主义，美国对那么伟大的国家实行的却是社会主义感到不舒服。在那个时候，我就觉得，美国的外交战略是错误的。我们不承认占世界人口 1/5 的国家，这怎么行，又怎么可能持久呢？那时候，美国的中学课堂上学习的世界史，没有关于中国的内容。我们讲人类的早期历史，主要讲地中海地区的文明发展，避而不谈中国的历史。为此，我决定自己去主动学习、了解中国的历史文化。怎么学呢？那就从学汉语开始吧。这是我当时的想法。

张冠梓：后来，您曾经到荷兰莱顿大学学习过。我们知道，莱顿大学的中国学研究很有特色和传统，想必对您的汉语学习很有帮助。

包弼德：是的。高中毕业后，本该去哥伦比亚大学或纽约的其他大学读书。但是，就在这个时候，我父母和三个妹妹遇到了一个到荷兰待上一年的机会。你知道，我的祖籍是荷兰，我父亲就出生在那里。当时家里没有那么多钱，我只好忍痛割爱，暂时不去上大学，而是跟着家人到荷兰去。到了荷兰，一位和我们家相熟、教授中文的荷兰教授建议我到莱顿大学读书。在莱顿大学，因为我比较年轻，学习也非常努力，逐渐赢得了老师的喜欢和肯定。几个月后，老师问我是否愿意留在荷兰。但是有一个比较麻烦的问题，荷兰的教育制度与美国不同，必须要经过特别申请，得到政府许可才行。如果是外国的学生，至少还要有两年的大学经历，才有资格进入大学。而且，他们对语言也有要求，一般来说需要学过五年的拉丁语和希腊语才具备资格。而我当时只学过一年的拉丁语，对希腊语更是一窍不通，所以有人就不同意我入学。好在这两门语言和学习中国历史关系不太大，因此我后来还是留在了莱顿大学。这一年是 1966 年，中国刚好开始"文化大革命"。那时，我对现代中国有着浓厚的兴趣，但对那里到底是什么样子却并不了解。一位老先生主张我学习中国古代史，说："如果你不在莱顿学习的话，你的中国研究将不会很好，因为你们美国人老喜欢研究现代的东西，殊不知历史绝对不能忽视。你在这里学习，可以把古代史的基础打好，对你后来学习现代史肯定会有帮助。"那几年，"文化大革命"运动使得周围的一切都发生了变化。我们获取的各种信息也非常杂乱，搞不清楚中国到底是怎么回事。一会儿听到红卫兵的各种消息，一会儿又看到谁谁哪个领导又在作重要讲话，信息渠道主要来自新华社发布的消息。那时候，我们每年都会到在海牙的中国大使馆。在那里，"文化大革命"开始的第一年，看到的还是普通的工作人员和比较正常的秩序。但第二年红卫兵就来了，穿的是那个时代的解放军制服，手里拿着《毛主席语录》，喊着"毛主席万岁"的口号，大讲特讲捍卫毛主席革命路线之类的内容。后来我们才知道，其实中国在"文化大革命"时期非常混乱。那个时候，我越发搞不清楚现代中国到底是怎么回事，想知道那里究竟发生了什么事情。虽然我属于"左派",但也开始怀疑中国的做法是否可以接受。与此形成鲜明对比的另外一个现象是,反观一下古代的中国,诸如汉、唐、宋、明时期,又是那样昌明的一个社会,那么发达的一个地方,越学中国古代史,就越会发现那么多让我惊奇的地方。我对中国历史的兴趣越来越浓,学习研读了不少中国古代的文献。

张冠梓:那么说,在莱顿大学的学习为您后来的中国史研究打下了很好的基础。

包弼德(右)正在接受张冠梓采访

包弼德:是的。但另外一方面,我在荷兰的学习也有问题。那时候,莱顿大学教授汉语,还是采用传统的教学方法,让大家看书,而且主要是古代汉语,没有口语课程。因此,我在荷兰学习了五年汉语,却不怎么会说,学的是"哑巴汉语",因为没有机会学习和练习口语。真正地学习

汉语口语，应该是到中国台湾以后。1972 年 1 月，我转到中国台湾继续学习汉语，到 1975 年 9 月回美国，前后差不多四年的时间。在中国台湾，我阅读了不少中国古代典籍，如"四书""五经"等诸子百家的经典作品，还有汉、唐、宋、明、清等各个朝代的作品。后来，1985 年底，我利用到北京的一所大学教书的机会，顺带着又学习了汉语，对我的汉语口语的提高也有所帮助。

张冠梓：您是著名的宋史研究专家。我想知道，中国的历史文化很漫长，也很丰富，您为什么选择了宋代作为自己的研究领域？

包弼德：你问这个问题使我想起了我的一段经历。我到中国社科院历史研究所去拜访一位老先生时，他问我重点研究哪一段中国史？我说是宋朝。他马上露出遗憾的表情，说宋朝是积贫积弱的朝代，不如汉唐盛世研究起来感觉更好一些。我想，我对这段历史的兴趣大概和我学习汉语的经历有关。我到莱顿大学学习中国历史的时候，刚好有一位教授专门开了一门讲授 12—13 世纪南宋杭州的课。他给学生介绍了一些相关的著作，如吴自牧的《梦梁录》、周密的《武林旧事》、西湖老人的《西湖老人繁盛录》、马可·波罗的《马可·波罗游记》，等等。我听了他的课，也看了这些书，由此对宋史产生了兴趣。至于选择宋朝作为我研究的重点，更进一步说，则取决于我对一些历史问题的认识。首先，我认为，发达不发达、发展不发展，不是评价一个时代、一个民族或国家的最好的说法，中国以前的很长时期是比美国发展的，但美国的课堂上讲的世界史，只讲希腊、罗马等欧洲的历史，不怎么讲中国。事实上，不承认中国历史，这个问题很大。古代中国与欧洲的发展方向、历史特点不同，应当进行认真研究。同样，宋朝的历史也是这样，它有积贫积弱的一面，但也有自己的特点，应当认真加以研究。你知道，研究思想史的人常常要研究诸子百家，同时还要对通史有了解，要看思想和历史的关系。这方面，宋朝的资料非常丰富。在中国历史上，唐宋时期可以说是最重要的变迁时代之一，这是中、美、日学者都承认的。从思想史上，我注意到有一个很重要的问题，就是为什么宋朝会出现理学。通常的观点认为，宋朝时佛学非常兴盛，是不是儒学不行了，需要重新振兴？我不同意这个说法。唐朝佛学也很昌盛，为什么唐朝人就没有这样的意识？经过这些年来的研究和思考，我感觉可以从两个方面进行解释。一是社会现象的改变，唐朝还保留着门阀制度，而宋朝就没有门阀了，产生了士大夫文化。那么，士大夫是怎么一回事，为什么宋朝会产生士大夫文化？我想，士大夫的产生应该和新的思想有关系，而思想的变迁与社会的变迁有关。如何梳理这二者之间的关系，是我写博士论文时重点考虑的内容之一。谈到北宋的思想史，往常许多人都非常重视"北宋五子"——周敦颐、程颢、程颐、张载和邵雍。但我觉得他们在当时是支流，而非主流。那么主流是什么呢？他们反对的是什么呢？他们说自己代表的是真正的儒教，反对佛学。实际上他们反对的是当时的儒学。我当时决定研究的不单是一个人，而是一批人，是那些跟道学没有关系的人，看他们为什么在当时那么重要。出于这种考虑，我的博士论文就是讲苏轼和他的弟子的，重点选择了苏轼及其弟子兼学友"苏门四学士"——黄庭坚、秦观、晁补之和张耒。我写他们不是为了文学，而是为了思想史，但是"文"的观念对他们来说非常重要。我们讲的总是"道"，他们却讲"文"，所以我就开始讲"文"与"道"的关系，不但研究苏轼，还研究司马光、王

安石等人。我写《斯文：唐宋思想的转型》（"This Culture of Ours": Intellectual Transitions in T'ang and Sung China）这本书时，本来只想讲苏轼及其弟子的，不想搞那么宽，但后来发现，要说清楚他们，就必须多了解唐朝。要讲唐朝，就必须讲"安史之乱"后的一些人，如韩愈、杜佑等。而要讲清楚他们，比如他们怎么和"安史之乱"前的学术界不一样，又必须了解初唐的情况。这样，我就开始看唐初的学者是怎么样的，然后看"安史之乱"后的学术界是怎么样的，然后开始讲11世纪。我通过一两年的研究，写了好几篇文章，主要是关于两宋的政治学，如司马光、王安石等。后来把这些文章编在一起，就变成了《斯文：唐宋思想的转型》一书。

张冠梓：刚才您提到大作《斯文：唐宋思想的转型》一书。这本书从"文"的角度切入分析唐宋时期思想的变迁，很有新意，在中国国内很受关注。有的学者认为，这本书对唐宋思想的轨迹进行了科学、准确的把握。您能否对这本书的主要观点作一个简要的评价？怎么看待中国同行的评价？

包弼德：根据我接触到的一些反馈，《斯文：唐宋思想的转型》一书确实引起了一些反响。有不少是鼓励的评价。有的中国同行跟我说："我虽然不同意你的观点，但还是叫学生们读你的这本书。"可以这样讲，至少有一些学者觉得值得看，尽管他们不一定同意书中的观点。简单说，这本书主要围绕"文"在唐宋士人观念和创作中的变迁，大致描述了唐宋士人价值选择的演变轨迹，呈现了他们寻求价值观基础的思想历程。全书共有九章，分别讨论了初唐朝廷以传承"斯文"为核心的学术、写作风气，中唐韩愈等人开始强调价值之独立思考的古文思想与实践，宋初的文治政策与文学文化，范仲淹、欧阳修等宋初古文作家注重人事的价值思考，王安石和司马光以建立完善的政治秩序为核心的价值观，苏轼深通物理、寓统一于多样之中的价值取向，以及程颐如何使价值观的基础转向伦理原则。

回顾一下往常对唐宋思想史的研究，不难发现，学术界主要是从哲学史的角度提出和分析问题。在谈到中唐到北宋的思想演变时，认为那不过是道学的滥觞，值得重视的只是韩愈、李翱以及宋初三先生（孙复、胡瑗、石介）等受到道学家肯定的人物。这就使这段历史的本来非常丰富的情态变得过于简单，事实上也多多少少背离了历史的真实。有鉴于此，我试着从"文"这一视角出发来分析唐宋思想的嬗变。所谓"文"，从狭义上讲是指一般意义上的文学，从广义上讲则是指儒家经典所代表的文化。思想史，质言之，就是价值观演变的历史，而探讨价值观的演变，就要特别注意"士人之学"这一重要的思想文化现象，特别要注意"文"——"士人之学"的重要表现形式。唐宋时期，士人的价值观经历了从以"斯文"为基础到以伦理原则为基础的转变。我们知道，唐以前所形成的"斯文"概念，包含两个层面，狭义地讲是指古代圣人传授下来的文献传统，广义地讲是指孔子在六经中所保存的古人在写作、从政、修身各个方面的行为规范。进入初唐时期，士人认为"斯文"本身就是价值观的基础和来源。而到了北宋，在道学文化兴起以后，士人的价值观基础转向了伦理原则。可见，这中间有个变化过程。具体地说，从中唐到北宋，士人一方面主张要对价值作独立的思考，另一方面仍然希望坚持"斯文"在确立价值观方面的权威意义，这两者之间的张力（tension），构成了唐宋之际价值观演变的内在动因。其中，"文"对于士人思想文化的意义不应忽视。需要强调的是，唐代的思想文化，仍然是一种"文学"文化，文学写作是联系士人之学、士人之价值观和社会实践的主要方式，因此，唐宋之际价值观演变的起伏消歇，往往从"文"的变化，以及围绕"文"的种种思考中体现出来。正是在这个意义上，我的《斯文》一书把文学放在了价值观讨论的核心位置，将唐宋之际许多重要的思想家首先看成文学家。我将原来许多在文学史上占有相当篇幅，却被哲学史所忽视的人物，如中唐贾至、独孤及，宋初的杨亿、刘筠，以及欧阳修、苏轼等，进行具体的叙述和讨论。而对于韩愈这样在哲学史上也被详细论述的人物，我则更多地去关注他的"古文"思想与实践。

张冠梓：您在学术研究中一直强调"士"的作用，比如在刚刚谈到的《斯文》一书中，就有不小的篇幅谈"士"。的确，"士"这个阶层，在历史上是一个特殊的群体，发挥了比较大的作用。中国古代讲"士、农、工、商"，基本上反映了当时社会上对这几个阶层及其社会地位的评价。您能不能具体地解释一下"士"对中国历史发展到底发挥了怎样的作用？历史上的"士"与现代社会的知识分子有没有关联和继承性？

包弼德：在《斯文》一书里，我确实针对"士"的问题发表了一些见解。记得其中的一个观点是，唐宋时期的士人经历了从士族到文官，再到地方精英的角色转变，这是唐宋思想转型的社会基础。细心的读者可以发现，这条社会史的线索其实贯穿于我对唐宋思想史的具体考察的始终。我始终觉得，以往我们主要将思想史作为哲学史的范畴来研究，在很大程度上使思想文化脱离了活生生的社会生活，变成一种单纯的抽象分析，这显然是不对的。唐宋特别是宋代，社会价值取向从注重形式转向注重实效和注重功利，它体现了人性的要求，整个社会焕发出一种新的精神生活面貌，整个社会具有活力并呈现开放的特征。谈思想史，要和这一重要的时代特征和社会特征联系起来考察。

　　一般地说，从先秦到清朝末年，一直有"士"这种身份，可是他们在社会中的地位和作用是有变化的。比如，唐代所谓的"士族"跟宋代的士大夫就不是一样的，二者的价值观、对世事人文的看法、对生活的态度，以及他们出生和成长的背景都是不一样的。说到唐代的士族，可以追溯到东汉末年开始的"门阀"，即大家所谓的"Quick Class"。可是宋代的士大夫跟这些门阀是没关系的。虽说还叫"士"，其实他们的传统和前代的门阀不一样，他们的家族不是门阀的家族，不是从门阀延续下来的。在北宋时期，士大夫或叫士人，都是做官的，或者是以做官为家业的。可是从南宋开始，包括元、明、清时期，大部分士人不是什么大官，甚至是没有做过什么官，他们或许参加科举考试，但不一定都得中，或者可说大部分人是没有考上科举的。他们往往从事教育，而没有去做官，我们可以说他们是自我存在、自我延续的社会精英。即使不能自我延续，至少也是一个地方的精英。他们的行为、他们存在的现象，对当时当地的社会非常有影响。这可以说是中国历史上自从南宋以来的一个非常重要的现象，他们的存在对这个官僚体制和社会秩序的维护起了很大的作用，起到了保护朝廷的作用。

　　张冠梓：您刚才说到，如果把唐代的士和宋代的士作比较的话，二者有所不同。唐代的士实际上是魏晋南北朝时期门阀制度的延续，是一个特殊的利益群体，或者说是一个权力阶层。可是宋代的士与此有所不同。譬如他们生

自民间，依靠自身的知识立足社会，并形成了一种文化力量。您能否再具体地解释一下？

包弼德：是这样的。大致可以说，宋代的士是生自民间。这和五代十国时期的官员——他们多是武官的后代，而后变成文官、文人——有所不同，也和唐代依靠科举制度取士的情况不一样，其社会的背景、地位也是不一样的。说到这里，需要附带说一下，学术界常常说隋唐时期主要是靠科举制度选拔官员，事实上这个说法是有些问题的。在唐朝，至少在开元时期，很多官吏是通过门荫得到的。至多15%的做官的人，才是经过科举制度擢升的。也就是说，科举制度并不是唐朝最主要的选举制度。宋朝开始真正通过科举制度选拔官僚。而且，在王安石变法的时候，选举制度还进行了改革，进一步地规范化了。宋代初期开始正式实施的科举制度，可以说极大地摧毁了唐代以血缘和门阀为基础的社会结构，人们即使没有血统或身份方面的优越性，照样可以通过科举考试为官。这种新的社会制度导致大量的人涌入科举考试，但是，每年的科举考试客观上只能有极少数人被录用。在这种情况下，每年有大量不能录用的考生需要自谋生计，自寻人生的出路。可以设想一下，这些饱读诗书的考生，对自己的人生价值定位远高于一般人，而社会主流价值也是这么看他们的，那么他们在流入社会后，会给社会带来什么变化呢？我们可以发现，宋明理学给这些人的人生自我定位提供了崭新的思路，极大地满足了他们的心理需求。这大概是宋明理学受到欢迎的重要社会原因之一。因为按照宋明理学，每个人天生就具备了良好的天性，只要他能充分发挥自己的天性，就可以成圣成贤，而不一定要在朝廷当官。宋明理学把一个社会真正的权威看作是道德而不是官位，因此当社会条件不公正的时候，一个科举考生不能被国家录用也不必感到羞耻，他们可以到地方事务中，在日常生活中找到自己的人生价值。而宋代社会结构的变化为他们这样做提供了相应的条件，因为宋代的社会经济制度比唐代自由、宽松得多。

张冠梓：您刚才说，这些庞大的落第的知识群体，实际上逐渐形成地方的文化精英。唐宋之际，经济文化的重心逐渐往南方转移，在这个转移的过程中，实际上催生并形成了这样一批社会文化精英，进而形成并维持了南方的"地方自治社会"。那么，这些地方自治社会，和中国的专制制度、皇权制度是一种怎样的关系？前者对后者是一种瓦解的力量，还是一个基础性的、支持性的力量？

包弼德：我觉得两个都是。我不怎么赞成那些所谓中国自从唐宋以来就是专制政治的观点。不单我不赞成，中国的一些学者也开始批评这个说法了。他们说，如果说有专制，在中国的历史上不是指皇帝，而是指大臣。也就是说，是一种大臣专制，不是皇帝专制。以明朝皇帝为例，不管怎样讲，朱元璋是开国之主，情况特殊，但此外你能举出哪一个明朝的皇帝是专制的吗？再看宋朝，有哪一个皇帝是专制的呢？在明朝，的确有"宦官之患"，而宋朝连这个都没有。宦官、太监等问题，是内廷（inner court）的问题，并不一定是政治制度的问题。另外，与此相关的一个问题是，中央政府、地方政府和地方精英之间是什么样的关系？我觉得，中央政府和地方政府之间的关系，肯定会有矛盾，而地方政府和地方精英之间也会有矛盾。我们看一下现在，与古代的情况何其相似！那就是，中央有自己的政策，而地方的县、乡政府，却不一定按照中央的政策做。这叫上有政策，下有对策。而有很多个体、私人，

特别是在南方，变成了新的精英。他们就与地方政府有些矛盾，有时候支持政府，有时候则不支持，构成了一种复杂的关系。

张冠梓：11世纪是中国历史上产生了众多思想家的世纪，譬如您刚才提到的王安石、苏轼、司马光等，都是大家熟悉的思想家。那个时候，他们提出了对天地、社会、国家等许多问题的见解，请问一下您更喜欢他们当中谁的思想？谁的思想和您对社会的理解更接近？

包弼德：我可以说我最喜欢谁的思想，我最喜欢的是苏轼。可你也得说一下你最喜欢的是谁。

张冠梓：我学过一点中国古代史，多多少少知道一些这方面的情况。我不妨戏说一下，进行两个角度的分析。先按年龄段来划分，倘若要问现在的年轻人，相信很多人喜欢苏轼，而老一辈则可能更喜欢王安石和司马光。再按思想倾向来划分，您刚才说您是"左派"，我想有"左派"倾向的可能更喜欢王安石，而有右派倾向的可能喜欢司马光。当然，这只是我个人的粗浅的感受和认识，不一定妥当。您觉得他们哪个人跟您对社会的理解更为接近？能不能简单地说一说。

包弼德：你分析得有道理。我对他们的喜好都有一些吧，很难几句话说清楚，关键是看你从哪一个立场来看。如果从文化的立场来讲，苏轼是最了解文化在社会中的作用的；从道德立场来讲，应该承认苏轼对个人的道德问题是最了解的；从政治的立场来讲，尽管不同的人对司马光和王安石两个有着不同的理解，但他们都有自己的独特贡献。

张冠梓：说起唐宋是中国历史上发生巨变的时期，除了经济、科技、思想观念的变化外，还有一个特点就是文化的多元化和多样性。其中的表现之一，就是全国陆续出现了多个政治、经济和文化中心，特别是南方地区的崛起尤为突出。到后来的五代十国、宋、辽、金、西夏等时期，又相继出现了多个民族、多种语言、多种文化同时或交叉呈现的状况。但是此后连续出现了元、明、清三个大一统的王朝，请问这前分与后合者之间有什么内在的联系？

包弼德：我想肯定有内在的联系。因为中国的社会经济文化发展不一定是以首都为主的，比如说明、清时期。像唐朝，中国人都觉得是一个伟大的朝代，可是那时的文化中心是长安，经济中心是长安，社会精英也在长安、洛阳，其他地区难以匹敌。而在宋、明、清各个时期，首都以外的许多地区都发展起来了，也就是说，不是全部的好东西都放在首都了。从社会经济发展立场来讲，唐朝的发展是比较不合理的，因为唐朝首都一般是靠赋税收入，而宋朝的开封，清朝的扬州、杭州、广东则主要是靠工商业的发展，不是靠收税。再者，如果我们再放长眼光，在整个中国古代历史上，秦、汉、隋、唐、元、明、清等王朝是大一统的时期，但也经过了三国、两晋、南北朝、五代和宋辽金这样一些多民族、多中心的时期，即使那些大一统的朝代，其内涵和特点也是有所不同的。司马光在写《资治通鉴》的时候，他观察了他以前的一千五百年，就认为一统不是常态，多国并立的情况也不是异常。现在回过头来看，说中国有大一统的特点，但秦汉朝之前，并没有一个统一的国家，也不是一种文化。所以，我们对中国的大一统的特点要多个角度来认识。

张冠梓：在课堂上，您曾给同学们展示了从秦代直到民国时期中国历代版图的变化，时大时小、时分时合。记得您当时问同学们对这一现象有什么看法，而同学们的回答也各式各样。我想把这个同样的问题拿来向您请教，看看您对此有什么看法？

包弼德：我用这个不断变化的地图，是要学生们在开始学中国历史之前，了解一下中国不同时代版图的变迁，并从中推知，中国的历史到底是怎么变化的，以及不同时代的变化及其互相影响，然后让他们思考一下。有很多时候，他们讲的是对的，譬如说，中国北部的边疆经常在改变。为什么呢，因为有战争。可以看到，从周代到现代，北方一直有着各种战争。即使到了20世纪60年代，中国跟苏联仍有边境冲突，北方的边地总是有问题的。再如，许多人觉得，中国是有一个一直延续下去的历史，但是中国有统一，也有分裂。譬如说汉朝是统一的，但随后是三国；西晋统一了，但随后又是南北朝；隋唐统一了，随后又有五代十国，等等。说中国一直统一，怎么讲得通呢？另外，"中国"这个词是什么意思？是指一个地方，还是指一种文明？我看，有的时候是指地方，有的时候是指文明。开始的时候，中国的历史主要在中原地区，西及渭河两岸，但随后的历史就经历了很大的变更。你可以发现，在古代，没有一个地方叫中国，也找不到一个地方叫中国。历史上有唐、明、清，可是当时没有人说他们是中国，他们自己说是大唐国、大明国、大清国，这个是他们正式的名字。倘若要给他们写信，不写大明国不行，因为现在我们所说的中国，其实跟古代的中国的说法不一样。现在用"中国"这个说法，这个名词，其实是反映西方国家的"China"的意思。西方人说"China"是什么意思呢，就像说英国、法国一样，是指同一个地方。但古人所谓的"中国"，指的不是这个意思，而是中央的国家。意思是说，从古人的理想来讲，他们代表的就是世界或者说天地之间的中央的一个国家。而现在，我们说中国历史、中国人、中国话等，不是这个意思。我们现在用的中国是"China"的意思，而不是中央国家的意思。可能不少中国人，包括年轻人都会感觉到，我们中国还是中央之国家，要复兴中央国家。但其实中国的意思已经变了。至少可以说，20世纪"China"的意思，不是古代的"China"的含义。

张冠梓：我再回过来问一个问题，我注意到您在讨论那个思想变迁史的时候，比如讨论理学的时候，很注意把思想的演变和社会发展结合起来考虑。您是如何理解思想和社会变化的关系的？能不能给举个例子？

包弼德：把思想史和社会史结合起来是一件不容易的事情，但社会和思想不可以分开，正像王阳明讲的"质"和"形"不可分开一样。如果社会就是人们之间的做法和行为，那么他们的行为和做法总是对他们有意义的，这个意义就是思想。从社会史的角度看，中国社会不讲个人，只讲家族；没有个人，只有家族。个人的行为，准确说是大部分人的行为，都是按照他们的群体利益诉求，而不是按某个人的思想、理想进行的。而从思想史的角度来讲，思想家都是个人的，哪怕去教书，涉及很多学生、门生，但也是以个人为特点的。也可以说，他们有一个比较理想的世界，他们当时是怎么想的、怎么做的，和平常人做的事有一些是不一样的。学思想史，要了解这些思想家想什么，而学社会史的人讲他们，则要搞清楚他们怎样影响人们的行为。一般认为，人，不管他们的想法是怎样，重要的是，他们为社会做了一些什么事，他们真正的行为是怎么样。可是我的意见是，即使人的平常的行为跟他们平常的理想会有些冲突，有些不一样，可是没有一个人没有理想，一个社会也必然会有它的理想。虽然这些人不一定能实现他们的理想和愿望，行动赶不上或者实现不了他们的理想，但这些观念、理想，反过来必然会影响到他们的选择和行为。思想和行动的交互作用便推动了历史，导致了历史的变迁。看一下我比较熟悉的 11 世纪及其以后的中国历史，有几次重要的变化，比如唐宋的变化、明末的变化等，把这几次变化做一个比较，会发现有所同，也有所异，但也可以说，所有这些变迁，其实是中国社会和文化的总体变革的一个组成部分。我知道，中国国内的许多学者一直关注的问题，就是中国历史上面临的问题跟当下中国面临的问题到底有什么不同、有什么相似性，能否从历史找到一些借鉴。我可以确定地说，中国历史上所面临的挑战，总的说是相似的，换句话说，历史的经验能够对未来发挥着参考作用。

张冠梓：往常的许多中国史学家倾向于以王朝为周期来分析历史，还有用"五种社会形态"分析中国历史的，您对历史的研究，不管是视野还是角度都是比较独特的。您能不能谈谈对中国历史分期的理解？

包弼德：关于中国历史的分期问题，是一个很复杂的问题。平常我们讲分期，一般是根据朝代来划分。但是，应该看到，很多重要的历史变迁，跟朝代的更替并没有多大关系，这从大量的历史文献里面就能得到证明。在思想史方面，甚至更宽泛的在经济学、社会学、宗教学方面，历史都有自身独立发展的脉络，可以说朝代的更替没有完全反映其变迁，事实上也没有影响这些变迁。从这个角度来看，怎么对中国历史进行分期，肯定还有朝代以外的方法。我在研究唐宋思想史的时候，不是只看从唐朝到宋朝的变迁，而是要看从唐的某一个时期到宋的某一个时期的变化。具体点说，始于唐朝"安史之乱"，终于南宋。这期间历经了重要的变迁，产生了新的制度，形成了新的社会。如果我们把南宋中期跟唐朝中期的开元、天宝时代做一个比较，就可以看到整个社会变化了那么多，有些变化在唐朝就开始了，有的则是在宋朝，这跟朝代的更替不一定是吻合的。

张冠梓：除了唐宋思想文化史外，您还很关注中国地方历史文化的研究。近些年，您不仅大力倡导地方研究，而且身体力行，在这方面发表了许多有影响的成果。记得您在2001年《哈佛亚洲研究》杂志上曾经发表了一篇题为"地方史的兴起"（The Rise of Local History）的论文。您是怎么考虑这一问题的？

包弼德：差不多15年前，我的研究开始涉及这个问题。但说实话，地方史本来也不是自己的兴趣，主要是受社会史学者的影响。通过对金华历史的研究，我越来越觉得，要研究中国南方的许多历史文化现象，有必要多看一看这些现象在地方文化中的发展。为此，我经常鼓励学生和年轻学者，无论是做毕业论文，还是从事学术研究，都要多注意地方文化，引用相关资料。我还开过一门课，专门教学生怎样使用地方史资料，包括方志、家谱、碑帖等。现在有一些年轻的学者、学生开始注意这个问题，但还需要加强。

张冠梓：在地方史研究中，您重点对金华地区进行了观察和研究，对此国内有不少报道。能不能介绍一下这方面的情况？

包弼德：我研究金华地区的历史地理，并没有什么特殊的考虑，不是因为它有什么独特的学术价值而去研究。我觉得，在元朝时期，特别在明初，金华的影响还是不小的，在全国性历史研究中也有代表性和典型性，可以作为

郝瑜（左）和张冠梓（中）一同采访包弼德

我进行案例研究（case study）的一个地方。起初，我想在中国选择四个地方做比较研究，当时考虑到的备选地方有徽州、抚州、金华、吉安等，北方则想在河南、山东选择一两个地方。我当时的目的是看从南宋到明朝的变迁，也就是说，经过辽、金、元等北方游牧民族的介入，中国社会又产生了哪些变化，怎么去了解这些新变化、新思维。因为那个时候有地方精英，有宋明理学，都是跟地方社会有联系的，那么如果要去了解从南宋以来的历史，就应该去做一个比较新的研究，看四个地方。后来我就发现四个地方太多了，基本做不到，你必须有一个大概固定的地区。

我从1994年起，开始研究宋元明清时期的金华地区历史。从那时起，我多次到金华考察古村落和古建筑，并于2001年10月，与浙江师范大学地方史研究所正式签订了"中国浙江省金华地区祠堂、古建筑、地形及历史文化研究"合作科研项目，目的是将只有少数人知道的金华地区所保存的元代、明代及清代的建筑物介绍到全世界。2002年夏天，我带领哈佛大学博士研究生及美国《地球观察》杂志社志愿者40多人，与在中国从事地方史研究的专家一起，对金华市区、永康、义乌、武义、兰溪等地的古村落、古建筑进行考察研究。2004年六七月间，我再次带领数十名专家来金华考察。经过数年的努力，合作双方共同考察记录了金华现存古村落、古建筑的许多珍贵资料，一些关于文化、历史资料的研究成果在《地球观察》及相关网站发表。对金华的研究，我坚持每隔三年左右去一次，进行田野调查，查找、搜集资料。目前，我利用了不少金华的史志资料去研究宋元地方的思想文化历史，已发表了十余篇学术论文。在这些文章里，我提出了一系列问题。譬如，其中一个问题是：为什么会有这些地方史资料？为什么在南宋开始出现写地方志，而且几乎每个州县都开始修志？为什么会出现方志这种新的形式？这些方志和以前的图经有何不同？另一个问题是：在方志的撰修过程中，士人起了什么样的作用？他们和政府对待方志的态度有何不同？换句话说，新的方志是私人的还是政府的？还有一个问题是：地方学校是怎样的？它与浙江全省乃至全国的思想运动的关系如何？另外一个问题是：道学是怎样传入这些地方并流行起来的？它是在什么时候兴起，又是在什么时候衰退的？再具体点的一个问题如：东阳县的学校属于什么学派？为什么在一个县里会有那么多的学派？还有许多诸如此类的与之相关的问题。

张冠梓：当初您为什么选择金华作为观察和研究的对象？换句话说，您选择金华进行史地研究有什么特殊的考虑？

包弼德：我看金华的地方史，不是去找金华的特色，也不是说金华代表了全国。我觉得很多地方跟金华差不多，但也有不少地方和金华并不相同。大概有几个例子，不是每个州县都很特别，台州就是这样，但衢州就有所不同。这种问题很有趣，譬如：什么时候有了这种地方的认同（local identity）？这种地方的认同为何变得那么重要？讲这些问题的时候，我往往结合金华的例子，把我所搜集到的地方志、私修地方文化志、地方人物传记资料作品三种主要的地方史料有意识地结合起来。

其实，一开始我是想在中国选四个地方进行调查，然后进行比较。这点刚才我已经谈到了，可惜只是搜集了一些材料，直到现在也没有成行。我对南宋、金、元时期的地方发展比较感兴趣，但金、元时期的地方资料非常少，而且我发现关于北方地区地方史的材料没有南方的多，也没有那么有趣。这个问题一直到现在都没有来得及做下去。但我有一个想法，中国学者的研究，确实在很长时间里忽略了地方的差异性而强调了整体同一性，其实应当加强对地方历史的研究。这样做的好处是，可以了解区域与区域之间的经济、政治和文化差异，弄清楚不同区域、不同位置的士绅或精英在立场与观念上的微妙区别，甚至了解家族、宗教、风俗的辐射力与影响力等。我曾经提出过，要超越行政区划进行研究，重视宗教信仰、市场流通、家族以及婚姻三种"关系"构成的空间网络，因为这种区域研究更符合当时的实际社会情况。

张冠梓：您在上课的时候放了浙江东阳卢宅的图片，卢氏在当地是名门望族，可以说是中国封建社会和皇权制度的基础。但我几年前造访卢宅时却发现，他们在自己的山墙内侧最隐蔽的地方赫然画着两条龙。我们知道，在古代中国，"龙"是至上皇权的象征，民间不得擅用，否则罪不可赦。他们画龙，说明他们内心有一种愿望，有一种成为真龙天子的愿望。当时我就想，类似卢氏的名门望族，到底是一种瓦解的力量，还是一种支持的力量？那时我在参观卢宅时，也注意到了您在课堂上播放的从卢宅大门远眺笔架山的情景，当时和我一起去的很多人也都感觉确实像个元宝。再看您展示的照片，感觉很亲切，确实很像。

包弼德：刚好那天天气好，照片才拍得比较清楚。卢氏在元朝开始起家，到了明初，因为跟朱元璋有冲突，至少有四个人被杀了。他们在当地是有很大影响的，直到现在他们也是比较有影响力的。像卢氏这样的家族还有一些，他们都有家谱和传承。这些家谱，说了他们从哪里来，是怎么变迁的。有意思的是，我所看到的数百个家谱，没有一个不说他们是从北方搬迁来的。家谱不一定可信，但的确是值得研究的。现在国内研究的人不少，特别是年轻人，已经开始关注这些方面，选题目、做论文什么的，都很注重这个。

张冠梓：确实，中国的家族传统比较深厚，特别是南方，几乎每家都有自己的家谱、族谱。近些年来，关于家族和家谱、族谱的研究成果不少。我想知道，中国的宗族势力，为什么对地方社会有那么强大而持久的影响力呢？

包弼德：这个问题提得好。确实，中国的家族、宗族势力的确对中国社会特别是地方社会有着很大的影响，所以研究家谱，对于研究中国历史有着重要的意义。我曾经运用一些家谱资料，进行思想史的研究。比如，我曾在《斯文：唐宋思想的转型》一书中，将北魏颜之推的《颜氏家训》与南宋袁采的《袁氏世范》作了对比，以说明两个时代的思想价值观差异。具体地说，以颜之推为代表的士家大族重家族传统和声誉，推崇文化之"学"；而以袁氏家

族为代表的宋代庶民地主则从人的实际行为出发，注重实效和伦理关怀。这是两种不同的价值观。应该说，从社会史到历史人类学的发展来看，从对国家与社会互动关系的研究上来看，学术界在族谱研究上已经取得了一定的成绩。但是目前作社会史和历史人类学研究的一些人只把眼光放到一些很小的问题上，而不能反映历史，比如很多做族谱和宗族的文章只是对族谱进行解说，指出其从哪里来、到哪里去、有什么功能等，基本不能反映从族谱到宗族到社会一直到国家权力的互动过程，我对这种做法是反对的，尽管那些文章（族谱）提供了一些非常好的资料。当然，另一方面，我们作研究除了要有从下往上看的历史，也要有从上往下看的历史。这是一个互动的过程，而不能只强调从下往上或只强调从上往下。可以看出来，历史学和人类学研究的内容和研究的视野已经开阔了不少。

张冠梓：最近这些年，中国出现了"国学热"，中国人开始重新强调传统道德的价值。您认为，对现在的中国人来说，中国的道德价值里面应该继承和弘扬哪些？哪些是具有世界性、普遍性的价值？

包弼德：中国国内关于国学的争论，我认为是有问题的。首先是，国学到底是指什么？如果说是传统道德，而传统道德又是指什么？是孝，是忠，还是别的什么？传统道德自身有着不同的内涵，互相也存在着不一致性，有着互相的批评和争论，而这些不同观点是各自有着其思想价值和社会合理性的。譬如，老子、孔子、墨子、孟子、荀子、韩非子等，都是大思想家，他们的主张、观点跟传统道德的关系值得研究，而且他们的观点是不相同的。再比如，宋朝的司马光和王安石，两个人都是伟大的思想家，但他们的思想观点非常不同。那传统道德又是什么呢？是司马光的思想还是王安石的思想？而他们的思想又和二程（程颢、程颐）、苏轼的思想很不一样。所以，我不知道传统道德到底指的是什么。这也是中国学术界存在着比较大的争议的原因。从这点上看，谈国学根本没有什么意义。如果说国学是指中国传统文化，所有的中国文化都包括在内，我可以赞成。可以说，国学是指他们对历史、文学和哲学等问题的研究。如果说全部的中国的文学、历史和思想都统于"一"，都有一个可以统一的"一"，那我不相信，也不同意。这就如同说我们西方文化、西洋学有统一的思想一样，这种说法是荒谬和不真实的。如果你硬要这么认为，那我问你，黑格尔、马克思、弗洛伊德、希特勒、丘吉尔、斯大林等，都是西洋人，你能说他们的思想是统一的吗？显然这是不可能的。这方面，一些学者常常把中国跟西洋，或者东洋跟西洋，分成两个不同的，甚至互相排斥和对立的思想系统，这是没有历史根据的，我坚决反对。

和平：国家间交往的良性基础

受访人——孔飞力（Philip A. Kuhn）
采访人——陈振声、鲁勇

孔飞力教授

孔飞力，美国著名中国学专家，哈佛大学东亚文明与语言系主任，希根森（Francis Lee Higginson）历史讲座教授。1933年出生在英国伦敦，1954年获得哈佛大学文理学院学士学位，1959年获得乔治敦大学硕士学位，1964年获得哈佛大学博士学位。1963—1978年，他在芝加哥大学历史系任教，先后担任讲师、副教授、教授；1978—1990年，担任哈佛大学历史系教授；1990年以后成为哈佛大学东亚语言与文明系历史学希根森教授。

主编手记

下面的采访是本书主编的好友陈振声于 2002 年在哈佛大学访学时，会同他当时的同窗、时任北京市委副秘书长鲁勇对孔飞力教授所做的采访。谈起当时采访的情形，陈振声记忆犹新。他说："当我们提出采访孔飞力教授的时候，他非常友善地表示要请我们吃饭，边吃边聊。那是在 4 月的一天中午，我们如约来到他位于东亚语言与文明系的办公室。闲聊之后，我们便一起到哈佛教职员俱乐部就餐。俱乐部在哈佛庭院的后面，是一座新乔治亚风格、表面看来并不起眼的两层砖式结构建筑，但这里却是哈佛的精英和嘉宾——哈佛教授与学校邀请的名人们就餐、小憩的地方。我们一边吃自助餐，一边饶有兴趣地向他提问……"谈到中美关系时，孔飞力教授认为，历史地看，美中两个国家永远都是在和平共处中获益的，两个国家负责任的领导人都会努力地保持和维护这种和平共处的关系。换言之，两国都从和平共处条件下开展的贸易中获得巨大利益，而双方的冲突和紧张局势都将使双方付出重大的代价。本访谈稿原载于陈振声、鲁勇主编的《哈佛视点——36 位著名哈佛教授访谈录》（北京出版社 2003 年版）。

陈振声：您是从什么时候开始研究中国历史问题的，现在您的研究重点和兴趣主要集中在哪些方面？

孔飞力：我从 1956 年就开始学习中文并进行中国问题研究了。目前，我的研究兴趣主要集中在中国海外移民的历史研究方面，重点是研究 16 世纪以来到目前的中国海外移民史。

陈振声：汉学有非常久远的历史。请您介绍一下目前哈佛大学对中国历史和文化的研究现状。

孔飞力：哈佛大学讲授的课程和研究的领域涉及中国历史和文化的所有方面，我们的目标是帮助学生学习和掌握中国文明的本质、中国历史的精华和它们的现实状况。目前，哈佛有数百名注册学习中国语言课程的学生。准确的数字可以通过东亚语言与文明系办公室来了解。

陈振声：目前在中国，有很多学者在研究晚清到五四运动这段时间的历史，特别是研究这段时间的思想史。您对这段时间的历史线索如何认识？您认为它对现时代的中国历史发展有什么影响？

孔飞力：1895—1927年这段时间，有一种意识认为旧的封建帝制和价值体系不能保证中国免受外国列强侵犯或者使中国走上现代富强之路。这种意识迅速崛起和增强，由此导致的一个主要结果就是批判和抨击旧的儒家价值体系，推翻封建君主制度，向西方学习新的思想和观念，包括1917年以后向苏俄学习。然而，争取个人自由的自由主义运动和反思活动被民族主义和集体主义运动所掩盖，那个时代占主导地位的是新的政党（包括国民党和共产党），他们反对封建帝制，强调社会变革，这种变革的方向当然是在三民主义或马列主义理论指导下进行的。在那段时间里，国家向法制化前进了一小步，目前仍然产生着影响。

陈振声：请您介绍一下哈佛大学搜集的中国清史研究档案和资料方面的情况。

孔飞力：哈佛燕京图书馆拥有大多数公开出版的清朝档案资料，包括大量的从北京第一历史档案馆影印的胶片资料。研究资料是很丰富的。

陈振声：您如何看待近现代历史上官僚体制的作用？

孔飞力：中国历史上的官僚体制非常像其他国家的官僚体制：它往往带有专制的和程序性的手段，改变它会有阻力，同时由于它的存在，减弱了国家在适应创新思维时的能力。不过，有新的迹象表明，现在中国的创新力量正在改变着传统遗留下的东西，使人民的需要得到更多的满足，使国家的现代化加快发展。

陈振声：从历史的观点看，您如何评价当今中国的发展？

孔飞力：目前，中国的经济改革要超前于政治改革。人们可以很清晰地看到，中国共产党在强调改革开放和现代化建设时，努力避免像戈尔巴乔夫在苏联改革时出现的混乱。到目前为止，中国是成功的。

陈振声：您对中美关系的历史与现实如何看？

孔飞力：历史地看，美中两个国家永远都是在和平共处中获益的，两个国家负责任的领导人都会努力地保持和维护这种和平共处的关系。两国关系出现过的一些困难都是暂时的。我相信双方会缓和下来，和平解决问题。这在很大程度上是因为，两国都从和平共处条件下开展的贸易中获得巨大利益，而双方的冲突和紧张局势都将使双方付出重大的代价。

孔飞力的代表作之一《叫魂》的中译本（书影）

与此同时，记住这一点也是很重要的：如果台湾宣布"独立"，那么中国政府就不能在政治上获胜；而如果中国采取武力解决了台湾问题,那么美国政府就不能在政治上得分。因此,我认为,中国和美国都希望台湾问题随着时间的推移,自然地得到解决。

陈振声: 谢谢您简明扼要的回答。

成全球性大国,中国需慎之又慎

受访人——文安立（Odd Arne Westad）
采访人——张梅

文安立教授

文安立，冷战史和当代东亚史权威专家、哈佛大学肯尼迪政府学院美国—亚洲关系讲座教授。原籍挪威，曾任挪威诺贝尔研究所研究部主任，在伦敦政治经济学院国际关系学院创立过冷战研究中心，是《冷战史》主编以及多卷本《剑桥国际冷战史》主编之一，现任耶鲁大学伊利胡历史与全球事务讲座教授（Elihu Professor of History and Global Affairs）。他的《不安分的帝国：1750年以来的中国和世界》一书和"中国要学习当大国"等观点近年也引起西方学术界的关注。

主编手记

国务院侨办赴哈佛大学访问学者、中国与全球化智库研究员张梅博士应《环球时报》之邀于2016年10月初专访文安立教授，文安立在采访中强调："中国在成为全球性大国的道路上必须非常谨慎。"张梅亦将此句作为本文的题目，文安立对于国际关系、外交事件的见解有独到之处，其中对中国外交的看法不失为他山之玉，至于是否正确仍有待于实践检验。本文原载于2016年10月26日《环球时报》。

一 中国要有成为全球性大国的准备

张梅：谈谈您研究中国的感受吧。

文安立：1979年我第一次到中国，在北京大学留学，那时"文化大革命"刚结束。能亲眼见证中国从一个大而穷的国家发展成如今这样一个世界大国，我感到十分幸运。我和中国社会科学院、华东师范大学、复旦大学都有合作，还有很多朋友或熟人来自中国外交部。我在伦敦政治经济学院负责冷战研究中心时，有一个针对中国外交官的6—9个月的培训项目。

张梅：一段时间以来，中国的和平崛起令世界关注，还有的担心中国很快成为一个全球性的超级大国。您认为，中国要成为"超级大国"还需要做哪些准备？

文安立：我不确定中国是否应该成为一个全球性大国，因为这相当困难并且代价高昂，需要花费大量的物质资源、战略力量、人力资源，我认为中国需要很长时间才能储备起这些资源。但中国已拥有一些资源，从一个贫穷的国家成为世界第二大经济体。我想很快中国就会成为最大的经济体。这是我们这个时代全球范围内最重要的变革，中国为此必然付出很多努力，但这并不意味着中国会立刻变得像通常理解的"世界大国"那样。即使中国成为世界上最大的经济体，但由于人口规模（庞大），中国仍将是一个发展中国家。我在中国许多地方旅行过，看到中国不同地区之间的巨大（发展）差异。中国在成为全球性大国的道路上必须非常谨慎。

二　中国需有大国支持和重要朋友

张梅：在成为负责任的大国方面，中国已做出很多具体的工作，如"一带一路"倡议、亚投行建设、参与国际维和、援助难民等。您认为，国际社会该如何看中国的这些贡献？

文安立：我认为中国承担国际责任对中国和整个世界都非常重要。我希望中国能继续发挥作用。作为国际力量，中国在促进发展、维护和平以及推动国际经济、健康医疗等领域合作发挥着积极作用。你知道在美国和世界其他地方，总有一些人担心中国"崛起"，他们认为中国崛起速度太快或许将主导国际事务，但我了解的中国不太可能这样做。我非常确定中国现在正致力于发展，中国的实力主要表现在经济快速发展上，这使得中国成为一个全球经济力量。在投资方面中国已经名列世界前茅，在技术方面中国也有成千上万的机会，这就是中国未来的样子。

张梅：您有一个观点是中国应有大国担当，也表示过中国确实面临很多外交挑战。您会给中国外交部门的熟人和朋友提哪些建议？

文安立：中国外交真的很难掌控，因此在处理国际事务方面还需要快速学习。非常重要的一点是，中国不必喜欢所有的国家，也不必与所有国家交朋友，但还是需要改善与一些国家及地区的关系，如与日本、韩国的关系。事实上，中国需要拥有大国支持和重要的朋友，更要处理好与印度尼西亚、越南、韩国、日本等国的关系。

东亚和平，中美关系就稳定。

张梅：以中日关系为例，您认为安倍政府否认侵华历史，在这种情况下中日关系将怎么发展，只维持经济关系就可以吗？

文安立：我认为中日仅维持经济关系是不够的。无论是历史问题还是钓鱼岛问题，都对中日关系全面发展构成挑战，但只在经济事务上有往来可能非常极端。我希望能避免这种现象。尽管中日之间有一段糟糕的历史，但两国仍相互依赖。你提到日本不承认在中国犯下的罪行，是的，我赞同你的观点。但多年以来，中日双方合作，中国也从中受益匪浅，所以两个国家必须要找到和解的方法。中国想成为一个大国，必须要更具创造力，如果说有胡萝卜和大棒，我认为（处理中日关系时）需要更多的胡萝卜。当然日本也必须改变其政策，使两国成为朋友。

张梅：美欧目前面临困境，在这样的背景下，中国能做什么？能否保持与美欧的稳定关系？

文安立：我认为中国有良好的机会与美国和欧洲保持稳定的关系。美国与欧洲不同。中国可以拥有的最好盟友就是欧洲。对美国来说，关键点是在东亚地区。因此，东亚地区必须保持和平。如果中国能与其大多数邻国——日本、韩国、东南亚国家保持和平关系，中美之间的关系就可以相当稳定。事实上，这种稳定关系已有相当一段时间。一旦中国与美国领导下的邻国发生冲突，那么美中关系可

能会变得相当困难。

张梅：作为冷战问题专家，您怎么看现在的美俄关系，是不是依旧处于"冷战"状态？

文安立：我不认为美俄之间现在是一场冷战，因为经济形势已发生改变。苏联过去需要与全球资本主义制度体系竞争，而俄罗斯现在不用这样。今天的中国也不是这样。中俄将有能力在大国之间崛起。美国不是唯一的超级大国，它也在捍卫自己的利益，所以现在就有政府间的妥协，这与冷战时期完全不同。

希望中美持续和平地发展

受访人——薛龙（Ronald Suleski）
采访人——陶季邑

薛龙教授

薛龙教授，1997—1999年成为哈佛大学费正清东亚研究中心研究助理。1999—2003年在哈佛大学燕京学社担任社长杜维明教授的助手。2003—2009年任哈佛大学费正清研究中心副主任，2009年担任美国萨福克大学罗森伯格东亚研究所所长兼历史学系教授。其主要研究领域包括亚洲经济文化以及社会学。薛龙教授19岁起旅居东亚三国，在日本工作19年，几十年的亚洲经历使得他不仅精通汉语与日语，而且对东西方社会文化有着独到和深入的见解，并为美国与东亚文化学术交流做出了杰出的贡献。此外，薛龙教授除在亚洲和美国的数所高校任职外，还在国际出版公司担任执行主任。薛龙教授的主要著作有《早期的中共中国：富田事变》（1969年）、《日本语感情表现的手引》（1984年）、《满洲的近代化：注释目录》（1994年）、《北洋军阀时期的中国地方政府：传统、近代化与东北地区》（2002年）、《满洲的青少年像》（2008年）等。薛龙教授曾担任哈佛大学燕京学社社长助理、中美关系国家委员会成员、日本亚洲事务顾问、美国新英格兰大中国区商务顾问等职务，在美国与东亚高层互访及交流中起到了重要作用。值得一提的是，作为美国最权威、影响力最大的中国问题研究中心——费正清研究中心在半个多世纪的中美关系中扮演着重要角色，而薛龙教授也是其中重要的见证者之一。

主编手记

暨南大学社会马克思主义学院教授陶季邑于 2016 年七八月间访问美国东北部地区，在马萨诸塞州波士顿对薛龙教授进行了较为深入的访谈。访谈用英文进行，后由陶季邑教授翻译成中文。原文刊于《武汉科技大学学报》（社会科学版）2016 年第 5 期。

薛龙（Ronald Suleski）教授 1942 年出生于美国宾夕法尼亚州，1962—1966 年在美国匹兹堡大学东亚语言与文学系（the Department of East-Asian Languages and Literatures, University of Pittsburgh）读本科；1967—1969 年在美国密歇根大学中国研究中心（Center for Chinese Studies, University of Michigan-Ann Arbor）读硕士；1970—1974 年在密歇根大学历史系（Department of History, University of Michigan-Ann Arbor）读中国近代史专业博士，并于 1974 年获得该校哲学博士学位。此后，曾在美国阿灵顿·德州大学（The University of Texas at Arlington）历史系担任助理教授。1980 年以后在日本东京工作，主要担任一家国际出版机构的经理，管理专门出版英文期刊和参考书的出版商在亚洲各地的市场，同时出任日本亚细亚协会主席。1997 年返回美国，并重返学术界。1997—1999 年成为哈佛大学费正清东亚研究中心（the Fairbank Center for East Asian Research at Harvard University）的研究助理。1999—2003 年在哈佛大学燕京学社（Harvard-Yenching Institute）担任社长杜维明教授的助手。2003—2009 年在哈佛大学费正清东亚研究中心（2007 年改名为费正清中国研究中心）担任副主任。2009 年退休后迄今担任美国萨福克大学罗森伯格东亚研究所（Rosenberg Institute for East Asian Studies, Suffolk University）所长兼历史学教授。

　　薛龙教授精通汉语和日语，其主要研究领域为中国近现代史，侧重于近代中国东北史，还注意研究中国平民文化。他在这两个领域已经发表上百篇学术论文和多篇译文，并在美国、日本、韩国、中国北京和香港出版专著（含合著）十余部，其代表性的专著主要有两部，其一是独著《北洋军阀时期的中国地方政府：传统、近代化与东北地区》（*Civil Government in Warlord China: Tradition, Modernization and Manchuria*, New York: Peter Lang Publishing Incorporation, 2002）。该著比较系统地探讨1916—1928年间以省长王永江为代表的奉天省政府如何不断采取措施克服种种危机，努力进行经济改革和近代化建设，揭示奉天军阀和奉天省政府之间的复杂关系。该著2002年在美国纽约出版后逐渐引起西方学术界广泛关注，英国剑桥大学博士、牛津大学中国近代史教授拉纳·米特（Rana Mitter）在英国《中国季刊》（*The China Quarterly*）2002年第4期发表书评，指出："薛龙的这本著作不仅论及中国东北地区的民族主义、战争、社会稳定和近代化等等问题，而且运用充足的史实说明：1912年到1928年这一时期既是连年军阀混战的时期，也是中国奋发向上的时期。"美国圣约瑟夫大学历史学教授詹姆斯·卡特（James Carter）在荷兰《中国信息》（*China Information*）2003年第1期发表书评，指出："作者掌握中国和日本方面的基本研究材料。作者的这些研究有助于我们了解中华民国的这段历史，推动学术界对民国时期中国东北地方史的深入研究，令人印象深刻。"澳大利亚西悉尼大学历史学教授冯兆基在澳大利亚《亚洲研究评论》（*Asian Studies Review*）2003年第4期发表书评，指出："该书为中国军阀研究做出重要贡献。"该著稍后也在中国学术界产生影响。暨南大学教授陶季邑在中国《历史研究》2005年第4期发表书评,指出:"作为海内外专门探讨北洋军阀统治时期中国东北地方政府进行经济改革、致力于近代化建设的第一部著作,它的问世将有助于中国近代史和地方史研究的进一步深入。"接着,上海大学历史学教授徐有威和吉林大学历史学教授杨军等学者将该著译成中文,书名改为"张作霖和王永江:北洋军阀时代的奉天政府",2012年4月由中央编译出版社出版发行。近年国内不少新闻媒体还对该著中文版进行报道和推荐。其二是编著《哈佛大学费正清东亚研究中心50年史,1955—2005年》(*The Fairbank Center for East Asian Research at Harvard University: A Fifty-year History, 1955 – 2005*, Cambridge, MA: Fairbank Center, 2005)。该著是2005年哈佛大学费正清东亚研究中心成立五十周年纪念项目之一,是对费正清中心五十年间的发展和学术史的全面记录。通过文本研究和人物采访,以费正清东亚研究中心1955年成立以来数位主任(如费正清、傅高义、贺亨、孔飞力、马若德、詹姆士·沃森、裴宜理、伊维德)的任期为线索,围绕中心在不同历史时期的特点和学术事件,构建费正清中心学术发展史。该著当年在哈佛大学出版后引起中韩等国学术界的关注。中国浙江大学教授何俊和卢睿蓉在中国《历史研究》2006年第6期发表书评,指出:"该书全面介绍了费正清东亚研究中心从创建到发展为美国乃至全世界最重要的现代中国学研究中心的整个历程","有助于我们客观认识费正清东亚研究中心以及美国中国学的发展"。2008年,该著被译成韩文在韩国首尔出版发行。接着,中国人民大学讲师路克利将该著译成中文,由北京新星出版社2012年出版发行。

薛龙教授的上述研究，尤其是关于近代中国东北史的研究，在某种程度上直接推动哈佛大学、密歇根大学和加拿大英属哥伦比亚大学对这一领域的研究。目前这些大学有学者和研究生开始着手研究近代中国东北史。

暨南大学教授陶季邑2016年七八月间访问美国东北部地区，在马萨诸塞州波士顿对薛龙教授进行了较为深入的访谈。以下是访谈的主要内容（访谈用英文进行，后由陶季邑译成中文）。

陶季邑：薛龙教授，您好！作为中国学者，我们知道您对近代中国东北史颇有研究。您这方面的代表作亦即专著《北洋军阀时期的中国地方政府：传统、近代化与东北地区》在西方和中国学术界均产生较好的反响。但我们对您关于中国民间文化的研究了解得不多，能否谈谈您在这方面的研究情况？

薛龙：好！英文"Chinese popular culture"，中国有人将它译为"中国流行文化"或"中国大众文化"，我则译为"中国平民文化"。关于这方面的研究情况，我主要是运用中国民间手抄本（the hand-written copy books of the common people）这些资料来研究近现代中国平民文化。有关的论文，我已发表了4篇。其中，两篇是用英文写的，它们的题目分别是"Constructing the Family in Republican China：Shandong, 1944"[《中华民国时期的家庭构建》，北京高等教育出版社主办《中国历史学前沿（英文版）》2013年版]、"Socialland Cultural Transformations in Republican China"（《中华民国时期社会和文化的变化》，美国大卫出版公司主办《历史研究》2012年版）。另两篇是用中文写的，它们的题目分别是：《晚清民国时期的民间抄本》（《山东图书馆学刊》2011年第2期）、《民国时期的平民文化：一本家谱的故事》［《杭州师范大学学报》（社会科学版）2012年第3期］。

目前，我正在撰写一本专著《1850—1950年间的中国平民日常生活：了解抄本文化》（*Daily Life for the Common People of China*，1850 – 1950；*Understanding Chaoben Culture*），荷兰一家出版商即博睿学术出版社（Brill Publishers）计划于2018年出版发行。

陶季邑： 薛龙教授，您曾在哈佛大学费正清东亚研究中心（亦称费正清中国研究中心）担任副主任达6年之久，能否请您谈谈哈佛大学和费正清东亚研究中心关于亚洲研究的一些情况？

薛龙： 在过去的15年里，哈佛大学一直对亚洲颇感兴趣。在研究亚洲问题方面，哈佛大学拥有许多资源，同时也愿意利用这些资源来设立一些项目。几乎哈佛大学的每个学院，诸如肯尼迪政府学院、文理学院、法学院、公共卫生学院、神学院和环境中心，均设立研究亚洲问题的项目或开设关于亚洲问题的课程。这些学院和中心拥有亚洲问题专家，有些教师与亚洲国家的同行还保持着密切的联系。哈佛大学每年派遣数以百计的学生前往亚洲学习。学校资助许多学生在国内开展夏季项目；有些则受资助赴国外学习一学期。校园经常举办亚洲摄影、绘画作品、艺术品和地图等展览。

自1955年以来，在哈佛大学的这些机构中，只有费正清中国研究中心一直不断地专门研究中国问题。从费正清中心成立开始，它就鼓励发表关于中国方面的论著，每年资助举办研究中国的工作坊（workshop）、会议、专题讨论会。

费正清中国研究中心每年接受来自世界各国的访问学

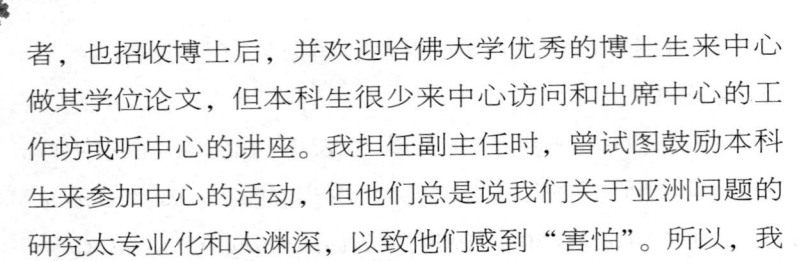

者，也招收博士后，并欢迎哈佛大学优秀的博士生来中心做其学位论文，但本科生很少来中心访问和出席中心的工作坊或听中心的讲座。我担任副主任时，曾试图鼓励本科生来参加中心的活动，但他们总是说我们关于亚洲问题的研究太专业化和太渊深，以致他们感到"害怕"。所以，我当时的那些努力最终并未取得成功。

陶季邑：薛龙教授，您退休以后迄今一直在萨福克大学罗森伯格东亚研究所担任所长兼历史学教授，能否请您谈谈该校和该所的若干情况？

薛龙：萨福克大学（Suffolk University）创建于1906年，是私立综合性大学，位于波士顿市中心，有文理学院、商学院和法学院等，是波士顿区内第三大学校。

该校的罗森伯格东亚研究所是一所新建的研究所。罗森伯格是上世纪90年代美洲银行的董事长，1952年毕业于萨福克大学。他2007年向母校萨福克大学捐款，校方当时利用这笔资金设立罗森伯格东亚研究所。我2008年从哈佛大学退休后便受聘在该所担任所长，成为该所第一任所长。所里的一切工作都从零开始，但我喜欢这样的工作。

罗森伯格东亚研究所旨在提升萨福克大学师生研究亚洲的兴趣。作为所长，我把研究所的活动扩大到波士顿市区。当我邀请客人在校园发表演讲时，听众中既有本校的师生员工，也有哈佛大学、麻省理工学院和波士顿大学等本市区大学的师生。研究所经常参加波士顿市或马萨诸塞州的有关活动。2014年1月27日，我代表研究所出席马萨诸塞州亚美局在波士顿市举办的"青年领袖"研讨会，以鼓励本地区青年关心和参与公共事务，参加者为萨福克大学的学生和当地的高中生。我在研讨会上作题为"为明日职业做有关亚洲的教育"的演讲，强调："世界的未来发展机会在亚洲。了解亚洲，懂得亚洲语言和文化，具国际经验，这样的人才更有找到理想工作的机会。"研究所的活动也扩大到新英格兰地区（亦即美国东北部地区）。

罗森伯格东亚研究所也与波士顿的亚裔社区保持联系。2014年1月18日，我出席亚美联谊会（Asian American Association of Boston）在波士顿举办的友谊见面会，该会为波士顿地区的各族裔人士提供联络联谊、资讯交流和文化交流平台。研究所尤其是与附近的中国城保持联系，我们常与中国城的华人进行合作，如联合举办读书、播放电影和艺术展览等活动。

除任职于萨福克大学包括担任所长和承担学生的教学任务以外，我有时间就前往东亚国家参加一些学术活动。2015年12月27日出席中国上海华东师范大学举办的国际学术研讨会"东亚殖民主义与文学"，我当时作了题为"找回记忆：从前在满洲的日本殖民者与下那计划（2001—2012）"（Salvaging Memories: Former Japanese Colonists in Manchurian and the Shimoina Project, 2001 - 2012）的演讲。与东亚国家同行保持联系成为我工作的一部分。

陶季邑：薛龙教授，您研究中国历史文化已经多年，能否谈谈您关于这些领域的部分学术观点？

薛龙：这里也只能简单提及我以前和现在的部分学术观点。

如关于民国初期中国的评价问题，我认为，民国初期，中国虽然军阀混战，但是也有不少积极因素。如经济还是有所发展，工商业也有所增长，现代机构亦有所成长。至少有段时间中国部分地区是稳定的。对于当时的中国人来说，清朝被推翻后的几年里，并非完全是黑暗和绝望。也可以说，民国初期的中国依然是一个具有惊人活力并且通常运行良好的社会，也是一个正在处于创造和建设中的社会。

再如关于历史上中国和日本在文化方面的差异问题，我认为，总的来说，历史上中国和日本在文化方面大相径庭。如历史上日本农村很落后，但是村庄整洁干净，日本人默默地辛勤劳作。但同时期的中国农村落后肮脏，无人管理；中国人见面，喜欢大声喧哗。另外，日本人组织感强，组织就是一切，他们的世界井然有序。日本人相互打交道的方式呈现出浓厚的等级观念，语言随着身份地位的不同发生变化。政府管理社会，人们也有很强的秩序感。最后，中国军事文化深具影响力，但不占主导地位。而在日本，军事文化占据主导地位，如成为武士、将军是大事。中国则没有这种观念。在中国，当皇帝才是大事。

陶季邑：薛龙教授，如今中国日益崛起，引起世界关注。那么，您怎么看待中国不断崛起这一现象？

薛龙：我就此谈两点。

第一点是中国的崛起或发展非常迅速。中国是一个古老文明的国家。在古代历史上，亚洲国家的人把当时的中国看成是"世界中心"。但进入近代，国外正成为"现代世界"，中国却失去全部活力，逐渐沦为列强的殖民地。如今中国经过三十多年的改革开放，崛起或发展极为迅速，如经济正在快速增长，交通运输网络不断扩展，旅游和历史景点日益打造，等等。加上在历史上的辉煌成就，中国成为当代国家如何发展为强国的一个榜样。全世界都羡慕改革开放时期中国经济的快速发展和居民生活水平的不断改善。但从历史的角度来看，过去三十多年，中国只是逐渐回归其在亚洲中的应有地位。

第二点是目前的中国总体上仍然是一个发展中国家。虽然有高楼大厦，但如果深入了解，会发现，一些地方人们的生活水平还是比较低的。即使在内地，一些城市的生活水平和北京相比也存在大的差异，这些城市有些地方非常贫穷。总体上讲，中国还处在发展中这样的阶段，它的发展还有很多不平衡之处。尤其是，中国人口众多，对政府来说是巨大的挑战。中国成为现代化国家，需要时日。

陶季邑：薛龙教授，您对中国发展前景有何期望？

薛龙：展望未来，我希望中国继续和平地发展，并在国际社会里充分地受到尊重。我不希望以后中国对外进行军事侵略，也不希望以后中国对外搞"无原则的割喉式经济竞争"（unprincipled cut-throat economic competition）。中美两国就长期和平共处下去吧！这对两国和亚太地区乃至全世界均有积极意义。

陶季邑：非常感谢您用这么长的时间来接受我的访谈。我最后一个问题是，您能否对中国的历史研究者提点建议？

薛龙：在中国，目前许多历史研究者在进行创新研究，出版一些有意义的论著。这是一件喜事。我这里想强调的是：中国一些学者今后可以加强学术的规范意识。如有些中国学者的论著缺乏必要的注释，或者说论著的脚注或尾注过于简单；有的著作没有参考文献（bibliography）；不少专著没有名词索引（an index），也没有中英文对照的词汇表（a glossary），等等。相信中国的历史研究今后会更有进步。十分感谢您在波士顿对我这位老朋友进行访谈！

崛起的中国与蓬勃发展的
哈佛中国学

受访人——张伯赓（Julian Chang）
采访人——赵瑾、张冠梓

张伯赓博士

张伯赓从 2001 年开始一直担任哈佛大学肯尼迪政府学院艾什中心前执行主任，曾获哈佛大学政府系政治学博士、耶鲁大学学士学位。张伯赓 1996 年担任斯坦福大学东亚研究中心副主任，1997 年帮助筹建了斯坦福亚洲和平基金项目，1998 年秋天担任斯坦福亚洲和平研究中心副主任。现任同济大学当代中国研究中心主任。其研究领域包括中俄关系、通信、中国大众媒体等，近期代表性著作为《经济改革和海峡两岸关系："台湾"和入世的中国》（2007 年）和《台湾"总统"选举：陈水扁"政府"》（2008 年）。

主编手记

　　从 2008 年 10 月至 2009 年 5 月，时任哈佛大学肯尼迪政府学院亚洲项目副主任张伯赓，应邀接受了中国社会科学院赵瑾教授和本书主编的采访。采访共进行了三次，主要围绕近些年来哈佛大学中国问题研究的发展状况展开。同时，我们也借此机会向受访者请教了其父亲、著名考古学家张光直教授的学术成就和思想。

　　赵瑾：随着中国在全球经济影响力的增强，特别是中国的和平崛起，近几年，不仅美国从事中国问题研究的人数在增加，研究热点和研究方法上也出现了一些新的变化，您认为现在美国的中国学研究和过去有什么不同？

　　张伯赓：中国经济发展的确对美国的中国学研究产生了重要影响。总体来看，一是研究的人数增多了。现在大学里学习中文的人数越来越多。20 世纪 80 年代，学日文的比学中文的多，但从 90 年代开始，学中文的比学日文的多。现在研究中国问题的人多，到中国的机会多，合作的也多，比如哈佛与北外和清华新建的合作项目。每年暑假，我们这里的教授都带学生到北京学习。现在本科生学习中文的人越来越多，说明在美国对中国问题感兴趣的人也越来越多。二是研究的领域扩展了。以前对中国学的研究主要集中在历史和文学领域，现在随着中国经济的发展，从事经济、政治、社会、文化方面研究的人开始增多。虽然现在也有人在研究中国高层政治、领导的变化，但人数越来越少。三是研究的问题更具体、更专业化了。以前研究中国有一个大概的看法就够了，但现在要求很细，各系有各系的题目，研究的问题专业化，研究的程度也很深。如果说以前是大题小做，现在则是小题大做。但现在能进行

大题小做的，像以前费正清这样的大家越来越少了。

除此之外，在一些传统的研究领域，人们关注和研究的点也在发生变化。在历史学研究中，很多著名的教授开始用新的档案或新的材料开始新的研究。如耶鲁大学有一个著名历史学家，叫史景迁（Jonathan D. Spence），他既研究皇帝的历史，也用老百姓的故事讲一些大的问题。因为比较容易看、容易懂，他的书在美国很畅销。

赵瑾：我也发现，这里有些教授的研究，他们对问题的认识从宏观上把握得好，但对国内问题的捕捉比较落后。我们国内已经过去的事情，他们还在研究。现在我们搞不懂，是我们的认识不足呢，还是问题有它的现实意义？如谈"文化大革命"的问题，或者邓小平时代的问题等，现在在国内理论界这些已经不是问题，但他们还在研究。

张伯赓：一种可能是他们的消息不是最新的，另一种可能是各自的想法不同。国内的人觉得问题已经解决了，或研究够了，再找新的课题，但这边的人可能认为这个问题还没有结束。我知道这边有些人对一个问题的研究很难放弃。有新的观点、新的消息，或者新发现的档案，都促使他们从一个新的角度进行研究，从而有新的发现。从美国的角度看，可能对那个时代就有一个新的态度。

赵瑾：哈佛大学研究中国的有几大块，一是哈佛燕京学社，二是东亚费正清中心，三是肯尼迪学院，四是东亚系。没有哪一个像哈佛大学这样集中这么多学者，并在不同的领域进行研究。那么，哈佛大学中国研究在美国或西方的地位和特点是什么？

张伯赓：哈佛大学研究中国问题在美国的确有很高的地位，研究项目很多，并会集了很多一流的学者。如研究中国政治和社会问题的前亚洲研究中心主任傅高义，研究中国经济问题的原经济系主任德怀特·珀金斯、原副国务卿理查德·库珀（Richard N. Cooper），研究中国法律的现法学院副院长安守廉，研究中国历史的现费正清中国研究中心主任柯伟林，研究中国政治和公共政策的现肯尼迪亚洲中心主任托尼·赛奇等。其他院校虽然也有中国研究中心，但像哈佛大学这样有这么多研究中国问题的人，又在学术上居于领先地位的很少。在美国有一个潜规则，比如按照经济系的要求，你必须在经济理论方面有很深的造诣，才能得到终身教授的职位。如果你只是一个中国经济问题的专家，则很难得到终身教授的职位。当然也有像劳伦斯·萨默斯（Lawrence Summers）这样在各个领域研究都非常突出的经济学家。但即使他对中国经济问题很了解，他也不会说我是中国经济问题专家，而会说我是经济学家。当然，从事亚洲文学研究，或专门研究中国的是另外一回事。在经济学领域，一说"我是中国经济学家"，除非你是学术地位非常高的人，否则你的职位会比较危险。这个问题在美国各个学校已经辩论几十年了。

张冠梓：谈到哈佛大学的中国问题研究，不由得使人想起令尊张光直先生。1996年亚洲研究学会授予张光直亚洲研究杰出贡献奖。我看到一份材料，介绍当时的授奖词是这样写的："在过去的40年中，张光直教授为中国和东南亚考古的进步和发展鞠躬尽瘁、不遗余力。他的卓越的领导才能和杰出贡献，无人能望其项背。张光直教授几乎是独立一人担负了培养三代考古学研究生的重任，这些学生目前正执掌着北美、欧洲、澳大利亚和亚洲重要大学的教席……亚洲研究学会特此授予张光直教授最高的学术荣誉：亚洲研究杰出贡献奖。学会主席和各位成员与光临今天授奖仪式的诸位一道，宣布张教授为我们学会最杰出和最有成就的一员。"可见他是享誉世界、备受学界推崇的人类学、考古学泰斗。您能否简要介绍一下张光直先生的情况？

张伯赓：家父张光直于1931年4月15日生于北京，2001年逝于美国马萨诸塞州，当代著名的美籍华裔学者，人类学、考古学家。原籍中国台湾，为台湾新文学健将张我军哲嗣。1943—1946年就读于北京师大附中，1954年毕业于台湾大学考古人类学系，1961年获美国哈佛大学哲学博士学位，1961—1973年历任美国耶鲁大学人类学系讲师、助教授、副教授、教授、系主任等职，1977年起在哈佛大学人类学系任教。家父于1974年获选为台湾"中央研究院"院士，1979年获选为美国国家科学院院士，1980年获选为美国文理科学院院士，1987年获香港中文大学荣誉社会科学博士。

家父的研究专长为考古人类学，在美国任教30多年间，一直致力于考古学理论和中国考古学的研究与教学工作，在国际学界享有盛誉。家父以现代考古学的方法和数据，对中国上古时代的历史和文化进行极深入的研究，先后出版专著十余本、论文一百多篇，其中《古代中国考古学》（*Archaeology of Ancient China*）一书是西方世界了解中国上古时代历史文化的最主要著作。家父曾于民国五十八年和六十一年回台湾主持"台湾史前史研究"和"台湾省浊水溪与大肚溪流域自然史与文化史科际研究"两项大型研究计划，其结果不但为台湾古代历史文化的重建做出重要贡献，而且对台湾考古学和人类学的研究发展也产生了重要影响。家父曾经在"四六事件"中被逮捕，后来获释。自"国立台湾大学"考古人类学系毕业后留学美国，取得哈佛大学人类学博士学位。

张冠梓：我们都知道，张光直先生学术成果丰硕，影响广大而深远。在您看来，张先生的主要学术成就是什么？

张伯赓：家父毕生的精力都奉献给了中国史前考古，在学术上的贡献有目共睹。他在中国文明的起源问题、中国文明起源的特点、中国文明的地位问题和史前时代东南沿海文化与台湾文化的关系几个问题的阐述中颇有建树。

张伯赓之父、著名考古学家张光直教授

1986年，家父提出，中国文明的形成与西方文明走着一条完全不同的道路。在中国，有城市、有国家、有文字、有伟大艺术的新社会的产生，不是生产技术革命的结果，也不是贸易商业起飞的结果，而是通过政治秩序所造成的财富过度集中的结果。这条道路是非西方世界文明演进的共同道路，比如玛雅文明、阿兹特克文明、大洋洲地区的文明等，都属于这条道路的例证。因此，社会科学应当根据体系完备、资料翔实的中国的历史经验重新思考人类社会进化规律的问题。家父的研究，一下子将中国考古学从中国历史的范畴中拉出来，置身于世界文化舞台当中，置身于文化演变的复杂过程当中。20世纪80年代以来，当中国考古学研究初现多元化色彩之时，家父的研究对这种多元化的来临起了相当大的率领和推动的作用。他的"相互作

用圈"理论、"亚美巫教底层学说"等,他介绍和倡导的聚落考古学等,既被公认为一家之言,也成为当代中国考古学最基本的理论方法之一。我于考古学、人类学并不专门研究,根据我的粗见,家父的主要成就有二:一是开创了聚落考古(Settlement Archaeology)的研究,自20世纪70年代蔚为风潮;二是将当代文化人类学及考古学的理论以及方法应用在中国考古学领域,代表作《古代中国考古学》一书迄今仍是涵盖面最广泛且讨论最深入的中国考古学专著,也是家父颇为满意的著作。这本书用英美人熟悉的语言全面介绍古代中国考古学,并把最新的研究成果传递给西方世界,成为目前世界大部分地区大学教授中国考古学和上古史的教材,对中国文化在西方的传播应当是很有帮助的。

张冠梓:看有关张先生的一些资料,我们知道,张光直先生曾经自称是生活在北京的"番薯人",我想这和他早年的成长经历有关。能否介绍一下他早年的学习和生活情况?

张伯赓:家父在他早年的生活自述和回忆中,的确曾把自己称为"番薯人"。之所以叫番薯人,那是因为1895年,大清帝国在黄海及刘公岛海战中失利,被迫将台湾岛割与日本,从此,台湾岛上的居民便成为"亚细亚的孤儿"。因为台湾岛的形状很像一个白薯,所以岛上两三千万的汉人常常称自己为"番薯人"。可实际上,家父这个番薯人却出生在北京。要说清楚家父的童年,还要再往前追溯一下我的祖父张我军。

16岁之前,家父一直随着我祖父生活在北京。我祖父本是台湾台北县板桥乡一个贫穷的佃农家庭的孩子。后来只身北上读书、工作,曾任北师大、北京大学、中国大学等院校教师,直到台湾光复的 1946 年才回到故乡台湾。我祖父是台湾第一位白话诗人,回到台湾后,他利用所工作的《台湾民报》,介绍大陆的新文化运动和陈独秀、胡适等人的新文学革命主张,对台湾的年青一代产生很大影响。1925 年 12 月 28 日,我祖父把自己与妻子曲折的矢志不渝的恋爱经历写成新诗集《乱都之恋》,自费出版,成为台湾岛的第一部白话新诗集。这本诗集出版之际,正是日本殖民主义在"台湾"实行严厉的思想钳制、推行"皇民化"文化、禁止汉语传习的时期。台湾人为了民族尊严,只好在各地创设诗社,以集会作诗为掩护,来延续民族文化的传递。不过,当年所有的诗作都是古风、律诗和绝句,到《乱都之恋》出版后,不少读书人才知道世间除了文言的旧体诗外,还有白话的新诗体,于是纷纷起而仿效,给宝岛的白话文运动以及诗体的解放带来了一阵清新的涟漪。我祖父还甘冒大不韪,毅然宣称:"台湾文学乃是中国文学的一支流",指出台湾文学与大陆文学密不可分的血缘关系,因此,他被人誉为"代表了台湾作家不畏强权的道德良心"。应该说,我祖父的为人为文对家父的影响是巨大的。

由于从小生在、长在北京,家父能说一口标准的漂亮的"京片子",并且一生都对北京充满了浓浓的怀念情怀。在他撰写的《番薯人的故事》一书里,他用一种哀伤怀旧的笔调,写出了一个少年眼中的老北京:每天上下学走上高高的城墙,故都的景色一览无遗;烧饼、麻花、炸油饼,又酸又苦的豆汁儿,蒜味钻鼻香的煎灌肠;热闹的厂甸,东西便宜,应有尽有。根据家父回忆,12 岁时,他曾用一块大洋买到一张宋拓的集王羲之字的《大唐圣教序》……除此之外,便是沦陷区人民的痛苦与反抗;他的老师,回校时用毛巾包着几个馒头,这是一个礼拜的伙食——这个相当有名的数学家,最后倒卧冻死在风雪之中;早上在西单和东安两个市场里,报摊上竟然可以买到隔日的《解放报》《晋察冀日报》,还有土纸印刷的《论新民主主义》《论联合政府》等书刊,而每天冒着危险在冰冷的水里沿着护城河往来运送这些违禁报刊的,有一个正是他小学的同班女同学,这个地下党员竟还是文化大汉奸管翼贤的女儿。尤其让家父记忆深刻的,是他在师大附小和附中读书的生活。由于品学兼优,从师大附小到师大附中、从附中初中到高中,家父都是被保送的。尤其让他骄傲的是,师大附中是公认的北京最好的学校。从初一开始他结识了一生的好朋友温景昆。1946年全家回台定居时,家父本来舍不得离开师大附中,但因为生病功课落了一大截,只好随家人返台。在《番薯人的故事》里,家父在回忆北京的生活时深情地提道:"不能忘记师大附中的校歌:附中,堂堂正正本校风,我们,莫忘了诚、爱、勤、勇。你是个神,愿人生大同。你是个海,涵真理无穷。附中,太阳照着你笑容,我们努力读书和做工。"可以说,正是这故都文化的历史底蕴,孕育乃至影响了家父的一生,使得他有理想、有担当,致力于将中国考古学、中国文化介绍给世界,并为此竭心尽力,奔走于中国大陆、台湾和海外各地,做出了自己的贡献。

张冠梓:能否介绍一下张光直先生最早投身考古人类学研究的情形?

张伯赓:和考古真正结缘,应是家父迁到台湾以后的事情。从小就学习优异的家父在北京读完了小学和初学,抗日战争胜利后跟随家人回到了台湾,在台湾著名的建国中学读高中。他的优秀学识迅速得到大家公认。受当时一位大陆去的魅力非凡的中文老师的影响,再加上在北京生

张光直教授一家合影（右一为张伯赓，右二为张光直）

活的那段背景，家父身上有着在那一代大陆青年身上可看见的时代赋予他们的热情、理想和勇气。1949年4月6日国民党的秘密警察发动了镇压台北教育新闻界的所谓共产党员的"四六事件"。大约有20人被捕，家父就是其中年龄最小的也是唯一的一位高中生，他在监狱里被关押了一年时间。家父从监狱惊恐的阴影中走出，精神有所震动，但却不愤世嫉俗。一年的牢狱生活，家父接触到各色各样的人。出来以后，他对"人之所以为人"产生了很大的兴趣。出来以后，他没有继续念书，只在家里自己读点书，后来以同等学力考上了台大考古人类学系。考这个系的基本原因就是想知道"人之所以为人"的原因。当然，家父报考这个专业也深受两本书的影响。第一本书是我祖父翻译的日本西村真次的《人类学泛论》，书里讲述的人类进化史、石器时代对他产生过不小的影响。1948年时又读到裴文中的《中国史前时期之研究》一书，他在书中认为中国的考古学潜力无限，鼓励青年学生报考考古学专业，这使得家父更加向往考古学。当时的考古专业是极其冷门的专业，但恰逢南京的"中央研究院"历史语言研究所迁到了台北，家父为能受教于李济、董作宾、凌纯声、芮逸夫、石璋如、高去寻等考古学精英而深感幸运。李济等中国第一代考古学家对他的确产生了深远影响。1954年，家父从台大毕业，决心走出国门，到美国深造。他如愿在美国哈佛大学读人类学系的研究生。有两位老师对他的影响最大。一位是旧石器时代考古学家莫维斯（Hallam Movius）教授，家父跟随他掌握了传统的欧洲考古学的田野考古方法。另一位是在考古学上提出聚落形态研究方法的考古学家威利（Gordon Willey）教授。家父对聚落形态的理论和研究方法很感兴趣，积极从事这方面的研究，在研究生时便发表了关于美洲聚落考古的论文，为他后来写《古代中国考古学》这部重要著作奠定了基础。他的博士论文《中国史前聚落：考古学理论和方法研究》由威利教授作指导，是将聚落形态的研究方法用于中国史前史的成果。

　　家父的确是一位才华横溢、光芒四射的考古学专家。他在哈佛做研究生时，著名的莫维斯教授看这个亚洲学生总是一言不发地坐在教室里，也不记半字笔记；而到了考试，这个学生却交了一份理论丰富、证据翔实的答卷，教授这才知道班里有一个天才青年。在还没得到博士学位之前，家父就已经被一位文化人类学大家称赞道："快要在我们系里得博士学位的张光直真了不起，10年来在人类学系里读博士的学生都比他不上。考博士口试时，他对教授们问他的各种问题，答得那么应对如流，对理论、对事实都能把握得那么精深正确。不到半小时，大家都认为不需再问下去，于是都起来和他握手道贺。现在我们已经内定了聘他在本系做助教，今夏交博士论文后，即正式发聘书。"

家父此后可谓声名显赫。在耶鲁大学人类学系任教16年，1977年回到哈佛大学任教，并任北京大学兼职教授，从事人类学和考古学的教学和研究工作，1981—1984年兼任人类学系系主任，1985—1988年兼任哈佛东亚咨询委员会主席，并为哈佛赫德荪考古讲座教授，更荣膺美国国家科学院和美国人文科学院院士，后二者皆为百年来华人之首任。

张冠梓：张光直先生被誉为中国与西方考古学界的"架桥人"，的确，他在这方面的贡献有口皆碑。

张伯赓：家父是中国大陆、台湾和西方国家的学术界都很熟悉的学者。他把中国考古学的成就介绍到了西方，又把西方的考古学理论和方法带到了中国，为中西方考古学的接轨做出了很大贡献。在家父之前，中国的考古学几乎不被西方学界所承认，家父可谓改变这一局面的第一人。李润权在《张光直教授的学术成就》一文中提道："在西方世界，近40年来，张光直这个名字几乎是中国考古学的同义词……我曾经听到中国的有些学者说，张光直的最大成就是及时地把中国考古学的最新发现介绍给西方世界。"1972年尼克松访问中国大陆后，中美关系有了改善。1975年，家父参加美国古人类学家代表团，在离开北京近30年后第一次访问北京。那时，与中国考古界同仁接触的机会仍非常受限制，在紧接着的1977年他又回国作了探亲旅游，1978年随汉代史研究代表团访华。当时中国的政治状况渐渐好转，家父利用各种资金资助，邀请中国大陆考古学家到美国去进行学术访问，起先是短期交流，后来则作较长时间的停留。开始这种机会仅限于年高资深的学者，20世纪80年代中期以后，年轻考古学家也陆续到哈佛做访问学者。家父不知疲倦地担当着主人的角色，组织了无数次演讲、圆桌讨论、学术沙龙和宴会。自 1980 年开始，家父还接纳中国大陆的研究生到哈佛攻读学位，他的一些学生在进入哈佛之前，也曾在中国接受过考古学训练。在 20 世纪 80 年代，他组织过两个重要的国际学术会议：1982 年在夏威夷檀香山的"国际商文明学术会议"和 1986 年在弗吉尼亚的"古代中国和社会科学理论研讨会"。当时，外国学者还根本不允许在中国大陆参加考古学术会议，台湾学者也禁止前来大陆，大陆学者访问台湾更不可能。这两次会议为海峡两岸学者以后的经常交往开创了良好的先例。20 世纪 80 年代和 90 年代，家父频频出访中国，有时一年几次。他对各地的大学作了短期访问，每次都受到热烈欢迎。家父最大的梦想，就是在中国大陆进行发掘，并为此奔走劳碌，甚至都已经争取到了基金，但由于种种原因，他的这一愿望没有得以实现。

张冠梓： 张光直先生不光学问搞得好，而且培育了不少学界英才，可谓桃李满天下。

张伯赓： 是的。家父一生从事教育和学术研究，直接培养和间接影响了不少人，或多或少地影响了他们的学术道路。这些年来在史学界和考古学界卓有建树的许倬云、余英时、徐苹芳、巫鸿、李零等学者，都曾谈起受到过家父的影响，对家父勤奋严谨、大气磅礴的治学风格，谦虚礼貌、平易近人的待人态度，以及外冷内热、志存高远的气质性格有着深刻印象。他们说，张教授无论是在治学上还是组织办事能力上，都表现出了无穷的动力，感染和鼓励了众多学者。说实话，家父一生最引以为豪的事情之一，是在世界知名学府哈佛大学创立了中国考古专业，使哈佛大学成为西方学习中国考古学的中心。这是他毕生工作的重要组成部分，也是他身患重病后非常放心不下的一件事。

这样的担心不但"涉及中国考古这个学科，而且关系到对古代中国的整体研究"。家父还是台湾考古学的创立人，为台湾的史前考古做出了杰出贡献。1994年他经过多番努力，促成了台湾史研究所筹备处的成立，并担任台湾"中央研究院"副院长。他主持的"台湾史前史研究计划"和"浊大计划"是两个影响深远的田野考古项目，对台湾的学术发展意义重大。

赵瑾：您毕业于耶鲁大学和哈佛大学，1997年又筹建了斯坦福大学亚洲和平研究项目，并任东亚研究中心副主任，现在又担任哈佛大学肯尼迪政府学院亚洲中心的执行主任。您认为哈佛大学、耶鲁大学和斯坦福大学对中国问题研究各有什么突出特点？

张伯赓：斯坦福有专门研究中国的中心，历史、经济还可以，而理工比较强。耶鲁侧重医疗和其他科技方面的合作，我们这边主要是研究政府和政策。在科技合作方面应该没有什么大的问题，大家有共同的方向，但在国际关系、政府发展等方面，大家很难一起走下去。因为美方和中方学者都要考虑本国的国情，要看在哪一个部分有什么限制。但我们发现，合作的态度和大体的目的，以及合作点没有问题，只是在具体的做法上可能有些不同。

赵瑾：谈起合作，我感到国内学者到美国开展学术交流的第一个障碍是语言问题。国内有些教授有很多好的观点和思想，因为语言问题而难以充分交流。您认为除了语言问题外，影响双方开展学术交流的其他障碍是什么？

张伯赓：这个问题很难回答，不同的人情况也不一样。语言是一个障碍，但具体来说，也有一个研究态度问题。因为在美国，很多问题在中国已经结束了，或者说研究过了，但这边的学术界还有新的挖掘和新的发现，像考古学

哈佛大学亚洲中心所在大楼

界，新发现的东西会让人想重新看一看，甚至可能完全改变他们以前的想法，这就导致中方和美方学术界的看法可能不一样，这是一个个人的态度问题，也可能是因为受英语超级大国的限制，很多文章如果没有用英文发表，大多数人就注意不到。但这并不是说，其他国家没有好的或值得看的文章，只是因为语言问题，很多人看不了。除了语言的问题，还有一个就是想法问题。不过现在不再像以前，大家都想得很开了，中美双方各个领域合作的机会也很多。

赵瑾：肯尼迪政府学院亚洲项目是哈佛大学研究中国问题的重要基地，每年都有来自世界各地的官员和学者到这里学习研究。这个项目是从什么时候启动的？与国内有哪些合作？

张伯赓：肯尼迪政府学院的亚洲部是从1999—2000年开始的。包括越南项目、亚洲和平政策项目、中国公共政策项目等。开始的时候，主要是进行培训，金融领域的研究也开了几次会。第一次会议是2001年与深圳证券交易所合作的，当时有很多中国专家来美国。培训项目中最大的一个部分是中组部的培训班。这个培训班是由安利中国公司资助，中组部、清华大学和国务院发展研究中心联合组织的。参加培训的学生大多数是厅级以上的干部，2008年有8名副部长，2009年有7位。原计划是90%来自地方、10%来自中央，但现在这个比例稍微有些变化。培训项目的题目每年都根据官员的需要调整。这是一个一次五年的培训计划。第一个五年计划结束后，中间休息一年，接下来开始进行第二个五年计划。第一个五年计划原来是每年招60个人，第二个五年计划是每年招50—55个人。经费依然由安利中国公司提供（包括培训费用、食宿费用），路费由他们自己出。第二年经费将递增10%，是一个比较大的项目。这个培训基本上是在中国国内清华教3周，然后到美国学习4周，进行短期培训。

新世界是另外一个项目，已经办了11年。新世界是香港的一个大公司，这个公司在非营利、社会公益事业方面做了很多事，他们认为帮助中国政府培训中国官员是一件好事。这个项目按计划是每年来20个人，3个副部长，在这里住一个学期。现在国内中组部部长李源潮就是这个项目的，商务部部长陈德铭也参加过这个项目。

赵瑾：除了上面这两个比较大的培训项目外，还有一个就是研究部了。这个研究部每年从世界各地接受多少研究员在这里从事研究？最近几年，他们在这里从事的中国研究都集中在哪些问题上？

张伯赓：我们这个研究部基本上每年接收20名来自世界各地的访问学者。到这里从事研究的人员有从中国来的，有美国本土研究中国问题的学者，也有来自加拿大、英国、德国、日本、印度、韩国的政府官员和学者。研究的领域比较广,涉及政治、经济、公共政策、法律制度、社会学等各个方面。大家的研究兴趣不同,题目也不一样。有的研究中国发展战略和经济发展问题,如"战略理论与中国发展战略""城市化和可持续发展问题""中国农村脱贫、教育和经济发展";有的研究投资金融问题,如"中国银行的风险管理和金融国际化""中国海外投资的管理和战略""中国农村金融问题研究";有的研究公共政策,如"中国领导层和国家政策""政府和非政府组织(Non-Government Organization)之间的关系""市民决策中公民参与机制";也有人研究"中国环境保护问题"和"中美经济关系"。研究题目基本上由各个教授、研究者自己定。研究部一般每两周举行一次研讨会,发表各自的研究计划和研究成果。

赵瑾:除了进行培训和研究外,我看这里举办的各种论坛也很多,影响力也比较大。2008年10月,您在哈佛大学肯尼迪政府学院主持的"中国走向全球化"国际论坛,参会人员来自世界20多个国家,人数超过了100多人。这是一个什么项目,主要研究和探讨哪些问题?

张伯赓:"中国走向全球化"是由美国哈佛大学、德国波茨坦大学、美国罗林斯学院共同主持的合作项目。目前为止已经举办了两届。现在中国是全球人口最多的国家、全球第三大经济体、第三大贸易国,以及吸收外商投资最多的发展中国家。中国跨国公司的发展是全球经济发展的一个新现象,"走出去战略"的实施一定会改变目前的地缘政治格局。通过这个项目的研究,我们主要想回答与中国走向全球化相关的几个问题,如:中国全球化的社会、政治和经济影响是什么?中国全球化将如何影响发达国家和新兴市场国家的商业环境?21世纪,中国是否会取代美国经济、政治和商业的领导地位?导致中国经济实力增长的主要因素是什么？现代西方政治经济模式和理论能否解释中国当代发展道路？

2008年第二届论坛，我们将研究分成几大议题作分组讨论，如中国企业对外投资、高科技企业的国际化、中国走向国际化的制度因素和国际影响等。大部分参会人员都有机会发表自己的研究成果。

赵瑾："走出去"是中国下一步对外开放的重要内容。中国企业走向海外的时机是否成熟；在目前全球金融危机的情况下，大举进行海外并购，对国内企业是否是一个良好的时机；这些都是当前国内非常关注的问题。听说2009年要举行第三届论坛，论坛将主要探讨哪些新问题？

张伯赓：2009年秋天我们将举行第三届论坛，时间已经定在9月30日至10月2日，现在我们正在征集论文。全球经济环境发生了新变化，我们要重点讨论的议题也有了新的调整，如金融危机后中国在全球经济中的作用、中国主权基金投资问题、中国在全球金融市场中的作用、中国收购海外自然资源和战略资源的政策等是我们这次讨论会新增的议题。同时，我们也扩展了对中国走向全球化新现象的研究，如比较国有企业和私营企业在实施国际化战略中有什么异同，中国企业全球化过程中的产品安全、环境和劳工问题研究，以及中国品牌和中国国家形象对东道国的影响等。此外，中国企业的全球竞争力和出口业绩，中国企业对全球政治、环境和商业环境的影响，公司治理、所有权和中国企业全球化中国家的作用，政治转型、制度变革和中国全球化，中国企业国际化的市场战略、市场进入方式和建立品牌的战略等也将是我们这次研讨会要讨论的问题。

赵瑾：在2008年会议上，我发现参会人员除了少部分海外华人外，大多数是来自世界其他地区的外国人。虽然讨论的主要是经济问题，但研究的视角很广，包括政治、文化、国际关系、教育等各个方面，研究方法也侧重案例研究。这一点与中国国内开展同类研究有很大的不同。我想如果国内能同时看到国际同行的最新研究，一定会在政府和企业决策中产生影响。

张伯赓： 每一次会议后我们都选出比较好的论文出版，第二届论坛的书稿我们已经送交出版社。今后我们也将在美国和中国国内，以中英文方式同时出版，为加强国内学者和国际学者的交流提供良好的平台，对政府和企业的决策提供参考。

附录　本卷采访人、合作者简介

常姝，女，1980年生于山西省。1997—2001年就读于北京大学社会学系，获法学学士学位；2001—2004年就读于清华大学社会学系，获法学硕士学位。2004—2013年就读于美国哈佛大学人类学系社会人类学专业，获哲学博士学位。目前担任中央民族大学世界民族学人类学研究中心讲师。研究兴趣包括社会动员、性别研究、医学人类学、历史民族志。

陈振声，男，1960年4月20日出生，北京人。1979—1983年，攻读北京师范大学历史系本科专业，获学士学位；1997—1999年，攻读中国社会科学院法学系研究生，获硕士学位；1991—1992年为哈佛大学国际事务研究中心访问学者；2000—2001年为哈佛大学肯尼迪政府学院访问学者。曾任中国社会科学院国际合作局出国进修处副处长，亚非处副处长，国际处处长，副局长；现任中国社会科学院译审。

郝瑜，男，汉族，教授、博士生导师。曾在美国、日本、澳大利亚留学，做访问学者，2008年8月至2009年1月在哈佛大学肯尼迪政府学院做高访学者。历任延安大学副校长、陕西省教育厅副厅长、西安外国语大学党委书记，主要从事语言学教学、高等教育研究与管理工作。现任陕西科技大学教育学院特聘教授。近年来在《教育研究》《高等教育研究》《中国高教研究》等学术刊物发表论文数十篇，出版专著等4部，主持、参与各类研究课题10余项。

胡必亮，北京师范大学一带一路学院执行院长、新兴市场研究院院长、"一带一路"研究院院长、经济学教授。学习和研究经历包括：中南财经政法大学经济学学士、亚洲理工学院和德国多特蒙德大学联合理学硕士、德国维滕—赫尔德克大学经济学博士、美国哈佛大学博士后。曾任世界银行驻中国代表处经济官员、亚洲理工学院研究助理，法国兴业证券亚洲公司副总裁兼首席中国经济学家、中国社会科学院研究员、中国社会科学院研究生院教授、博士生导师。北京师范大学经济与资源管理研究院副院长、院长。其研究代表作分别于1994年和2006年两次获孙冶方经济学奖、1997年获国家图书奖提名奖、2008年获第二届张培刚发展经济学优秀成果奖。

李海鸿，采访时为哈佛大学东亚历史系在读博士生，师从著名中国历史学家孔飞力教授，2011年5月获得历史学博士学位。研究兴趣涉及中国古代政治、社会及文化等。著有论文《盛世名臣傅恒述论》及《文化的，抑或制度的：西方学者关于清代贪污的研究》。曾为柯伟林教授"当代中国"课程助教。近年，以云间鹤、融园主人等笔名，在海内外华人网站上发表美国教育的文章及中国古典诗词。

李扬，清华大学公共管理学院公共管理专业在读博士生，采访时为哈佛大学肯尼迪政府学院艾什研究中心的访问学者（2008年8月—2009年6月）。她出生于河北省唐山市，于2002年9月进入北京科技大学文法学院社会工作专业学习，2003年9月转入北京科技大学经济管理学院攻读工商管理专业学士学位。2006年9月以优异的成绩保送至清华大学公共管理专业直接攻读博士学位。2008年6月，她获得国家留学基金委全额资助，到哈佛大学肯尼迪政府学院进行为期一年的学术访问。她的主要研究方向是中国能源外交战略。

鲁勇，男，1963年出生，河北秦皇岛人。曾任北京市政府副秘书长、北京房山区委副书记、宣武区副区长、北京经济技术开发区管理委员会主任、北京奥运会组委会场馆部部长。2013—2018年担任中国残疾人联合会党组书记、主席团副主席、执行理事会理事长。目前任全国工商联党组成员。

罗祎楠，男，1979年出生，北京人。本科就读于北京大学历史学，研究生就读于清华大学人文学院，采访时为哈佛东亚语言与文明系博士候选人。专业为历史与比较政治研究，博士论文研究课题为中国近代早期国家的建构、政治现代化与中国现代国家体制的来源研究。目前任清华大学公共管理学院助理教授。

吕宁，采访时为哈佛大学肯尼迪政府学院公共政策专业研究生。2004年以上海市文科第三名考入北京大学元培计划班，先后就读于北京大学国际关系学院及中国经济研究中心，获得国际关系和经济学双学位。

孟庆沛，男，河南南阳人，本科就读于天津师范大学法学院法学专业，2007年考入中央民族大学法学院民族法学专业，研究方向为法人类学、民族区域自治法学。

石培培，女，江苏徐州人，2003—2007年就读于中央民族大学法学院法学与经济学双学位专业。2007年被保送本校研究生，研究方向为民族法学。博士毕业于中国社会科学院美国研究所国际关系学专业，研究方向为美国社会文化、美国政治。目前任中国社会科学院全球战略智库特约研究员。

王斌，男，1985年出生于湖北省宜昌市，土家族，2004—2008年就读于中央民族大学法学院与经济学双学位专业。2008年在中央民族大学研究生院就读于民族法专业，研究方向为法人类学。

王钢桥，浙江上虞人，采访时为哈佛大学法学院法律科学博士研究生。2003年获得哈佛大学法学院法学硕士学位。曾在联合国发展署（UNDP）和世界贸易组织（WTO）总部法律事务处实习，也曾在Dewey & LeBoeuf律师事务所华盛顿分所和Ropes & Gray律师事务所波士顿分所工作过。

王赢，清华大学法学院法学学士（2003年）、法学硕士（2006年），清华大学诉讼法学专业博士。2008年8月到2009年8月为美国哥伦比亚大学法学院访问学者。研究领域为民事诉讼法学、非诉讼纠纷解决机制和信访制度。

魏阳，南京大学历史系本科毕业，采访时为哈佛大学东亚语言文明系中国历史博士候选人，主要兴趣为晚期中华帝国时期的思想史。2009年春季学期在哈佛担任马若德教授"文化大革命"一课助教组组长（Head Teaching Fellow）。曾任哈佛大学费正清研究中心研究员，目前担任美国科罗拉多大学东亚史教授。

阎小骏，现任香港大学政治与公共行政学系副教授，北京大学燕京学堂兼职、教授。1998年北京大学国际关系学院本科毕业，2001年北京大学国际关系学院硕士研究生毕业。2009年3月毕业于哈佛大学政府系，获政治学博士学位。目前主要从事发展中国家基层政治制度、转型期农村社会结构和比较政治学理论的研究。

于盈，目前担任凤凰卫视《领航者》节目主持人、制作人，凤凰优悦广播电台台长。2010年在哈佛大学肯尼迪学院获得公共政策系硕士学位。曾是哈佛大学肯尼迪政府学院学生会主席。本科毕业于美国斯坦福大学经济系，曾在香港摩根士丹利投资银行部担任分析师，在凤凰卫视担任新闻记者和主持。2018年5月，入选2018年"全球青年领袖"名单。

张冠梓，男，1966年8月出生，山东省苍山县人。时任中国社会科学院青年人文社会科学研究中心理事长、研究员、博士，2008年8月至2009年8月在哈佛大学肯尼迪政府学院做访问学者。曾任中国社会科学院人事教育局局长、东莞市常委（挂职）、市政府副市长等。目前担任中国社会科学院历史理论研究所党委书记。主要从事中国传统法律文化、中国少数民族法律文化、法律人类学等领域的研究。

赵瑾，女，中国社会科学院研究员、博士生导师，哈佛大学肯尼迪政府学院访问学者。主要研究领域为国际贸易、国际投资、日本经济、中国对外开放、中美经济关系等。研究成果多次获奖，包括中国社会科学院优秀决策信息一等奖、商务部专著奖、中国国际贸易学会优秀论文一等奖、中国国际关系学会优秀论文奖、安子介国际贸易奖等。

赵云梅，女，1986年7月出生，云南楚雄人，彝族，2004—2008年攻读中央民族大学法学与英语双学位专业，2008—2011年攻读中央民族大学民族法专业硕士学位，研究方向为法人类学。

陈奕伦，男，1988年出生于北京，2006年前往美国读高中，高中毕业后他被哈佛大学录取。2012年毕业于哈佛大学经济系，任北京宅急送快运有限公司董事、第二轮"万林奖学金基金会"会长。

姜红，《中国社会科学报》驻伦敦记者，在《中国社会科学报》发表文章近200篇，关注中欧政治、经济时事关系、英国、美国对中国问题的研究、西方文学等，编译、整理美、英、澳、新等多国学者关于国际环境以及全球治理问题的文章。

张梅，国务院侨务办公室侨务干部学校副教授，国家留学基金委公派美国哈佛大学访问学者，中国与全球化智库研究员，在哈佛访学期间就中国政治、经济问题与多位学者交流，载于《华中科技大学学报》《环球时报》等学术期刊、报刊。

张泽，女，陕西西安人，中国社会科学院法学系在读博士生，研究方向为传统法律文化、法人类学，获香港中文大学硕士学位，曾工作于金杜律师事务所，西安某法院。